DER FEINSCHMECKER
WEIN Gourmet
DAS INTERNATIONALE WEIN MAGAZIN

DIE BESTEN WEINGÜTER DER NEUEN WELT

DER FEINSCHMECKER

WEIN Gourmet

DAS INTERNATIONALE WEIN MAGAZIN

DIE BESTEN WEINGÜTER DER NEUEN WELT

ICH WILL, ICH WILL
A LIFE
Weitere Informationen erhalten Sie unter Telefon: 01805 / 445 225 (24 pf/min) oder www.bang-olufsen.com

LESS ORDINARY

BeoSound 3000

BANG & OLUFSEN

DIE WEINE FERNER KONTINENTE

Kalifornien: Winzerstar Jim Clendenen, Weinlese bei Gallo

Pinot noir: Die Burgunder-Traube macht weltweit Karriere

INHALT

WEINE AUS DER WEITEN WELT

Liebe Leserinnen und Leser,

Für dieses Buch haben wir mehr als 1000 Weine verkostet und bewertet. Wir, das sind außer mir die Sommelières Christine Balais aus Köln, Catherine Thevenot vom Düsseldorfer „Schiffchen“, Petra Mohr von „Fischer's Weingenuss und Tafelfreuden“ in Köln und Saskia Schouten, ebenfalls Düsseldorf. Es war ein Vergnügen, mit diesem engagierten Team ausgezeichneter Weinkennerinnen die zahlreichen Proben durchzuführen: Ihnen gilt an dieser Stelle mein ganz besonderer Dank.

Die spannendsten Weine stelle ich Ihnen in diesem Buch mit Verkostungsnotizen vor. Dabei kam es mir nicht in erster Linie auf berühmte Namen an. Weine zu präsentieren, denen ein großer Ruf vorauseilt, die aber im Laden kaum zu kaufen sind, spielen bei mir nicht die Hauptrolle. Deshalb finden Sie bei mir zum Beispiel auch keine Beschreibung des legendären Grange vom australischen Weingut Penfolds. Dafür habe ich mit dem Magill Estate aus demselben Hause einen Tipp der Extraklasse.

Viele Weinnotizen stammen von meinen Reisen, die mich in der letzten Zeit häufig nach Kalifornien, Australien, Chile, Argentinien, New York und Kanada geführt haben. Ohne die hilfreiche Mitarbeit des Weinkenners und Autors Jens Priewe aber wären die Notizen unvollständig geblieben. Zu danken habe ich auch den Redakteuren und Mitarbeitern des WEIN GOURMET, ohne deren Mitwirkung das Buch nicht hätte erscheinen können – und mit denen ich die Bewertungen der Weingüter abgestimmt habe.

Für dieses Buch gilt das Motto „Entdeckungen“. Es soll anregen, die „Neuen Welten“ mit den Sinnen – Auge, Zunge und Nase – zu erobern. Sollte einmal ein spezieller Jahrgang nicht verfügbar sein – Redaktionsschluss war Ende August 2000 –, dann probieren Sie doch einfach den jüngeren und verfügbaren „Nachkömmling“. Ich wünsche Ihnen, dass Sie dabei viele aufregende Entdeckungen machen.

Mit den besten Wünschen

herzlichst Ihr

Markus Del Monego

MERIAN
MERIAN
Mex
MERIAN
Chicago
DM 14,80 · SFR 14,00 · ÖS 108 · LIT 19 000 · August 2000 · C 4701 E
MERIAN
Irl
Erhaben hat sie über die Wirren vergangener Jahrzehnte hinweggeblickt: Queen Victoria vor der Belfaster City Hall
Jeder Ire, dem Gott eine gesunde Hand gegeben hat, kann ein Pint stürzen. Und seit Frank McCourt die Asche seiner Mutter über die ganze Welt verstreut hat, wissen wir, wie das enden kann.
Aber es gibt auch Genusstrinker. Im „Percy French" von Newcastle, südöstliches Ulster, erlebe ich das Pint-Antrinken als Kunstform. Andy Asher, pensionierter Lehrer aus Kilkeel, taucht den kleinen Finger der lin-
ken Hand in die elfenbeinfarbene Cremeschicht, die das Dickbier deckelt, und bestreicht damit seinen Schnurrbart. Dann leckt er die weißen Borsten frei, ehe er eine erste Woge schluckt. „Was wollten Sie wissen?" Die Frage war: „Wenn Sie einem Ausländer Nordirland zeigen müssten – wohin führen Sie ihn?" Belfast? Über Belfast muss mir Andy nicht mehr viel erzählen. Wer die Synthese Irlands und Britanniens
118 MERIAN

IM AUFWIND WEINGÜTER JENSEITS VON EUROPA

Lange standen sie im Schatten ihrer europäischen Kollegen – heute befinden sich einige Winzer der Neuen Welt bereits auf der Überholspur

Die Weinwelt globalisiert sich. Erfolgreiche europäische Winzer gründen Weingüter in Übersee oder gehen Joint Ventures mit dortigen Betrieben ein. Renommierte Önologen aus Europa beraten Weingüter in aller Welt.

Rebstöcke wurden in der Neuen Welt bereits vor Jahrhunderten von europäischen Siedlern gepflanzt – gelegentlich auch zwangsweise wie in Mexiko, für das der spanische Eroberer Hernando Cortez den Weinbau per Dekret anordnete. In Nordamerika betrieben englische Siedler Weinbau, in Südafrika vor allem die Holländer, im damals zu Mexiko gehörenden Kalifornien in erster Linie spanische Jesuiten, die Weinberge für ihre Missionsstationen anlegten.

Lange blickten die Winzer in den klassischen europäischen Anbauländern etwas mitleidig auf die Kollegen in Übersee herab – heute aber finden immer mehr Weine aus der Neuen Welt in Europa interessierte Genießer, die neuen Weinstilen gegenüber aufgeschlossen sind und zu schätzen wissen, dass unter diesen Roten und Weißen manch besonders preiswerter Wein zu entdecken ist.

Historische Weinbauländer wie Israel oder Libanon sind heute in weinbaulicher und weintechnischer Hinsicht durchaus zur Neuen Welt zu zählen, da sie den modernen Weinstil dieser Länder konsequent umzusetzen beginnen.

Weinbau in der Neuen Welt unterscheidet sich von der Alten Welt vor allem durch die klimatischen Verhältnisse. In Südamerika, Australien, Neuseeland und Südafrika, aber auch in Teilen von Nordamerika, herrschen Klimabedingungen, die oft phantastische Voraussetzungen für den Weinbau schaffen: ausreichend Sonnenlicht für die Photosynthese der Rebe, ein warmes, teilweise sogar heißes Klima und immer genügend Feuchtigkeit.

Neue Weinwelt: überwiegend europäische Reben

Auffällig ist die starke Technisierung des Weinbaus in der Neuen Welt. Dazu gehören der mechanisierte Rebschnitt und der Einsatz von Vollerntern. Das

Versprechen höchsten Weingenuss: Trauben in Hülle und Fülle

hat auch Einfluss auf die Rebanlagen. In den besten Lagen des Bordelais ist ein Abstand von einem Meter zwischen den Reben vorgeschrieben, die Pflanzdichte liegt folglich bei 10 000 Reben pro Hektar. In Australien etwa findet man aber Anlagen mit wesentlich geringerer Pflanzdichte. Eine Gassenbreite von 3,70 Meter und ein Abstand der Rebstöcke von 2,50 Meter innerhalb einer Zeile sind *Down Under* durchaus die Norm. Allerdings gehen die Weinbauern in der Neuen Welt gegenwärtig in besten Lagen für Premium-Weine zu einem sehr viel dichteren Stockabstand über – klimatische Bedingungen und Böden erlauben die Verdichtung. In der Alten Welt hingegen entscheidet man sich mittlerweile aus wirtschaftlichen Gründen – jedenfalls bei weniger anspruchsvollen Weinen – für geringere Pflanzdichten und weitere Stockabstände. Das bringt mehr Ertrag pro Rebstock und ermöglicht vor allen die maschinelle Lese.

Viele Rebsorten sind heute in der ganzen Welt zu Hause. Die Neue Welt hat die europäischen Edelreben begierig angenommen – und manchen wieder zu neuer Bedeutung verholfen. Carmenère, eine aus Bordeaux stammende, dort aber kaum mehr anzutreffende rote Rebsorte, feiert Erfolge in Chile. Und Malbec, die Rebsorte aus Südwestfrankreich, wird zu einer Art nationaler Rebsorte Argentiniens. Auch die galizische Rebsorte Torrontés behauptet sich dort prächtig – bei aromatischen Weißweinen. Tannat, wie die Malbec aus dem Südwesten Frankreichs, bringt erstklassige Weine in Uruguay hervor. Und die „urkalifornische" Zinfandel-Rebe erweist sich als direkter Abkömmling des Primitivo aus Süditalien. Wen wundert es da noch, dass die Renaissance der Rebsorte Syrah mit dem australischen Pendant Shiraz begann und dass der Sauvignon blanc in Neuseeland ein eigenes Charakterbild bekommen hat.

Eigene Rebzüchtungen hat die Neue Welt auch vorzuweisen. In Nordamerika gehören dazu zahlreiche Hybride wie Niagara, Delaware, Seyval blanc oder Vidal, die beispielsweise in Kanada ausgezeichnete Eisweine ergeben. Südafrika wiederum pflegt seinen Pinotage, eine Kreuzung aus Pinot noir und Cinsault. Der wichtigste Unterschied zwischen den Weinen beider Welten ist wahrscheinlich auf dem Etikett zu finden. Die europäischen Gewächse werden – mit wenigen Ausnahmen – zumeist über ihre Herkunft unterschieden. In der Neuen Welt dagegen ist die Rebsorte die wichtigste Information auf dem Etikett. Das so genannte „varietal labelling" geht von einem einheitlichen Charakter und typischen Geschmack der jeweiligen Rebsorte aus: Chardonnay hat in der Regel einen markanten Hauch Eichenholz, Sauvignon blanc zeigt intensive Frucht und erinnert an Stachelbeeren. Syrah besitzt würzige Fruchtaromen, während Cabernet Sauvignon zumeist etwas mehr Gerbstoff und eher Cassis-Noten aufweist.

Frucht ist generell ein wichtiger Bestandteil der Weinaromatik in der Neuen Welt. Die englische Weinautorin Jancis Robinson unterscheidet die Weine der Neuen

WIE WEINGÜTER BEWERTET WERDEN:

FFFFF Einer der besten Weinproduzenten
FFFF Herausragende Weinqualität
FFF Sehr gute Weinqualität
FF Gute bis sehr gute Weinqualität
F Gute Weinqualität
F WEIN GOURMET-Joker oder halber Punkt

Holzfässer: Hier reifen edle Tropfen heran

Welt nach den Charaktermerkmalen „wood flavour" – Holzton – und „fruit driven", fruchtbetont. Diese Orientierung unterscheidet die Weine der Neuen Welt von jenen der Alten Welt, die eher vom *terroir,* also von Boden und Mikroklima, geprägt sind.

Die Weinmacher der Neuen Welt haben sehr viel mehr Spielraum als ihre europäischen Kollegen, und ihre Experimentierfreude wird durch die Gesetzeslage noch gefördert. In den Weinländern der Neuen Welt ist in der Regel alles erlaubt, was nicht verboten ist. In Europa mit seiner jahrhundertealten Weinbautradition ist jedoch alles verboten, was nicht ausdrücklich erlaubt ist. Das betrifft – je nach Region – Anbau und Auswahl der Rebsorten, Begrenzung des Ertrags oder auch die Bewässerung.

Auffällig ist bei den Winzern der Neuen Welt die geradezu panische Angst vor Sauerstoff. Gerade in sehr heißen Zonen fürchtet man zu Recht eine mögliche Oxidation – der Wein würde muffig schmecken. Vom Moment der Lese an werden besonders die weißen Trauben so gut wie möglich vor Sauerstoff-Kontakt geschützt. Der Most wird oft gekühlt und mit größter Sorgfalt verarbeitet. Die Gärtemperaturen im Weißweinbereich liegen sehr niedrig, um eine optimale Extraktion der Fruchtaromen zu gewährleisten. Enzyme und selektierte Hefen, die die Fruchtaromen noch stärker herausarbeiten, unterstützen diese Maßnahmen. Diese Arbeitsweise geht Hand in Hand mit einem extrem ausgeprägten Sinn für Kellerhygiene. So mancher *winemaker* der Neuen Welt hat sich angesichts der Holzfasskeller in Europa schon gefragt, ob hier überhaupt guter Wein gemacht werden könne.

Ein wichtiges Merkmal der Weine aus der Neuen Welt ist in der Regel ihre frühe Trinkreife. Die

Weine werden für frühen Genuss ausgebaut. Besonders auffällig ist dies bei Rotweinen aus Übersee, die im Gegensatz etwa zu großen klassischen Bordeaux-Weinen zum vollen Genuss keine jahrelange – oder gar jahrzehntelange – Kellerreife mehr benötigen. Die Unterschiede zwischen der Neuen und der Alten Weinwelt schwinden. In Übersee beginnt man, das beste *terroir* für Weine mit Lagencharakter auszuwählen. In Europa wird der gefällige Stil der Neuen Welt mit seinen früher reifen Weinen imitiert, er kennzeichnet vor allem Weine, die für Neueinsteiger unter den Weinfreunden interessant sind.

Globalisierung der Weinwelt: zum Wohle der Genießer

LESS ORDINARY
ETWAS ZU GÖNNEN?
BeoVision Avant
BANG & OLUFSEN

GÜTER IN NORDAMERIKA

WEINE

VON NAPA BIS NEW YORK

Die amerikanischen Winzer keltern auch außerhalb Kaliforniens gute Weine – selbst dort, wo es niemand erwartet hätte

Die Wikinger waren die ersten, die – um das Jahr 1000 n. Chr. – Bekanntschaft mit dem nordamerikanischen Wein machten. So üppig hingen angeblich die Reben in den Wäldern Neufundlands von den Bäumen, dass der Anführer der nordischen Seefahrer, Leif Eriksson, das just entdeckte Territorium „Vinland" – Weinland – genannt haben soll.

Vitis vinifera, sondern ziemlich sicher um die Gattung *Vitis labrusca* – die sich viel später, nämlich nach der Reblauskatastrophe von 1860, aber noch als Heilsbringer für den europäischen Weinbau erweisen sollte: Als man entdeckte, dass europäische Edelreben, aufgepropft auf amerikanische Stöcke, der Reblaus widerstanden, war der Weinbau in Europa gerettet.

Im Sonoma County: Senfblüten umgeben 100-jährige Zinfandel-Rebstöcke

Später versuchten die ersten europäischen Siedler, aus den in Hülle und Fülle wachsenden Wildreben Wein zu keltern, doch dieser muss – zumindest nach heutigen Maßstäben – ungenießbar gewesen sein. Die Reben sahen zwar aus wie Reben, doch keine der wildwachsenden Sorten eignete sich wirklich für die Verarbeitung, die aus den wilden Trauben hergestellten Weine schmeckten bitter, sauer und streng. Bei den amerikanischen Reben handelte es sich nämlich nicht um

In Amerika versuchten die Siedler im 17. und 18. Jahrhundert vergeblich, europäische Reben zu kultivieren – sie gingen immer wieder ein. Was man nicht wusste: Die – auch in Amerika heimische – Reblaus vernichtete nur europäische Stecklinge, die amerikanischen Reben aber waren resistent.

Erst als man in Pennsylvania die Alexander-Rebe fand, eine Kreuzung aus einheimischer Rebe und europäischer Vitis vinifera, konnte man – zu Beginn des

19. Jahrhunderts – in Amerika wirklich mit dem Weinbau beginnen, zunächst in Indiana.
Weitere Kreuzungen bewährten sich in der ersten Hälfte des 19. Jahrhunderts: Catawba, Delaware, Isabella und Norton. Aus diesen Hybriden gewann man dumpf-süße Weine, die aber allesamt einen typischen „Fuchston" aufwiesen. Erst 1830 gelang es französischen Einwanderern, erfolgreich rein europäische Reben anzupflanzen. Zudem ergab die gezielte Züchtung von Kreuzungen aus amerikanischen und europäischen Reben endlich trinkbare Weine. Die Concord etwa ist eine solche Kreuzung, sie wird noch heute angebaut.
In den von spanischen Einwanderern bewohnten Gebieten in New Mexico, Texas und Kalifornien dagegen baute man schon länger erfolgreich *Vinifera*-Reben an, vor allem die Missionsrebe, die vermutlich als Sämling einer unbekannten europäischen Elternrebe aufgegangen war. Am schnellsten entwickelte sich der Weinbau in Kalifornien: Bereits 1894 wurde die California Wine Association gegründet, ein Zusammenschluss der größten Händler, die nun die meisten anderen Staaten der USA mit Wein belieferten. Ansonsten ging es in den USA mit der Weinproduktion schleppend voran, am ehesten noch wurden Reben in Virginia, New Jersey, Arkansas, New York, Ohio und Missouri gepflanzt.
Gerade als der Weinbau gut in Schwung gekommen war, führte die amerikanische Regierung Anfang der zwanziger Jahre die Prohibition ein. Diese legte die Weinerzeugung praktisch lahm, die zu diesem Zeitpunkt eine Produktionsmenge von etwa zwei Millionen Hektoliter erreicht hatte. Weinproduktion blieb nur noch für kirchliche und medizinische Zwecke erlaubt. Als erster Bundesstaat hob Kalifornien 1933 das Prohibitionsgesetz auf, die anderen Bundesstaaten zogen bald nach. Doch die Auswirkungen der Verbotszeit machten sich noch lange bemerkbar, zumal die jüngere Generation musste erst einmal wieder für den Wein – und den Weinbau – gewonnen werden. Alkoholstarke Süßweine blieben für eine ganze Generation das Hauptprodukt der Weinerzeugung. Erst französische Hybridsorten wie Seyval, Seibel und Baco brachten wieder Dynamik in den Weinbau, ab 1970 dann kam die amerikanische Weinindustrie abermals in Schwung.
Neue Weinberge wurden angelegt, die Weinproduzenten bemühten sich um gute Lagen und geeignete Rebsorten, auch konzentrierten sie sich auf einige wenige Weintypen. Bewährte traditionelle Erzeugungsmethoden aus Europa wurden ebenso eingesetzt wie modernste Kellertechnik. Nicht nur in Kalifornien.

Winzer in Ohio und New York, New Jersey, Pennsylvania und Virginia, Texas und New Mexico, in South Carolina und Georgia sowie im Yakima Valley (Washington) und Willamotte Valley (Oregon) bauten 300

Jahre nach den ersten fehlgeschlagenen Versuchen erfolgreich *Vitis vinifera*-Reben an. Heute wird in zahlreichen US-Staaten Wein angebaut, führend ist mit weitem Abstand Kalifornien, danach folgen die Bundesstaaten Washington, Oregon und New York.

WEINSTILE

Fruchtig, aromatisch, rebsortenrein – das sind die Schlüsselwörter zur Beschreibung der nordamerikanischen Weine. Ehrgeiz und Optimismus, Lernfähigkeit und Mut zum Experimentieren zeichnen die nordamerikanischen *winemakers* aus. Die Weine der Neuen Welt haben die Weinwelt zwar nicht revolutioniert, doch sehr bereichert. Weine aus den USA machen den europäischen Chardonnay, Cabernet Sauvignon, Merlot oder Pinot noir zunehmend Konkurrenz.

Neben den alles beherrschenden Chardonnay gibt es in USA auch wunderschöne, fruchtig-aromatische Weißweine wie Riesling, Gewürztraminer oder Sauvignon blanc. Der heißeste Tipp aus Nordamerika aber ist der rote Zinfandel, der keine ernst zu nehmende europäische Konkurrenz hat. Aus ihm könnte so etwas wie ein Klassiker werden. Syrah, Sangiovese und Viognier kommen immer mehr in Mode. Aber: Mit der Qualität steigen auch die Preise. Doch es finden sich immer wieder Erzeugnisse mit gutem Preis-Qualitäts-Verhältnis, vor allem unter hochwertigen Weinen aus weniger populären Rebsorten sowie unter gut gemachten Massenprodukten aus den großen Kellereien.
Gerade die weniger bekannten Regionen bieten die beste Qualität fürs Geld. In Washington oder

Malerisch: Holzfässer vor der Lenz Winery in Long Island, New York

Idaho ist Rebland wesentlich billiger als in Kalifornien – was eine günstigere Kalkulation erlaubt. Aus dem Bundesstaat Washington kommen schöne Cabernet, Merlot, Chardonnay, Rieslinge und Sémillon. Oregon hat sich auf Pinot noir und Pinot gris spezialisiert.

Auch aus dem Osten, etwa Virginia und New York – aber selbst aus dem Südstaat Texas – kommen heute hervorragende Weine. Wegen des unbeständigeren Wetters – und der damit verbundenen Risiken der Winzer und einer entsprechenden Kalkulation – sind die Preise für Weine aus Virginia und New York aber vergleichsweise hoch.

In Kalifornien hat sich in jüngerer Zeit das Interesse an den Rhône-Sorten Syrah, Mourvèdre und Viognier sowie den Italienern Sangiovese und Nebbiolo verstärkt. Interessante Weine, aber auch sehr teuer.

Für Weine höherer Qualität und bestimmter Stilrichtung wurde 1978 ein amerikanisches Appellationssystem (*American Viticultural Areas* – AVA) eingeführt. Die einzelnen Herkunftsgebiete unterscheiden sich deutlich hinsichtlich Boden, Klima und Stil der Weine. Innerhalb einzelner AVAs gibt es noch eine Vielzahl von Unterappellationen – kleine Hügellagen oder Parzellen mit einem besonderen Mikroklima.

Anders als beim französischen Appellationssystem gibt es keine festgelegten Bestimmungen über verwendete Rebsorten, Pflanz- und Ausbaumethoden oder Ertragsbegrenzungen. Weine einer AVA, die in den Handel kommen, müssen mindestens zu 75 Prozent aus der angegebenen Region stammen. Zur Zeit gibt es in USA über 80 AVAs, die meisten davon in Kalifornien.

WEINLAND KALIFORNIEN
BOOM
IM GOLDEN STATE

Ob Chardonnay oder Cabernet Sauvignon, Pinot noir oder Zinfandel – Kaliforniens Spitzengüter produzieren Weine mit Klasse und Rasse

Kalifornien ist, was den Weinbau angeht, die Symbiose von europäischer Weinbautradition und amerikanischem Innovationstrieb. Dem Neuen aufgeschlossene amerikanische *winemakers*, aber auch gestandene Winzer aus der Alten Welt suchen in Kalifornien die Herausforderung.

Auf knapp 135 000 Hektar Rebfläche produziert Kalifornien 94 Prozent des amerikanischen Weinangebots. Weinberge findet man überall zwischen Santa Barbara nordöstlich von Los Angeles bis hinauf nach Mendocino County im Norden des Bundesstaates, an der Pazifikküste, im heißen Central Valley und in den Bergen der Sierra Nevada.

Die Ursprünge des kalifornischen Weinbaus reichen zurück bis 1769, als Franziskanermönche begannen, in ihren 21 Missionsstationen Reben anzupflanzen, um daraus Messwein zu keltern. Der kommerzielle Weinbau in Kalifornien setzte 1830 ein, als der gebürtige Franzose Jean Louis Vignes im heutigen Stadtzentrum von Los Angeles seine aus Bordeaux mitgebrachten Rebsetzlinge pflanzte. Als Vater des kalifornischen Weinbaus gilt jedoch der ungarische Einwanderer Agoston Haraszhty, der während des Goldfiebers von 1849 Sheriff in San Diego war. Später legte er weiter nördlich, in Sonoma, Weinberge an und gründete die Kellerei Buena Vista, die heute der deutschen Unternehmerfamilie Racke gehört. Auf dem europäischen Markt gelang den kalifornischen Winzern der Durchbruch, als während der Weltausstellung in Paris 1900 nahezu die Hälfte ihrer Weine Auszeichnungen erhielten. Nur wenig später aber begann die Reblaus auch in Kalifornien ihren Vernichtungsfeldzug, die Weinproduktion kam praktisch zum Erliegen. Kaum hatte sich die Weinwirtschaft wieder erholt, untersagte das amerikanische Prohibitionsgesetz 1920 den Genuss von Alkohol. Erst nach dem Ende des Zweiten Weltkriegs kam die Weinindustrie wieder in Schwung – zunächst mit süßen Dessertweinen.

Massenweine, die als Chablis, Burgundy, Rhine oder Moselle angeboten wurden, waren in den siebziger Jahren beliebt. Zugleich drängten kleinere, qualitätsbewusste Produzenten auf den Markt. Die Ergebnisse ihrer Experimentierfreude waren manchmal herausragend, manchmal miserabel. Inzwischen ist Kaliforniens Weinindustrie erwachsen geworden. Die Winzer konzentrieren sich auf das Potenzial von Boden und Klima, darauf stimmen sie die Rebsorten ab und bedienen sich neben moderner Kellertechnik bewährter europäischer Weinbaumethoden.

In Kalifornien gibt es weit über 800 Weingüter und Kellereien, die aus etwa 80 verschiedenen Rebsorten Weine und Schaumweine herstellen. Die am weitesten verbreitete Rotweinrebe ist Zinfandel, die, abgesehen von besonders kühlen Lagen, fast überall angebaut wird und würzige, alkoholreiche Rotweine mit einer reifen Frucht ergibt. In besonders heißen Gegenden wird aus den roten Trauben ein zarter, fruchtiger und sehr erfrischender White Zinfandel gekeltert.

Aus Cabernet Sauvignon entstehen die edelsten Rotweine Kaliforniens. Vor allem aus dem Norden kommen üppige, konzentrierte, vollfruchtige und weiche Cabernet. Merlot hat seit Anfang der achtziger Jahre als rebsortenreiner Wein große Bedeutung erlangt. Oft sind die Weine weicher und fleischiger als Cabernet, besitzen aber eine große Aromendichte. Deshalb verwendet man Merlot gerne in Cuvées mit Cabernet. Aus Pinot noir wird häufig Sekt gemacht. Individualisten setzen auf Syrah. Als Exoten in der Rotweinpalette Kaliforniens gelten die italienischen Rebsorten Sangiovese, Nebbiolo oder Barbera.

Der Weißweinstar Kaliforniens ist Chardonnay – diese Rebsorte gedeiht praktisch überall. Aus ihr werden meist ordentliche, oft sogar Spitzenweine erzeugt. Die meisten Chardonnay werden in Barriques vergoren oder ausgebaut – die Amerikaner lieben den holzbetonten Stil. Sauvignon blanc ist nicht so gefragt, hat aber auch seine Liebhaber gefunden. Chenin blanc ist in Kalifornien seit über 100 Jahren verbreitet. Über 80 Prozent dieser Rebsorte werden im heißen Central Valley angebaut und für einfache Weine verwendet.

Wenn auf dem Etikett die Rebsorte verzeichnet ist, muss der Wein zu mindestens 75 Prozent aus dieser Sorte bestehen. Für Spitzencuvées aus mehreren Rebsorten haben die Erzeuger die Bezeichnung „Proprietary Blends“ eingeführt. Nennt das Etikett ein bestimmtes Herkunftsgebiet (*Approved Viticultural Area* – AVA), müssen mindestens 85 Prozent der Trauben aus dieser Region stammen.

Kalifornien hat fünf große Wein-

Willkommen im Dorado des amerikanischen Weinbaus: Napa Valley

baugebiete: North Coast – die bekannteste und qualitativ bedeutendste Region nördlich von San Francisco –, Central Coast zwischen San Francisco und Los Angeles, South Coast östlich von Los Angeles und nördlich von San Diego, Central Valley mit fast drei Viertel der kalifornischen Rebfläche und das kleine Gebiet Sierra Foothills östlich von Sacramento. Alle Regionen sind nochmals unterteilt in Counties. Die besten Weine kommen in der Regel aus den kühleren Counties der North Coast wie Napa und Sonoma, aber auch Mendocino.

Begründet hat den guten Ruf der kalifornischen Weine das Napa Valley. Als Pionier des Weinbaus dort gilt Charles Krug. Er gründete 1860 in St. Helena das erste Weingut und setzte Maßstäbe, zum Beispiel durch die Verwendung der ersten mechanischen Presse. Zehn Jahre später legte Hamilton Walker Crabb den experimentellen Weinberg To Kalon westlich von Oakville an und stellte dort Versuche mit über 400 Rebsorten an. Das Napa Valley hat die für die USA bescheidenen Abmessungen von nur 48 Kilometer Länge und maximal acht Kilometer Breite. Und doch befinden sich hier ein Zehntel der kalifornischen Rebfläche und über ein Viertel aller kalifornischen Weingüter. Viele Estates sind architektonische Spitzenleistungen, allen voran Mondavis Winery im spanischen Missionsstil, das griechisch inspirierte Hauptgebäude von Sterling oder die eindrucksvolle Kombination von Raumstation und Tempel auf dem Weingut Opus One.

Vielfältig wie die Stile der Wineries sind auch die Böden und die Klimazonen, welche die Weine prägen: Der südliche Teil des Tales, Carneros, der teilweise zur Nachbarregion Sonoma County gehört, liegt nahe am Meer und ist am kühlsten. Im mittleren Teil des Napa Valley herrscht ein mildes Seeklima mit warmen Sommertagen und kühlen Nächten. Am wärmsten ist es im Norden um Calistoga.

Die Trauben aus den Hügellagen, die „Mountain Fruits", ergeben kräftige, tanninreiche Weine mit eleganter Frucht, die bei Weinfreunden sehr gefragt sind. Hoch in den Bergen im Westen, wo es kühl genug ist für Pinot noir, liegt Spring Mountain mit mehreren kleinen Weingütern, die aus Pinot noir und Chardonnay Sekt nach der klassischen Methode produzieren. Aus Howell Mountain kommen wunderschöne Cabernet und Merlot, Mount Veeder glänzt mit vorzüglichen Cabernet und Chardonnay. Im Zentrum des Tales – bei Oakville, Rutherford und St. Helena – liegen die meisten der weltberühmten Weingüter, sie warten mit allerfeinsten Cabernet auf. Auf der Ostseite des Tals liegt der Stag's Leap District.

Sonoma County ist die Wiege des modernen kalifornischen Weinbaus. Heute besitzen berühmte Weingüter aus aller Welt Rebflächen in diesem weitläufigen Nachbartal des Napa Valley. Über

150 Weingüter sind in Sonoma County beheimatet, manche keltern aus Cabernet Sauvignon, Zinfandel, Pinot noir und Chardonnay einige der besten Weine der Welt. Die meisten Weinberge liegen in Küstennähe. Kalter Nebel dringt täglich vom Pazifik bis zu den Rebflächen vor und wirkt im Verein mit der Hitze im Tal wie eine Klimaanlage.

Sonoma ist frischer und kühler als das übrige Kalifornien. Die Trauben reifen länger und langsamer am Stock, was Geschmack und Aroma der Weine zugute kommt.

Spitzenweingut in Kalifornien: Opus One

Sonoma County mit seinen vielen Tälern und Mikroklimazonen ist unterteilt in elf Appellationen, die geographisch oft miteinander verbunden sind. Carneros Sonoma ist ebenso wie Russian River ein „Cool Climate"-Gebiet. Einige der besten Chardonnay und Pinot noir stammen aus dieser Gegend. Im kühleren Süden gelingen feine Cabernet Sauvignon, Zinfandel und Chardonnay. In Northern Sonoma liegt das wärmere Alexander Valley. Hier werden vorwiegend volle und geschmeidige Rotweine aus Cabernet Sauvignon erzeugt. Einigen innovativen Winzern sind auch aus Merlot bemerkenswerte sortenreine Weine gelungen.

Eine Subappellation von Alexander Valley ist Knights Valley, eine noch sehr junge AVA. Das enge, wilde Dry Creek Valley ist absolutes Zinfandel-Gebiet. Die schönsten aus dieser Sorte gewonnenen Weine sind wuchtig, üppig und elegant.

Am Russian River schiebt sich der Nebel flussaufwärts über die Hügel und schafft im Tal ein hervorragendes Klima vor allem für den die Kühle liebenden Pinot noir. Im Norden des Gebiets gedeihen auch Zinfandel und Gewürztraminer, mancherorts auch Sauvignon blanc. Für Schaumweine und lebhafte, frische Weißweine aus Chardonnay ist Russian River Valley ein ideales Gebiet.

An der Nordküste Kaliforniens erstrecken sich die Counties Lake und Mendocino. Im Lake County wachsen die Trauben in einer Höhe von 400 Metern. Weitab von der Küste, am Clear Lake, herrscht ein warmes Klima, das den Sauvignon blanc- und Cabernet Sauvignon-Reben, die über die Hälfte der Weinberge bedecken, gut bekommt. Die meisten Böden sind vulkani-

schen Ursprungs. In den Tälern findet man tiefe, fruchtbare Schwemmböden.
Im Mendocino County dominieren felsige, wasserdurchlässige Böden. Chardonnay beansprucht ein Viertel der Rebfläche, verbreitet sind auch die pfeffrigen, nach Himbeere schmeckenden Zinfandel und Cabernet Sauvignon.
Im heißeren Landesinnern erstreckt sich ein weites, ausgedehntes Tal um das Städtchen Ukiah, das bekannt ist für herrliche Chardonnay, Sauvignon blanc und Zinfandel. Aus dem kühleren Anderson Valley, das von beeindruckenden Berggipfeln eingerahmt wird, stammen die angeblich besten Gewürztraminer Amerikas. Das enge Tal am Rande des Pazifik ist ebenso berühmt für seine Schaumweine aus Chardonnay und Pinot noir. Cole Ranch ist ein winziges Gebiet zwischen Ukiah und Boonville. Es ist bekannt für seine Cabernet Sauvignon und Johannisberg Rieslinge. Im McDowell Valley, östlich von Hopland, werden klassische Rotweine im Rhône-Stil erzeugt.

Die riesige Region Central Coast erstreckt sich vom Fuße der Berge östlich der San Francisco Bay bis hinunter nach Los Angeles. Sie umfasst sieben Countys mit über 25 verschiedenen AVAs. Der Nebel bleibt hier meist im Tal gefangen, daher sind die höheren Lagen, die aus der Dunstschicht herausragen, oft wärmer als tiefer gelegene Gebiete.
Als eines der wenigen Täler mit Ost-West-Ausrichtung hat Livermore ein äußerst günstiges Mikroklima – die Nebel aus der Bucht dringen nur selten ins Tal hinein. Die kühleren Höhenlagen von Santa Cruz und Santa Clara sind mit Chardonnay, Riesling, Zinfandel und Pinot noir bestockt. Die Weinberge liegen direkt unterhalb des durch seine Computerindustrie bekannten Silicon Valley.
Weiter im Süden befinden sich die Rebflächen von Monterey. Die Weinberge liegen weit außerhalb der Touristenstadt Monterey, die durch den Roman „Die Straße der Ölsardinen“ von John Steinbeck berühmt wurde. Die Trauben reifen in einer langen und sonnenreichen Vegetationsperiode mit nur geringen Niederschlägen. Der Weinbau dort verdankt seine Existenz einem ausgeklügelten Bewässerungssystem, das nach 1960 im Salinas Valley, der wichtigsten Weinregion von Monterey, installiert wurde. Morgens liegt Salinas Valley fast immer in dichtem Nebel – der sich allerdings schnell auflöst.
In Arroyo Secco, tief im Salinas Valley, gedeihen schwere und fruchtige Chardonnay und reiche Cabernet Sauvignon. Chalone ist ein weit abgelegenes, einsames Gebiet hoch in den Bergen. Da es über der Nebelgrenze liegt, ist es dort aber wärmer als im Tal. Chalone ist der Name einer AVA und auch eines Weinbaubetriebs in einem, es produziert intensive Pinot noir und Chardonnay. In San Lucas und dem Carmel Valley ist es wärmer und es regnet sehr viel häufiger als im Salinas Valley.

Carmel Valley wurde zunächst bekannt als Aussteigerkolonie, erst später baute man hier Wein an. Erzeugt werden vorwiegend Cabernet Sauvignon und Merlot. Gleich neben dem Salinas Valley liegen die kleineren Parzellen der bislang noch recht unbekannten AVA San Benito, die aber hervorragende Pinot noir herstellt.

San Luis Obispo County ist Teil der Central Coast, Weinbaugebiet wurde es erst in den achtziger Jahren. Die meisten Rebflächen finden sich in Paso Robles, das für seine Rotweine aus Syrah, Barbera, Cabernet Sauvignon und Zinfandel bekannt ist. Zinfandel-Zentrum ist das Städtchen Templeton südlich von Paso Robles. Die Weine von dort landen zumeist in den Tanks berühmter Weingüter des Napa Valley. Eigenständige Weine aus Paso Robles sind daher rare, gesuchte Schätze. In Edna Valley im Süden von San Luis Obispo herrscht ein recht kühles Klima. Kenner schätzen die charakteristischen, buttrigen Chardonnay, die von dort kommen.

Santa Barbara County ist eine wunderschöne Landschaft mit baumbestandenen Hängen und kilometerlangen weißen Sandstränden. Als Weinbaugebiet hat Santa Barbara erst vor 20 Jahren Bedeutung erlangt. Die Rebflächen für Chardonnay wurden wegen der großen Nachfrage inzwischen erheblich erweitert. Die meisten Qualitätsweine findet man im Santa Ynez Valley und Santa Maria Valley. Die Weinberge Kaliforniens sind normalerweise nach Westen ausgerichtet, jene von Santa Barbara jedoch erstrecken sich auf einer Länge von 80 Kilometern entlang der Südküste. Santa Maria Valley ist trotz seiner südlichen Lage das kühlste Anbaugebiet Kaliforniens. Im Santa Ynez Valley haben sich kleinere Erzeuger angesiedelt. Sie sind noch nicht so bekannt, liefern aber außerordentliche Qualitäten, zum Beispiel Pinot noir, Chardonnay oder Syrah. Südlich von Los Angeles liegt das Temecula Valley. Die Weine aus Chardonnay, Zinfandel und Sauvignon blanc findet man kaum auf dem Markt, sie werden von den Angelinos direkt bei den Winzern gekauft.

Das trockene, heiße Gebiet San Joaquin Valley nimmt mit über 300 Kilometern Länge und 75 Kilometern Breite die Hälfte des Central Valley ein. San Joaquin Valley hat über 80 000 Hektar Weingärten, mehr als die gesamte Rebfläche Australiens. Ungefähr 80 Prozent aller kalifornischen Weine werden hier produziert. In dem heißen Klima liefert die Sorte French Colombard dank intensiver Bewässerung frische, fruchtige Weine. Auch der beliebte White Zinfandel kommt hauptsächlich aus San Joaquin Valley. Vor allem Einwanderer aus Italien förderten den Weinbau in den Sierra Foothills zwischen der Sierra Nevada und Sacramento. Mit dem Weinboom der sechziger Jahre wurde die einzigartige Qualität der Zinfandel-Weine aus den Sierra Foothills wiederentdeckt.

Eureka
Redding
Susanville
Winnemucca
NEVADA
Chico
Sierra
Reno
Fallon
Ukiah
Yuba City
Carson City
Sta. Rosa
Sonoma
Napa
Sacramento
Concord
Berkeley
Modesto
Nevada
Fremont
SAN FRANCISCO
San Jose
Bishop
Fresno
Salinas
Visalia
KALIFORNIEN
Bakersfield
San Luis Obispo
Pazifischer Ozean
Santa Barbara
Pasadena
Glendale
LOS ANGELES
Channel Islands
Santa Ana
N
0
150 km
© MERIAN-Kartographie

ARAUJO ESTATE WINES

2155 Pickett Rd., CA-94515 Calistoga, Tel. 001-707-942 60 61,
Fax 942 64 71
wine@araujoestate.com, www.araujoestatewines.com
INHABER: Bart und Daphne Araujo
KELLERMEISTERIN: Françoise Peschon
REBFLÄCHE: 18,45 Hektar
REBSORTEN: Cabernet Sauvignon, Cabernet franc, Petit Verdot, Syrah, Sauvignon blanc, Viognier
BESUCH: kein Publikumsverkehr

EURO VISA

FFFFF

Mit viel Engagement und Leidenschaft machten sich Bart und Daphne Araujo 1990 ans Werk: Sie bauten ihr eigenes Weingut auf, südöstlich von Calistoga im Napa Valley. Eine ihrer ersten Maßnahmen: Die Rebflächen der vormaligen Eisele Vineyards wurden neu bepflanzt. Darin zeigte sich deutlich die künftige Ausrichtung des Araujo-Weinguts: Mochten andere Winzer auf ein möglichst breit gefächertes Angebot setzen – Bart und Daphne Araujo vertrauten ganz auf Spezialisierung und pflanzten zunächst ausschließlich Cabernet Sauvignon. Bei der Dominanz der noblen Bordeaux-Traube ist es bis heute geblieben, allerdings kamen in den vergangenen Jahren peu à peu Syrah, Sauvignon blanc, Viognier und Cabernet franc hinzu.

Mit der Anpflanzung dieser zusätzlichen Rebsorten verdoppelte sich die jährliche Flaschenproduktion von Araujo Estate Wines. Verließen in der Anfangszeit nur knapp 20 000 Flaschen das Weingut, so sind es heute bereits um die 40 000. Für den Ausbau der Weine zeichnete während der vergangenen elf Jahre stets *winemaker* Françoise Peschon verantwortlich. In den ersten Jahren leisteten sich Bart und Daphne Araujo zudem die Dienste eines „Consulting Winemaker", der ihnen bei heiklen Entscheidungen mit gutem Rat zur Seite stand.

Keller von Araujo: Gewölbe in Naturfels

WEINEMPFEHLUNG

1995 Napa Valley Cabernet Sauvignon, Eisele Vineyard, Araujo
FARBE: dichtes Granatrot
DUFT: beeindruckende Aromenkonzentration, schwarze Johannisbeeren, Pflaumen, Süßkirschen
GESCHMACK: opulent mit Schmelz und sehr gut strukturiertem Abgang.

BEZUGSQUELLEN

166, 202, 324, 390, 353a, 399, 469, 479, 499

BERINGER VINEYARDS

2000 Main Street, CA-94574 St. Helena, Tel. 001-707-963 71 15, Fax 963 97 35; BeringerNews@bwecorp.com und BeringerEurope@bwe corp.co; www.beringer.com

INHABER: Beringer Wine Estates - **ÖNOLOGE:** Edward Sbragia
KELLERMEISTER: Edward Sbragia
REBFLÄCHE: 850 Hektar
REBSORTEN: Chardonnay, Cabernet Sauvignon, Merlot, Sauvignon blanc, Zinfandel
BESUCH: tgl. 9.30-17.30 Uhr (Mai-Okt.), tgl. 9.30-17 Uhr (Nov.-April)

FFFF

Sechs Weingüter sind unter dem Firmendach „Beringer" zusammengeschlossen. Wein-Pionier Fred Abruzzini übernahm Anfang der dreißiger Jahre die Leitung des Weinguts Beringer von der deutschen Gründerfamilie, 1934 machte er seinen neuen Besitz zum ersten Wine Estate, der seine Pforten für das Publikum öffnete. Demnächst übernimmt der australische Brauereikonzern Foster's Beringer Wine Estate – für umgerechnet 2,6 Milliarden Mark. Beringer und die australische Foster's-Tochter Mildara Blass werden dann mit einem Jahresumsatz von 886 Millionen Dollar das weltgrößte Unternehmen der Weinbranche sein.

In den Kellern von Beringer Vineyards, wo nach wie vor nahezu sämtliche, für Kalifornien typischen Rebsorten zu Weinen von Premium-Qualität verarbeitet werden, hat Ed Sbragia das Sagen. Er stieß 1976 zum Beringer-Team, seit 1984 zeichnet er für alle Beringer-Weine verantwortlich. Zwei Jahre später bereits gewann Ed Sbragias Private Reserve Cabernet Sauvignon die Auszeichnung „Wein des Jahres".

Beringer: „Rhine House" in St. Helena

WEINEMPFEHLUNG

1996 North Coast Zinfandel

FARBE: Kirschrot mit Purpurreflexen
DUFT: kräftige Nase nach Brombeeren, Sauerkirsche, Veilchen
GESCHMACK: sehr trocken im Ansatz, intensive Beerenfrucht, ausgewogen, präsente Tannine, langer Abgang.

BEZUGSQUELLEN

1, 9, 15, 30, 36, 40, 42, 44, 54, 62, 65, 67, 68, 72, 82, 84, 86, 87, 89, 109, 118, 131, 154, 166, 166a, 167, 180, 186, 202, 208, 210, 212, 216, 234, 255, 263, 268, 273, 274, 275, 295, 297, 306, 314, 324, 331, 332, 335, 338, 353a, 370, 372, 390, 395, 409, 410, 440, 441, 462, 468, 472, 473, 483, 492, 507, 509, 512, 529, 530, 551, 552

BRYANT FAMILY

CA-94558 Napa, Tel. 707-524 44 45, Fax 31 08 89 00 85
INHABER: Don und Barbara Bryant
ONOLOGEN: John Bryant und Helen Turley
REBFLÄCHE: 5,26 Hektar
REBSORTEN: Cabernet Sauvignon
BESUCH: kein Publikumsverkehr

FFFFF

Für Donald Bryant waren die Neunziger goldene Jahre. Es gelang ihm, aus einem Wein, der gerade gut genug war, um ihn im Fass zu verkaufen, einen der gefragtesten Kultweine der USA zu machen. Ihm selbst hat der Wein einen Platz im kalifornischen Wein-Olymp gesichert.
Dabei hatte es der Rechtsanwalt aus St. Louis gar nicht auf Winzer-

Retterin in der Not: Helen Turley

Ruhm abgesehen. Er wollte eigentlich nur ein Haus im Napa Valley bauen. Statt eines Baugrunds wurde ihm jedoch ein verwahrloster, fünf Hektar großer Weinberg bei Pritchard Hill angeboten. Er griff zu, bepflanzte das Land neu und verkaufte die Trauben. Nach bitteren Erfahrungen mit seinem Abnehmer entschloss er sich, den Wein selbst zu produzieren und abzufüllen. Zwar ist sein privater Weinkeller gefüllt mit edelsten Gewächsen aus Frankreich. Doch von der Weinherstellung verstand Bryant gar nichts. Die Glückssträhne begann, als Bryant die blonde Helen Turley engagierte, die bekannteste Önologin Kaliforniens. Sie schaffte es innerhalb weniger Jahre, aus der Fassbrühe einen Wein zu machen, der einem „das Gehirn wegpustet", wie Weinkritiker Robert Parker schrieb.
Der Cabernet Sauvignon von Bryant wird über 20 Monate in kleinen Fässern aus neuer französischer Eiche gelagert. Eine Flasche davon zu ergattern, ist für amerikanische Weinliebhaber das größte Glück. Angesichts einer Produktion von gerade einmal 8000 Flaschen ist die Chance allerdings gering – auch wenn der Weinfreund bereit ist, tief in die Tasche greifen, um dieses Glücks teilhaftig zu werden.

WEINEMPFEHLUNG

1997 Cabernet Sauvignon
FARBE: undurchdringliches Rot
DUFT: Blaubeeren, Cassis, dazu Würzkräuter
GESCHMACK: dick und marmeladig am Gaumen, super-konzentrierte Frucht, weiches, reifes Tannin und gewaltige Fülle

BEZUGSQUELLEN

nur auf Weinauktionen

CAIN VINEYARD

3800 Langtry Road, CA-94574 Saint Helena, Tel. 707-963 16 16,
Fax 963 79 52
winery@cainfive.co, www.cainfive.com
INHABER: Jim und Nancy Meadlock
KELLERMEISTER: Christopher Howell
REBFLÄCHE: 34,4 Hektar
REBSORTEN: Cabernet franc, Cabernet Sauvignon, Malbec, Merlot, Sauvignon blanc
BESUCH: nur nach Vereinbarung

FFFF

Cain ist eine mustergültige, kleine Winery hoch oben in den Spring Mountains am Rande des Napa Valley. Sie gehört dem Softwareunternehmer John Meadlock. Erzeugt werden zwei Rotweine: Cain Five, ein so genannter Proprietary Blend, und Cain Cuvée, der Zweitwein. Der Cain Five ist einer der bemerkenswertesten Rotweine Napas: seidig-fein, kraftvoll, spürbar säurebetont, rauhsamtig im Tannin. Er ist nie der schwerste, nie der reifste, nie der opulenteste aller Napa-Weine, doch einer der individuellsten. In jedem Fall ein typischer Terroir-Wein, zu 100 Prozent aus eigenen Trauben erzeugt, die in steilen, kühn angelegten Terrassenweingärten hoch oben an der Grenze zwischen Napa und Sonoma wachsen, wo die Tage heißer und die Nächte kühler sind als auf der Talsohle von Napa und die Sturzregen heftiger und die Trockenheit anhaltender. Zur Hälfte ist der Cain Five aus Cabernet Sauvignon gekeltert. Die andere Hälfte besteht aus Merlot, Malbec, Cabernet franc und Petit Verdot. „Ein Berg-Cabernet", charakterisiert ihn *winemaker* Chris Howell, der seit 1983 für die Cain-Weine zuständig ist.
Der amerikanische Weinkritiker Robert Parker entschuldigte sich unlängst öffentlich dafür, dass er den Cain Five so sehr unterbewertet habe. Neben den beiden Rotweinen wird eine kleine Menge Sauvignon Musqué abgefüllt: ein pikanter trockener Sauvignon blanc aus zugekauften Trauben.

WEINTIPP

1997 Cain Five
FARBE: dunkles Rubinrot
DUFT: frische Blaubeeren, Klee, Orangenschale, schwarzer Pfeffer
GESCHMACK: zugleich muskulös und elegant, saubere, klare Frucht mit schokoladigem Unterton, festes Tanninrückgrat, enorme Länge

BEZUGSQUELLE

363

CAYMUS VINEYARDS

8700 Conn Creek Rd., CA-94573 Rutherford, Tel. 001-707-963 42 04,
Fax 963 59 58, www.caymus.com
INHABER: Charles J. Wagner Family
KELLERMEISTER: Chuck Wagner, Jon Bolta
REBFLÄCHE: 25,9 Hektar
REBSORTEN: Cabernet Sauvignon, Sauvignon blanc
BESUCH: tgl. 10-16 Uhr nach Voranmeldung

AmEx EURO VISA

FFFF

Jahr für Jahr vollbrachte Vater Charly Wagner das Kunststück, Cabernet von Spitzenqualität auf die Flasche zu ziehen. Dieses Talent hat er offensichtlich seinem

Familie Wagner: Gruppenbild vorm Weingut

Sohn Chuck vererbt. Natürlich kann sich auch Wagner jr. auf die hervorragende Qualität der Böden in den Caymus-Weinbergen verlassen, ohne die eine solch imposante Serie von Spitzenweinen kaum möglich gewesen wäre. Doch mindestens in gleichem Maße bedarf es der geschickten Hand des Kellermeisters, um hervorragende „Zutaten" zu einem ebenso hervorragenden Ergebnis zu verarbeiten.
Von Kindesbeinen an – Vater Charly nahm 1972 den Betrieb auf dem Caymus-Weingut auf – konnte der junge Chuck von einer echten Winzer-Kapazität lernen.
Seine ersten eigenständigen Schritte wagte er als Kellermeister auf Caymus, wo er – wie sein Vater und Vorbild – in erster Linie auf große Cabernet setzte.
Den Weißen, vor allem Chardonnay und Sauvignon blanc, kommt zwar immer mehr Bedeutung zu, doch werden sie den Roten wohl nicht den Rang ablaufen.

WEINEMPFEHLUNG

1995 Cabernet Sauvignon
FARBE: Kirschrot mit dunklen Orangenreflexen
DUFT: feine Frucht, toastig, neues Leder, Karamell, Vanille, Zimt, Pfeffer, Tabak, Zedernholz
GESCHMACK: feinherb und fruchtig, würzig, feine Tannine, interessante, lang anhaltende Süße, sehr schönes Holz, vielschichtiger Wein, die Frucht ist sehr schön eingebunden.

BEZUGSQUELLEN

40, 60, 67, 68, 82, 87, 97a, 117, 154, 167, 188, 210, 212, 291, 292, 297, 301, 306, 321, 323, 324, 329, 352, 362, 366, 368, 378, 428, 429, 441, 471, 479, 491, 499, 509, 518, 524, 529, 536, 550, 556, 560

CLOS DU VAL

5330 Silverado Trail, CA-94558 Napa, Tel. 001-707-259 22 00, Fax 252 61 25
eskemp@closduval.com, www.closduval.com

INHABER: John Goelet, Präsident: Bernard Portet
KELLERMEISTER: Bernard Portet, John Clews, Kian Tavakoli
REBFLÄCHE: 121 Hektar
REBSORTEN: Cabernet Sauvignon, Chardonnay
BESUCH: tgl. 10-17 Uhr

AmEx EURO VISA

FFF

Fast 30 Jahre existiert das Weingut Clos du Val, es zählt damit zu den älteren Betrieben in Kalifornien. Der Besitzer, John Goelet, ist noch länger im Geschäft. Er machte sich nicht nur als Winzer, sondern auch als einer der führenden Importeure französischer Weine einen Namen. An seine eigenen Weingüter – Goelet besitzt noch zwei weitere in Australien – stellt der Winzer besondere Ansprüche: Sie müssen geeignet sein, Weine hervorzubringen, die es mit den besten Gewächsen Frankreichs aufnehmen können. In Kalifornien wurde der Enthusiast schließlich im südöstlichen Teil des Napa Valley fündig. Das heißt: Eigentlich war es Goelets Angestellter Bernard Portet, der den Auftrag erhalten hatte, nach einem geeigneten Weinberg zu fahnden. Zwei Jahre lang reiste Portet durch die Welt und nahm Weingüter in Australien, Südafrika und Kalifornien unter die Lupe, ehe er sein Votum abgab. Heute ist Portet Präsident von Clos du Val und Kellermeister. In erster Linie kümmert er sich um die Vinifizierung von Cabernet Sauvignon und Chardonnay, denn diese Sorten beanspruchen – wie häufig auf

Kellermeister: Bernard M. Portet

kalifornischen Weingütern – den weitaus größten Teil der Rebfläche. Auf dem restlichen Teil des Areals wird Merlot, Zinfandel und Pinot noir angebaut.

WEINEMPFEHLUNG

1997 Carneros Chardonnay, Clos du Val
FARBE: intensives Gelb
DUFT: intensive Vanille- und Karamelltöne, marinierte Birnen
GESCHMACK: opulent, üppig, mit intensivem Finale.

BEZUGSQUELLEN

17, 39, 47, 89, 101, 166a, 175, 212, 219, 243, 290, 298, 319, 324, 338, 363, 366, 441, 460, 475, 504, 548, 559

CLOS PEGASE

1060 Dunaweal Lane, CA-94515 Calistoga, Tel. 001-707-942 49 81,
Fax 942 49 93
cp@clospegase.com, www.clospegase.com
INHABER: Jan und Mitsuko Shrem
KELLERMEISTER: Steven Rogstad
REBFLÄCHE: 182 Hektar
REBSORTEN: Chardonnay, Merlot, Cabernet Sauvignon, Pinot noir
BESUCH: tgl. 10.30-17 Uhr
AmEx EURO VISA FFF

Noch vor wenigen Jahren hatte Jan Shrem mit Wein kaum etwas zu schaffen. Dann aber reiste er nach Japan. Dort lernte Shrem nicht nur Mitsuko kennen, mit der er heute verheiratet ist. Und da sich sein Leben ohnehin gerade veränderte, dachte Shrem auch über berufliche Veränderungen nach. Der Gedanke an ein eigenes Weingut ließ ihn nicht mehr los – und zwar an eines in Kalifornien, wo er studiert hatte. Vom Architekten Michael Graves ließen sich die Shrems ihr Weingut in Calistoga, ein postmodernes Schmuckstück, entwerfen. Zunächst verarbeiteten sie dort lediglich angekaufte Trauben zu gängiger Dutzendware. Dann aber kauften sie eigene Rebflächen, um die Qualität zu steigern. Das gelang, einer der besten Weinberge des Gutes trägt heute den Namen von Mitsuko.
Jan Shrem lehnte Spezialisierung ab – sein Angebot sollte breit gefächert sein. Seit der kreative Steven Rogstad den Keller betreut, kommen von Clos Pegase sehr gute Cabernet und Chardonnay.

Clos Pegase: New Look von Star-Architekt Michael Graves

WEINTIPPS

1996 Cabernet Sauvignon Napa Valley
1995 Cabernet Sauvignon Napa Valley Homage Artist Series Reserve

BEZUGSQUELLEN

363, 519, 532

COLGIN CELLARS

PO Box 372, CA-94575 Calistoga, Tel. 707-963 09 99
INHABERIN: Ann Colgin - KELLERMEISTERIN: Helen Turley
REBFLÄCHE: 2,5 Hektar
REBSORTEN: Cabernet Sauvignon
BESUCH: kein Publikumsverkehr

FFFFF

Ann Colgin ist mit Bier und Cocktails groß geworden – in Texas. Ein Wein-Kursus bei Sotheby's läuterte sie allerdings

Spezialist für Cabernet Sauvignon: Colgin

schon in jungen Jahren. Sie vertiefte sich in die Geheimnisse des Wein und brachte es zur Wein-Beraterin des berühmten Auktionshauses – ein Job, den sie noch heute gelegentlich ausübt.
Ihr Weingut liegt nordwestlich von St. Helena, ein winziger Besitz von 2,5 Hektar, der auf keiner Karte verzeichnet ist. Mit dem 1993er ist ihr Wein Kult geworden, eine „Fruchtbombe", gefüllt mit üppigen Aromen, die kaum ahnen lassen, dass der Wein zu 100 Prozent in neuer französischer Eiche ausgebaut ist. Sein Flaschenpreis hat inzwischen die 500 Dollar-Grenze überschritten. Beraterin Helen Turley sorgt dafür, dass die Erträge niedrig gehalten und die Trauben so spät wie möglich geerntet werden – selten vor Ende Oktober. Der hohe Extrakt lässt den Wein fast süß erscheinen, obwohl er völlig durchgegoren ist (über 14 Volumenprozent Alkohol). Die extreme Traubenreife gibt ihm nicht nur einen marmeladigen Ton, sondern sorgt auch für geschliffene, weiche Tannine.
Zudem hat Colgin 1996 den Tychon Hill Vineyard bei St. Helena erworben. Der erste kommerzielle Jahrgang von dort wird der 2000er sein.

WEINEMPFEHLUNG

1997 Cabernet Sauvignon Herb Lamb Vineyard
FARBE: dunkles Rubinrot
DUFT: Brombeere, Blaubeere, Cassis, dazu würzig-ledrige Aromen
GESCHMACK: mächtig und schwer, geschliffene, hochkonzentrierte Frucht, feinstes Tannin, langer, fast süßer Abgang

BEZUGSQUELLEN

nur auf Weinauktionen

CORISON WINERY

987 St. Helena Hwy. South, CA-94574 St. Helena, Tel. 001-707-963 08 26, Fax 963 49 06
INHABERIN UND KELLERMEISTERIN: Cathy Corison
REBFLÄCHE: 7,6 Hektar
REBSORTEN: Cabernet Sauvignon, Cabernet franc
BESUCH: nach Vereinbarung
EURO VISA
FFFF

Nachdem sie viele Jahre als Kellermeisterin auf den verschiedensten namhaften kalifornischen Weingütern gearbeitet hatte, machte sich Cathy Corison 1987 selbstständig. Nach einigen Anlaufschwierigkeiten befindet sie sich mittlerweile klar auf Erfolgskurs.

Cathy Corison: seit 1987 ein eigenes Weingut

Von Beginn an wollte Cathy Corison nur mit zwei Rebsorten arbeiten. Und bisher wird auch lediglich ein einziger Wein produziert und abgefüllt – ein Cabernet Sauvignon mit einem geringen Cabernet franc-Anteil. Heute verlassen Jahr für Jahr 30 000 Flaschen das Gut nahe St. Helena. Trotz solcher vergleichsweise geringen Produktionsmengen kommen nicht nur Amerikaner in den Genuss dieses Tropfens – ein festes Quantum an Flaschen ist für den Export in die wichtigsten europäischen Weinländer bestimmt.

Ihr Meisterstück lieferte die Kellermeisterin übrigens auf dem benachbarten Weingut Chappellet ab, wo sie zehn Jahre lang, bis 1987, wirkte. Dort zeichnete sie für teils hervorragende Cabernet Sauvignon-Blends verantwortlich, aber auch für Chardonnay. Vielleicht ist das auch bei Corison die künftige Richtung. Gegenwärtig ist das Weingut nicht für den allgemeinen Publikumsverkehr geöffnet – Interessenten können sich aber anmelden und werden dann gern durch das Weingut geführt.

WEINTIPP

1995 Cabernet Sauvignon Napa Valley

BEZUGSQUELLEN

10, 134, 166, 212, 297, 301, 327, 358, 378,

CRICHTON HALL VINEYARD

1150 Darms Lane, CA-94558 Napa, Tel. 001-707-224 42 00,
Fax 224 42 18; chvwine@pacbell.net

INHABER: Richard und Judith Crichton
KELLERMEISTER: Richard Crichton
REBFLÄCHE: 7 Hektar
REBSORTEN: Chardonnay, Pinot noir, Merlot
BESUCH: Mo-Fr nach Voranmeldung

AmEx EURO VISA

FF

Kleines Weingut mit großem Erfolg. Ganze sieben Hektar Anbaufläche hat das Familien-Unternehmen Crichton Hall vorzuweisen. Doch die Erzeugnisse des ambitionierten, feinen Weinguts werden Jahr für Jahr gefeiert. In England genießt das kleine Unternehmen mit Spezialisierung auf Chardonnay nahezu Kultstatus. Mehr als 60 Prozent der Fläche sind für diese Rebsorte reserviert.

Cheers: Erfolgsduo Judith und Richard Crichton

Vielleicht ist es gerade die Exklusivität der Weine, die Genießer in aller Welt aufhorchen lässt – mit 60 000 produzierten Flaschen gehören Judith und Richard Crichton wahrlich nicht gerade zu den Großunternehmern im Napa Valley. Für Qualität sorgen Boden und Klima der südlichen Napa-Ausläufer. Hier findet vor allem die Rebsorte Chardonnay allerbeste Reife-Voraussetzungen, aber auch Merlot und Pinot noir – die von den Crichtons ebenfalls mit großem Erfolg kultiviert werden.

WEINEMPFEHLUNG

1997 Napa Valley, Chardonnay

FARBE: helles Gelb mit goldenen Reflexen
DUFT: sehr frisch in der Nase, mit Aromen von Heu, Karamell, Butter und Brot
GESCHMACK: Der Wein schmeckt fruchtig, nach reifen Birnen und Pflaumen, außerdem etwas Kokosnuss, kräftig, nachhaltig

BEZUGSQUELLEN

17, 21, 67, 68, 119, 290, 460, 528

DALLA VALLE VINEYARDS

7776 Silverado Trail, CA-94562 Oakville, Tel. 001-707-944 26 76,
Fax 944 84 11
INHABER: Naoko Dalla Valle - **KELLERMEISTERIN:** Mia Klein
REBFLÄCHE: 10,1 Hektar
REBSORTEN: Cabernet Sauvignon, Cabernet franc, Sangiovese
BESUCH: kein Publikumsverkehr

FFFFF

Klein, aber fein: Mit diesen Worten ließe sich das Weingut Dalla Valle nahe dem Städtchen Oakville vielleicht am zutreffendsten beschreiben.
Auf den gutseigenen Weinbergen wird vor allem Cabernet Sauvignon angebaut. Die klimatischen Voraussetzungen und die Beschaffenheit der Böden gelten schon seit vielen Jahren als nahezu optimal für Wachstum und Reife dieser Sorte.
Das Weingut Dalla Valle nahm erst 1982 den Betrieb auf – damit zählt es zu den jüngeren im Wein-Dorado Kalifornien. Schon in den neunziger Jahren – damals noch unter Kellermeisterin Heidi Peterson Barrett – produzierte man hier aufsehenerregende, spektakuläre Weine, insbesondere Cabernet Sauvignon. Fast drei Viertel der Anbaufläche sind für diese Rebsorte reserviert. Ein Teil davon ist stets für den Maya-Blend vorgesehen (Maya heißt die Tochter der Dalla Valles).
Neben Cabernet Sauvignon und Cabernet franc wird auf Dalla Valle auch die Rebsorte Sangiovese angebaut. Auch sie wird sehr erfolgreich vermarktet. Das Erfolgsrezept von Naoko Dalla Valle heißt Qualität und Exklusivität. So kann man

Für Besucher verschlossen: Dalla Valle

etwa die Weine beispielsweise nicht auf dem Gut erwerben – nicht einmal verkosten: Die Pforten dieses Weinguts sind für Besucher seit eh und je geschlossen. Und der Vertrieb wurde einem einzigen Weinhändler übertragen.

WEINTIPPS

1995 Cabernet Sauvignon Napa Valley
1994 Maya Red Napa Valley

BEZUGSQUELLEN

306, 363, 378, 390, 469, 479, 499, 509

DIAMOND CREEK VINEYARDS

1500 Diamond Mountain Rd., CA-94515 Calistoga, Tel. 001-707-94 26 92, Fax 942 69 36
www.dominusestate.com
INHABER: Al und Boots Brounstein
KELLERMEISTER: Phil Steinschriber
REBFLÄCHE: 8 Hektar
REBSORTEN: Cabernet Sauvignon, Cabernet franc, Merlot
BESUCH: Besuch nach Vereinbarung

FFFFF

Als Al Brounstein 1968 einen 30 Hektar großen Redwood-Wald kaufte, ging es ihm weniger um die mächtigen Bäume: Er setzte auf den Boden darunter. Brounstein hatte das ehrgeizige Ziel, einen der größten Weine der Welt zu produzieren. Und obwohl er sich vor allem für große Burgunder begeisterte, wusste Brounstein: Auf dem ehemaligen Waldboden und bei den herrschenden klimatischen Bedingungen würde er eher Weine im Stil der Bordeaux-Châteaux erzeugen können.
Die Rebsetzlinge bezog er nicht aus Kalifornien, Brounstein wandte sich vielmehr direkt an die Spitzenweingüter des Bordelais. Die Stecklinge, die er nicht legal in die USA einführen durfte, lagerte er zunächst in Mexiko ein. Mit seiner Privatmaschine schmuggelte er dann auf zahllosen Flügen das wertvolle Rebgut in die USA.
Al Brounstein verließ sich immer auf die klassischen Weinbaumethoden der Alten Welt. Die Trauben werden ökologisch angebaut, und die Erntemenge bleibt strikt begrenzt, in den Weinbergen ist nur Handarbeit erlaubt. Außerdem ist Brounstein in Kalifornien einer der Pioniere des Terroir-Gedankens.
Anfangs wurden die Trauben zur Vinifikation außer Haus gegeben, seit Ende der 90er Jahre verfügt Diamond Creek jedoch über einen eigenen Keller, den Phil Steinschriber leitet. Gäste werden auf dem Weingut selten empfangen, Weinproben sind nicht möglich.

Qualität aus Calistoga: Al Brounsteins Cabernet

WEINTIPPS

1996 Cabernet Sauvignon Napa Valley Gravelly Meadow
1996 Cabernet Sauvignon Napa Valley Lake Vineyard

BEZUGSQUELLEN

297, 347, 358, 491, 509, 528

DOMINUS ESTATE

2570 Napanook Road, CA-94599 Yountville, Tel. 001-707-944 89 54,
Fax 944 05 47
dominus@napanet.net, www.dominusestate.com
INHABER: Christian Moueix - **ÖNOLOGE:** Jean-Claude Berrouet
KELLERMEISTER: Boris Champy
REBFLÄCHE: 50,1 Hektar
REBSORTEN: Cabernet Sauvignon, Cabernet franc, Merlot, Petit Verdot
BESUCH: kein Publikumsverkehr

FFFFF

Christian Moueix ist Besitzer des legendären Château Pétrus im Weinbaugebiet Pomerol, als solcher könnte er sich eigentlich lebenslang auf dem erworbenen Ruhm ausruhen. Doch 1982 erwarb er im fernen Kalifornien – zusammen mit den Töchtern des berühmten Winzers John Daniel, Robin Lail und Marcia Smith – Dominus Estate. Dort wurde bereits seit fast 150 Jahren Wein erzeugt – nun aber sollte der Höhenflug des Weingutes beginnen, so wollte es der neue Besitzer. Doch die erste Dekade verlief wechselhaft, gelegentlich sogar desaströs. Während der ersten Jahre ließen sich die Tannine nicht zähmen, und die Juroren senkten bereits den Daumen über Dominus. Erst ab 1987 bekam Kellermeister Jean-Claude Berrouet die Tannine in den Griff, wie vor allem die Jahrgänge 1991 und 1994 bewiesen. Damals schieden die Teilhaberinnen aus – heute darf sich Moueix ganz allein rühmen, mit seinen Cabernet Sauvignon und Cabernet franc/Merlot – die klassische Bordeaux-Cuvée – einen der besten Weine der Welt zu produzieren.

Von Künstlerhand: Dominus-Label

WEIN-EMPFEHLUNG

1996 Dominus
FARBE: intensives Rubinrot mit fast schwarzem Kern
DUFT: ein Anflug von schwarzen Johannisbeeren und ein zarter Hauch von Eukalyptus
GESCHMACK: elegant und dennoch kraftvoll, Bordelaiser Stil mit guter Länge und Struktur.

BEZUGSQUELLEN

15, 44, 51, 61, 67, 68, 72, 82, 94, 126, 137, 144, 154, 167, 183, 197, 202, 205, 210, 212, 215, 219, 243, 261, 273, 279, 286, 291, 292, 297, 303, 306, 353a, 321, 324, 329, 352, 353, 366, 368, 378, 412, 431, 438, 441, 464, 470, 472, 473, 475, 479, 480, 482, 499, 504, 509, 511, 518, 528, 529, 551, 556

DUCKHORN VINEYARDS

1000 Lodi Lane, CA-94574 St. Helena, Tel. 001-707-963 71 08,
Fax 963 75 95. welcome@duckhorn.com, www.duckhorn.com
INHABER: Dan und Margaret Duckhorn
KELLERMEISTER: Tom Rinaldi, Mark Beringer, Tony Biagi, Bruce Regalia
REBFLÄCHE: 76 Hektar
REBSORTEN: Merlot, Cabernet Sauvignon, Zinfandel, Sauvignon blanc
BESUCH: nur nach Vereinbarung

AmEx EURO VISA

FFF

Viele Experten sind der Ansicht, dass Merlot – nach dem Pinot noir – die am extremsten lagenabhängige Rebsorte ist. Die bisherige Erfahrung im Napa Valley scheint diese These zu bestätigen – auf dem Weingut Duckhorn zum Beispiel aber reifen vortreffliche Merlot.

Dan Duckhorn: Merlot-Pionier im Valley

Seit Dan Duckhorn seinen Betrieb 1976 gründete, widmete er sich vornehmlich der Suche nach optimalen Anbauflächen für Merlot. Mit gutem Erfolg, wie sich ein Vierteljahrhundert später feststellen lässt. Auch eine zweite große Bordeaux-Traube, der Cabernet Sauvignon, und Zinfandel sind auf den Rebflächen von Duckhorn vertreten. Als weiße Traube wird Sauvignon blanc angebaut. Duckhorn ist nach wie vor der Meinung, dass die Traubenlese von Hand mechanischen Verfahren vorzuziehen ist. In anderer Hinsicht hat man auf Duckhorn traditionelles Denken überwunden: „Wenn mir jemand vor zehn Jahren gesagt hätte, dass wir für unsere Premium-Weine einmal amerikanische Eiche verwenden würden, hätte ich respektvoll widersprochen", sagt Tom Rinaldi, der den Keller des Weinguts leitet. Die ersten Versuche endeten in einem Fiasko, doch nachdem Rinaldi herausgefunden hatte, dass „amerikanische Eiche und Zinfandel eine himmlische Verbindung sind", reifen die charaktervollen roten Weine nun in heimischen Eichenfässern.

WEINEMPFEHLUNG

1996 Napa Valley Merlot
FARBE: Schwarzrot mit rubinroten Reflexen
DUFT: Gemüsetöne, würzig, nach Pfeffer, intensive Frucht, süßer Cassis
GESCHMACK: sehr beerig, Cassissaft, feine Tannine, geschmeidig, mit Pfeffer und animalischer Note, kräftig.

BEZUGSQUELLEN

82, 131, 154, 197a, 212, 291, 292, 323, 324, 329, 362, 366, 378, 428, 429, 491, 509, 533, 534

ESTANCIA/RUTHERFORD VINEYARDS

1178 Galleron Rd., CA-94574 St. Helena, Tel. 001-707-963 71 11, Fax 963 78 67; winemaker@franciscan.com, www.franciscan.com

INHABER: Franciscan Estates/Canandaigua
ÖNOLOGE: Phil Franscioni
REBFLÄCHE: 445 Hektar
REBSORTEN: Chardonnay, Pinot noir, Merlot, Cabernet Sauvignon
BESUCH: nach Vereinbarung

AmEx | DINERS | EURO | VISA

FFF

Das Weingut ist Teil der großen Firmenfamilie Franciscan Estate und bekannt vor allem für seine Cabernet Sauvignon – vielleicht die besten des gesamten Großunternehmens. Mit ihnen hat sich Estancia einen besonderen Namen in der kalifornischen Weinindustrie gemacht – was angesichts des heftigen Wettbewerbs als großer Erfolg gelten kann. Die Weinberge in Monterey und im Alexander Valley sind außergewöhnlich günstig gelegen und weisen hervorragende klimatische Bedingungen auf. Von optimaler Qualität ist auch die Bodenbeschaffenheit. Dank der Größe der Anbauflächen können auf diesem Weingut nahezu alle für Kalifornien typischen Traubensorten angebaut werden. Neben den ausgezeichneten Cabernet gedeihen hier auch Merlot, Chardonnay und Pinot noir. Für den Ausbau der Weine zeichnet Kellermeister Phil Franscioni verantwortlich, der Jahr für Jahr auch hochwertige Reserve-Abfüllungen kreiert. Insgesamt bringt das Estancia-Weingut jährlich stolze 3,5 Millionen Flaschen auf den Markt.

WEINEMPFEHLUNG

1996 Quintessa, Napa Valley Red Wine

FARBE: kräftiges Kirschrot mit Rubinreflexen

DUFT: ansprechend in der Nase, Wildgeflügel und Leder, Johannisbeeren, Preiselbeeren und Pflaumen, riecht leicht würzig nach Pfeffer und Paprika, etwas blumig nach Veilchen

GESCHMACK: konzentriert im Ansatz, herb und schmelzig, die Aromen sind wunderbar mit den Tanninen eingebunden, vollmundig, der Wein bietet eine Harmonie und Fülle, die den Gaumen nachhaltig befriedigt.

BEZUGSQUELLEN

87, 119, 190, 260, 261, 262, 300, 321, 323, 334, 469, 538

FLORA SPRINGS WINERY

1978 W. Zinfandel Lane, CA-94574 St. Helena, Tel. 001-707-963 57 11, Fax 963 75 18; www.floresprings.com

INHABER: Familien Komes und Garvey - **KELLERMEISTER:** Ken Deis

REBFLÄCHE: 223 Hektar

REBSORTEN: Cabernet Sauvignon, Merlot, Zinfandel, Sauvignon blanc, Malbec, Sangiovese, Petit Verdot, Cabernet franc, Pinot grigio, Pinot noir

BESUCH: nur im Tasting Room: 677 St. Helena Hwy., tgl. 10-17 Uhr

VISA

FFFF

Als sich Flora und Jerry Kome 1977 den Traum von einem eigenen Weingut erfüllten, wussten sie, dass eine Menge Arbeit auf sie zukommen würde: Die technischen Anlagen des ehemaligen Martini-Weinguts, das sie erworben hatten, mussten von Grund auf modernisiert werden. Heute präsentiert sich das Weingut Flora Springs in St. Helena als moderner und professionell geführter Betrieb, mit einer für Kalifornien nicht unbedingt typischen Unternehmens-Philosophie.

Flora Springs: breites Rebensortiment

Die Besitzer von Flora Springs – mittlerweile ist die Familie Garvey mit im Boot – vertrauen auf ein möglichst breit gefächertes Angebot. Dennoch setzen sie Schwerpunkte mit bestimmten Rebsorten – sozusagen die Flaggschiffe der Flora Springs Winery. Doch auch jenen Sorten, die nur in geringer Menge kultiviert werden, gilt besondere Aufmerksamkeit. Nahezu die Hälfte der Rebfläche ist für Cabernet Sauvignon reserviert. Zusammen mit dem Cabernet machen Zinfandel und Merlot fast drei Viertel der Jahresproduktion des Weingutes aus. Bei den Weißweinen der Flora Springs Winery dominiert der Chardonnay.

WEINTIPPS

1995 Cabernet Sauvignon Rutherford Hillside

1995 Chardonnay Carneros Napa Valley Lavender Hill

1995 Trilogy Red Napa Valley

BEZUGSQUELLEN

54, 82, 166, 210, 212, 278, 333, 390, 491a, 499, 509, 522, 556

FOLIE À DEUX WINERY

3070 North St. Helena Hwy., CA-94574 St. Helena, Tel. 001-707-963 11 60, Fax 963 92 23
folie@folieadeux.com, www.folieadeux.com
INHABER: Dr. Richard Peterson, George Schofield
ÖNOLOGE: Dr. Richard Peterson
KELLERMEISTER: Scott Harvey
REBFLÄCHE: 4,9 Hektar
REBSORTEN: Cabernet Sauvignon, Zinfandel
BESUCH: tgl. 10–17 Uhr
AmEx EURO VISA
F F

Zwei Psychiater hatten einen Traum: den von einem eigenen Weingut im Napa Valley. Als sie ihren Freunden und Kollegen von diesem Vorhaben berichteten, sagten diese nur, das zeige typische Symptome von „Folie à Deux“. So hatten die beiden Hobby-Winzer auch gleich einen Namen für ihr Weingut gefunden. Mit viel Elan machten sie sich in der Region St. Helena ans Werk. Doch schon bald mussten sie ihr kleines Weingut einer Investorengruppe überlassen. Unter deren Management steht das Unternehmen bis heute.
Einer der Geldgeber: Dr. Richard Peterson, ein Wein-Enthusiast und Önologe. Ihm zur Seite steht seit nun bereits einem Vierteljahrhundert *winemaker* Scott Harvey.
Folie à Deux bezieht seine Trauben heute im Wesentlichen aus Regionen, in denen das Unternehmen eigene Anbauflächen besitzt oder auf die Zulieferung ausgesuchter Winzer zurückgreifen kann. So ist dieses Weingut in der Lage, erstaunlich viele diverse Rebsorten verarbeiten und unterschiedliche Weine produzieren zu können. Zwar machen Cabernet Sauvignon und Chardonnay nach wie vor den weitaus größten Teil der Produktion aus, doch die Weine aus anderen Rebsorten können sich ebenfalls sehen lassen: Zinfandel, Merlot, Syrah, Sangiovese und Chenin blanc.

WEINEMPFEHLUNG

1996 Napa Valley Cabernet Sauvignon
FARBE: kirschrot mit Purpurreflexen
DUFT: Trüffel, würzig, animalisch, Wildkirsche, Cassis, Graphit
GESCHMACK: weicher, feiner Ansatz, mit Aromen von Kakao, Pflaumen und Orangen, anregende Gerbsäure, leicht würzig, ansprechendes Barrique, fein, harmonisch, finessenreich

BEZUGSQUELLEN

166, 358

FORMAN VINEYARD

1501 Big Rock Rd., CA-94574 St. Helena, Tel. 001-707-963 02 34,
Fax 963 53 84

INHABER UND KELLERMEISTER: Ric Forman
REBFLÄCHE: 36,4 Hektar
REBSORTEN: Chardonnay, Cabernet Sauvignon
BESUCH: nach Vereinbarung

FFF

Winzer Ric Forman ist ein „Wein-Verrückter" der alten Schule: Bevor er sich den Traum von einer eigenen Winery erfüllte, machte er auf einigen der bekanntesten kalifornischen Weingüter als Kellermeister Karriere. Erst nachdem er einen reichen Fundus an Erfahrungen gesammelt hatte, wagte er den Schritt in die Unabhängigkeit. Und da er zuvor, etwa auf dem Sterling-Weingut, fast ausschließlich Cabernet Sauvignon zu großer Berühmtheit verholfen hatte, lag es nahe, auch beim eigenen Weingut den Schwerpunkt auf die Bordeaux-Traube zu legen. Nahezu die Hälfte von Ric Formans Rebflächen ist heute für Cabernet Sauvignon und seine Blend-Sorten Merlot und Cabernet franc reserviert. Die andere Hälfte beansprucht der Chardonnay. Darüber hinaus bezieht das Forman-Weingut jährlich große Mengen Chardonnay-Trauben aus anderen Anbaugebieten Kaliforniens.

Ric Forman: auch als Berater sehr gefragt

Für die Lagerung des Chardonnay verwendet er je zur Hälfte neue und einjährige Eichenholzfässer. Formans Meisterschaft bei der Erzeugung von Premium-Weinen hat sich in Kalifornien längst herumgesprochen. Inzwischen berät Ric Forman eine ganze Reihe von anderen Weingütern.

WEINTIPPS

1995 Cabernet Sauvignon Napa Valley
1996 Chardonnay Napa Valley

BEZUGSQUELLEN

10, 67, 68, 105, 106, 166, 301, 323, 399, 469, 509, 519, 533, 534

FRANCISCAN OAKVILLE ESTATE

1178 Galleron Rd., CA-94574 St. Helena
Tel. 001-707-963 71 11, Fax 963 78 67
winemaker@franciscan.com, www.franciscan.com
INHABER: Canandaigua - **ÖNOLOGE:** Larry Levin
REBFLÄCHE: 87,4 Hektar
REBSORTEN: Cabernet Sauvignon, Chardonnay, Merlot, Zinfandel
BESUCH: tgl. 10-17 Uhr
AmEx DINERS EURO VISA
FFF

Nach einigen schwierigen Jahren erreichte Franciscan Oakville Estate wieder ruhigeres Fahrwasser. Seit der Deutsche Peter Eckes und sein holländischer Kompagnon Augustin Huneeus das Ruder übernahmen, steuert das Weingut einen gut abgesteckten Kurs. Die neuen Besitzer und Winemaker betreiben eine umsichtige Unternehmenspolitik. Sie setzen auf eine klar definierte Spezialisierung in den Weinbergen und betreiben zudem eine sehr erfolgreiche Marketingpolitik. Die eigentliche Grundlage des Erfolgs aber sind fast 90 Hektar beste Rebflächen, die in unmittelbarer Nachbarschaft zu den ganz großen Napa-Weingütern liegen. Nebel in den frühen Morgenstunden und am Abend sorgt an den ansonsten heißen Sommertagen für ausreichend Feuchtigkeit.
Die Böden bieten nahezu ideale Voraussetzungen für den Anbau der Rebsorten Cabernet Sauvignon, Merlot und Zinfandel. Als einzige weiße Traube wird Chardonnay angebaut.

Franciscan: Wasserturm zwischen Reben

Neben dem Franciscan Oakville Estate sorgen der „Magnificat" – eine Cuvée von Cabernet Sauvignon, Cabernet franc und Merlot – sowie die Cuvée Sauvage Chardonnay für den geschäftlichen Erfolg.

WEINEMPFEHLUNG

1997 Cabernet Sauvignon
FARBE: dichtes Schwarzkirschrot,
DUFT: würzig, mit Aromen von Pfeffer, Nelken, Cassis, Holunder
GESCHMACK: anregende Säure, weiche Tannine mit feinen Holzaromen, im Abgang Frucht und Bitterschokolade.

BEZUGSQUELLEN

87, 119, 129, 212, 260, 262, 323, 469, 556

PETER FRANUS WINE

2055 Hoffmann Lane, CA-94558 Napa, Tel. 707-945 05 42, Fax 945 09 31,
franuswine@franuswine.com

INHABER UND KELLERMEISTER: Peter Franus
REBFLACHE: 10,94 Hektar
REBSORTEN: Zinfandel, Cabernet Sauvignon, Sauvignon blanc
BESUCH: nur nach Vereinbarung

EURO VISA

FFFF

Peter Franus war ein erfolgreicher Journalist, bevor er sich beruflich neu orientierte und von 1981 bis 1992 als Kellermeister in der Mount Veeder Winery arbeitete. Hier entdeckte er vor allem das Potenzial der Zinfandel-Rebe. Bereits 1987 begann er, Zinfandel in eigener Regie zu produzieren, allerdings nur nebenher und in sehr geringen Mengen. Dann wagte er 1992 den Schritt in die Selbständigkeit. Seine sehr aromatischen Zinfandel, dazu Cabernet Sauvignon und Sauvignon blanc stammen von Weinbergen im Napa Valley und im Contra Costa County. Die Trauben für Franus' beiden Zinfandel, die er mit Lagenbezeichnung auf den Markt bringt, wachsen an 70-jährigen Rebstöcken im Brandlin Vineyard in den westlichen Hügeln des Napa Valley und an fast 100-jährigen Rebstöcken im Planchon Vineyard, südöstlich von Napa.
Die Weine besitzen sehr konzentrierte Aromen und eine gut ausbalancierte Struktur.

Feine Zinfandel: Peter Franus

WEINTIPPS

1999 Franus Zinfandel
1999 Zinfandel Mt. Veeder Brandlin Ranch

BEZUGSQUELLE

358

GRACE FAMILY VINEYARD

1210 Rockland Rd., CA-94574 St. Helena, Tel. 707-963 08 08, Fax 963 52 71
INHABER: Richard Grace Familie
ÖNOLOGIN: Heidi Peterson Barrett
REBFLÄCHE: 1 Hektar
REBSORTEN: Cabernet Sauvignon
BESUCH: kein Publikumsverkehr

FFFFF

Gerade einmal einen Hektar Rebland bebaut die Familie Grace – ausschließlich mit Cabernet Sauvignon-Reben. Eher per Zufall kam der frühere Investment-Manager Dick Grace zu seinem Weinberg, wollte er doch

Starkes Team: Dick Grace, Önologin Barrett

ursprünglich nur einen Landsitz mit etwas Gartenfläche. Doch dann fand er Gefallen am Wein-Machen und nahm sich vor: „Auch wenn ich nur einen Hektar habe, möchte ich die bestmöglichen Trauben." Seit Februar 1995 ist Heidi Peterson Barrett, eine der erfolgreichsten Önologinnen Kaliforniens, verantwortlich für die Produktion der Weine. Gelesen wird ausschließlich per Hand, sorgfältig wird nur das beste Lesegut ausgewählt und in kürzester Zeit zum Pressen in den Weinkeller gebracht. Dort möchte Dick Grace so wenig wie möglich eingreifen, denn „Wein ist ein Naturprodukt, und die besten Weine sind die, die in Ruhe gelassen werden."

Das Ergebnis sind Rote mit schmeichelnden Aromen, opulenter Frucht und weichen, gut eingebundenen Tanninen. Nach wie vor ist Grace eine Boutique-Winery mit einer jährlichen Produktion von lediglich 2500 Flaschen. Der Wein wird per Rundschreiben nur etwa 480 Stammkunden angeboten, jeder darf höchstens vier Normalflaschen plus eine Magnum kaufen. Jedes Jahr wird zudem eine Zahl von Flaschen zurückgelegt und auf Wohltätigkeits-Auktionen zugunsten schwerkranker Kinder versteigert, wo sie stets die höchsten Preise erzielen.

WEINTIPP
1999 Cabernet Sauvignon

BEZUGSQUELLEN
keine Angaben

GRGICH HILLS CELLAR

1829 St. Helena Hwy., CA-94573 Rutherford,
Tel. 001-707-963 27 84, Fax 963 87 25
INHABER: Miljenko „Mike" Grgich und Austin Hills
KELLERMEISTER: Mike Grgich
REBFLÄCHE: 161,9 Hektar
REBSORTEN: Chardonnay, Fumé blanc, Zinfandel, Cabernet Sauvignon, Violetta
BESUCH: tgl. 9.30-16.30 Uhr
EURO VISA

FFF

Ein 1951er Cabernet Sauvignon und ein 1954er Zinfandel veränderten das Leben des jugoslawischen Einwanderers und gelernten Winzers Miljenko Grgich (sprich Grugitsch). Kaum in den Vereinigten Staaten angekommen, wusste er: Es war richtig, den Schritt über den großen Teich zu tun. Denn damals durfte Mike, wie er nun genannt wurde, mit seinem damaligen Chef, Lee Stewart vom Souvereign-Weingut, edle Tropfen aus dessen privatem Keller verkosten. „Mike" Grgich war überwältigt und beschloss, irgendwann ein eigenes Weingut zu betreiben.

Immigrant Grgich: aus „Miljenko" wurde „Mike"

Zunächst aber arbeitete er als Winemaker für Lee Stewart und Robert Mondavi, bis ihn Chateau Montelana für die 1972er Ernte abwarb. Bereits der nächste Chardonnay-Jahrgang von Montelana schlug in der Weinwelt ein wie eine Bombe.

Seit 1977 ist Mike sein eigener Herr in den Grgich Hills Cellars. Obwohl Grgich bei der Produktion seiner Weine auf Vielfalt setzt und weißen wie roten die gleiche Aufmerksamkeit zuteil werden lässt, gilt ein Wein immer noch als Star des Angebots von Grgich Hills: der Chardonnay.

WEINTIPPS

1994 Cabernet Sauvignon Napa Valley Yountville Selection
1996 Chardonnay Napa Valley
1995 Fumé blanc Napa Valley
1994 Violetta Late Harvest Napa Valley

BEZUGSQUELLEN

363, 441

GROTH VINEYARDS AND WINERY

750 Oakville Cross Rd., CA-94562 Oakville
Tel 001-707-944 02 90, Fax 944 89 32
ccilurzo@grothwines.com, www.grothwines.com
INHABER: Dennis und Judy Groth
ÖNOLOGE: Michael Weiss
REBFLÄCHE: 56 Hektar
REBSORTEN: Sauvignon blanc, Chardonnay, Cabernet Sauvignon, Merlot
BESUCH: Mo-Sa 10.00-16.00 Uhr

FFF

Dennis Groth beendete 1982 sein erstes Leben – beim kalifornischen Computer-Hersteller Atari –, kaufte ein Weingut und heuerte Nils Venge, den damaligen Winemaker von Villa Mt. Eden an. Die Erzeugnisse des Familienweinguts Groth Vineyards können sich heute durchaus mit denen der großen Namen des Napa Valley messen. Dennoch legen Dennis und Judy Groth Wert darauf, den speziellen Charakter des kleinen, mit viel Umsicht geführten Betriebes zu bewahren. Mittlerweile helfen auch die drei Kinder Elizabeth, Suzanne und Andrew mit bei Lese und Verarbeitung der klassischen roten Bordeaux-Trauben Cabernet Sauvignon und Merlot, auf die sich die Groths spezialisiert haben. Ebenso typisch für Kalifornien: die von ihnen bevorzugte weiße Traube ist Chardonnay. Nach anfänglichen Schwierigkeiten hat der Betrieb mittlerweile ruhigeres Fahrwasser erreicht. Bis es soweit war, mussten die Groths und ihr heutiger Kellermeister Michael Weiss eine bittere, aber lehreiche Erfahrung machen: Es ist viel einfacher, 30 000 Kisten Wein zu produzieren als 30 000 Kisten zu verkaufen.

Groth Vineyards: Anlage im kalifornischen Missions-Stil

WEINTIPPS

1995 Cabernet Sauvignon Napa Valley
1995 Cabernet Sauvignon Napa Valley Reserve

BEZUGSQUELLEN

82, 174, 212

HARLAN ESTATE

1551 Oakville Grade, CA-94562 Oakville, Tel. 001-707-944 14 41, Fax 944 14 44 weavefish@aol.com

INHABER: H. William Harlan
ÖNOLOGE: Michel Rolland - **KELLERMEISTER:** Robert Levy
REBFLÄCHE: 14,5 Hektar
REBSORTEN: Cabernet Sauvignon, Merlot, Cabernet franc, Petit Verdot
BESUCH: kein Publikumsverkehr

AmEx EURO VISA

FFFFF

Lange war H. William Harlan in San Francisco Boss einer Grundstücksmaklerfirma, dann gab er seinem Leben eine neue Richtung und widmete sich, seit 1988, bei Oakville der Erzeugung von Rotweinen. Dort geht es ihm – das Gut liegt oberhalb des berühmten Martha's Vineyard – vor allem um Qualität.

Lediglich 16 Hektar Anbaufläche werden von ihm und seinen Helfern bearbeitet, davon sind mehr als die Hälfte – nicht überraschend bei Harlans Bordeaux-Orientierung – mit Cabernet Sauvignon-Reben bestanden, die den Grundstock für die beiden Rotwein-Blends bilden. Typisch kalifornisch verteilt sich der Rest auf Merlot und Cabernet franc.

Anspruch verpflichtet: Harlan

Für die Produktion der Weine zeichnet Kellermeister Robert Levy verantwortlich, der bei seiner Arbeit einem ebenso schlichten wie Erfolg versprechenden Grundsatz folgt: Außergewöhnliche Weine erfordern außergewöhnliche Trauben. Die Trauben sind von Hand gelesen, größere Eingriffe in den Prozess von Wachstum und Reife nimmt Kellermeister Levy nicht vor.

WEINEMPFEHLUNG

1995 Napa Valley, Harlan Estate

FARBE: dichtes Granatrot

DUFT: sehr konzentriert, mit Anklängen von schwarzen Johannisbeeren und Süßkirschen, im Glas zeigen sich alsbald dichte Röststoffe

GESCHMACK: Opulenz am Gaumen, vielschichtig mit Gewürz-, Frucht- und Tabaknoten im Abgang

BEZUGSQUELLEN

7, 166, 301, 353a, 378, 399, 469, 479, 490, 499, 509, 519

HEITZ WINE CELLARS

500 Taplin Rd., CA-94574 St. Helena, Tel. 001-707-963 35 42, Fax 963 74 54, www.heitzcellar.com

INHABER: Joe und Alice Heitz - **KELLERMEISTER:** David Heitz
REBFLÄCHE: 141,6 Hektar - **REBSORTEN:** Cabernet Sauvignon
BESUCH: nur nach Vereinbarung, Tasting Room 436 St. Helena Hwy. South, tgl. 11-16.30 Uhr

AmEx DINERS EURO VISA

FFF

Als das Weingut Heitz Cellars 1961 den Betrieb aufnahm, zählte man im Napa Valley gerade einmal 20 Weingüter. Heitz Cellars dürfen sich somit voller Stolz zu den Winzer-Pionieren im Tal zählen. Die ursprüngliche Anlage am St. Helena Highway ist weiterhin in Betrieb, die Produktion aber wurde vor einigen Jahren schon an die Taplin Road verlegt. In der alten Anlage mit ihren wunderschönen Kellern findet sich heute nur noch der große Verkaufs- und Verkostungsraum. Bereits seit 1974 hält David Heitz, der Sohn der Firmengründer Joe und Alice Heitz, die Zügel des Unternehmens in der Hand – seit er mit dem Martha's Vineyard Cabernet Sauvignon seine erste eigene Abfüllung auf den Markt brachte. Dieser Wein machte das kalifornische Familienunternehmen auf einen Schlag berühmt.

Heitz-Juwel: die Lage „Martha's Vineyard"

Neben roten Cabernet Sauvignon- und weißen Chardonnay-Reben werden heute auch Grignolino und Zinfandel kultiviert. Vielleicht sind es diese Trauben, die der dritten Generation den Erfolg bescheren werden. Denn David Heitz' Kinder sind in Kürze alt genug, um die Führung des Unternehmens zu übernehmen und die lange Winzertradition der Familie fortzusetzen.

WEINEMPFEHLUNG

1992 Cabernet Sauvignon Trailside Vineyard

FARBE: dunkles Kirschrot mit braunen Reflexen
DUFT: Aromen von Glühwein, Gewürznelken, Backpflaumen und Zimt
GESCHMACK: reife Fruchtaromen, kräftige Holztöne, feine Gerbsäure, leicht bitterer Abgang

BEZUGSQUELLEN

15, 39, 40, 44, 54, 60, 67, 68, 91, 210, 278, 279, 297, 301, 306, 321, 390, 441, 444, 469, 478, 499, 522, 556

LA JOTA VINEYARD

1102 Las Posadas Rd., CA-94508 Angwin, Tel. 001-707-965 30 20,
Fax 965 03 24, lajota@fls.net
INHABER: Bill and Joan Smith
REBFLÄCHE: 11,33 Hektar
REBSORTEN: Cabernet franc, Cabernet Sauvignon, Petite Sirah, Viognier
BESUCH: kein Publikumsverkehr

FFFF

Sechs Jahre benötigten Joan und Bill Smith, um auf La Jota den ersten eigenen Wein zu produzieren – 1982 brachten sie ihren Cabernet Sauvignon auf den Markt. Bill Smith kümmert sich um Anbau, Ausbau und Abfüllung der Weine, seiner Ehefrau Joan obliegt seit 1976 das Marketing. Gerade in jüngerer Zeit kommt diesem Aufgabenbereich – wegen des zunehmenden Konkurrenzdrucks – immer größere Bedeutung zu.

Cabernet Sauvignon: La Jota

Bei La Jota Vineyards, einem der kleineren Weingüter des Tales, möchte man, dass die Klasse der erzeugten Weine für sich spricht, und man ist sich sicher, die Kenner in den USA und den wichtigsten Exportländern immer wieder überzeugen zu können. Für Masse fühlt man sich nicht zuständig – darauf sollen sich getrost Andere, weniger Ambitionierte kaprizieren.
Auf den Rebflächen von La Jota werden vier Sorten gepflanzt, vor allem Cabernet Sauvignon, daneben noch kleinere Mengen Cabernet franc, Viognier und Merlot. Die Weine reifen in alten Kellergebäuden, die aus dem 19. Jahrhundert stammen, und werden in riesigen französischen Eichenfässern gelagert.
Nach der Abfüllung in die Flasche verbleibt der Wein noch weitere acht Monate auf La Jota Vineyards, erst dann wird er für den Vertrieb freigegeben.

WEINEMPFEHLUNG

1996 Cabernet Sauvignon
FARBE: Schwarzkirschrot
DUFT: konzentrierte Nase, animalisch, Cassis-marmeladig, fruchtbetont und würzig, an Gewürznelken erinnernd, Karamell
GESCHMACK: weich und süßlich im Ansatz, intensiv und kräftig im Geschmack, mit anhaltender Cassisfrucht, fein präsente Tannine, etwas alkoholisch im Abgang

BEZUGSQUELLEN

82, 134, 166, 212, 281, 358, 378, 399, 509, 529

MARCASSIN WINERY

PO Box 332, CA-94515 Calistoga, Tel. 707-258 36 08, Fax 942 56 33

INHABERIN UND KELLERMEISTERIN: Helen Turley

REBFLÄCHE: 2 Hektar

REBSORTEN: Chardonnay, Pinot noir

BESUCH: kein Publikumsverkehr

FFFFF

Der Name Marcassin elektrisiert die amerikanische Wein-Öffentlichkeit jedes Jahr aufs Neue. Er steht für höchstrangige, kaum bezahlbare und noch schwerer zu findende Chardonnay und Pinot noir. Sie wachsen in zwei kleinen Weinbergen nördlich des kleinen Fischerdorfes Bodega Bay direkt am Pazifischen Ozean. Diesen Ort haben der ehemalige Philosophie-Dozent John Wetlaufer und seine Frau Helen Turley, Kaliforniens derzeit einflussreichste Önologin, auserkoren, um Reben zu pflanzen. „Zwei warme Hänge in einer kühlen, bisweilen sogar kalten Gegend", so charakterisiert Turley ihre Weinberge in der Großappellation Sonoma Coast. Dort lässt sie die Trauben oft bis in den November hinein hängen, so dass sich einerseits der Zucker stark konzentriert, andererseits die Säure erhalten bleibt. Der Pinot noir ist extrem reich an Nuancen und von hinreißender Fruchtigkeit. Der Chardonnay steht ihm an Üppigkeit und Alkoholstärke nicht nach: ein ungefilterter, hefetrüber Wein, wie er sonst selten oder nie in Napa erzeugt wird. „Goße Weine wachsen nur in den Hügelzonen und am kühlen Pazifik", sagt Turley. Die Marcassin-Weine werden im Keller der Martinelli Winery am Russian River erzeugt. Doch mehr als 12 000 Flaschen können selten gefüllt werden. Kaum im Handel, erreichen sie Preise von bis zu 300 Dollar pro Flasche.

Rebflächen an der Bodega Bay: Marcassin

WEINEMPFEHLUNG

1997 Chardonnay Marcassin Vineyards

FARBE: Strohgelb

DUFT: Feige, Melone, Grapefruit, Bisquit, Weißbrotkruste

GESCHMACK: üppige Fülle, reife Frucht mit leicht buttrigem Unterton, fast cremig

BEZUGSQUELLE

499

MERRYVALE VINEYARDS

1000 Main St., CA-94574 St. Helena, Tel. 001-707-963 22 25,
Fax 963 44 41, info@merryvale.com, www.merryvale.com
INHABER: Jack Schlatter
KELLERMEISTER: Stephen Test
REBFLÄCHE: 149,7 Hektar
REBSORTEN: Chardonnay, Cabernet Sauvignon, Sauvignon blanc/Sémillon, Merlot
BESUCH: tgl. 10-18.30 Uhr

AmEx DINERS EURO VISA

FFFF

Das Motto von Jack Schlatter, Besitzer des Weinguts Merryvale, und Kellermeister Stephen Test lautet: Beste Böden und bestes Klima lassen die besten Trauben reifen. Man vertraut auf die Kräfte der Natur und vermeidet deshalb auf Merryvale jeglichen äußeren Eingriff in den Prozess von Wachstum und Reife. Die Lese erfolgt ausschließlich von Hand, der Einsatz von Erntemaschinen ist verpönt. Nur so – davon ist Stephen Test überzeugt – behalten die Weine von Merryvale jene Charakteristika, die sie Boden, Bergen und Klima verdanken. Merryvale kultiviert seine Trauben in einigen der ergiebigsten Regionen des Napa Valley.
Den größten Teil der Rebfläche nehmen Chardonnay ein, dicht gefolgt von Cabernet Sauvignon. Die Cabernet und Merlot stammen vornehmlich aus dem North Valley, wo es im Jahresmittel wärmer ist und die Voraussetzungen für eine lange und allmähliche Reife der Trauben in besonderer Weise gegeben sind. Die etwas kühlere Region Carneros dagegen ist die Heimat des Chardonnay. Es werden auf Merryvale nahezu ebenso viele weiße wie rote Weine kultiviert.

Das beste Gewächs ist seit einigen Jahren die überaus komplexe Reserve Selection, die in streng limitierter Auflage hergestellt wird.

Keller von Merryvale: stilvoll speisen

WEINEMPFEHLUNG

1995 Reserve Cabernet Sauvignon, Napa Valley

FARBE: rubinrot mit schwarzkirschroten Reflexen
DUFT: schön eingebundene Nase nach Pflaumen, Veilchen, Teer, Cassis, fein und leichtwürzig, Zimt
GESCHMACK: trocken, feine Fruchtaromen, sehr harmonisch, schön eingebundener Holzton, präsente Tannine; wenn der Wein etwas Luft bekommen hat, geht er auf und blüht

BEZUGSQUELLEN

40, 44, 50, 67, 68, 82, 87, 90, 188, 197a, 212, 225, 269, 279, 291, 292, 297, 304, 313, 324, 327, 328, 329, 354, 362, 428, 435, 441, 471, 472, 479, 491, 504, 509, 524

ROBERT MONDAVI WINERY

7801 St. Helena Highway, CA-94562 Oakville,
Tel. 001-707-226 13 95, Fax 251 43 86
info@robertmondavi.com. www.robertmondavi.com
INHABER: Robert G. Mondavi - **ÖNOLOGIN:** Genevieve Janssens
KELLERMEISTER: Tim Mondavi
REBFLÄCHE: 567 Hektar
REBSORTEN: Cabernet Sauvignon, Chardonnay, Sauvignon blanc, Pinot noir
BESUCH: Mai-Okt. tgl. 9-17 Uhr, Nov.-April tgl. 9.30-16.30 Uhr,
AmEx DINERS EURO VISA
F F F F

Unter dem Dach der „Robert Mondavi Family of Wines“ sind heute zahlreiche Weingüter in Kalifornien, Chile, Frankreich und Italien zusammengeschlossen. Das Herzstück des Unternehmens aber bildet noch immer das Weingut Robert Mondavi, gegründet 1966.
Namenspatron Robert Mondavi und sein ältester Sohn Michael legten den Grundstein für eine Erfolgsstory, wie es sie selbst in den USA nur selten zu bestaunen gibt. Dank der Qualität der Weinberge – und damit auch ihrer Erzeugnisse – stiegen die Mondavis innerhalb weniger Jahre zum größten Exporteur von kalifornischen Premium-Weinen auf. Aus dem einstigen Familienunternehmen ist längst ein straff organisierter Konzern geworden – doch die Mondavis würden niemals die Wurzeln ihrer Herkunft vergessen. In erster Linie sind sie noch immer Winzer der alten Schule – und erst dann Manager, Händler und Werbefachleute. Gerade den Fragen des Marketings kommt bei einem Unternehmen wie den Robert Mondavi Weingütern besondere Bedeutung zu, aber neben der Qualität der Weine geht es auch um die optimale Vermarktungsstrategie. Erst recht wenn es gilt, große Teile des Umsatzes auf dem ausländischen Markt zu realisieren.
Die Tore der Robert Mondavi Winery sind täglich für Besucher

Ein Name wie ein Programm: Robert Mondavi Winery

geöffnet. Während der Führungen können sie sich einen Eindruck davon verschaffen, wie man auf einem Weingut lebt und arbeitet. Auf den weiten Rebflächen des Weinguts Robert Mondavi werden nahezu alle Trauben angebaut, die Kalifornien zu einer hochangesehenen Weinregion gemacht haben. Neben den bekannten Rotweinen wie Cabernet Sauvignon, Merlot und Zinfandel werden auch Chardonnay, Sauvignon blanc und andere Rebsorten angebaut. Ausgesuchte Trauben jedes Jahrgangs bilden die Grundlage der Reserve-Abfüllungen.

Der Vater des Erfolgs: Robert Mondavi

Leitet die Geschäfte: Michael Mondavi

WEINEMPFEHLUNG

1993 Private Reserve Cabernet Sauvignon, Robert Mondavi

FARBE: intensives Granatrot

DUFT: reife Aromen von eingelegten und getrockneten Früchten

GESCHMACK: sehr voll mit viel Schmelz, bestens integrierte Tannine

BEZUGSQUELLEN

9, 11, 13, 14, 15, 16, 17, 23, 24, 25, 27, 30, 44, 45, 46, 48, 49, 51, 52, 55, 56, 57, 58, 60, 61, 67, 68, 71, 72, 74, 75, 78, 87, 90, 95, 97a, 99, 100, 101, 102, 105, 107, 109, 110, 112, 117, 121, 123, 126, 131, 132, 136, 137, 138, 139, 147, 149, 151, 152, 154, 161, 163, 164, 166, 168, 170, 171, 177, 180, 186, 188, 189, 192, 194, 197, 198, 202, 205, 206, 210, 212, 214, 215, 219, 221, 225, 230, 231, 232, 237, 238, 239, 241, 243, 244, 245, 248, 249, 251, 253, 254, 255, 261, 263, 266, 272, 273, 275, 279, 283, 286, 287, 289, 290, 291, 292, 293, 297, 298, 299, 305, 306, 311, 313, 314, 317, 321, 324, 326, 328, 329, 333, 339, 341, 344, 349, 351, 352, 354, 366, 370, 372, 376, 379a, 380, 390, 395, 400, 409, 412, 428, 431, 432, 435, 436, 441, 445, 446, 447, 455, 459, 462, 468, 470, 471, 472, 473, 475, 476, 478, 480, 482, 486, 487, 488, 491, 491a, 492, 498, 502, 503, 504, 507, 509, 510, 512, 514, 517, 518, 525, 526, 527, 528, 529, 533, 534, 536, 547, 552, 553, 556, 561

MOUNT VEEDER WINERY

PO Box 407, CA-94573 Rutherford, Tel. 707-963 71 11, Fax 963 78 67
winemaker@franciscan.com, www.franciscan.com
INHABER: Franciscan Estates
ÖNOLOGE: Larry Levin
REBFLACHE: 12,54 Hektar
REBSORTEN: Chardonnay, Pinot noir, Merlot, Cabernet Sauvignon
BESUCH: kein Publikumsverkehr
AmEx DINERS EURO VISA

FFFF

Die Geschichte des Weinbaugebiets Mount Veeder begann um 1860. Um die Jahrhundertwende galten die dort erzeugten Weine bereits als die feinsten im gesamten Napa Valley. Die heutige Mount Veeder Vinery wurde 1965 gegründet. Die Weinberge befinden sich auf ehemaligem Weideland in höheren Lagen, oberhalb der Nebelbänke, so dass die Reben von der sanften Morgensonne profitieren, aber dank der schützenden Berge nicht unter der heißen Nachmittagssonne leiden. Der Boden der steilen Hügel aus Schiefer und vulkanischer Asche sorgt für optimale Drainage, wegen der dadurch fehlenden Feuchtigkeit reifen die Trauben langsam und intensiv. Die Weinberge werden nicht bewässert – um konzentrierte Aromen zu erreichen –, die Reben in der Reifezeit gestutzt, um die Qualität zu steigern. Chardonnay und Cabernet Sauvignon haben jeweils einen Anteil von etwa 40 Prozent Rebfläche der Mount Veeder Winery. Aus ihren Trauben entstehen hier hervorragende körperreiche und vollmundige Weine.

WEINTIPP

1995 Mount Veeder Winery Reserve Red Bordeaux-style blend

BEZUGSQUELLE

4

Die Reben werden nicht bewässert und während der Reifezeit gestutzt: Mount Veeder

NEWTON VINEYARD

2555 Madrona Ave., CA-94574 St. Helena, Tel. 001-707-963 90 00, Fax 963 54 08; newtonvineyard@earthlink.net

INHABER: Peter und Dr. Su Hua Newton
KELLERMEISTERIN: Dr. Su Hua Newton
REBFLÄCHE: 142 Hektar
REBSORTEN: Merlot, Cabernet Sauvignon, Chardonnay, Pinot noir, Cabernet franc
BESUCH: Fr, nur nach Vereinbarung

AmEx VISA

FFFF

Ein kleines Stück China inmitten des kalifornischen Napa Valley: Newton Vineyard nahe St. Helena ist ein Gesamtkunstwerk. Peter Newton erfüllte sich einen Traum, und das – selbst für kalifornische Verhältnisse ungewöhnlich – bereits zum zweiten Mal in seinem Leben. In seiner ersten beruflichen Existenz verdiente der gebürtige Engländer sein Geld als Papierfabrikant. Dann sattelte er um und machte zunächst als Kellermeister auf verschiedenen kalifornischen Weingütern von sich reden, bis er schließlich den ersten Wein unter seinem eigenen Namen auf den Markt brachte.

Ein Hauch von China: Newton Vineyard

Unter Newtons Leitung entstand die prachtvolle Anlage des Sterling-Weinguts, das er 1977 an die Coca-Cola Company verkaufte.

Die Architektur von Newton Vineyard zeigt deutlich chinesische Einflüsse. Nicht von ungefähr, stammt doch Newtons Ehefrau Su Hua aus dem Reich der Mitte. Die Ur-Ur-Nichte des letzten Kaisers von China leitet heute die Arbeit in den Kellern. Daneben lehrt sie Weinbau an der Universität in San Francisco. Bekannt ist Newton Vineyard vor allem für seinen Merlot – der beste Wein aber ist heute der Chardonnay.

WEINTIPPS

1996 Chardonnay Napa & Sonoma Counties
1996 Chardonnay Napa Valley Unfiltered

BEZUGSQUELLEN

8, 15, 30, 36, 72, 82, 126, 192, 196, 197, 210, 212, 215, 219, 243, 261, 273, 275, 286, 291, 303, 308, 312, 313, 314, 321, 388, 401, 441, 475, 529, 533, 556, 561

NIEBAUM-COPPOLA ESTATE WINERY

1991 St. Helena Hwy., CA-94573 Rutherford, Tel. 001-707-968 11 00,
Fax 963 90 84; www.niebaum-coppola.com
INHABER: Francis und Eleonor Coppola
KELLERMEISTER: Scott McLeod
REBFLÄCHE: 81 Hektar
REBSORTEN: Cabernet Sauvignon, Merlot, Cabernet franc, Zinfandel
BESUCH: tgl. 10-17 Uhr
AmEx EURO VISA FFF

Als der Regisseur und Produzent Francis Ford Coppola („Der Pate") 1975 das ehemalige Weingut Niebaum im Napa Valley erwarb, formulierte er ein ehrgeiziges Ziel: „Ich will einen

Ehrgeizige Ziele: Niebaum-Coppola

Wein, den man auch nach 100 Jahren noch trinken kann." Ob dies so sein wird, lässt sich heute naturgemäß noch nicht sagen. Dank seines großen – auch finanziellen – Engagements zählt die ehemalige Niebaum Winery heute zu den ersten Adressen der kalifornischen Weinwelt.
Das Gut, einst von dem finnischen Seemann Gustave Niebaum gegründet, liegt inmitten einer prachtvollen Parklandschaft, die pittoresken Gebäude sind im viktorianischen Stil gehalten. Auch deshalb zieht es Jahr für Jahr viele Tausend Besucher dorthin.
Coppolas Wein, der ihm in besonderem Maße am Herzen liegt, wird als „Rubicon" vertrieben – die Farbe dieses Blends aus Cabernet Sauvignon, Cabernet franc und Merlot ist ein tiefes Rubinrot.

WEINEMPFEHLUNG

1995 Rutherford Zinfandel „Edizione Pennino"

FARBE: dichtes Purpurrot mit schwarzem Kern
DUFT: intensive Frucht nach Himbeeren, Vanille, Cardomom, Zimt
GESCHMACK: am Gaumen trotz deutlichen Alkohols elegant, dicht, mit sehr gutem Abgang, der die Fruchtaromen der Nase wiederholt

BEZUGSQUELLEN

1, 14, 38, 41, 43, 44, 51, 52, 53, 67, 68, 74, 75, 87, 94, 104, 116, 131, 138, 148, 152, 153, 158, 163, 164, 167, 175, 177, 181, 185, 191, 197a, 202, 205, 210, 212, 235, 248, 253, 261, 262, 263, 268, 292, 321, 322, 324, 329, 339, 350, 370, 410, 420, 428, 438, 440, 441, 452, 459, 460, 478, 483, 489, 506, 540, 550, 552, 556

OPUS ONE

7900 St. Helena Highway, CA-94562 Oakville, Tel. 707-944 94 42,
Fax 948 24 96
wwww.opusonewinery.com
INHABER: Familie Mondavi und Baronin Philippine de Rothschild
KELLERMEISTER: Patrick Léon und Tim Mondavi
REBFLÄCHE: 42 Hektar
REBSORTEN: Cabernet Sauvignon, Cabernet franc, Merlot, Petit Verdot, Malbec
BESUCH: tgl. 10.30-15.30 Uhr nach Voranmeldung
AmEx EURO VISA FFFF

Zum ersten Mal trafen sich Robert Mondavi und Baron Philippe de Rothschild 1970 auf Hawaii. Beide einte die Leidenschaft für Weine höchster Qualität, beide waren in ihren Ländern im Weingeschäft erfolgreich. So kam der Besitzer des Bordelaiser Spitzenweinguts Mouton Rothschild auf die Idee, seinem kalifornischen Kollegen ein Joint Venture vorzuschlagen: Weine zu produzieren aus Napa-Trauben, aber mit französischem Know-how. Doch erst acht Jahre später einigte man sich auf ein gemeinsames Vorgehen, 1979 entstand in der Robert Mondavi Winery der erste gemeinsame Wein der Kellermeister Lucien Sionneau und Timothy Mondavi. Das Erstlingswerk nannte man Opus, später vervollständigt zum „Meisterwerk" – dem Opus One. Der Ultra-Premium-Wein erhielt schließlich 1991 eine eigene Heimat: Robert Mondavi und Baronin Philippine de Rothschild, Tochter des 1988 verstorbenen Barons, eröffnen in Oakville ein Weingut, das optisch amerikanische und europäische Einflüsse vereint. Von weitem erweckt das Gebäude den Eindruck eines Ufos, von nahem entdeckt der Besucher starke klassische Einflüsse mit vielen Rundungen. Opus One-Weine entstehen zu etwa 85 Prozent aus Cabernet Sauvignon, hinzu kommen Cabernet franc, Merlot und Malbec, sie reifen etwa 18 Monate in Fässern aus neuer französischer Eiche.

Schatzkammer: Fasslager bei Opus One

WEINTIPPS

1996 Opus One
1995 Opus One

BEZUGSQUELLEN

100, 146, 166a, 167, 197, 210, 215, 286, 293, 295, 297, 311, 313, 347, 353a, 366, 388, 390, 441, 445a, 462, 464, 491, 509, 510, 514, 550

PAHLMEYER

P.O. Box 2410, CA-94558 Napa, Tel. 707-255 23 21, Fax 255 67 86
INHABER: Jason Pahlmeyer
KELLERMEISTERIN: Helen Turley
REBFLÄCHE: keine Angaben
REBSORTEN: Cabernet Sauvignon, Chardonnay, Merlot

FFFF

Jason Pahlmeyer ist kein Mann des feinen Understatements. „Ich will einen Wein wie ein großer Bordeaux." Seine beiden Hunde hat der ehemalige Rechtsanwalt schon einmal Lafite und Mouton genannt. Der Wein, den er zu höchsten Ehren führen möchte, heißt dagegen noch ziemlich nichtssagend „Proprietary Red", frei übersetzt: roter Gutswein. Es ist ein klassischer Bordeaux-Blend aus Cabernet Sauvignon, Merlot, Malbec und Petit Verdot.

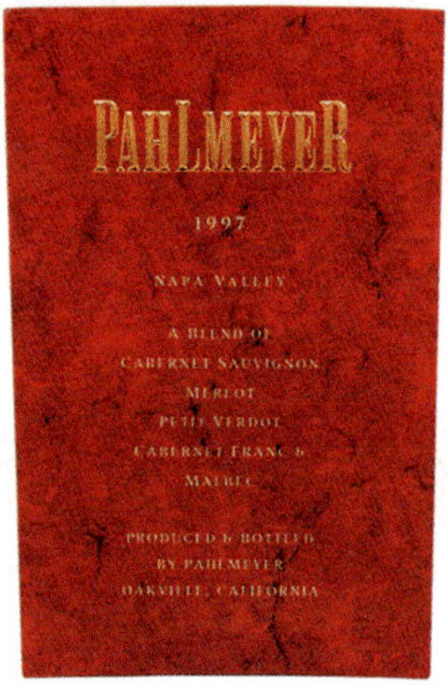

Doch wer ihn probiert, merkt schnell, dass er nicht aus Bordeaux, sondern aus Napa kommt: ein opulenter, fast fetter Wein mit reifem, süßem Tannin und weit über 14 Volumenprozent Alkohol. Von ähnlichem Zuschnitt ist der Merlot. „K.o.-Weine" hat die Weinpresse über sie geschrieben. Doch diese Charakterisierung ist ungerecht. Denn bei aller Schwere sind sie fein gewoben und superelegant. Die Trauben kommen zum größten Teil von Traubenlieferanten aus Hügellagen in Napa, wie Spring Mountain, Howell Mountain sowie aus Carneros. Pahlmeyers Weine reifen in einer Lohnkellerei im Tal. Der spektakulärste Wein des Winzers, der in einer hangarartigen Villa hoch über Napa lebt, ist jedoch sein Chardonnay. Ein Wein im Stile eines großen weißen Burgunders mit üppiger Frucht, hohem Extrakt, fast 15 Volumenprozent Alkohol – und doch leicht und angenehm zu trinken.

„Easy drink" sagt der lebensfrohe Winzer und gibt zu, manchmal schon morgens um sieben während der Zeitungslektüre ein Gläschen zu trinken.

WEINEMPFEHLUNG

1998 Chardonnay

FARBE: Strohgelb mit goldenen Reflexen

DUFT: Honigmelone, Mango, Grapefruit, Karamell

GESCHMACK: opulent, cremig mit sehr reifer Frucht, breit und mundfüllend, gleichzeitg hefefrisch und mit feinsten Würzaromen unterlegt

BEZUGSQUELLEN

215, 352, 358, 379a, 399, 509

PATZ & HALL WINE CO.

1758 Spring St., CA-94574 St. Helena, Tel. 001-707-963 41 42,
Fax 963 97 13
mail@patzhall.com;

INHABER: James Hall, Anne Moses, Donald Patz, Heather Patz
ÖNOLOGE: James Hall,
KELLERMEISTER: Anne Moses, Donald Patz, Heather Patz
REBFLÄCHE: 60 Hektar
REBSORTEN: Chardonnay, Pinot noir, Sauvignon blanc, Sémillon, Merlot, Cabernet Sauvignon
BESUCH: kein Publikumsverkehr

FFFF

Eines der jüngsten Weingüter in Kalifornien macht sich auf, so manch alteingesessenes Unternehmen einzuholen oder gar zu überflügeln. Erst 1988 nahm das Weingut im Herzen des Napa Valley den Betrieb auf. Doch schon jetzt gelten seine Weine als Klassiker. Donald Patz und James Hall, die dem Unternehmen ihren Namen gaben, haben einen Blitzstart hingelegt. Das Unternehmen ist – wegen seiner „jugendlichen Frische" – heute allerdings noch nicht in der Lage, in den eigenen Weinbergen eine Vielfalt von Rebsorten zu kultivieren. Deshalb konzentriert man sich bei Patz & Hall: auf Chardonnay und auf Pinot noir. Eine Entscheidung, die – wenn man ohnehin beabsichtigt, seine Produktion vornehmlich auf die berühmten Burgunder-Trauben auszurichten – nur vernünftig ist.
Vor einiger Zeit begann das Winzer-Quartett damit, nach weiteren geeigneten Weinbergen Ausschau zu halten, deren Trauben sich als Single-Vineyard-Weine vermarkten lassen. Ob Patz & Hall weiter expandieren werden – die Größe wie auch die Vielfalt der Rebsorten betreffend – wird in hohem Maße vom künftigen Erfolg der Weine auf dem nationalen und internationalen Absatzmarkt abhängen.

WEINEMPFEHLUNG

1997 Napa Valley Chardonnay, Patz & Hall

FARBE: helles Zitronengelb
DUFT: intensive Holzaromen, süßlich nach Vanille, Marzipan, Graphit und exotischen Früchten
GESCHMACK: süßlich im Ansatz, die Aromen setzen sich fort, anregende Säure, fein eingebundenes Holz, präsente Tannine, vollmundig, leicht buttrig

BEZUGSQUELLEN

22, 100, 164, 166, 172, 173, 216, 320, 335, 358, 386, 390, 398, 411, 457, 481, 509, 543

ROBERT PECOTA WINERY

3299 Bennett Lane, CA-94515 Calistoga,
Tel. 001-707-942 66 25, Fax 942 66 71
rpecota@aol.com, www.robertpecotawinery.com
INHABER: Robert Pecota - **KELLERMEISTER:** Alex Sotelo
REBFLÄCHE: 16,2 Hektar
REBSORTEN: Cabernet Sauvignon, Merlot
BESUCH: Mo-Fr 9.00-17.00 Uhr, nur nach Vereinbarung
AmEx EURO VISA
FFF

Kaffee und Tee bestimmten den beruflichen Alltag von Robert Pecota, ehe er sich 1978 einer ganz neuen beruflichen Herausforderung stellte. Er zog von San Francisco nach Calistoga, um sein Glück fortan mit einem anderen anregenden Getränk zu versuchen. Zunächst arbeitete er für Beringer Vineyards, dann gründete Pecota sein eigenes Weingut. Dass er das intensive Kaffee-Aroma gegen den vielschichtigen Duft des Weines eintauschte, hat der Familienvater bis heute nicht bereut. Im Gegenteil: Mit dem eigenen Weingut, zu dem zwei Weinberge gehören, gewann er großes Ansehen unter den kalifornischen Winzern. Angefangen hat Pecota mit Chardonnay, Muscat Canelli und Cabernet Sauvignon, heute liegt der Schwerpunkt auf den Bordeaux-Trauben Cabernet Sauvignon und Merlot. Während auf Kara's Vineyard – benannt nach Pecotas ältester Tochter – ausschließlich Cabernet reift, ist der komplette Steven André Vineyard – benannt nach dem erstgeborenen Sohn – mit Merlot-Reben bepflanzt. Als Nesthäkchen Andrea das Licht der Welt erblickt hatte, rückte auch sie bald zur Namenspatronin auf. Die Muscat-Canelli-Trauben für den Muscato d'Andrea, den Winzer und Kellermeister Pecota seit einigen Jahren produziert, reifen nicht auf eigenen Rebflächen, sondern werden von ausgewählten Winzern hinzugekauft.

Robert Pecota Winery: jedem Kind seinen Weinberg

WEINTIPPS

1995 Cabernet Sauvignon Napa Valley Kara's Vineyard
1996 Merlot Napa Valley Steven André Vineyard

BEZUGSQUELLEN

37, 69, 210, 212, 390, 441, 560

JOSEPH PHELPS VINEYARDS

200 Taplin Rd., CA-94559 St. Helena, Tel. 001-707-963 27 45,
Fax 963 48 31; JPVwines@aol.com, www.JPVwines.com

INHABER: Joseph Phelps - **KELLERMEISTER:** Craig Williams
REBFLÄCHE: 152 Hektar - **REBSORTEN:** Cabernet Sauvignon, Chardonnay, Viognier, Syrah, Petit Verdot, Merlot, Malbec
BESUCH: tgl. Mo-Fr 8-17 Uhr, Sa, So 9-16 Uhr

AmEx EURO VISA

FFFF

Hinter einer mächtigen Holzstrebenkonstruktion, den Resten einer ehemaligen Eisenbahnbrücke, liegt das Weingut von Joseph Phelps nahe der Stadt St. Helena. Gleichermaßen imposant: das zentrale Gutshaus und die gepflegte Gesamtanlage. Seit den Anfängen im Jahre 1973 hat sich hier einiges getan. Rund 70 Hektar beste Anbaufläche sind rund um das zentrale Gebäude bepflanzt. Winzer Joseph Phelps hat kräftig investiert und expandiert. Mittlerweile nennt er auch Weinberge in den kühleren Regionen südlich von Yountville sein eigen. So stellt Phelps sicher, dass er unter seinen diversen Labels ein breit gefächertes Angebot von Weiß- und Rotweinen auf den Markt bringen kann. Die typischen Kalifornier wie Cabernet Sauvignon und Chardonnay sind ebenso vertreten wie Syrah, Gewürztraminer oder Riesling. Dennoch kann der Ertrag der eigenen Weinberge die Nachfrage nach Trauben nicht immer vollständig decken. Jahr für Jahr kauft Phelps deshalb die Ernte von ausgewählten Winzern hinzu.
Als Kellermeister konnte er schon früh Craig Williams gewinnen, der sich zuvor bereits auf anderen Weingütern in Kalifornien einen Namen gemacht hatte. Williams besondere Liebe galt von Beginn an dem „White Riesling" – noch heute eines der Prunkstücke unter den Joseph Phelps-Weinen.

Gepflegte Weine: Joseph Phelps Vineyards

WEINEMPFEHLUNG

1995 Viognier „Vin du Mistral"
FARBE: dichtes, leuchtendes Gelb mit leicht grünlichen Reflexen
DUFT: exotische Fruchtfülle, vollreife Aprikosen, frisch, mit einem Hauch Zitrus unterlegt
GESCHMACK: eher fülliger Typ mit guter Struktur und starker Betonung auf fruchtigen Komponenten

BEZUGSQUELLEN

67, 68, 99, 174, 175, 227, 243, 265, 306, 323, 332, 352, 363, 366, 379, 441, 459, 469

PINE RIDGE WINERY

5901 Silverado Trail, CA-94558 Napa, Tel. 001-707-253 75 00,
Fax 253 14 93
info@pineridgewine.com, www.pineridgewinery.com
INHABER: Leucadia Cellars
KELLERMEISTER: Gary Andrus, Stacy Clark
REBFLÄCHE: 125,5 Hektar
REBSORTEN: Cabernet Sauvignon, Merlot, Chardonnay, Chenin blanc, Viognier
BESUCH: tgl. 11-17 Uhr
AmEx EURO VISA
FFF

Eine pinienbestandene Hügelkette weist schon von weitem den Weg zur Pine Ridge Winery – der prachtvolle Anblick

Pine Ridge: Terrassen für die Rebstöcke

erleichterte Gary und Nancy Andrus die Namensfindung für ihr Weingut. Anstrengender waren da schon die Vorarbeiten in den Weinbergen. Zwar fand das Winzer-Ehepaar beim Erwerb der Anlage im Jahre 1978 bereits einige bepflanzte Rebflächen vor, doch konnten diese allein den Vorstellungen der neuen Besitzer nicht gerecht werden – sie waren bei weitem zu klein. Das Ehepaar Andrus gedachte zu expandieren und machte sich auf die Suche nach weiteren Weinbergen. Fündig wurden sie in Rutherford – für den Cabernet Sauvignon und Cabernet franc – und im Stag's Leap-District, für Merlot- und Chardonnay. Seit eh und je ist Gary Andrus auch als Kellermeister tätig. Zwar steht ihm dabei seit einiger Zeit mit Stacy Clark ein kompetenter Helfer zur Seite, die wichtigen Entscheidungen aber trifft der Chef weiterhin selbst. Im Mittelpunkt seiner Arbeit steht heute der Ausbau diverser Cabernet Sauvignon, die unter den Labels ihrer jeweiligen Provenienz vertrieben werden.

WEINTIPP

1996 Cabernet Sauvignon Stag's Leap District

BEZUGSQUELLEN

60, 97a, 131, 556

RAYMOND VINEYARD CELLAR

849 Zinfandel Lane, CA-94574 St. Helena, Tel. 001-800-525 26 59 und 707-963 31 41, Fax 70 79 63 84 98
director@raymondwine.com, www.raymondwine.com
INHABER: Kirin Brewery und Familie Raymond
ÖNOLOGE: Walter Raymond
KELLERMEISTER: Kenn Vigoda, Kathy George
REBFLÄCHE: 228,7 Hektar
REBSORTEN: Chardonnay, Cabernet Sauvignon, Merlot, Sauvignon blanc, Pinot noir
BESUCH: tgl.10-16 Uhr
EURO VISA

FFF

Südlich von St. Helena, im Herzen von Napa Valley, liegen die ältesten Anbauflächen des Weinguts Raymond, die Chardonnnay, Zinfandel und Cabernet Sauvignon von hervorragender Qualität hervorbringen. Um der steigenden Nachfrage Herr zu werden, erweiterte die Familie – der bis 1971 Beringer Vineyards gehörten – im Lauf der Zeit ihr Unternehmen um viele Hektar bester Anbaufläche. Neben den ursprünglichen Weinbergen stehen heute auch weite Flächen in Napa County und Monterey County unter Wein. Die dort gelesenen Trauben sind ebenfalls von sehr guter Qualität – unter anderem die für Kalifornien eher untypische Beaujolais-Traube Gamay und der anspruchsvolle Pinot noir.

Raymond: Walter (l.) und Roy jr., Präsident

Die Raymonds investierten 1985 in ein Besucherzentrum samt riesigem Verkostungsraum, um das Unternehmen und seine Produkte angemessen präsentieren zu können. Walter Raymond kümmert sich seit einigen Jahren um Weinproduktion und Gesamtleitung des Unternehmen, seine Cousine Krisi übernahm die Bereiche Marketing und Verkauf – wichtig auch für den Export.

WEINEMPFEHLUNG

1997 Cabernet Sauvignon
FARBE: Kirschrot mit lila Reflexen
DUFT: ansprechend in der Nase, konzentriert fruchtig nach Cassis, grüne Paprika, leicht pfeffrig
GESCHMACK: weich und rund im Ansatz, etwas Karamell, vollmundig, elegant, harmonisch und lang

BEZUGSQUELLEN

12, 14, 34, 36, 97, 109, 120, 136, 140, 175, 212, 273, 307, 314, 341, 380, 385, 393, 424, 462, 467, 472, 473, 497, 527, 560

SAINTSBURY

1500 Los Carneros Ave., CA-94559 Napa, Tel. 001-707-252 05 92,
Fax 252 05 95
INHABER: Richard Ward and David Graves
KELLERMEISTER: Byron Kosuge und Bill Knuttel
REBFLÄCHE: 22,2 Hektar
REBSORTEN: Pinot noir, Chardonnay
BESUCH: tgl. 9-17 Uhr, nur nach Vereinbarung

FFF

Es dauerte nicht einmal zehn Jahre – dann hatten die Wein-Enthusiasten Richard Ward und David Graves ihr Gut zu einem der angesehensten in der Region Carneros gemacht. Ohne Eigenkapital – wenn auch mit Hilfe einer geborgten Million Dollar – begannen die Winzer 1981 auf dem Saintsbury Estate mit dem Anbau von Pinot noir und Chardonnay. In erster Linie stellte sich der Erfolg ein dank ihres festen Glaubens, dass sie es schon schaffen würden, wenn sie nur hart arbeiteten. Und genau das taten Ward und Graves. Heute leiten sie ein modernes, gut geführtes Unternehmen – flächenmäßig zwar nicht so weitläufig wie manches andere Weingut in der Nachbarschaft, dafür aber in punkto Qualität voll auf der Höhe. Zwischen Rebensaft und Poesie besteht, so meinen die beiden Winzer sowie Kellermeister Byron Kosuge, eine enge Verbindung. Deshalb suchten sie bei der Firmengründung 1981 für das Weingut einen Namen, der dies zum Ausdruck brachte. Nach gründlicher Abwägung verschiedenster Möglichkeiten entschieden sich Graves und Ward für den englischen Literaten und Weinliebhaber George Saintsbury. Einige seiner handsignierten Werke sind heute in der Bibliothek des Weinguts ausgestellt.

Poesie im Fass: Richard Ward (l.), David Graves

WEINEMPFEHLUNG

1996 Pinot Noir Carneros Reserve, Saintsbury

FARBE: dichtes Rubinrot
DUFT: die Nase erinnert an Sauerkirschen und vollreife Pflaumen, ein Hauch von Himbeeren, zarte Vanilletöne und Röstaromen
GESCHMACK: elegant und komplex, mit einer fein eingebundenen Carneros-typischen Säure, gute Länge mit fruchtig-würzigem Nachhall

BEZUGSQUELLEN

100, 166, 202, 212, 215, 283, 305, 323, 358, 363, 368, 399, 462, 469, 479, 509, 519

SCREAMING EAGLE WINERY

557 Silverado Trail, CA-94558 Napa, Tel. 707-944 07 49, Fax 944 92 71

INHABERIN: Jean Philips
KELLERMEISTERIN: Heidi Peterson Barrett
REBFLÄCHE: keine Angaben
REBSORTEN: Cabernet Sauvignon
BESUCH: kein Publikumsverkehr

FFFFF

Der Gärkeller ist kaum größer als eine Garage, der Fasskeller winzig. Etwa 40 Barriques liegen dort in schöner Ordnung aufgereiht. Sie enthalten einen Wein, der in Amerika für über 1000 Dollar pro Flasche gehandelt wird. Der „kreischende Adler“, wie sich der Name von Wein und Winery übersetzen ließe, ist der

Senkrechtstart: Screaming Eagle

Kultwein des Napa Valley schlechthin. Kein anderer Cabernet ist teurer und gesuchter. Jean Philips, die scheue, schöne Besitzerin der Winery, hatte 1986 ein kleines Häuschen auf einem Hügel mitten im Stag's Leap District erworben, der heute als die beste Cabernet Sauvignon-Appellation im Napa Valley gilt. Zum Haus gehörte ein halber Hektar Land, auf dem genau 80 Reben standen. Wenig später bot sich die Chance, weitere 25 Hektar auf dem Hügel zu erwerben. Jean Philips lieh sich Geld, kaufte das Land, bepflanzte es mit Cabernet Sauvignon und engagierte die brillante Önologin Heidi Barrett als Beraterin. Sie selbst hoffte, das Schicksal würde ihr die investierten Millionen irgendwann einmal zurückgeben.

Die große Winzerfamilie Mondavi, der sie die erste Fassprobe zur Begutachtung brachte, ermutigte sie, den Wein abzufüllen, riet ihr aber, einen anderen Namen zu wählen. Philips blieb bei „Screaming Eagle“ und hatte mit dem 1992er ihren ersten großen Erfolg: ein nahezu schwarzer, sehr dichter Wein mit hochkonzentrierter Frucht und unterlegten Teer- und Würznoten. Die folgenden Jahrgänge schlugen triumphal ein.

WEINEMPFEHLUNG

1997 Cabernet Sauvignon
FARBE: Dunkelrubinrot
DUFT: Brombeeren, Blaubeeren, Zedernholz, Leder, Thymian
GESCHMACK: superkonzentriert, mit geschliffener Frucht, viel weiches, süßes Tannin, üppig, lang, facettenreich

BEZUGSQUELLEN

nur auf Weinauktionen

SHAFER VINEYARDS

6154 Silverado Trail, CA-94558 Napa, Tel. 001-707-944 28 77,
Fax 944 94 54
INHABER: Shafer Family, President: Douglas Shafer, John Shafer
KELLERMEISTER: Elias Fernandez
REBFLÄCHE: 78,9 Hektar
REBSORTEN: Cabernet Sauvignon, Chardonnay, Merlot, Sangiovese, Cabernet franc
BESUCH: Mo-Fr 8.30-17 Uhr nur nach Vereinbarung

F F F F

Nach 23 Jahren als Schulbuchverleger entschloss sich John Shafer, eine zweite berufliche Karriere zu starten. Er zog ins Napa Valley und wurde Winzer. Im Stag's Leap District erwarb er ein Weingut mit etwa 100 Hektar Rebfläche. Doch Shafer stand nicht der Sinn nach simpler Fortführung eines bereits bestehenden, erfolgreichen Unternehmens. Der ambitionierte Jungwinzer wollte etwas

Neue Zeitrechnung: Shafer

Eigenes aufbauen. Auf dem alten Weingut begann eine neue Zeitrechnung. Etliche Jahre benötigten der Winzer und seine Mitarbeiter, um erst einmal die Kelleranlagen den aktuellen Standards anzupassen und vor allem die Rebflächen komplett neu zu bepflanzen. Dort stehen heute auf knapp der Hälfte der Anbaufläche die Rebsorten Cabernet Sauvignon und Merlot. Inzwischen leitet John Shafers Sohn Doug das Weingut, für die beständige Klasse der Weine zeichnet in den Kellern der Anlage Elias Fernandez verantwortlich.
Seinen bislang größten Erfolg errang das Weingut 1988, als der Shafer Cabernet Sauvignon bei einer internationalen Blind-Verkostung Konkurrenz aus aller Welt, einschließlich Château Margaux und Château Latour, auf die Plätze verwies.

WEINEMPFEHLUNG

1996 Chardonnay, Napa Valley, Carneros
FARBE: helles Goldgelb, brillant
DUFT: Graphit, Lakritze, Vanille, mit etwas Luft entwickeln sich Düfte von Karamell und Butter, kombiniert mit reifen Aprikosen und Birnenaromen
GESCHMACK: die feinen Barriquearomen prägen den Wein, die Frucht bleibt auf der Zunge, präsente Säure, fein elegant, lang

BEZUGSQUELLEN

67, 68, 82, 94, 154, 166, 167, 197a, 206, 212, 215, 222, 228, 247, 291, 292, 297, 301, 306, 313, 323, 353a, 333, 352, 378, 399, 428, 441, 469, 490, 491, 492, 499, 501, 509, 529, 533

SILVER OAK CELLARS

915 Oakville Cross Rd., CA-94562 Oakville, Tel. 001-707-944 88 08,
Fax 944 28 17
www.silveroak.com
INHABER: Justin Meyer und Raymond Duncan
KELLERMEISTER: Daniel H. Baron
REBFLÄCHE: 121,4 Hektar
REBSORTEN: Cabernet Sauvignon
BESUCH: Mo-Sa 9-16 Uhr

EURO VISA

FFFF

Gelegentlich braucht man einen starken Partner, um das scheinbar Unmögliche möglich zu machen. Diese Erfahrung machte auch Justin Meyer, der nach eigenem Bekunden sein Leben lang davon geträumt hatte, gute Cabernet zu machen. Endlich, 1972, war

Liebt Eichenfässer: Daniel Baron

es soweit. Gemeinsam mit seinem Partner Raymond Duncan nahm der Jungwinzer auf dem Weingut Silver Oak die Arbeit auf. Bald sprach Kaliforniens Weinwelt vom überraschenden Erfolg der jungen Partnerschaft.
Meyers Cabernet überzeugten schon früh durch ihre außergewöhnliche Qualität – und daran hat sich bis heute wenig geändert. Der Erfolg blieb natürlich nicht ohne Auswirkungen auf das Unternehmen. Die von vornherein auf Expansion angelegte Anlage konnte in den folgenden Jahren stetig erweitert werden.
In den vergangenen zehn Jahren vollbrachten Meyer und Duncan das Kunststück, die jährliche Produktion mehr als zu verdoppeln. Heute verlassen jährlich an die 700 000 Flaschen das Weingut in Oakville.
Kellermeister Daniel Baron baut regelmäßig zwei verschiedene Cabernet aus, die Trauben stammen von den Weinbergen im Napa Valley und Alexander Valley. Die Napa-Cabernet lässt er ausschließlich in neuen Eichenfässern reifen.

WEINTIPP

1994 Cabernet Sauvignon Alexander Valley

BEZUGSQUELLEN

174, 202, 306, 323, 363, 390, 469

SILVERADO VINEYARDS

6121 Silverado Trail, CA-94558 Napa, Tel. 001-707-257 17 70,
Fax 257 15 38; www.silveradovineyards.com
INHABER: Ron und Diane Miller
KELLERMEISTER: Jack Stuart
REBFLÄCHE: 139,6 Hektar
REBSORTEN: Sauvignon blanc, Chardonnay, Sangiovese, Cabernet franc, Cabernet Sauvignon, Merlot
BESUCH: tgl. 10.30-17 Uhr, im Winter 11-16.30 Uhr

AmEx DINERS EURO VISA

FFF

Einen rasanten Aufstieg hat das Weingut Silverado im Stag's Leap District hinter sich. Von Null auf Hundert in Rekordzeit – so könnte man den Senkrechtstart des Unternehmens beschreiben. Bereits mit der ersten Ernte 1981 erreichte das Weingut absolute Spitzenqualität. Anfang der siebziger Jahre hatten Lillian Disney, die Witwe des Micky-Maus-Schöpfers Walt Disney, ihre Tochter Diane und Schwiegersohn Ron Miller zwei Weinberge im Napa Valley erworben. Doch obwohl die Rebflächen dank ihrer herausragenden Lage für höchste Traubenqualität bekannt waren, entschloss sich das Trio erst nach zehn Jahre zur Gründung eines eigenen Weinguts. Die zuvor eingefahrenen Ernten wurden vollständig an andere Estates verkauft. Heute hält das Gut stolze 155 Hektar unter Wein, darunter auch neu gepflanzte Sauvignon blanc-Reben.

Senkrechtstarter Silverado Vineyards: das Erbe der Micky Maus

Nachdem bereits Kellermeister-Neuling John Stewart das Weingut mit einigen herausragenden Weinen auf einen guten Weg gebracht hatte, übernahm vor einigen Jahren Jack Stuart die Leitung im Keller. Erfreulicherweise führt er die Arbeit seines Vorgängers konsequent in dessen Sinne fort.

WEINTIPPS

1995 Cabernet Sauvignon Napa Valley Limited Reserve
1996 Chardonnay Napa Valley Limited Reserve

BEZUGSQUELLEN

363, 469

SPOTTSWOODE VINEYARD & WINERY

1902 Madrona Ave., CA-94574 St. Helena, Tel. 001-707-963 01 34,
Fax 963 28 86
Spottswde@aol.com, www.spottswoode.com

INHABERIN: Mary Weber-Novak - **ÖNOLOGIN:** Rosemary Cakebread
KELLERMEISTERIN: Rosemary Cakebread
REBFLÄCHE: 16,1 Hektar
REBSORTEN: Cabernet Sauvignon, Sauvignon blanc
BESUCH: nur nach Vereinbarung

EURO VISA

FFF

Nur zwei Weine werden auf diesem Gut produziert: ein Cabernet Sauvignon und ein Sauvignon blanc – aber beide sind anerkannt große Vertreter ihrer Art. Nicht ohne Grund nannte Weinpapst Robert Parker Spottswoode „das Château Margaux des Napa Valley". Technisch ist Spottswoode à jour – aber man bewahrt sich dort ein Faible für Vergangenheit und Tradition. Das mag mit der langen Geschichte der Anlage zusammenhängen. Im Jahre 1882 errichtet, beherbergten die Gebäude bereits zu Beginn des 20. Jahrhunderts ein Weingut. Albert Spotts, der damalige Besitzer und Winzer, gab dem Grund und Boden seinen heutigen Namen.

Spottswoode: altes Weingut, neue Reben

Vor knapp 30 Jahren, 1972, kam das Gut in den Besitz der Familie Novak. Eigentlich hatten Mary Novak und ihr mittlerweile verstorbener Mann Jack nur aufs Land ziehen wollen – doch dann lockte Spottswoode Winery. Zehn Jahre währten Umbauarbeiten und Neupflanzungen, dann erst konnte Mary Novak ihren ersten eigenen Wein auf den Markt bringen. Pünktlich zum 100. Geburtstag des Weinguts wurde der 1982er Cabernet Sauvignon abgefüllt.

Noch heute reifen die Weine in alten Steingewölben, die konstante Temperaturen garantieren.

WEINEMPFEHLUNG

1995 Cabernet Sauvignon

FARBE: dunkles Kirschrot mit lila Reflexen

DUFT: eingebundene, konzentrierte Aromen von Cassis, Himbeeren, feines Karamell, leicht animalisch

GESCHMACK: sehr schöne Frucht, geschmeidig, Lakritze im Abgang

BEZUGSQUELLEN

54, 73, 87, 166, 167, 197, 198, 273, 291, 301, 309, 313, 324, 327, 352, 353, 365, 378, 385, 388, 407, 431, 432, 437, 441, 480, 499, 518, 519

THE HESS COLLECTION WINERY

4411 Redwood Rd., CA-94558 Napa, Tel. 001-707-255 11 44,
Fax 253 16 82, www.Hesscollection.com
INHABER: Donald Hess
KELLERMEISTER: Dave Guffy
REBFLÄCHE: 486 Hektar
REBSORTEN: Cabernet Sauvignon, Chardonnay, Syrah, Merlot, Zinfandel, Cabernet franc, Malbec, Petite Verdot
BESUCH: tgl. 10-16 Uhr

AmEx EURO VISA — FFF

Winemaker: Randall Jackson

Eigentlich war der Schweizer Donald Hess nur nach Kalifornien gekommen, um neue Absatzmärkte für sein Mineralwasser zu erkunden. Doch dann entdeckte er das Napa Valley und seine Weine. Besonders beeindruckte ihn der Erfolg Robert Mondavis – ihm wollte er es fortan gleichtun. Am Mount Veeder erwarb er gut 200 Hektar Land, von denen der größte Teil bereits mit Rebstöcken bepflanzt war. Von Christian Brothers übernahm Hess deren längst aufgegebene Anlage Mont La Salle Winery – das ersparte ihm den Neubau eigener Anlagen. Seine Trauben bezieht das Weingut Hess von den weiten Anbauflächen der Sleep Mountains, hauptsächlich Cabernet Sauvignon und Chardonnay.

Hess kümmert sich heute vornehmlich um die geschäftlichen Angelegenheiten, die Aufsicht im Keller führt Winemaker Dave Guffy. Das läßt Hess Zeit für seine andere Obsession: Eine großartige Sammlung moderner Kunst, für die er auf seinem Weingut ein eigenes Museum errichtet hat – zugänglich auch für das Publikum. So gerät der Besuch auf der Hess Collection Winery in zweifacher Hinsicht zu einem Genuss.

WEINEMPFEHLUNG

1994 Napa Valley, Cabernet Sauvignon, Collection

FARBE: dichtes Schwarzrot

DUFT: konzentriert in der Nase, intensiv nach Johannisbeeren, Lakritze, Graphit, Teer, Kaffee, Eichenholz und etwas Zimt

GESCHMACK: auch im Geschmack intensive Frucht, präsente und anregende Gerbsäure, eingebundene Tannine, kräftig und nachhaltig, leicht würzig im Abgang

BEZUGSQUELLEN

4, 67, 68, 82, 87, 104, 119, 121, 177, 188, 195, 210, 253, 280, 291, 292, 296a, 387, 428, 433, 484, 491, 511, 513, 514, 528

PHILIP TOGNI VINEYARD

3780 Spring Mountain Road, CA-94574 St. Helena, Tel. 001-707-963 37 31, Fax 963 91 86
INHABER: Brigitta und Philip Togni - KELLERMEISTER: Philip Togni
REBFLÄCHE: 4 Hektar
REBSORTEN: Cabernet Sauvignon, Merlot, Cabernet franc, Petit Verdot
BESUCH: nach Vereinbarung

FFFF

Nicht alle Winzer durchlaufen einen ähnlich langen und gründlichen Lernprozess wie Philip Togni. Bevor er 1981 sein eigenes Weingut gründete, absolvierte Togni ein Studium in Bordeaux – unter anderen bei dem großen Önologen Émile Peynaud – und arbeitete danach als Kellermeister auf verschiedenen Gütern im Bordelais und in Kalifornien. Die Begegnung mit dem noblen Cabernet Sauvignon prägte den Winzer fürs Leben – diese Rebsorte sollte auch im eigenen Unternehmen, fern der Heimat, ganz im Vordergrund stehen. Noch heute verlassen nur Cabernet-Blends sein Gut, die Trauben reifen auf der eigenen, nur vier Hektar großen Anbaufläche am Spring Mountain. Die weiteren Bestandteile der Cuvées sind Merlot und Cabernet franc. Lediglich ein sehr geringer Anteil der Anbaufläche ist für Petit Verdot reserviert.
Die eher bescheidenen Dimensionen seines Gutes gestatten es dem Winzer, nahezu sämtliche Arbeitsabläufe der Weinproduktion selbst zu überwachen. So nimmt er neben der Geschäftsleitung auch die Aufgaben des Kellermeisters wahr. Selbst bei der Lese – ausschließlich von Hand – packt der Chef noch selbst mit an.

Philip Togni: ein Leben für den Cabernet

Jährlich werden auf dem Weingut Philip Togni rund 25 000 Flaschen produziert.

WEINTIPP

1996 Cabernet Sauvignon Napa Valley

BEZUGSQUELLEN

10, 166, 215, 261, 301, 399, 490, 509, 519

VIADER VINEYARDS

1120 Deer Park Rd., CA-94576 Deer Park, Tel. 001-707-963 38 16,
Fax 963 38 17
deliavia@aol.com, www.viader.com
INHABERIN: Delia Viader
KELLERMEISTERIN: Delia Viader, Amy Aiken, Charles Hendricks
REBFLÄCHE: 9,3 Hektar
REBSORTEN: Cabernet Sauvignon, Cabernet franc
BESUCH: Mo-Fr 9-16 Uhr, nach Voranmeldung
EURO VISA

FFFF

Patronin Delia Viader: Konzentration auf das Wesentliche

Viader Vineyards, nahe Deer Park gelegen, produziert nur einen einzigen Wein – und belegt mit diesem eindrucksvoll die These, dass Masse und Klasse zwei grundverschiedene Dinge sein können.
Delia Viaders Weinberge in den Howell Mountains profitieren in erster Linie von den hervorragenden klimatischen Bedingungen und der besonderen Beschaffenheit der Böden, besonders geeignet für die Bordeaux-Trauben Cabernet Sauvignon und Cabernet franc. Nicht zuletzt deshalb beschränkt sich die Auswahl der angebauten Rebsorten auf diese beiden Rebsorten, wobei der Cabernet Sauvignon den etwas größeren Teil der Anbaufläche beansprucht.
Für das Blending der Trauben zeichnet bei Viader Vineyards Kellermeisterin Amy Aiken verantwortlich, gemeinsam mit der in Argentinien geborenen Patronin Delia Viader.
Seit das Weingut 1987 den Betrieb aufnahm, werden dort jährlich etwa 35 000 Flaschen abgefüllt. Ein Teil dieses außergewöhnlichen Weins, der sich vor allem an St-Émilion-Cuvées orientiert, geht jedes Jahr in die wichtigsten europäischen Weinländer.

WEINTIPP

1996 Viader Red Napa Valley

BEZUGSQUELLEN

22, 82, 94, 100, 164, 166, 172, 173, 212, 216, 283, 301, 320, 323, 327, 335, 352, 358, 378, 386, 398, 399, 411, 447, 457, 469, 481, 509, 533, 534, 543

VILLA MT. EDEN WINERY

8711 Silverado Trail, CA-94574 St. Helena, Tel. 001-707-963 91 00, Fax 963 78 40
INHABER: Stimson Lane Vineyards & Estates
ÖNOLOGE: Jed Steele - KELLERMEISTER: Mike McGrath
REBFLÄCHE: 150,9 Hektar
REBSORTEN: Cabernet Sauvignon, Pinot noir, Zinfandel, Chardonnay, Syrah
BESUCH: tgl. 10.00-16.00 Uhr
AmEx EURO VISA

FFF

Streng genommen zählt das Weingut Villa Mt. Eden zu den ältesten Weingütern im Napa Valley – die ersten Rebstöcke wurden dort bereits im Jahre 1881 gepflanzt. Es sollten allerdings fast 100 Jahre vergehen, ehe das Gut – mittlerweile hatten James und Anne McWilliams, letztere eine Enkelin des Gründers der Bank of America, das heruntergekommene Gut 1970 gekauft – wirklich guten Wein produzierte.
Die Besitzverhältnisse von Villa Mt. Eden haben sich in den vergangenen Jahren immer wieder geändert, was aber der Qualität der Weine keinen Abbruch tat. In den Anfangsjahren waren die Cabernet mit Cabernet franc und Merlot verschnitten und heimsten bei den Kritikern zahlreiche Preise und Auszeichnungen ein. Seit 1970 ist in erster Linie der Chardonnay für den Erfolg der Weine im In- und Ausland verantwortlich.

Viel Chardonnay, wenig „Zin": Villa Mt. Eden Winery

Chardonnay-Reben nehmen auch den weitaus größten Teil der Anbaufläche ein. Eine weitere Säule des Unternehmens ist Cabernet Sauvignon. Auch Zinfandel findet sich in den Weinbergen von Villa Mt. Eden. Allerdings gesteht Winemaker Mike McGrath, dem seit 1982 die Keller unterstehen, dem „Zin" nur einen eher geringen Anteil zu.

WEINTIPPS

1995 Cabernet Sauvignon Mendocino Signature Series
1996 Chardonnay Santa Maria Valley Bien Nacido Vineyard Signature Series

BEZUGSQUELLEN

12, 39, 97, 264, 275, 314, 390, 405, 472, 506, 556, 561

AU BON CLIMAT

4665 Santa Maria Mesa Rd., CA-93454 Santa Maria, Tel. 001-805-937 98 01, Fax 937 25 39; info@aubonclimat.com, www.aubonclimat.com

INHABER: Jim Clendenen - **KELLERMEISTER:** Jim Clendenen, Jim Adelman - **REBFLÄCHE:** 41,2 Hektar
REBSORTEN: Chardonnay, Pinot noir, Pinot blanc, Pinot gris
BESUCH: kein Publikumsverkehr

FFFF

Handarbeit wird auf dem Weingut Au Bon Climat groß geschrieben, von moderner Technik hält Jim Clendenen – ein großer Bewunderer der Burgunder-Weine – nicht viel. Nachdem er das Weingut 1982 zusammen mit Adam Tolmach gegründet hatte – nach gemeinsamen Jahren als Kellermeister bei Zaca Mesa –, arbeitete Clendenen zunächst mit zwei Rebsorten: Chardonnay und Pinot noir. Der Chardonnay steht auch heute noch im Mittelpunkt – mehr als die Hälfte der Rebflächen ist für ihn reserviert. Kleinere Areale wurden in den vergangenen Jahren auch mit Pinot gris und Pinot blanc bepflanzt. Bei der Weiterverarbeitung der Pinot noir-Trauben kommen sogar die Füße zum Einsatz. Das ist Tradition à la Clendenen.

Bei der Etikettierung der Weine geht Jim Clendenen ebenfalls einen eigenen Weg. Seine dreieckigen Labels können nicht maschinell auf die Flaschen geklebt werden – daher ist auch dies ein Fall für Handarbeit. Es bedeute zwar mehr Aufwand, sagt der Winzer, habe aber den Vorteil, dass seine Flaschen auf den ersten Blick erkannt werden.

Setzt auf Chardonnay und Handarbeit: Jim Clendenen

WEINEMPFEHLUNG

1997 Santa Barbara County Pinot „Bien Nacido Reserve", Au bon Climat blanc

FARBE: leuchtendes Gelb
DUFT: zitrusfrischer Duft mit Anklängen von Grapefruit
GESCHMACK: gute Balance von Säure und Schmelz, guter Abgang, mit einem Hauch Vanille

BEZUGSQUELLEN

166, 215, 297, 301, 378, 395, 399, 447, 529, 533

BYRON VINEYARD & WINERY

5230 Tepusquet Rd., CA-93454 Santa Maria, Tel. 001-805-937 72 88, Fax 934 12 60
info@byronwinery.com; www.byronwines.com
INHABER: Robert Mondavi Corp.
KELLERMEISTER: Byron „Ken" Brown
REBFLÄCHE: 522 Hektar
REBSORTEN: Chardonnay, Pinot noir, Pinot gris, Pinot blanc
BESUCH: April-Sept. tgl. 10-17 Uhr, Okt.-März 10-16 Uhr
EURO VISA

FFFF

Byron Vineyards: ein weites Feld für Chardonnay und Pinot noir

Seit 1990 bilden Byron Brown – den alle nur Ken nennen – und die „Robert Mondavi Weinfamilie", ein eingespieltes Team. In den siebziger Jahren arbeitete Brown in der Computerbranche, dann sattelte er um auf Winemaker. Zunächst arbeitete Brown von 1978 bis 1983 für Zaca Mesa, bis er 1984 sein eigenes Weingut gründete. Zwar gilt heute offiziell die Mondavi Corporation als Besitzer des Gutes in Santa Maria, doch Brown hält nach wie vor die Zügel fest in der Hand und sagt, was auf den weiten Anbauflächen gemacht wird – was im Keller geschieht, kontrolliert er ohnehin. Vor allem Chardonnay und Pinot noir gilt Browns Leidenschaft. Der Rest verteilt sich auf Pinot gris, Pinot blanc und den empfindlichen roten Pinot noir. Mehr als die Hälfte der Jahr für Jahr abgefüllten 600 000 Flaschen werden in alle Welt exportiert.

WEINEMPFEHLUNG

1996 Byron Estate Santa Maria Valley Chardonnay
FARBE: heller Goldton
DUFT: nach Williamsbirne, eingelegten Ananas und Apfeltorte
GESCHMACK: feine Süße am Gaumen, sehr gute Länge

BEZUGSQUELLEN

22, 44, 49, 55, 56, 67, 68, 90, 100, 112, 132, 137, 138, 154, 161, 164, 166, 168, 170, 172, 173, 197, 202, 216, 230, 283, 291, 293, 297, 306, 307, 311, 317, 320, 335, 366, 370, 386, 398, 411, 435, 441, 445a, 447, 457, 462, 480, 481, 487, 525, 529, 533, 543

THE OJAI VINEYARD

10540 Encino Drive (PO Box 952), CA-93022 Oak View, Tel. 805-649 16 74, Fax 649 46 51
ojaiwine@aol.com
INHABER UND KELLERMEISTER: Adam Tolmach
REBFLACHE: 10,1 Hektar
REBSORTEN: Sauvignon blanc, Chardonnay, Pinoit noir, Viognier, Syrah
BESUCH: kein Publikumsverkehr
EURO VISA
FFFF

Benannt ist diese für kalifornische Verhältnisse eher winzige Winery nach dem 8000-Einwohner-Städtchen rund 100 Meilen vor Los Angeles, bei dem sie liegt. Nur wenige Weinberge schmücken den Ort, in den sich viele Manager und Filmschauspieler zurückgezogen haben. Statt Reben werden in Ojai vor allem Orangen und Avocados angebaut. Aber Alan Tolmach, der Herr über die drei Schuppen, aus denen die Kellerei besteht, besitzt sowieso kaum eigene Weinberge. Er kauft die meisten Trauben zu – allerdings aus einigen der besten und gesuchtesten Lagen in den Regionen Santa Barbara und Monterey.

Boss: Adam Tolmach

Der bärtige Wein-Enthusiast ist einer der kalifornischen „Rhône Rangers“, die vor allem auf die Rebsorte Syrah setzen. Tolmachs Vorbild ist der berühmte Rhône-Winzer Etienne Guigal. Tolmachs Syrah von verschiedenen Lagen gehören zu den größten Weinen, die in Kalifornien aus dieser Sorte gewonnen werden. Anders als in Frankreich reifen die Trauben in kühlem Klima und sind daher fruchtiger und tanninreicher.
Tolmachs zweite Liebe gehört dem Pinot noir. Je nach der Lage, von der die Trauben kommen, gelingen ihm überraschend volle und finessenreiche Weine. Besonders der „Pisone Vineyard“ aus Monterey-Trauben gehört in die Riege der besten Pinots Kaliforniens.
Nicht zu unterschätzen sind auch Tolmachs Chardonnays: Exotisch und voll, mit spürbarer Säure, teilweise hinreißenden Fruchtaromen – so präsentieren sich zum Beispiel die Weine der Lagen „Sanford & Benedict“, „Talley Vineyard“ und „Bien Naciedo“.

WEINEMPFEHLUNG
1998 Syrah California
FARBE: tintiges Rot
DUFT: Heidelbeerconfit, Moos, süßes Lakritz
GESCHMACK: sehr konzentriert und kompakt, mächtig, aber ausgewogen, mit vielen Fruchtaromen, delikate Säure

BEZUGSQUELLE
399

QUPÉ WINE CELLARS

2531 Grand Ave., CA-93441 Los Olivos,
Tel. 001-805-937 98 01, Fax 937 25 39; auqu@aol.com
INHABER: Bob Lindquist
KELLERMEISTER: Bob Lindquist
REBFLÄCHE: 4,9 Hektar
REBSORTEN: Chardonnay, Syrah, Marsanne, Viognier, Roussanne
BESUCH: kein Publikumsverkehr

FFF

Bob Lindquist ist in vielerlei Hinsicht ein außergewöhnlicher Winemaker. Im Gegensatz zu nahezu allen anderen Winzern in Kalifornien setzt der Besitzer des Weinguts Qupé auf ausgefallene Rebsorten – und hat damit eine Marktnische erobert. Cabernet Sauvignon, Merlot, Zinfandel? Die für Kalifornien typischen Rebsorten sucht man auf den Anbauflächen von Qupé vergeblich. Bob Lindquist, der Winzer und Kellermeister, hat einen ganz anderen Favoriten: den Syrah, dem er – als einer von wenigen kalifornischen Winzern – den meisten Platz auf seinen Anbauflächen einräumt. Lindquist ist überzeugt, dass der Syrah auf dem immer härter umkämpften Weinmarkt eine Zukunft hat. Man wird es sehen.

Zeigt es den Kritikern: Bob Lindquist

Auch die berühmte alte französische Rebsorte Marsanne hat Bob Lindquist gepflanzt – ebenfalls eine Besonderheit in der Region.

Von kritischen Stimmen – die seine Arbeit begleiten, seit er 1986 seinen Betrieb eröffnete – lässt sich Lindquist nicht beeindrucken. Außergewöhnlich ist nicht zuletzt auch der Name des Weinguts, von dem selbst mancher Amerikaner nicht weiß, wie er ausgesprochen wird. „Qupé" – sprich: Kjupie – ist ein Begriff aus der Sprache der Chumash-Indianer und bezeichnet den goldenen kalifornischen Mohn.

WEINTIPPS

1996 Syrah Santa Barbara County Bien Nacido Reserve
1996 Syrah Santa Barbara County Bien Nacido Hillside Estate

BEZUGSQUELLEN

166, 301, 399

SANFORD WINERY

7250 Santa Rosa Rd,. CA-93427 Buellton, Tel. 001-805-688 33 00,
Fax 688 73 81; sanford@silcom.com
INHABER: Richard und Thekla Sanford
KELLERMEISTER: Bruno D'Alfonso
REBFLÄCHE: 113,3 Hektar
REBSORTEN: Pinot noir, Chardonnay, Sauvignon blanc
BESUCH: tgl. 11-16 Uhr
AmEx EURO VISA

FFF

Richard Sanford ist ein mutiger Mann. Fragt man den Winzer, der das Weingut im Santa Barbara County – zusammen mit seiner Frau Thekla – 1981 eröffnete, welche Jahrgänge bislang die besten waren, erhält man die knappe Antwort: „alle". Sanford ist zutiefst von sich und der Richtigkeit seines Kurses überzeugt. Anders als viele kalifornische Winzer, die große Erfolge feiern, bevorzugt er Weißweine. Gerade einmal ein Drittel der gutseigenen Rebflächen ist für den Pinot noir reserviert – die einzige rote Traube der Sanford Winery.

Selbstbewusst: Richard Sanford

Im Mittelpunkt des Interesses steht der Chardonnay. Ein kleiner Rest der Rebfläche ist mit Sauvignon blanc bepflanzt. Er wird nicht zum Verschneiden der Chardonnay verwendet, sondern kommt als Estate-Abfüllung auf den Markt.
Kellermeister ist Bruno D'Alfonso. Er teilt die Vorliebe seines Chefs für Chardonnay und Pinot noir – und er weiß, wie vorsichtig er mit diesen eigenwilligen Trauben umgehen muss. Auch deshalb wird auf Sanford die Lese stets nur von Hand erledigt.

WEINEMPFEHLUNG

1997 Santa Barbara County Chardonnay
FARBE: intensives Gelb
DUFT: reife Williamsbirnen, eingekochte Quitten, mit einer Spur Aprikose
GESCHMACK: Opulenz am Gaumen, die durch eine fein eingebundene Säure im Zaum gehalten wird

BEZUGSQUELLEN

258, 363, 434, 466, 557

SINE QUA NON

918 El Toro Rd., CA-93023 Ojai, Tel. 001-805-640 09 97,
Fax 640 12 30
INHABER: Elaine und Manfred Krankl
KELLERMEISTER: Elaine und Manfred Krankl
REBFLÄCHE: 5,3 Hektar
REBSORTEN: Syrah, Pinot noir, Roussanne, Chardonnay, Grenache
BESUCH: kein Publikumsverkehr

FFFF

Das junge Weingut Sine Qua Non (der Name bedeutet soviel wie: „absolut unverzichtbar“) verfügt zwar nur über relativ kleine Rebflächen, bringt aber eine respektable Angebotspalette auf den Markt. Der Betrieb ist in Ventura, zwei Autostunden von Los Angeles in einer schmucklosen Werkshalle untergebracht – und seine ausgezeichneten Weine heißen deshalb in Amerika *garage wines*. Gemeint sind damit fast immer „Kultweine“ oder „Boutique-Weine“: Top-Qualität in kleinsten Mengen von winzigen Anbauflächen, teuer, begehrt und im Laden kaum aufzutreiben. Winzer Manfred Krankl (ein Österreicher) und seine Ehefrau Elaine, denen in Los Angeles zudem zwei Bäckereien („La Brea“) gehören – früher auch das Restaurant „Campanile“– orientieren sich nicht am kalifornischen „Mainstream“. Sie setzen auf Außergewöhnliches.

Gilt in Amerika als „Kult-Winzer“: Manfred Krankl

Seit sie 1994 ihr Weingut eröffneten, widmet sich Kellermeister Krankl vor allem Pinot noir und Syrah – letzterer gilt unter den kalifornischen Winzern nicht eben als „Renner“. Und bei den Weißweinen verschneidet Krankl sämtliche Chardonnay mit der in Kalifornien eher selten angebauten Roussanne-Traube zu kraftvollen und fruchtigen Blends. Jährlich werden weniger als 20 000 Flaschen abgefüllt, von denen ein Teil für den Export bestimmt ist.

WEINTIPP

1995 Syrah „The Other Hand“

BEZUGSQUELLEN

67, 68, 70, 96, 281, 368, 378, 479, 516, 533

ZACA MESA WINERY

6905 Foxen Canyon Rd., CA-93441 Los Olivos, Tel. 001-805-688 93 39, Fax 688 87 96; zacamesa@zacamesa.com und zmail@zacamesa.com, www.zacamesa.com

INHABER: John C. Cushman III, Louis B. Cushman
KELLERMEISTER: Benjamin Silver
REBFLÄCHE: 99,6 Hektar
REBSORTEN: Chardonnay, Syrah, Viognier, Roussanne, Mourvèdre, Grenache, Cinsault, Counoise
BESUCH: tgl. 10-16 Uhr

AmEx EURO VISA

F F

Die Zaca Mesa Winery, eines der größten Weingüter im kalifornischen Santa Ynez Valley, hat sich auf den Anbau von Rhône-Reben spezialisiert. Nach der Firmengründung 1972 wurden zunächst vor allem Chardonnay und Pinot noir angepflanzt. Doch nachdem das Unternehmen expandierte, kultivierte man auch andere Rebsorten. Fast ein Fünftel der Anbaufläche ist heute für den Syrah reserviert.

Starke Affinität zur Rhône-Region: Zaca Mesa

Die Affinität zur Rhône-Region ist auf Zaca Mesa weiterhin offensichtlich. „Man könnte glauben, Zaca Mesa läge im Süden Frankreichs“, sagt Manager Jeffrey M. Maiken. In der Tat erinnern Landschaft, Klima und Boden stark an das Rhône-Tal.

Die Schönheit der Landschaft soll sich in den Weinen von Zaca Mesa widerspiegeln. Dafür ist seit einigen Jahren Kellermeister Benjamin Silver verantwortlich. Er betreut nicht nur die für Kalifornien typischen Rebsorten, sondern experimentiert auch erfolgreich mit „Exoten“ wie White Viognier. Bemerkenswert sind auch Zaca Mesas weiße Roussanne-Weine.

WEINTIPP

1996 Chardonnay Santa Barbara County Zaca Vineyards

BEZUGSQUELLE

363

GALLO SONOMA

Dry Creek Rd. 3387, CA-95448 Healdsburg, Tel. 001-707-431 56 00, Fax 431 55 15; kimberly.charks@ejgallo.com, www.gallo.com

INHABER: Ernest Gallo
KELLERMEISTERIN: Gina Gallo
REBFLÄCHE: 2430 Hektar
REBSORTEN: Chardonnay, Cabernet Sauvignon, Merlot, Zinfandel
BESUCH: kein Publikumsverkehr

FFF

Knapp 60 Jahre nach der Gründung der berühmten Ernest & Julio Gallo Winery im kalifornischen Modesto – die zu ihren besten Zeiten einen jährlichen Umsatz von mehr als 1 Milliarde Dollar erzielte – realisierte das Familienunternehmen die lange geplante Errichtung einer neuen Weinkellerei in Sonoma. Dort sollten Weine von Weltklasseformat produziert werden. Sechs Jahre dauerte es, bis der erste Wein auf der Flasche war – und die Weinwelt zeigte sich begeistert. Der „Wine Spectator" verlieh dem Unternehmen 1999 die begehrte Auszeichnung „Weinkellerei des Jahres".

Gallo: Zinfandel auf der Frei Ranch

Die Kellerei in Sonoma wird von Gina Gallo geleitet, einer Enkelin des Mitgründers Julio. Marcello Monticelli, ein Freund Julio Gallos und mittlerweile im hohen Alter, steht Gina immer noch beratend zur Seite. Um die Bewirtschaftung der Weinberge kümmert sich Ginas Bruder Matt. Den Charme eines Familienbetriebs will das Unternehmen trotz kontinuierlicher Expansion unbedingt bewahren.

„Star" der neuen Kellerei ist der Zinfandel, vor allem jener aus dem Frei Ranch Weinberg. Die urspünglich von Charles Dunz und Andrew Frei angelegte Rebfläche liegt in der kühlen Terrassenlandschaft des Dry Creek Valley im Sonoma County. Ein einzigartiges Klima und die Hanglage lassen den Zinfandel hier besonders gut gedeihen.

WEINEMPFEHLUNG

1996 Northern Sonoma Estate Bottled Chardonnay

FARBE: leuchtendes Gelb
DUFT: ein Hauch von Zitrusfürchten, Birnen- und Quittenaromen, elegante Röstaromen
GESCHMACK: intensiv, kraftvoll, mit viel Schmelz. Deutlicher Röststoffcharakter im Abgang

BEZUGSQUELLEN

300, 422

HANZELL VINEYARDS

18596 Lomita Avenue, CA-95476 Sonoma, Tel. 001-707-996 38 60,
Fax 996 38 62
info@Hanzell.com, www.hanzell.com
INHABER: Alex de Brye - **KELLERMEISTER:** Bob Sessions
REBFLÄCHE: 15,3 Hektar
REBSORTEN: Chardonnay, Pinot noir
BESUCH: nach Vereinbarung
EURO VISA

FFFF

Während seiner Zeit als amerikanischer Botschafter in Rom entdeckte Firmengründer J. D. Zellerbach seine Leidenschaft für den Wein –

Schon lange Herr der Keller: Bob Sessions

allerdings nicht für italienische Gewächse, sondern für die Burgunder. Nach seiner Rückkehr in die kalifornische Heimat gründete er 1957 ein Weingut – bei der Namensgebung kombinierte er die erste Silbe des Vornamens seiner Frau Hanna mit der ersten Silbe des Familiennamens. Im Sonoma County wollte er, ganz in burgundischer Weinbautradition, Chardonnay und Pinot noir von Premium-Qualität erzeugen – bei Hanzell hat man sich für Spezialisierung entschieden. Für die Produktion seiner Weine verwendete Zellerbach ausschließlich eigene Trauben. Die erste Ernte füllte gerade einmal eine Magnumflasche, doch es sollte zügig aufwärts gehen.

Seit 30 Jahren produziert Hanzell immer wieder superbe Chardonnay – und gehörte in Kalifornien zu den Pionieren, die sie in neue Barriques legten.

Seit 1957 beschäftigte Hanzell gerade einmal zwei Kellermeister: zunächst Brad Webb, später Bob Sessions, der seit nunmehr einem Vierteljahrhundert die Aufsicht über die Keller führt.

Die Produktion von Chardonnay und Pinot noir der Spitzenklasse ist für Sessions zur Lebensaufgabe geworden.

WEINEMPFEHLUNG

1997 Chardonnay Sonoma Valley
FARBE: helles Gelb
DUFT: süßlich, kräftig, vom Holz geprägt, mit Aromen von Honig und reifen Pfirsichen
GESCHMACK: frisch und angenehm, mit präsenter Säure, gut eingebundenes Holz, kräftig und sehr harmonisch

BEZUGSQUELLEN

301, 378, 399

HAYWOOD WINERY

18000 Old Winery Rd., CA-95476 Sonoma, Tel. 001-707-252 71 17,
Fax 252 03 92
estate@haywoodwinery.com, www.haywoodwinery.com
INHABER: Racke USA - KELLERMEISTERIN: Judy Matulich-Weitz
REBFLÄCHE: 24,3 Hektar
REBSORTEN: Cabernet Sauvignon, Zinfandel, Chardonnay, Merlot
BESUCH: kein Publikumsverkehr

FF

Nach sieben Jahren harter Arbeit auf seinen ersten eigenen Rebflächen, nahe der historischen Altstadt von Sonoma, verkostete Peter Haywood 1987 seinen ersten eigenen Zinfandel.

Eichenfässer bei Haywood: alles Zinfandel

Grund und Boden seines Weinguts hatte Haywood, der früher als Makler gearbeitet hatte, bereits 1976 erworben – den alten Los Chamizal Estate. Umfangreiche Arbeiten waren nötig, um die Rebflächen auf den Anbau guter Weine vorzubereiten, 1980 wurde schließlich Haywood Winery gegründet. Mit dem Zinfandel fing alles an, und auch heute noch bestimmt diese Traube die Produktion von Haywood. Auch ein weißer Zinfandel reift in den Kellern. Seit 1991 läßt Haywood, nach finanziellen Schwierigkeiten, seine Weine über Racke USA vermarkten, einem Ableger des deutschen Whisky-Herstellers, dem auch die Buena Vista Winery gehört.
Von dort ist seit einiger Zeit die renommierte Kellermeisterin Judy Matulich-Weitz als Beraterin für die Haywood Winery abgestellt. Sie hat es sich zur Aufgabe gemacht, die Weine weiterhin ganz so produzieren, wie es Peter Haywood begonnen hat.

WEINEMPFEHLUNG

1996 Zinfandel

FARBE: Kirschrot mit dunklen Lilareflexen
DUFT: Aromen von süßen Kirschen und Brombeeren, Vanille, toastig, Eiche
GESCHMACK: auch im Ansatz mit präsenter, aber angenehmer Säure, pfeffrig, feine Tannine, geschmeidig, interessant ausgewogener Wein

BEZUGSQUELLEN

82, 87, 117, 188, 208, 212, 270, 275, 291, 292, 297, 321, 324, 329, 366, 368, 428, 441, 491, 529

KENDALL-JACKSON VINEYARDS & WINERY

425 Aviation Blvd., CA-95403 Santa Rosa, Tel. 001-707-544 40 00,
Fax 569 01 05; kjwines@kj.com, www.kj.com
INHABER: Jess Jackson - **ÖNOLOGE:** Randy Ullom
KELLERMEISTER: Randy Ullom
REBFLÄCHE: 4451,5 Hektar
REBSORTEN: Chardonnay, Johannesberg Riesling, Merlot, Muscat Canelli, Sauvignon blanc, Cabernet Sauvignon, Pinot noir, Syrah, Zinfandel
BESUCH: Tasting Room, tgl. 10-17 Uhr

AmEx EURO VISA

F F

Was macht einen Wein zu einem großen Wein? Auf dem Weingut Kendall-Jackson lautet die schlichte Antwort: „Die Verschmelzung verschiedener Geschmäcker".

Das Familienunternehmen geht einen anderen Weg als manche seiner großen Nachbarn. Jess Jackson, der das Gut Mitte der siebziger Jahre in Betrieb nahm und in kurzer Zeit zu einem der größten und erfolgreichsten der kühlen kalifornischen Küstenregion machte, verlässt sich ausschließlich auf seine eigenen Erfahrungen.

Der erste Wein, der auf den Rebflächen des Weinguts Kendall-Jackson produziert wurde, war ein Chardonnay. Mit ihm begann ein rasanter Aufstieg – quantitativ wie qualitativ.

Heute bauen Jackson und sein Kellermeister Randy Ullom auch Cabernet Sauvignon, Merlot, Zinfandel, Pinot noir und Sauvignon blanc an – mithin das gesamte Repertoire an Rebsorten, die Kalifornien innerhalb weniger Jahrzehnte zu einer der bedeutendsten Weinregionen der Welt gemacht haben.

WEINEMPFEHLUNG

1995 Cabernet Sauvignon
FARBE: purpurrot
DUFT: weich, süßlich im Ansatz, Kirsch- und Cassisbonbon
GESCHMACK: feinfruchtig, Beerenkompott, Heu, leichte Tannine, etwas rauh im Abgang

Weingut im Küstennebel: Kendall-Jackson

BEZUGSQUELLEN

2, 20, 37, 44, 51, 52, 54, 62, 66, 67, 68, 77, 78, 79, 84, 90, 97, 113, 116, 119, 140, 154, 158, 186, 210, 212, 225, 231, 237, 242, 244, 245, 263, 267, 270, 283, 287, 308, 313, 314, 315, 322, 324, 337, 376, 409, 419, 425, 438, 444, 452, 453, 456, 463, 464, 492, 506, 507, 512, 519, 520, 536, 550, 553

KENWOOD VINEYARDS

9592 Sonoma Hwy., CA-95452 Kenwood, Tel. 001-707-833 58 91,
Fax 833 65 72
kenwine@pacbell.net, www.kenwoodvineyards.com

INHABER: Gary Heck - **KELLERMEISTER:** Michael Lee
REBFLÄCHE: 8 Hektar
REBSORTEN: Sauvignon blanc, Chardonnay, Zinfandel, Pinot noir, Merlot, Cabernet Sauvignon
BESUCH: tgl. 10-16.30 Uhr

AmEx DINERS EURO VISA

FFF

Das Weingut Kenwood wurde 1970 auf dem Gelände der ehemaligen Paganini Winery errichtet. Tradition und Fortschritt ergänzen sich hier in besonderer Art und Weise. Teile des Unternehmens residieren noch heute in den historischen, teils jahrhundertealten Gebäuden.

Zunächst gehörte Kenwood zwei Brüdern von Kellermeister Michael Lee und einer befreundeten Familie, dann übernahm es 1988 Gary Heck als alleiniger Besitzer. Der weitere Erfolg wird auch davon abhängen, ob Michael Lee dem Weingut als Kellermeister erhalten bleibt, denn der bisherige Erfolg von Kenwood war vor allem sein Erfolg.

Bleibt er oder geht er: Kenwood-Winemaker Michael Lee

Das Weinangebot von Kenwood ruht auf mehreren, gleich starken Pfeilern – Zinfandel, Cabernet Sauvignon und Chardonnay schenkt man dort stets die gleiche Aufmerksamkeit.

Die historischen Steingebäude der alten Winery beherbergen heute eine moderne Anlage, die sämtlichen zeitgemäßen Ansprüchen an die Weinproduktion gerecht wird.

WEINTIPP

1994 Cabernet Sauvignon Sonoma Valley Artist Series

BEZUGSQUELLEN

36, 47, 90, 166, 169, 176, 229, 243, 314, 332, 363, 475, 548, 560

PETER MICHAEL WINERY

12400 Ida Clayton Rd., CA-94515 Calistoga, Tel. 707-942 44 59,
Fax 942 02 09
www.petermichaelwinery.com
INHABER: Sir Peter Michael - **KELLERMEISTER:** Mark Aubert
REBFLÄCHE: ? Hektar
REBSORTEN: Cabernet franc, Cabernet Sauvignon, Chardonnay, Sauvignon blanc
BESUCH: kein Publikumsverkehr

FFFFF

Eigentlich wollte Sir Peter Michael im Knights Valley nur ein Ferienhaus in schöner, ruhiger Umgebung kaufen. Doch dann klärten ihn Freunde darüber auf, dass er sich in einer bekannten Weinbaugegegend niedergelassen habe – Knights Valley liegt zwischen Napa Valley und Alexander Valley. So legte Sir Peter Michael, ein erfolgreicher Medienunternehmer aus London, 1984 seinen ersten Weinberg an. Im Laufe der Jahre kamen weitere dazu, 1989 errichtete er zwei neue, spektakuläre Weinkeller: einen für Weiß-, den anderen für Rotweine. Seitdem kommen aus diesen Kellern jedes Jahr ein hochklassiger Chardonnay „Mon Plaisir" und der faszinierende Bordeaux-Blend „Les Pavots". Die französischen Bezeichnungen lassen ahnen, daß Sir Peter ein Anhänger der europäischen Weinphilosophie ist, also ein „Terroirist", der Wert darauf legt, dass nicht nur Reife und Fülle, sondern auch die Lage, der jeweilige Boden und das Mikroklima in seinen Weinen zum Ausdruck kommen. „Les Pavots" (die Mohnblumen), besticht denn auch durch einen ungewöhnlichen Facettenreichtum: ein sehr reifer, tiefgründiger Wein mit klarer Beerenfrucht und elegantem Tannin, meist schon früh trinkbar, doch auch noch nach zehn Jahren ein großer Genuss. „Mon Plaisir" dagegen ist einer jener neuen super-opulenten Chardonnays, die schwer, alkoholreich und geschmacksintensiv sind, aber so leicht über die Zunge tanzen, daß 14 Volumenprozent Alkohol und 15 Monate Lagerung im kleinen Eichenholzfass in Vergessenheit geraten.

WEINEMPFEHLUNG

1998 Chardonnay „Mon Plaisir"
FARBE: Zitronengelb
DUFT: Grapefruit, Papaya, Hefebrot
GESCHMACK: cremiger, opulenter Wein mit mit einem breiten Spektrum von Fruchttönen und Röstaromen, große Länge, mundfüllend, intensiv

BEZUGSQUELLE

15

RAVENSWOOD

18701 Gehricke Rd., (Tasting Room), CA-95476 Sonoma, Tel. 001-707-938 19 60, Fax 938 94 59
jpeterson@ravenswood-wine.com, www.ravenswood-wine.com wood
INHABER: Joel Peterson, W. Reed Foster
KELLERMEISTER: Joel Peterson
REBFLÄCHE: 64 Hektar
REBSORTEN: Zinfandel, Cabernet Sauvignon, Merlot, Cabernet franc, Gewürztraminer, Petite Sirah, Chardonnay
BESUCH: tgl.10-16.30 Uhr

AmEx EURO VISA

FFF

Mehr als drei Viertel der Rebfläche von Ravenswood sind für den Zinfandel reserviert, aus dem Jahr für Jahr sieben verschiedene Weine unterschiedlicher Kategorien erzeugt werden. Das 1976 von Joel Peterson gegründete Unternehmen – 1981 stieß der finanzstarke W. Reed Foster als Kompagnon dazu – hat sich einen Namen als Zinfandel-Spezialist erworben. Ravenswood sieht in einer strengen Klassifizierung nach Qualität und Preis eine wesentliche Grundlage modernen Marketings. Wer erfolgreich sein will, muss eine möglichst

Spezialität Zinfandel: Ravenswood

breite Nachfrage-Palette abdecken können, lautet das Firmen-Credo. Mit W. Reed Foster steht Joel Peterson ein Experte fürs Geschäftliche zur Seite, die ihm für seine Hauptaufgabe, die Weinproduktion, den Rücken freihalten. Zinfandel ist mit Abstand die häufigste Traube auf Ravenswood. Aber auch Cabernet Sauvignon und Merlot werden kultiviert. Und selbst ein Weißwein findet sich im Angebot des Gutes: Der Chardonnay von Ravenswood gilt als der „am meisten nach Rotwein schmeckende“ in Kalifornien.

WEINEMPFEHLUNG

1994 Cabernet Sauvignon
FARBE: Rubinrot
DUFT: intensive Nase nach Pflaumen, würzig nach Gewürznelken, intensive Holzaromen
GESCHMACK: weich und trocken im Ansatz, präsente Tannine, lang und harmonisch im Abgang

BEZUGSQUELLEN

1, 14, 36, 38, 41, 43, 44, 51, 53, 67, 68, 74, 82, 87, 94, 104, 116, 131, 134, 138, 146, 148, 152, 158, 161, 167, 175, 177, 185, 191, 197a, 205, 212, 215, 232, 235, 253, 261, 262, 263, 268, 269, 279, 280, 287, 292, 298, 303, 304, 313, 322, 324, 328, 329, 350, 363, 370, 422, 428, 431, 438, 440, 441, 452, 455, 460, 474, 477, 478, 483, 489, 509, 526, 551, 552

ROCHIOLI VINEYARDS

6192 Westride Road, CA-95448 Healdsburg, Tel. 707-433 23 05,
Fax 433 23 58
INHABER: Tom und Joe Rochioli
KELLERMEISTER: Tom Rochioli
REBFLÄCHE: 110 Hektar
REBSORTEN: Pinot noir, Chardonnay, Sauvignon blanc
BESUCH: Feb.-Nov. tgl. 10-17 Uhr, Dez. und Jan. tgl. 11-16 Uhr
AmEx EURO VISA FFFF

Die Rochiolis sind burschikose Leute: Vater Joe, der seine Familie zunächst mit dem Verkauf von Pflaumen und Hopfen

Spitzenlage am Russian River: Rochioli

ernährte, pflanzte 1968 aus Verzweifelung über sinkende Preise Pinot noir – und wurde unerwartet ein gesuchter Traubenlieferant. Sohn Tom Rochioli fasste dann 1982 den Entschluss, die Trauben erstmals selbst zu keltern. Mit großem Erfolg. Mag der Rochioli-Keller auch eng, einfach und gänzlich unspektakulär sein – die Pinot noir bekommen von renommierten Weintestern stets bessere Noten als manch hochklassiger französischer Burgunder. Vielleicht sind sie nicht so samtig wie ein Vosne Romanée – aber mindestens so kräftig wie ein Chambertin. Allerdings liegt der Preis ihrer Spitzenlage „West Block" auch bei 60 Dollar, und mehr als eine Flasche bekommt niemand, der den Degustationsraum mitten in der herrlichen Russian River-Flusslandschaft besucht. Dafür lassen sich auch hartnäckige Cabernet-Fans von diesem Wein bekehren.

Der Lagen-Pinot „Three Corner Vineyard" steht dem Spitzenwein nur wenig nach und kostet weniger. Neben Pinot noir erzeugen die Rochiolis auch ausgezeichnete Chardonnay. Die Produktion von Cabernet Sauvignon und Zinfandel hat die Familie dagegen eingestellt.

WEINEMPFEHLUNG

1998 Pinot Noir Estate
FARBE: sattes Purpurrot
DUFT: Kirsche, Himbeere, Vanille
GESCHMACK: kräftige, fast üppige Struktur, reife Aromen mit marmeladigem Unterton, expressiv fruchtig, auf der Zunge klar, sauber, seidige Textur

BEZUGSQUELLEN

291, 292, 390, 491

SCHUG CARNEROS ESTATE WINERY

602 Bonneau Rd., CA- 95476 Sonoma, Tel. 001-707-939 93 63,
Fax 939 93 64
schug@schugwinery.com, www.schugwinery.com
INHABER: Walter und Gertrud Schug
KELLERMEISTER: Walter Schug und Michael Cox
REBFLÄCHE: 20,23 Hektar
REBSORTEN: Pinot noir, Chardonnay, Sauvignon blanc, Cabernet Sauvignon, Merlot
BESUCH: tgl. 10-17 Uhr

EURO VISA

FFF

Zehn Jahre lang hatte Walter Schug im Keller von Joseph Phelps einige der größten Weine des Gutes erzeugt. Dann beschloss Schug, sich auf den Pinot noir zu konzentrieren – zunächst

Am liebsten Pinot noir: Ehepaar Schug

auf eigene Rechnung. Denn bei Phelps machte ihm die Marketing-Abteilung einen Strich durch die Rechnung, man entschied sich dort 1987, keinen Pinot noir mehr anzubauen. Drei Jahre später trennten sich die Wege von Kellermeister und Unternehmen, Schug gründete sein eigenes Weingut.

Welche Traube auf den 17 Hektar Anbaufläche – das Gut bezieht zudem Trauben von Vertragswinzern – dominiert, ist nicht schwer zu erraten: 240 000 Flaschen werden Jahr für Jahr auf dem Schug Carneros Estate abgefüllt, mehr als die Hälfte davon Pinot noir. Daneben werden auf den Schug-Rebflächen auch Chardonnay, Cabernet Sauvignon und Merlot kultiviert.

WEINEMPFEHLUNG

1994 Schug Pinot noir

FARBE: kräftiges Kirschrot mit braunen Reflexen

DUFT: animalisch und fruchtig in der Nase, mit Aromen von Wildgeflügel, Kirschen und Pflaumen

GESCHMACK: Bitterorangen und feine Süße, präsente Säure, gut eingebundener Holzton, körperreich, lang anhaltende Frucht

BEZUGSQUELLEN

22, 26, 38, 42, 44, 67, 68, 70, 94, 100, 138, 164, 166, 167, 171, 172, 173, 190, 210, 212, 216, 227, 283, 290, 291, 300, 314, 320, 321, 322, 328, 332, 335, 353a, 360, 386, 398, 403, 410, 411, 429, 438, 457, 459, 464, 466, 469, 476, 477, 481, 493, 543, 545a, 553

SEBASTIANI SONOMA CASK CELLARS

389 Fourth St. East, CA-95476 Sonoma, Tel. 001-707-938 55 32,
Fax 933 33 63; jbreaw@sebastiani.com, www.sebastiani.com
INHABER: Familie Sebastiani - **KELLERMEISTER:** Mark Lyon
REBFLÄCHE: 242,8 Hektar
REBSORTEN: Chardonnay, Cabernet Sauvignon, Barbera, Mourvèdre, Pinot noir, Sangiovese, Sémillon, Syrah, Zinfandel
BESUCH: tgl. 10-17 Uhr

AmEx EURO VISA

F F

Auf sein gutes Näschen für Trends und künftige Vorlieben der Weingemeinde Kaliforniens konnte sich Don Sebastiani stets verlassen. Diesem Gespür verdankt er es, dass sein Weingut in Sonoma heute nicht selten in einem Atemzug mit den ganz Großen Kaliforniens genannt wird. Immer wieder gelingt es Sebastiani, dessen Familie das Weingut bereits seit 1904 betreibt, den sich wandelnden Geschmack der Kunden zu treffen. „In dieser Industrie sind rapide Veränderungen und ein harter Wettbewerb fast schon der Normalzustand", weiß der erprobte Winzer. Dem Konkurrenzkampf stellt sich das Weingut mit einem breiten Angebot verschiedener Weine. Nicht Spezialisierung, sondern Vielfalt lautet das Motto. Bei den Rebsorten dominieren Chardonnay, Cabernet Sauvignon und Zinfandel. Daneben hat Sebastiani auch sehr erfolgreich mit Sorten wie etwa Barbera experimentiert, die in Kalifornien eher als exotisch gelten. Bei der Produktion arbeitet der Winzer nach wie vor eng mit Kellermeister Mark Lyon zusammen.

High-Tech im Tasting Room: Sebastiani

WEINTIPP

1994 Cabernet Sauvignon Sonoma Valley Cherryblock Old Vines

BEZUGSQUELLEN

84, 88, 93, 94, 104, 117, 140, 145, 179, 294, 299, 325, 393, 426, 550

WILLIAMS & SELYEM WINERY

6575 Westside Rd., CA-95448 Healdsburg, Tel. 707-433 64 25, Fax 433 65 46
INHABER: John und Kathe Dyson - ÖNOLOGE: Burt Williams -
KELLERMEISTER: Bob Cabral
REBFLÄCHE: keine eigenen Rebflächen
REBSORTEN: Pinot noir, Chardonnay
BESUCH: November-Juli Mo-Fr nach Voranmeldung

FFFF

Die stille, leicht hügelige und abwechslungsreiche Landschaft am Russian River ist eines der besten Pinot noir-Anbaugebiete Kaliforniens – womöglich das beste. Und einen der besten – vielleicht den besten Pinot noir – dieser Region liefert die kleine Kellerei Selyem. In einer schäbigen, gemieteten Scheune beheimatet, liefert dieser Kellereibetrieb, der über keine eigenen Weinberge verfügt, aber Kontrakte mit einigen der besten Traubenlieferanten der Gegend hat, hinreißende Weine aus dieser schwierigen Sorte. Zarte Kirsch- und Pflaumenaromen, unterlegt mit einer würzigen, an Vanille und geröstete Kaffebohnen erinnernden Note – so lieben die amerikanischen Pinot-Fans den Wein. Dabei ist auch das Innenleben der Scheune von Selyem höchst spartanisch: eine Tankpresse, ein paar Gärbehälter, viele kleine Holzfässer, eine Leiter. Mehr braucht es nach Meinung von Ed Selyem und Burt Williams, einem ehemaligen Schriftsetzer, nicht, um gute Weine zu erzeugen – wenn man über das nötige Know-how verfügt. Und das haben die beiden Selfmade-Weinmacher: Sie lassen von Hand lesen, sorgen für ein schonendes Entrappen der Trauben und verzichten auf das Umpumpen der Maische nach der Gärung, weil dies dem Wein – durch zuviel Bewegung – schaden könnte.
Ihr Ehrgeiz ist es, die Eigenarten verschiedener Lagen im Wein deutlich erkennbar zu machen: etwa „Riverblock“, „Olivet Lane“ oder „Coastland Vineyard“. Selyem und Williams verkauften 1999 die Kellerei an John Dyson, den ehemaligen Bürgermeister von New York. blieben dem Betrieb jedoch erhalten. Produziert werden knapp 100 000 Flaschen jährlich, darunter auch sehr gute Chardonnay.

WEINEMPFEHLUNG

1998 Pinot Noir Sonoma Coast
FARBE: helles Purpurrot
FARBE: Himbeermarmelade, Schwarzkirsche, Alpenkräuter
FARBE: kraftvoll und zart zugleich, reife, süße Fruchtaromen mit vielen Facetten, spürbare Säure, beachtliche Tiefe, samtige Textur

BEZUGSQUELLEN

keine Angaben

ALBAN VINEYARD

8575 Orcutt Rd., CA-93420 Arroyo Grande, Tel. 001-805-546 03 05,
Fax 546 98 79
INHABER UND KELLERMEISTER: John Alban
REBFLÄCHE: 24,28 Hektar
REBSORTEN: Roussanne, Syrah, Viognier
BESUCH: nur nach Vereinbarung
EURO VISA

FFF

Eigentlich gilt das kalifornische Edna Valley als Haupt-Anbaugebiet für Chardonnay-Trauben. Inmitten von „Chardonnay-Country" hat sich mit dem Weingut Alban allerdings eine Enklave für Rhône-Sorten etabliert. Alban ist ein weiteres gutes Beispiel dafür, dass Winzer mit einer deutlich spezialisierten Ausrichtung erfolgreich Marktnischen besetzen können. John Alban konzentriert sich vor allem auf Syrah. Mögen andere kalifornische Winzer diese Traube eher stiefmütterlich behandeln und ihr keine rosigen Zukunftaussichten prognostizieren: Alban hält an der Syrah-Traube fest. Ohne allerdings die unumgängliche Diversifizierung aus den Augen zu verlieren. Neben Syrah finden sich bei John Alban weitere französische „Exoten" wie Viognier und Roussanne – die zwar in den vergangenen Jahren immer mehr gefragt waren, bislang aber nicht über den Status eines Geheimtipps hinauskamen.

Vertraut auf die Zukunft des Syrah: John Alban

Von Viognier und Roussanne wird nur je ein einziger Estate-Wein produziert, den Syrah aber baut John Alban, zugleich Kellermeister der Anlage, zu mehreren verschiedenen Weinen aus. Es werden Trauben von externen Winzern hinzugekauft.

WEINTIPP

1995 Syrah Edna Valley Alban Estate Reva

BEZUGSQUELLEN

166, 340, 358, 529

ALDERBROOK VINEYARDS & WINERY

2306 Magnolia Drive, CA-95448 Healdsburg, Tel. 001-707-433 91 54,
Fax 433 18 62; office@alderbrook.com, www.alderbrook.com
INHABER: California Family Foods - **ONOLOGIN:** Kristi Koford
REBFLÄCHE: 25 Hektar
REBSORTEN: Cabernet Sauvignon, Chardonnay, Merlot, Pinot noir, Sauvignon blanc, Viognier, Zinfandel
BESUCH: tgl. 10-17 Uhr

AmEx DINERS EURO VISA

FFF

An den südlichen Ausläufern des Dry Creek Valley wurden Mark Rafanelli und seine Partner John Grace und Philip Staley Anfang der achtziger Jahre bei der Suche nach geeigneten Rebflächen fündig: Hier errichteten sie ihr Weingut. Obwohl die Anlage mit 25 Hektar Rebfläche nicht sehr groß ist, waren die beiden Winzer bald in der Lage, eine überraschende Vielfalt an Weinen anzubieten. Spezialisierung war ihre Sache nie. John Grace, in der Anfangszeit für die Arbeit in den Weinbergen zuständig, pflanzte sowohl weiße als auch rote Trauben in geradezu üppiger Vielfalt. Gelesen wir bis heute ausschließlich von Hand. Neben dem Chardonnay und Sauvignon blanc gehören die roten Cabernet Sauvignon, Merlot, Zinfandel und Pinot noir zu den am häufigsten auf Alderbrook angebauten Rebsorten. Mit der Leitung der Keller hat der gegenwärtige Besitzer, California Family Foods, mittlerweile Kristi Koford, eine externe Könnerin, betraut.

WEINTIPP

1996 Zinfandel Russian River Valley Gamba Vineyard

BEZUGSQUELLEN

12, 119, 178, 314, 329, 390, 496, 556

BONNY DOON VINEYARD

10 Pine Flat Rd., CA-95060 Santa Cruz,
Tel. 001-831-425 36 25, Fax 425 38 56
info@bonnydoonvineyard.com, www.bonnydoonvineyard.com
INHABER und **KELLERMEISTER:** Randall Grahm
REBFLÄCHE: 60,7 Hektar
REBSORTEN: Riesling, Muscat, Syrah, Mourvèdre, Sangiovese, Zinfandel, Grenache
BESUCH: tgl. 11-17 Uhr

AmEx EURO VISA

FFF

Während seines Studiums in „Uncle Charlie's Summer Camp", wie er die Universität von Santa Cruz liebevoll nennt, jobbte Randall Grahm bei einem Weinhändler – als Putzhilfe. Als Winzer wurde Grahm später zu einer der schillerndsten Figuren unter Kaliforniens Winemakers.

Boss der „Rhône Rangers: Randall Grahm

Zunächst propagierte er 1982 Burgunder-Rebsorten, dann versuchte er sich an weißen Bordeaux-Klonen und produzierte einen eindrucksvollen Cabernet Sauvignon. Später avancierte er zum Anführer der legendären „Rhone Rangers", und gegenwärtig zeigt Randall Grahm ein heftiges Interesse an Italienern wie Nebbiolo, Barbera und Sangiovese.
Heute hat Grahm mehr als 30 Weine im Angebot, zum Teil produziert er auch für andere Weingüter wie etwa Sebastiani. Die amerikanische Fachpresse überschüttete ihn förmlich mit Auszeichnungen und Titeln.
Gelegentlich hört man, Randall Grahm sei des Weinmachens überdrüssig und suche neue Herausforderungen – unter Qualitäts- wie Show-Gesichtspunkten wäre dies ein herber Verlust für die internationale Weinszene.

WEINEMPFEHLUNG

1996 „Le Cigare Volant" California Red Wine

FARBE: Granatrot
DUFT: Walderdbeeren, Pflaumen
GESCHMACK: deutlich von seiner Tanninstruktur getragen, ordentliche Länge

BEZUGSQUELLEN

134, 138, 164, 212, 328, 370, 378, 391, 428

BUENA VISTA CARNEROS

18000 Old Winery Rd., CA-95476 Sonoma, Tel. 001-707-252 71 17 oder 001-800-678 85 04, Fax 252 03 92, www.buenavistawinery.com
INHABER: Stephen Dalc / A. Racke Company
KELLERMEISTERIN: Judy Matulich-Weitz
REBFLÄCHE: 550,3 Hektar
REBSORTEN: Chardonnay, Pinot noir, Cabernet Sauvignon, Sauvignon blanc, Syrah, Zinfandel, Merlot
BESUCH: tgl. 10.30-17 Uhr

EURO

FF

Willkommen auf Kaliforniens ältestem Premium-Weingut“, begrüßt das Schild vor der Buena Vista Winery, nahe der Weinstadt Sonoma gelegen, die Besucher. Gegründet wurde das Gut 1857 von dem ungarischen Einwanderer Agoston Haraszthy. Doch erst seit Buena Vista um 1980 von der deutschen Unternehmerfamilie Racke übernommen wurde, produziert man dort eindruckvolle Weine.

Bei Buena Vista setzt man auf Qualität – Böden und Klima sind eine sichere Bank. Anders als die nördlichen Regionen des Napa Valley, wo Berge die Rebflächen vor dem kühlen Wind vom Meer schützen, sind die Trauben in der Region Carneros Nebel und Wind ausgesetzt. Auch die Böden unterscheiden sich nachhaltig. Hier schlagen die Reben keine tiefen, langen Wurzeln – was vorsichtigen Umgang mit den Reben erfordert. Die Erträge können daher quantitativ nicht mit denen der Napa-Region mithalten. In Sachen Qualität – vor allem bei Chardonnay, Pinot noir und Merlot – aber stehen die Weine der Konkurrenz aus dem Napa Valley in keiner Weise nach – auch ein persönlicher Erfolg von Kellermeisterin Judy Matulich-Weitz.

Täglich kühle Meeresbrise: Buena Vista

WEINEMPFEHLUNG

1994 Cabernet Sauvignon
FARBE: Schwarzkirschrot
DUFT: animalisch, Leder, grüne Paprika, weißer Pfeffer, Eichenholz, Cassis-Marmelade, Zimt
GESCHMACK: trocken, anregend, konzentriert und würzig, etwas kurz

BEZUGSQUELLEN

27, 42, 82, 87, 101, 117, 131, 188, 202, 212, 225, 230, 262, 270, 275, 291, 297, 324, 428, 438, 441, 491, 518, 524, 528, 529

CALERA WINE

11300 Cienega Rd., CA-95023 Hollister, Tel. 001-831-637 91 70,
Fax 637 90 70
INHABER UND KELLERMEISTER: Josh Jensen
REBFLÄCHE: 28,3 Hektar
REBSORTEN: Pinot noir, Chardonnay, Viognier
BESUCH: nach Vereinbarung
AmEx EURO VISA

FFFF

Als Josh Jensen auf seinem frisch erworbenen Weingut die Ruinen einer alten Kalkbrennerei entdeckte, stand für ihn fest, welchen Namen sein Betrieb tragen sollte: „Calera" – spanisch für Kalkofen. Und die kalkigen

Kalk ist gut für Pinot noir: Calera

Böden sollten sich als nahezu ideal für den Anbau von Pinot noir erweisen.
Jensen hatte zuvor zwei Jahre in Frankreich gearbeitet und wertvolle Erfahrungen mit dieser eigenwilligen Traube gesammelt – nun konnte er seine Erkenntnisse auf der eigenen Anlage gewinnbringend umsetzen. Vier Weinberge sind mittlerweile mit Pinot noir-Reben bepflanzt – Selleck, Reed, Jensen und Mills. Die zweite Traube des Weingutes ist Chardonnay.
Im Keller lässt sich der Winzer seit einiger Zeit von Steve Doerner beraten, der die Leidenschaft seines Chefs für Pinot noir teilt.
Das Kellergebäude ist nicht nur wegen der dort produzierten Premium-Weine bemerkenswert – auch die Architektur verdient besondere Aufmerksamkeit.

WEINEMPFEHLUNG

1990 Pinot noir Mount Harlan Jensen
FARBE: dichtes Granatrot mit kirschroten Reflexen
DUFT: intensiver Duft nach Sauerkirschen, marinierten Himbeeren, aber auch deutliche Röstaromen
GESCHMACK: am Gaumen dicht strukturiert mit kraftvoll fruchtigen Akzenten. Elegante Tannine, gute Länge im Abgang

BEZUGSQUELLEN

10, 301, 363, 378, 399, 509, 519, 534

CHALONE VINEYARD

Stonewall Canyon Rd./Hwy. 146, CA-93960 Soledad, Tel. 001-831-678 17 17, Fax 678 27 42
ir@chalonewinegroup.com; www.chalonewinegroup.com
INHABER: Chalone Wine Group - **KELLERMEISTER:** Dan Karlsen
REBFLÄCHE: 131,9 Hektar
REBSORTEN: Chardonnay, Pinot noir, Pinot blanc, Chenin blanc
BESUCH: Mo-Fr, nach Voranmeldung, Sa, So 11.30-17 Uhr

FFF

Im Keller neue Eichenfässer: Chalone

Seit fast einem Jahrhundert wird in den Gavilan Mountains Wein angebaut. Damals wie heute vor allem Chardonnay und Pinot noir, weil diesen das Klima und der Boden dort am besten bekommen. Anfangs wurden die Trauben noch sämtlich an andere Weingüter verkauft, ab 1960 aber begann man auf Chalone Vineyards mit der Erzeugung eigener Weine. In den folgenden Jahren wurde die Anlage – unter wechselnden Besitzern – stetig erweitert und modernisiert. Noch immer aber beherrschen Chardonnay und Pinot noir die Anbauflächen. Lediglich ein Zehntel der Fläche ist für die Rebsorten Pinot blanc und Chenin blanc reserviert.
Heute firmiert ein Konsortium von Geldgebern unter dem Namen Chalone Wine Group als Besitzer der Anlage. Es hat in letzter Zeit auch in anderen Regionen Kaliforniens Weingüter erworben und der Muttergesellschaft, der Unternehmensgruppe Chalone Incorporated in San Francisco, angegliedert.

WEINEMPFEHLUNG

1997 Chalone Chardonnay
FARBE: intensives Gelb
DUFT: klassische Chardonnay-Nase, Birnen und frischer Boskop
GESCHMACK: gut strukturiert, dicht und von ordentlicher Länge, mit Williams Christ-Ton im Abgang

BEZUGSQUELLEN

87, 154, 167, 188, 212, 291, 297, 324, 368, 378, 428, 429, 441, 491

DE LOACH VINEYARDS

1791 Olivet Rd., CA-95401 Santa Rosa, Tel. 001-707-526 91 11,
Fax 526 41 51; deloach@delaochvineyards.com, www.deloachvineyards.com
INHABER: Cecil De Loach - **KELLERMEISTER:** Dan Cederquist
REBFLÄCHE: 364,2 Hektar
REBSORTEN: Chardonnay, Cabernet Sauvignon, Merlot, Zinfandel, Pinot noir
BESUCH: tgl. 10-16.30 Uhr

AmEx EURO VISA

FFF

Cecil De Loach absolvierte ein Studium, war Soldat, versuchte sich als Sportfotograf und zeitweise auch als Feuerwehrmann. Erst 1970 wurde er Winzer. Im Russian River Valley fand er einen zehn Hektar großen Weinberg, den

er für geeignet hielt, und schloss mit dem Besitzer einen Handel: Alteigentümer Louis Barbieri durfte weiterhin auf der Anlage wohnen, verpflichtete sich aber, den neuen Besitzer ein Jahr lang in die Geheimnisse der Weinproduktion einzuweisen. Bei diesem einen Jahr sollte es allerdings nicht bleiben. Fünf Jahre lang ernteten De Loach und Barbieri gemeinsam Trauben, die sie an die Winzer der Umgebung verkauften. Erst 1975 fühlte sich Winzer-Novize De Loach stark genug, seine eigene Weinproduktion aufzunehmen.

Heute erzeugt er vor allem Chardonnay und Rote wie Cabernet Sauvignon, Merlot und Zinfandel. Mittlerweile hat De Loach ein weiteres Mal kräftig investiert und seinen Betrieb erweitert.

WEINTIPPS

1997 Zinfandel Russian River Valley Gambogi Ranch
1996 Chardonnay _ Russian River Valley O.F.S.
1994 Cabernet Sauvignon Russian River Valley O.F.S.

BEZUGSQUELLEN

126, 219, 243, 475, 533, 534, 556

DRY CREEK VINEYARD

3770 Lambert Bridge Rd., CA-95448 Healdsburg, Tel. 001-707-433 10 00, Fax 433 53 29
dcv@drycreekvineyard.com, www.drycreekvineyard.com
INHABER: David Stare - **KELLERMEISTER:** Jeff McBride
REBFLÄCHE: 82,15 Hektar
REBSORTEN: Cabernet Sauvignon, Chardonnay, Chenin blanc, Fumé blanc, Merlot, Zinfandel
BESUCH: tgl. 10.30-16.30 Uhr

AmEx EURO VISA

F F F

Weiße und rote Weine sind auf Dry Creek in Healdsburg in etwa gleich stark vertreten, und auch bei den angebauten Rebsorten findet sich alles – nur keine großen Überraschungen. Dry Creek ist eben ein „typisch kalifornisches“ Weingut. Dem dort vorherrschenden Geschmack entsprechend, produziert Winzer David Stare in erster Linie Chardonnay – bei der jüngsten Bepflanzung der Weinberge hat er, da er auf weiter steigende Nachfrage setzt, den Anteil von Chardonnay an der Gesamtfläche noch einmal kräftig erhöht.
Da sich die Rebflächen des Betriebes über verschiedene Anbauregionen ausdehnen – die besten Rebflächen des Weingutes finden sich sowohl im Dry Creek Valley als auch in der Weinbauregion Sonoma County –, kann David Stare auch andere typische Rebsorten Kaliforniens anbauen, neben Cabernet Sauvignon und Merlot auch Zinfandel. Sie alle ergeben dank der aufmerksamen, jeder Rebsorte gerecht werdenden Betreuung von Kellermeister Jeff McBride Weine von Premium-Qualität.
Auf Dry Creek werden manche Trauben maschinell, andere ausschließlich manuell gelesen.

WEINTIPPS

1996 Cabernet Sauvignon Dry Creek Valley
1995 Meritage Red Dry Creek Valley
1995 Zinfandel Sonoma County Reserve

BEZUGSQUELLEN

22, 100, 164, 166, 167, 172, 173, 204, 212, 216, 283, 320, 335, 355, 386, 390, 398, 411, 457, 481, 543

EBERLE WINERY

East Hwy. 46, CA-93446 Paso Robles, Tel. 001-805-238 96 07,
Fax 237 03 44; kelly@eberlewinery.com, www.eberlewinery.com
INHABER: W. Gary Eberle - **KELLERMEISTER:** William Sheffer
REBFLÄCHE: 16,5 Hektar
REBSORTEN: Cabernet Sauvignon, Syrah, Zinfandel, Chardonnay, Muscat Canelli, Counoise Rose, Barbera
BESUCH: tgl. 10-17 Uhr
AmEx EURO VISA

F F F

Weniger ist manchmal mehr: Nach dieser Devise betreibt Gary Eberle sein Weingut in Paso Robles bereits seit 1979 – mit großem Erfolg. Eberle kultiviert nur wenige Rebsorten, doch diesen widmet er seine ganze Aufmerksamkeit. In den ersten Betriebsjahren der Eberle Winery wurden sogar nur zwei verschiedene Weine kultiviert – der in Kalifornien übliche Cabernet Sauvignon und der Chardonnay.
Zehn Jahre nach Betriebsgründung stellte Eberle die Chardonnay-Produktion völlig um. Seither wird der Wein ausschließlich im Holzfass vergoren, um ihn noch weicher zu machen. Eberle und sein Kellermeister William Sheffer haben zudem das Angebot des Weinguts allmählich erweitert.
Zunächst waren es kleinste Mengen Muscat Canelli und White Zinfandel, die ausschließlich für die gutseigenen Verkostungsräume bestimmt waren. Heute nimmt die Zinfandel-Produktion einen weitaus größeren Raum ein, denn Gary Eberle und Kellermeister William Sheffer glauben, dass sich mit dem Zinfandel in der Zukunft noch gute Geschäfte machen lassen werden.

Die Zukunft gehört dem Zinfandel: Eberle Winery

WEINTIPP
1995 Syrah Paso Robles Steinbeck

BEZUGSQUELLEN
8, 22, 26, 42, 44, 67, 68, 70, 100, 164, 166, 167, 171, 172, 173, 174, 212, 216, 227, 261, 283, 290, 300, 320, 322, 328, 335, 386, 398, 411, 429, 438, 457, 459, 464, 466, 476, 477, 481, 493, 543, 551

FERRARI-CARANO VINEYARDS AND WINERY

8761 Dry Creek Rd., CA-95448 Healsdburg, Tel. 001-707-433 67 00, Fax 431 17 42; fcwinery@wco.com, www.ferrari-carano.com

INHABER: Don und Rhonda Carano
KELLERMEISTER: George Bursick
REBFLÄCHE: 505,8 Hektar
REBSORTEN: Fumé blanc, Chardonnay, Merlot, Cabernet Sauvignon, Sangiovese
BESUCH: tgl. 10-17 Uhr

AmEx EURO VISA

FFF

Was dieser Mann anfasst, gelingt. Donald „Don" Carano war ein bekannter Rechtsanwalt in Reno, Besitzer eines 800-Zimmer-Hotels und ist nun Winzer mit eigenem Weingut und Erzeugnissen von Premium-Qualität.

Ferarri hat hier nichts mit der italienischen Automarke zu tun – Don Carano hat lediglich ein Faible für Familientradition: Seine Großmutter hieß Amelia Ferarri.

Ansonsten spielt Tradition auf dem Weingut in Healdsburg keine Rolle. Als Anfang der achtziger Jahre in Don Carano der Entschluss reifte, die Weinkarten seiner Hotelrestaurants mit Erzeugnissen aus eigener Herstellung zu bestücken, investierte Carano kräftig in moderne Anlagen.

Mit Kellermeister George Bursick stand ihm ein hervorragender Fachmann zur Seite, der die Kellereien des Gutes nach eigenen Vorstellungen gestalten und ausrüsten durfte.

Der Erfolg des Weinguts Ferrari-Carano beruht auf dem Chardonnay, dem der Winzer wegen der großen Nachfrage seitens der kalifornischen Kundschaft viel Rebfläche reserviert. Daneben werden vor allem Merlot und Cabernet Sauvignon angebaut.

Chardonnay: Donald und Rhonda Carano

WEINTIPP

1996 Chardonnay Alexander Valley

BEZUGSQUELLEN

363, 407

GLORIA FERRER CHAMPAGNE CAVES

23555 Highway 121, CA-95476 Sonoma, Tel. 001-707-996 72 56,
Fax 996 07 20; www.gloriaferrer.com
INHABER: Freixenet S. A. D.J. - **KELLERMEISTER:** Robert Iantosca
REBFLÄCHE: 137,5 Hektar
REBSORTEN: Pinot noir, Chardonnay, Syrah, Merlot
BESUCH: tgl. 10.30-17.30 Uhr
AmEx VISA

FF

Als Jose Ferrer mit dem Aufbau seines Weinguts begann, stand für ihn fest, dass der Betrieb den Namen seiner Frau tragen sollte: Gloria Ferrer. Gearbeitet wird auf der Anlage mit großem Engagement und mit den Methoden eines modernen, professionell geführten Unternehmens. Fast 11,5 Millionen Dollar steckte der jetzige Besitzer, der spanische Schaumweinproduzent Freixenet, in die imposanten Kelleranlagen. Auf den Rebflächen am westlichen Rand des Carneros-Distrikts werden vor allem zwei Rebsorten angebaut: Pinot noir und Chardonnay. Nur geringe Flächen sind für Syrah und Merlot reserviert. Kellermeister Bob Iantosca produziert Jahr für Jahr mehrere Schaumweine. Der wichtigste ist der „Royal Cuvée", der 1987 zu Ehren des spanischen Königspaares abgefüllt wurde, das der Kellerei einen Besuch abstattete. Der „königliche Sekt" besteht zu etwa 70 Prozent aus Pinot noir und 30 Prozent Chardonnay – entsprechend der Verteilung der Rebflächen in den Weinbergen.

Königliche Sekt-Cuvée aus Pinot noir und Chardonnay: Ferrer

WEINTIPP

1997 Chardonnay Carneros

BEZUGSQUELLEN

20, 80, 212, 253, 313, 314, 324, 403, 419

FETZER VINEYARDS

13601 East Side Rd., CA-95449 Hopland, Tel. 001-707-744 76 00,
Fax 744 74 88
fetzer@fetzer.com, www.fetzer.com
INHABER: Brown-Forman Corporation
KELLERMEISTER: Dennis Martin
REBFLÄCHE: 260 Hektar
REBSORTEN: Chardonnay, Cabernet, Merlot, Zinfandel, Sauvignon blanc, Syrah, Viognier, Sangiovese, Riesling, Gewürztraminer, Muscat
BESUCH: tgl. 9-17 Uhr

AmEx DINERS EURO VISA

F F

Das Weingut Fetzer begann 1986 mit der Produktion und Vermarktung von Premium-Weinen – exakt zehn Jahre, nachdem Barney Fetzer seinen Job im Holzhandel gekündigt und eine Ranch in Mendocino County erworben hatte. Der Jungwinzer kaufte neue Grundstücke hinzu, baute seine Anlage zügig aus und intensivierte die Produktion seiner edlen Tropfen. Frühen Erfolg hatte der Fetzer vor allem dank seines unternehmerischen Weitblicks: Schon früh erkannte er, dass die Nachfrage nach Chardonnay explosiv steigen würde. In den achtziger Jahren mussten Anbauflächen hinzugekauft werden, um der stetig steigenden Nachfrage gerecht zu werden. Kellermeister Dennis Martin verzichtet völlig auf chemische Düngung sowie den Einsatz von Pestiziden und Herbiziden. Der „Bonterra Cabernet Sauvignon" steht bei umweltbewussten Genießern ganz oben auf der Beliebtheitsskala.

WEINEMPFEHLUNG

1996 Chardonnay Reserve
FARBE: helles, klares Gelb
DUFT: Eichenholz, Vanille, Kokosnuss, Graphit und Zitrusfrüchte
GESCHMACK: harmonisch, fast schmelzig, feine, integrierte Säure, beachtliche Länge

Ökologischer Anbau: Fetzer

BEZUGSQUELLEN

9, 11, 14, 24, 29, 30, 31, 34, 35, 36, 38, 42, 44, 51, 54, 55, 57, 58, 60, 61, 67, 68, 71, 72, 77, 78, 80, 84, 89, 94, 101, 102, 105, 106, 109, 114, 118, 125, 126, 130, 131, 132, 137, 139, 140, 149, 151, 155, 156, 162, 163, 166a, 167, 177, 186, 189, 196, 197, 198, 199, 200, 202, 205, 210, 219, 220, 230, 231, 240, 243, 244, 245, 255, 261, 263, 270, 272, 273, 275, 276, 286, 287, 291, 292, 298, 302, 305, 307, 308, 309, 310, 311, 312, 313, 314, 316, 317, 318, 321, 324, 325, 326, 328, 329, 331, 338, 342, 349, 350, 351, 353, 365, 366, 379a, 370, 372, 382, 385, 388, 408, 409, 412, 413, 417a, 424, 431, 432, 435, 436, 437, 438, 440, 454, 455, 461, 464, 471, 473, 475, 488, 501, 503, 504, 506, 508, 509, 510, 511, 512, 517, 518, 521, 523, 526, 529, 533, 534, 538, 541, 545, 547, 550, 553, 556, 561

GEYSER PEAK WINERY

22281 Chianti Rd., CA-95441 Geyserville, Tel. 001-707-857 94 63, Fax 857 35 45
winedir@jbbworldwide.com, www.geyserpeakwinery.com
INHABER: Jim Beam Brands
KELLERMEISTER: Daryl Groom, Mick Schroeter, Chris Munsell
REBFLÄCHE: 8,1 Hektar
REBSORTEN: Cabernet Sauvignon, Merlot Shiraz, Chardonnay, Sauvignon blanc, Riesling, Gewürztraminer
BESUCH: tgl. 10-17 Uhr

AmEx EURO VISA

FF

Von Down Under nach Kalifornien: Nachdem Daryl Groom im australischen Barossa Valley alles gewonnen hatte, was es zu gewinnen gab, zog es den Kellermeister in die USA.

Abonnement auf Auszeichnungen: Geyser Peak

Der Spezialist für Rotwein wollte sehen, ob sich das Kunststück anderswo wiederholen ließ. Obwohl er seine Arbeit in Kalifornien erst 1989 begann, ist er auf dem besten Weg: Bei den Auszeichnungen für kalifornische Weingüter stand Geyser Peak mit Chef-Kellermeister Daryl Groom immer wieder an der Spitze.
Längst aber leitet der gebürtige Australier die Kellerarbeiten nicht mehr allein. Bei der erstaunlichen Vielfalt, die das Weingut Jahr für Jahr auf den Markt zu bringen vermag, wäre das auch unmöglich. Groom holte – schon bald nach der erfolgreichen Wiederbelebung des traditionsreichen Betriebes – ausschließlich Spitzenkräfte, die ihn bei seiner Arbeit unterstützen sollten. Mit Mick Schroeter und Chris Munsell traf das Unternehmen die ultimative Wahl.
Die Trauben von Geyser Peak zählen nahezu alle zu den kalifornischen Spitzengewächsen, und die produzierten Weine bewegen sich durchweg auf einem hohen Niveau.

WEINTIPP

1995 Alexander Cabernet Blend Alexander Valley Reserve

BEZUGSQUELLEN

60, 214, 292, 300, 329, 347, 441, 447, 533, 534

IRONSTONE VINEYARDS

1894 Six Mile Rd., CA-95247 Murphys, Tel. 001-209-728 12 51,
Fax 728 12 75
kautz@goldrush.com, www.ironstonevineyards.com

INHABER: Familie Kautz
KELLERMEISTER: Steve Millier und Alan Yanagimachi
REBFLÄCHE: 2023,5 Hektar
REBSORTEN: Merlot, Cabernet Sauvignon, Chardonnay, Cabernet franc, Zinfandel, Shiraz
BESUCH: tgl. 10-17.30 Uhr

AmEx EURO VISA

F F

Seit 1968 betreibt die Familie Kautz ihr Weingut in den Hügeln der Sierra Nevada – und seit dieser Zeit hat sich das Unternehmen in einem Tempo entwickelt, das selbst in den USA seinesgleichen sucht. Die Ironstone-Weine sind wahre Bestseller. Man kann sie in 46 der 52 amerikanischen Bundesstaaten kaufen – und in einem Dutzend Länder auf der ganzen Welt.
Entsprechend groß ist die Vielfalt der Trauben-Sorten auf den riesigen Rebflächen des Gutes. Fast sämtliche in Kalifornien heimischen Trauben werden in den verschiedenen Regionen mit Erfolg kultiviert, etwa 2,5 Millionen Flaschen pro Jahr abgefüllt.
Und doch finden Stephen Kautz und seine Familie Zeit, sich ihren Steckenpferden zu widmen. Mit einem guten Schluck Wein, so ihr Credo, ist das Streben nach Genuss noch lange nicht erfüllt. Deshalb versuchen sie, den Besuchern ihres Guts – es ist täglich geöffnet – in vielerlei Hinsicht einen Hauch von Luxus zu bieten. Neben den Weinen kann sich der Gast auch an verschiedenen gutseigenen Spirituosen wie Grappas und Brandys delektieren.
Auch ein Gourmet-Restaurant wurde vor einigen Jahren eingerichtet. Einen Hauch von Luxus verspricht ein Besuch der Goldschmiede, die sich ebenfalls auf dem Gelände des Weinguts befindet.

WEINEMPFEHLUNG

1998 Symphony, Muscat of Alexandria und Grenache gris „Obsession"

FARBE: helles Gelb
DUFT: sehr fruchtig und aromatisch, deutlich nach Muskat, Rosenblüten, etwas Marzipan und Honig
GESCHMACK: frisch, die Kohlensäure ist sehr präsent, der Wein halbtrocken, aromatisch und nachhaltig

BEZUGSQUELLEN

85, 164, 172, 225, 242, 265, 328, 445a, 511

KISTLER VINEYARDS

4707 Vine Hill Rd., CA-95472 Sebastopol, Tel. 001-707-823 56 03,
Fax 823 67 09; mfbixler@kistlerwine.com
INHABER UND KELLERMEISTER: Steve Kistler und Mark Bixler
REBFLÄCHE: 68,7 Hektar
REBSORTEN: Chardonnay, Pinot noir
BESUCH: kein Publikumsverkehr

FFFF

Die Weine des Burgund sind die großen Vorbilder des kleinen, als Familienbetrieb geführten Weinguts Kistler im Russian River Valley. Vor allem geht es Besitzer und Kellermeister Steve Kistler um den Chardonnay, den er auf mehreren Weinbergen kultiviert. Im Vergleich zu manchem Nachbarn ist das Kistler-Weingut eher klein – aber es produziert eine interessante Vielfalt an Weinen. Die Trauben des Weinguts stammen aus einigen der besten Anbaugebiete des Napa und des Sonoma Valley. Aus der Region Sonoma Coast stammen die Pinot noir-Trauben von Kistler.

Französische Eichenfässer: Kistler-Keller

Die zweite zentrale Figur auf dem Weingut ist Mark Bixler. Von Beginn an – die erste Lese fand 1979 statt – stand er Steve Kistler mit Rat und Tat zur Seite.
Seine Ideen und Anregungen flossen maßgeblich in den Bau der 1992 in Betrieb genommenen neuen Produktionsanlage an der Vine Hill Road ein, die eigens für die Herstellung von Chardonnay und Pinot noir konstruiert wurde. Das erfolgreiche Duo bedient sich bewusst der traditionellen Produktionstechniken seiner französischen Vorbilder: So wird etwa der Chardonnay komplett im Fass fermentiert, bevor er zur Hälfte in neuen französischen Eichenfässern reift.

WEINEMPFEHLUNG

1995 Sonoma Mountain Chardonnay
FARBE: kräftiges Gelb mit goldenen Reflexen
DUFT: reife Aromen nach Aprikosen, Grapefruit, Mandarinen, Veilchen
GESCHMACK: trocken, die spritzige Säure steht im Vordergrund, die Fruchtaromen sind schön im Holz eingebunden, wuchtig, endet lang und anhaltend

BEZUGSQUELLEN

67, 68, 72, 140, 166, 167, 198, 210, 255, 273, 286, 291, 298, 309, 329, 352, 353, 365, 378, 385, 388, 431, 435, 437, 441, 464, 469, 509

MOUNT EDEN VINEYARDS

22020 Mount Eden Rd., CA-95070 Saratoga, Tel. 001-408-867 58 32, Fax 867 43 29
Wine@mounteden.com, www.mounteden.com
INHABER: MEV Corporation/F. Jeffrey Patterson
ÖNOLOGE: F. Jeffrey Patterson - **REBFLÄCHE:** 17 Hektar
REBSORTEN: Cabernet Sauvignon, Chardonnay, Pinot noir
BESUCH: nur nach Vereinbarung
EURO VISA

FFFF

Mit ihrer fast 60jährigen Geschichte dürfen die Weinberge des Guts Mount Eden für kalifornische Verhältnisse bereits als recht alt gelten. Aber erst in den letzten Jahren hat Besitzer Jeffrey Patterson die Anlage zu einem florierenden Unternehmen ausgebaut. Noch zu Beginn der neunziger Jahre galt das Weingut Mount Eden als Geheimtipp. Die Qualität der Weine – da zeigten sich alle Experten einig – war unbestritten, lediglich mit der jährlich produzierten Menge waren die Kunden nicht so recht glücklich. Bei einem Ausstoß von gerade einmal 20 000 Flaschen waren die Weine meist schnell ausverkauft.

Über den Berg: Mount Eden Vineyards

Vor allem Pattersons Chardonnay und feine Cabernet Sauvignons überzeugen.
Mittlerweile hat der Winzer expandiert, neue Lieferanten für den Ankauf zusätzlicher Trauben gefunden – und zugleich die hohe Qualität der Weine gehalten. In den vergangenen Jahren näherte sich die jährliche Flaschenmenge bereits der 200 000er Grenze. Damit konnte das Unternehmen auch neue Märkte erschließen. Die Weinberge wurden bereits 1942 von Martin Ray bepflanzt, offenbarten jedoch erst nach der Gründung des Weinguts Mount Eden rund 30 Jahre später ihr Potenzial. Ein kleiner Anteil der Rebflächen ist heute für Pinot noir reserviert.

WEINTIPP

1996 Chardonnay Santa Cruz Mountains

BEZUGSQUELLEN

8, 30, 87, 89, 178, 235, 314, 338, 401, 522, 556, 561

R.H. PHILLIPS WINERY

26836 County Rd., CA-95627 Esparto, Tel. 001-530-662 32 15,
Fax 662 28 80
rhp@rhphillips.com, www.rhphillips.com
INHABER: John Giguiere - **KELLERMEISTER:** Barry Bergman
REBFLÄCHE: 647,5 Hektar
REBSORTEN: Sauvignon blanc, Syrah, Viognier, Cabernet Sauvignon, Chardonnay, Merlot, Malbec, Zinfandel
BESUCH: tgl. 11-17 Uhr
EURO VISA
FF

Unmittelbar nach Ende des Zweiten Weltkriegs erwarb R.H. Phillips eine Farm in den Dunnigan Hills, nordwestlich von Yolo County, und züchtete dort Schafe. Drei Jahrzehnte später gingen seine Enkelsöhne Paul und John Giguiere von der Schafzucht zum Weinbau über. Johns Frau Lane kümmerte sich um die Vermarktung der Weine.
Anders als viele benachbarte Weingüter hält der Familienbetrieb nur wenig von Spezialisierung. Die experimentierfreudigen Brüder Paul und John Giguiere versuchen lieber immer wieder etwas Neues. Vor einigen Jahren haben sie deshalb begonnen, auf ihren Anbauflächen für Kalifornien ungewöhnliche Sorten wie die mediterranen Tempranillo und Viognier zu kultivieren. Ebenfalls mit Erfolg: Diese Weine werden heute unter einem eigenen Label (EXP) vertrieben und auch in die wichtigsten Exportländer in Übersee verkauft.
Der typisch kalifornischen Traube Zinfandel ist ebenfalls ein eigenes Label (Mad Zin) gewidmet.

Vom Schaf zum „Mad Zin": R.H. Philipps

WEINEMPFEHLUNG

1996 Barrel Cuvée, Mistura Night Harvest

FARBE: helles, durchsichtiges Kirschrot

DUFT: kräftig in der Nase, stark nach Brombeeren, Kirschen, Kakao, Zimt und Nelken – der Wein riecht wesentlich intensiver, als er aussieht

GESCHMACK: würzig und fruchtig im Ansatz, intensiv nach Brombeergelee, anregend mit präsenter Säure

BEZUGSQUELLEN

18, 22, 42, 66, 100, 121, 138, 164, 166, 171, 172, 173, 212, 216, 232, 261, 283, 290, 300, 304, 320, 328, 332, 334, 335, 360, 374, 386, 398, 403, 411, 429, 457, 459, 464, 466, 474, 476, 477, 481, 493. 502, 523, 543, 551

RENWOOD WINERY

12225 Steiner Rd., CA-95669 Plymouth Tel. 001-209-245 69 79,
Fax 245 37 32
sales@renwood.com, www.renwood.com

INHABER: Robert I. Smerling - **ÖNOLOGE:** Joe Shebl
KELLERMEISTER: Don Reha
REBFLÄCHE: 188,9 Hektar
REBSORTEN: Zinfandel, Barbera, Syrah, Muscato, Fumé blanc, White Zinfandel, Viognier, Sangiovese
BESUCH: tgl. 10.30-16.30 Uhr

AmEx EURO VISA

FF

Zwar lässt Inhaber Robert I. Smerling in den Hügeln von Renwood eine ganze Reihe unterschiedlicher Rebsorten anbau-

Robert Smerling (l.): sechs Zinfandel

en, der Erfolg des Weinguts aber hängt weitgehend vom Zinfandel ab. Nicht weniger als sechs Zinfandel-Versionen bringt Renwood jedes Jahr auf den Markt. Die Trauben stammen von einigen der ältesten und besten Weinberge im Shenandoah Valley. Auch der weiße Zinfandel darf sich mit dem Etikett „mustergültig“ schmücken. Daneben produziert man hier eine Besonderheit: Als Erste und bisher Einzige experimentieren die Winzer von Renwood mit der Herstellung von „Ice Zinfandel“.
Für diesen Eiswein werden die Trauben unmittelbar nach der Lese mindestens zwei Monate lang tiefgefroren und erst dann gepresst. Auch die Fermentierung dauert länger als üblich – mindestens ein halbes Jahr. Das Resultat ist ein einzigartiger Dessert-Wein, der nach dem Herkunftsgebiet „Amador Ice Zinfandel“ genannt wird.

WEINEMPFEHLUNG

1995 Zinfandel Granpère
FARBE: Purpurrot mit dunklen Reflexen
DUFT: Minze, Heu, Bratapfel, Eierlikör, Marzipan
GESCHMACK: konzentrierte, süße würzige Frucht, ein Hauch von Brombeermarmelade und Pfeffer, trockene, vordergründige Tannine, kräftig und im Abgang leicht alkoholisch

BEZUGSQUELLEN

90, 215, 407, 518

RIDGE VINEYARDS

17100 Monte Bello Rd., CA-95014 Cupertino, Tel. 001-408-867 32 33,
Fax 868 13 50; retail@ridgewine.com, www.ridgewine.com
INHABER: Akihiko Otsuka
KELLERMEISTER: Paul Draper, Eric Baugher und John Olney
REBFLÄCHE: 161,8 Hektar - **REBSORTEN:** Cabernet Sauvignon, Chardonnay, Merlot, Petite Sirah, Mataro, Zinfandel
BESUCH: Sa und So 11-15 Uhr
AmEx EURO VISA

FFFF

Das traditionsreiche Winegut Ridge hat expandiert und sich mit dem Ankauf weiterer Weinberge und Anlagen auf den schärferen Wettbewerb eingestellt. Eine der wichtigsten Neuerungen: Ridge erwarb 1991 das benachbarte Gut Lytton Springs in Sonoma, wo nun vornehmlich die Trauben gepresst werden. Natürlich nutzt das Weingut Ridge auch weiterhin die Weinberge von Lytton Springs. Die dort kultivierten Rebsorten werden gesondert verarbeitet und unter einem eigenen Label vertrieben. Heute ist das Weingut Ridge in der Lage, eine breitgefächertes Angebot auf den Markt zu bringen. Die Weine werden nicht mehr nur in den USA, sondern seit einigen Jahren verstärkt auch in europäische Exportländer verkauft.
Wie auf vielen anderen kalifornischen Weingütern stehen auch bei Ridge Cabernet Sauvignon und Chardonnay im Mittelpunkt. Auf Cabernet Sauvignon setzt besonders der Kellermeister von Ridge, Paul Draper, einer der dienstältesten und besten Winemaker in

Pralle Sonne für die Reife, schützende Berge für die Säure: Ridge Vineyards

Amerika. Serene Sutcliffe, Chefauktionatorin von Sotheby's, sagte von Drapers Montebello, er sei „einer der besten Cabernet außerhalb des Bordelais".
Die Sonne verleiht dem Wein Reife, die hohen Santa Cruz Mountains sorgen dafür, dass die Säure nicht verloren geht. „Die Säure", betont Draper, „unterscheidet meine Weine von denen im Napa Valley." Amerikas Weintrinker aber schätzen keine Säure. Deshalb kann Paul Draper nur wenige seiner Landsleute mit den Weinen von Ridge Vineyards überzeugen – europäische Genießer dafür umso mehr.

WEINEMPFEHLUNG

1995 Geyersville, Ridge

FARBE: dichtes Granatrot mit fast schwarzem Kern

DUFT: sehr intensive Aromen von Dörrpflaumen, Süßkirschen, Brombeeren, unterstützt durch dichte Gewürzaromen, die an Vanille, Zimt und weißen Pfeffer erinnern

GESCHMACK: sehr opulent und dicht, mit perfekt eingebundenem hohen Alkohol, sehr lang am Gaumen

Bester Cabernet außerhalb des Bordelais: Ridge

Macht Weine für Europäer: Paul Draper

BEZUGSQUELLEN

7, 10, 39, 82, 94, 97a, 166, 167, 181, 188, 202, 210, 212, 215, 291, 292, 297, 301, 306, 321, 327, 329, 352, 362, 378, 399, 428, 429, 441, 445a, 469, 490, 491, 499, 509, 519, 529, 533

ROSENBLUM CELLARS

2900 Main St., CA- 94501 Alameda, Tel. 001-510-865 70 07, Fax 865 92 25
drzin@rosenblumcellars.com, www.rosenblumcellars.com

INHABER: Kent Rosenblum & Partner
ÖNOLOGE: Kent Rosenblum - **KELLERMEISTER:** Les Horton
REBFLÄCHE: 21 Hektar
REBSORTEN: Chardonnay, Cabernet, Petite Sirah, Syrah, Zinfandel
BESUCH: tgl. 12-17 Uhr

EURO VISA

FFFF

Sein dunkler, körperreicher Zinfandel machte Kent Rosenblum weit über die Grenzen Kaliforniens hinaus bekannt. Dreimal mussten der gelernte Tierarzt Rosenblum und sein Team umziehen, ehe sie am jetzigen Standort in Alameda den optimalen Platz für ihr Weingut gefunden hatten. Zunächst siedelten sie sich in Oakland an, dann in Emeryville, 1987 schließlich fanden sie Alameda. Noch immer entscheidet der Zinfandel über den Erfolg des Unternehmens. Zwei Drittel der Rebfläche sind dem „Zin"vorbehalten, für den Jahr für Jahr die Trauben ausgewählter Winzer hinzugekauft werden.
Der Cabernet Sauvignon und der Chardonnay drohen hinter dem Zinfandel fast ein wenig zu verblassen. Dennoch tragen auch diese Weine zum Erfolg des Unternehmens bei und überzeugen bereits seit Jahren regelmäßig die Kritiker.
Für die Komposition der Weine zeichnet der Besitzer selbst verantwortlich. Um sich dieser Aufgabe besser widmen zu können, übertrug Rosenblum vor einigen Jahren die geschäftlichen Geschicke des Unternehmens an General Manager Allen Flock.

WEINTIPPS

1996 Zinfandel Mount Veeder Brandlin Ranch
1996 Zinfandel Napa Valley Hendry Vineyard Reserve

BEZUGSQUELLEN

219, 243, 261, 363, 377

SIMI WINERY

16275 Healdsburg Av., CA-95448 Healdsburg, Tel. 001-707-433 69 81, Fax 433 62 53; kornelia@simiwinery.com, www.simiwinery.com
INHABER: Franciscan Estates/Canandaigua
ÖNOLOGE: Nick Goldschmidt
REBFLÄCHE: 121,4 Hektar
REBSORTEN: Cabernet Sauvignon, Chardonnay, Merlot, Pinot noir, Sauvignon blanc, Sémillon, Shiraz, Zinfandel
BESUCH: tgl. 10-16.30 Uhr

AmEx DINERS EURO VISA

FF

Als die italienischen Brüder Guiseppe und Pietro Simi 1876 nach Kalifornien kamen, beschlossen sie, ihr Glück mit einem eigenen Weingut zu versuchen. Die Gebäude, in denen die Brüder große Weine produzieren wollten, stehen heute noch und sind nun stumme Zeugen der modernen Erfolgsgeschichte des Weinguts: Auf Simi werden Weine erzeugt, die sich nicht nur in Kalifornien, sondern auch unter den Genießern in der Alten Welt großer Beliebtheit erfreuen.
Als das Weingut 1981 von der französischen Holding Moët-Hennessy erworben wurde, hielt modernste Technik Einzug in das für amerikanische Verhältnisse historische Gemäuer. Seit 1999 gehört das Weingut Simi der Canandaigua Brands Inc.
Produziert werden die Weine aus drei verschiedenen Weinbergen (Alexander Valley, Dry Creek und Goldfield) auf qualitativ hohem Niveau. Vornehmlich Chardonnay, Zinfandel und Cabernet Sauvignon werden entweder unter dem Simi-Label oder verschiedenen Reserve-Labels der einzelnen Weinberge angeboten.

WEINEMPFEHLUNG

1995 Reserve Cabernet Sauvignon
FARBE: dichtes Schwarzrot mit Purpurrändern

Moderne Technik in alten Gemäuern: Simi

DUFT: konzentriert würzig, mit reifen Fruchtaromen von Backpflaumen, Cassis, Leder, Tabak, Kaffee und Bitterschokolade
GESCHMACK: die schön eingebundenen, fruchtigen Aromen setzen sich durch, kräftig, tanninhaltig, geschmeidig, mit feinen Holzaromen im Abgang

BEZUGSQUELLEN

38, 44, 51, 67, 68, 154, 212, 215, 225, 279, 286, 298, 537, 556

WENTE VINEYARDS

5565 Tesla Rd., CA-94550 Livermore, Tel. 001-925-456 23 00,
Fax 456 23 19, wentebros@aol.com, www.wentevineyards.com
INHABER: Eric Wente - **KELLERMEISTER:** Willy Joslin
REBFLÄCHE: 1214,08 Hektar
REBSORTEN: Cabernet Sauvignon, Merlot, Chardonnay
BESUCH: tgl. 11-17 Uhr
AmEx EURO VISA

FF

Als der deutsche Einwanderer Carl Heinrich Wente 1883 eine kleine Rebfläche im Livermore Valley erwarb und diese kultivierte, begründete er eine Winzer-Dynastie. Heute sind die Anbauflächen ganz andere als jene der Pionierzeit – und 50mal so groß

Zeigt immer noch Flagge: Wente

wie zu Carl Heinrichs Wentes Zeiten.
Immer noch werden auf Wente jene Trauben kultiviert, die bereits im letzten Jahrhundert erfolgreich waren: die noblen Rotweine Cabernet Sauvignon und Merlot sowie Chardonnay. Für sie ist das Klima in der San Francisco Bay ideal. Veränderungen hat es auf dem Weingut viele gegeben – in jüngerer Zeit sogar einige gravierende. Die Besitzerfamilie möchte ihren Besuchern etwas Besonderes bieten, jede Führung soll zu einem Fest der Sinne werden.
Eric Wente und seine Ehefrau Carolyn eröffneten ein Vineyard-Restaurant, Golf-Profi Greg Norman legte auf einem Gelände des Weinguts einen Golfkurs an. Nun können Besucher aus aller Welt ein dreifaches Vergnügen erleben: exklusiven Genuss, exklusive Architektur und exklusiven Sport.

WEINEMPFEHLUNG

1996 Murrieta Well
FARBE: Schwarzrot mit dunklen, kirschroten Reflexen
DUFT: dichte Frucht nach Cassis, Minze, schwarze Kirschen, Himbeere, Zimt, Kakao, etwas Veilchen
GESCHMACK: weich, schmelzig, wunderbar eingebundene Tannine, weiche Barriquetöne, feine Würze

BEZUGSQUELLEN

2, 12, 14, 23, 27, 36, 44, 46, 67, 68, 79, 89, 97, 101, 107, 109, 115, 120, 123, 130, 136, 137, 152, 156, 163, 166a, 181, 186, 210, 212, 234, 255, 262, 270, 273, 274, 298, 307, 314, 324, 326, 331, 338, 341, 380, 385, 386, 393, 409, 424, 438, 444, 452, 462, 467, 472, 473, 492, 495, 497, 506, 512, 520, 521, 527, 541

WILD HORSE WINERY

1437 Wild Horse Winery Court, CA-93465 Templeton, Tel. 001-805-434 25 41, Fax 434 35 16
info@wildhorsewinery.com, www.wildhorsewinery.com
INHABER: Ken und Tricia Volk - **ÖNOLOGE:** Jon Priest und Karl Wicka
REBFLÄCHE: 20,2 Hektar
REBSORTEN: Cabernet Sauvignon, Chardonnay, Malvasia bianca, Merlot, Pinot blanc, Pinot noir, Syrah, Mourvèdre, Viognier, Zinfandel
BESUCH: tgl. 11-17 Uhr
AmEx VISA
FFF

Schneller als es manche Fachleute für möglich hielten, hat es das Weingut Wild Horse in die Beletage der kalifornischen Weinindustrie geschafft. Winzer Ken Volk setzt auf Variantenreichtum und will möglichst viele verschiedene Weine auf den Markt bringen. Dafür aber reichten die gutseigenen Anbauflächen nicht aus. Nur Cabernet Sauvignon, Chardonnay, Merlot und Cabernet Franc werden auf eigenen Weinbergen gepflanzt, die übrigen Trauben werden hinzugekauft, der Pinot noir sogar zur Gänze – für den optimalen Anbau dieser Traube fehlt dem Weingut der geeignete Weinberg. Ausbau und Produktion der insgesamt 26 Weine können nicht von einem einzigen Kellermeister erledigt werden. Daher teilen sich Jon Priest und Karl Wicka diese Aufgabe. Zu den Paradeprodukten des Weinguts zählte bereits früh der Merlot. Ihm widmete man auf dem Wild Horse-Weingut schon besondere Aufmerksamkeit, bevor diese Rebsorte in den letzten Jahren in Kalifornien eine Renaissance erlebte. Der Lohn für diese Mühe: die Auszeichnung „Bester amerikanischer Merlot 1987“.
Außerdem offeriert Ken Volk Jahr für Jahr superbe Chardonnays mit üppigem Melonen-Ananas-Aroma und begeisternde Pinot noir, die zumeist aus dem Santa Barbara County stammen.

Vorreiter beim Merlot: Wild Horse

WEINTIPP

1994 Pinot noir Central Coast Cheval Sauvage

BEZUGSQUELLEN

175, 363, 368

JENSEITS VON KALIFORNIEN WEINE VON GUTER QUALITÄT

Drei Weinregionen – New York, Washington und Oregon – fallen gerade in jüngerer Zeit mit guten Tropfen auf

Nur dort, wo die riesigen Wasserflächen der Großen Seen ausgleichend auf das raue, vom Atlantik beeinflusste Klima wirken, können im Osten der USA Reben gedeihen. Die Hauptanbaugebiete liegen im Staat New York, außerdem in Teilen Neuenglands – New Jersey, Pennsylvania und Maryland.

Der Bundesstaat New York zählt zu den ältesten Weinregionen Nordamerikas. Dort werden hauptsächlich amerikanische Reben und Kreuzungen mit vorwiegend französischen Sorten gepflanzt: Baco noir, De Chaunac, Concord oder Catawba – Namen, die in unseren Ohren fremd klingen. Erst vor knapp 30 Jahren gelang es durch verbesserte Bodenpflege, Auswahl geeigneter Klone und vertiefte Kenntnisse über den Weinbau, erfolgreich europäische Reben zu kultivieren, mit denen allerdings bis heute nur ein kleiner Teil der Rebflächen bestockt ist.

Im Weinbaugebiet am Südufer des Erie-Sees – der alte indianische Name lautet Chautauqua – arbeiten nur acht Betriebe, sie erzeugen vornehmlich süße Weine aus amerikanischen Rebsorten. Lediglich zwei Winzer mit Pionierbewusstsein keltern auch Wein aus europäischen Trauben.

Am Hudson River im Norden von New York City wird bereits seit 300 Jahren Wein angebaut. Hier steht auch die älteste noch aktive Weinkellerei der USA, die 1839 gegründete Brotherhood America's Oldest Winery Ltd. Im Tal des Hudson, dessen steile Ufer für ein günstiges Klima sorgen, experimentieren 20 Weingüter mit französisch-amerikanischen Hybridreben, aber auch mit den Edelrebsorten Cabernet franc und Chardonnay. Auf Long Island übt der Atlantik einen ähnlichen Einfluss auf das Klima aus wie im Bordelais, deshalb wird diese Region auch gern als das „Bordeaux New Yorks" bezeichnet. Long Island ist die jüngste aufstrebende Weinregion im Bundesstaat. Seit 1973 werden hier vorwiegend Bordelaiser Rebsorten angebaut, die wegen der längeren Wachstumsperiode gut ausreifen können. Heute erzeugen 24 Betriebe vorwiegend im nördlichen Teil der Insel robuste Merlot, körperreiche Chardonnay und andere Weine aus klassischen europäischen Rebsorten.

An den Ufern der langgestreckten, tiefen Seen Canandaigua, Keuka, Seneca und Cayuga – die Namen sind indianischen Ursprungs – erstreckt sich das malerische Weinbaugebiet Finger Lakes. Dort erzeugen 58 Betriebe Weine aus amerikanischen Rebsorten und französischen Hybriden, die jüngeren Erzeuger konzentrieren sich zunehmend auf die Produktion von Weinen aus europäischen Edelrebsorten. Riesling von den Finger Lakes zählt zu den besten in Nordamerika.

Heimlich, still und leise hat sich der Bundesstaat Washington an der Pazifikküste, im Nordwesten der USA, zum zweitwichtigsten Weinproduzenten des Landes hochgear-

Oregon: am Tag heiß, in der Nacht kalt – und eine spektakuläre Landschaft

beitet. Nördlich von Oregon wuchsen noch vor 30 Jahren nur amerikanische Reben, aus denen ein für den heutigen Geschmack recht gewöhnungsbedürftiger Wein erzeugt wurde, mit strengem Geschmack – „Fuchston" genannt. Inzwischen hat die Region quantitativ und qualitativ einen Riesenschritt nach vorne gemacht. Die Anbauflächen im Columbia Valley und östlich der Cascade Mountains wachsen rasch, die Traubenpreise sind in den vergangenen zehn Jahren um ein Vielfaches gestiegen. Umfangreiche Neuanpflanzungen mit französischen und deutschen Edelrebsorten liefern das Lesegut für beachtenswerte, feine und elegante Weine.
Die Weinindustrie hatte es nicht leicht im Staat Washington. Gleich nach Ende der Prohibition 1933 wurde hier eine Monopol-Verordnung erlassen: Wein war nur in staatlichen Läden erhältlich, auf eingeführte Weine wurden hohe Schutzzölle erhoben. Erst 1969 wurden diese Gesetze wieder aufgehoben, zu einer Zeit, als in Kalifornien die Weinindustrie schon kräftig boomte. Damals gab es in Washington nur zwei Betriebe mit je einem kleinen Weinberg, inzwischen sind es über 100 Estates. Schlagartig als weinerzeugende Region berühmt wurde der Staat Washington, als ein 1972er Johannisberg Riesling von Château Ste. Michelle bei einer Prämierung der Los Angeles Times sämtliche Mitbewerber aus dem Feld schlug. Wieder einmal waren es Seiteneinsteiger und engagierte Hobbywinzer, die mit Neupflanzungen von europäischen Reben und moderner Kellertechnik den Weinbau voranbrachten. Dieser Pioniergeist ist in Washington immer noch lebendig. Immer mehr kleine Betriebe leisten hervorragende Arbeit und erregen mit äußerst gelungenen Weinen Aufsehen.
Im August 1999 haben sich die Mitglieder der Washington Wine Quality Alliance (WWQA) auf ein neues Qualitätssystem geeinigt. Die Trauben müssen zu 100 Prozent aus Washington stammen, generische Bezeichnungen für Weinstile – Bordeaux, Burgunder, Chablis oder

Champagne – sind nicht mehr erlaubt. Beim Jahrgang 2000 wird das neue Qualitätssystem zum ersten Mal angewandt. Alle Weine von WWQA-Mitgliedern tragen das Logo der Vereinigung und ein Gütesiegel.

Im westlichen Washington ist es das ganze Jahr über mild und feucht. Es gibt dort nur wenige Weinberge, dafür umso mehr Kellereien – die ihre Trauben vorwiegend aus dem östlichen Teil des Staates beziehen. Dieser ist von den Cascade Mountains gegen die kühle Meeresluft geschützt, die Sommer sind extrem heiß und trocken, im Winter herrscht arktische Kälte. Auch die Temperaturunterschiede zwischen Tag und Nacht sind extrem. Der Columbia River, die natürliche Grenze zwischen Oregon und Washington, erlaubt eine ausreichend Bewässerung der Rebflächen. Diese liegen bevorzugt auf Süd- und Südwesthängen, was den Anbau auch besonders frostempfindlicher Sorten wie Merlot erlaubt.

Die weißen Rebsorten Riesling, Sémillon, Chenin blanc und Gewürztraminer haben mit den extremen Temperaturschwankungen keine Probleme. Gute Ergebnisse liefert auch die Rebsorte Sauvignon blanc, im Gebiet Puget Sound bei Seattle bringt Müller-Thurgau sehr lebendige Weine hervor. Besonders aus Sémillon und Riesling gelingen absolute Spitzenweine, auch süße Spätlesen, in manchen Jahren sogar mit Edelfäule (*noble rott*). Einigen Erzeugern gelangen Nachahmungen von Rheingauer Kabinettweinen so gut, dass sie – bei verdeckten Proben untergeschoben – nicht als „U-Boot“ erkannt wurden. Trotz der herausragenden Ergebnisse mit Sémillon und Riesling konzentriert man sich im Bundesstaat Washington wegen der großen Nachfrage auf Chardonnay. Diese Rebe ergibt zwar auch anständige Weine, aber oft wird der typische Sortengeschmack erst durch intensive Arbeit im Keller, mit Fassgärung, Milchsäure- und Hefesatzlagerung, erreicht.

Bei den Rotweinsorten hat sich Merlot bewährt, die Weine sind fruchtig und fein, reichhaltig und von guter Struktur. Als Spezialität gilt die deutsche Sorte Lemberger, die in den USA sonst nirgends angebaut wird. Sie liefert wunderbar leichte, fruchtige Rotweine, süffig und frisch, die jung am besten schmecken.

Der Anbau von Cabernet Sauvignon ist wegen der großen Nachfrage nahezu Pflicht. Manchmal gelingt er recht gut; anfangs ist er zumeist kräftig und wuchtig, baut dann aber ab. Recht interessante Versuche werden mit Cabernet franc und Syrah unternommen.

In Washington gibt es vier Appellationen: Yakima Valley, AVA seit 1983, und Walla Walla liegen innerhalb der AVA Columbia Valley, der wichtigsten und flächenmäßig größten Region. Hier werden verschiedenste Rebsorten kultiviert. Yakima River, Roza- und Sunnyside Canal gewährleisten eine vorzügliche Bewässerung. Die Appellation Walla Walla umfasst sowohl Weinberge in Washington als auch im angrenzenden Oregon. In der jüngsten Herkunftsregion, dem Puget Sound bei Seattle, herrscht ein wohltemperiertes Klima mit wenig Frost und langen, warmen Sommern. Dort fühlen sich vor allem frühreife Sorten wie Pinot noir, Chardonnay, Müller-Thurgau, Madeline Angevine und Siegerrebe wohl.

Die Weinberge Oregons im pazifischen Nordwesten der USA sind eingebettet in eine saftige, üppig begrünte Hügellandschaft. Große Mengen werden nicht erzeugt, doch in jüngerer Zeit gibt es beachtenswerte Qualitäten. Bis weit in die sechziger Jahre hinein lag Oregon im Schatten der kalifornischen Weinindustrie. Gründerväter und Pioniere wie Richard Sommer von den Hillcrest Vineyards in Roseburg oder David Lett von den Eyrie Vineyards kamen 1959 und 1966 aus Kalifornien in den Norden und bewiesen bald, dass das kühle Pazifik-Klima von Oregon durchaus für Weine von hoher Qualität geeignet ist. Andere Weinpioniere folgten, viele von ihnen Hobby- oder Teilzeitwinzer, die wenig Geld, dafür aber umso mehr Liebe in den Weinbau investierten. Mutig, eigenwillig und teilweise auch dickschädelig, immer aber sehr engagiert, machten sie sich daran, aus der etwas launischen Burgundersorte Pinot noir ihre ersten Rotweine zu erzeugen. Westlich der Cascade Gebirgskette und südwestlich von Portland und dem Willamotte Valley haben sich etwa 130 Winzer mit meist kleinen Rebflächen niedergelassen. Sie pflegen einen sehr individuellen Stil, und statt mit Modereben experimentieren sie lieber mit der schwierigen Burgundersorte Pinot noir. Ihr selbstauferlegtes Qualitätssystem zählt zu den strengsten in den USA. Die Trauben dürfen nur aus dem angegebenen Gebiet stammen, die Weine müssen zu 90 Prozent aus der auf dem Etikett angegebenen Rebsorte gekeltert sein – mit Ausnahme von Cabernet Sauvignon, hier hat man die Grenze auf 75 Prozent festgelegt.

Bereits 1976 errang der Pinot noir von David Lett bei einer Weinprämierung in Paris den ersten Preis.

Stolzes Angebot: Verkaufsraum von Pindar auf Long Island

Ergibt kräftige und wuchtige Weine: Cabernet Sauvignon im Anbaugebiet Washington

Von nun an wurden Oregon-Weine auch von der internationalen Fachwelt ernst genommen. Die Pinot noir sind nicht ganz so delikat wie jene aus Burgund, weisen aber alle typischen Eigenschaften auf: Sie duften nach Schwarzkirsche, sind samtig und fruchtig, voller Tiefe und komplexer Aromen. Pinot noir ist der Superstar im Bundesstaat Oregon, fast die Hälfte der Rebfläche ist damit bestockt.

Mit Chardonnay wurden – hauptsächlich aus kommerziellen Gründen – einige Versuche unternommen, die aber nicht eben zu Begeisterungsstürmen Anlass boten. Riesling liefert ganz anständige Weine, ist aber zur Zeit nicht so gefragt. Ähnlich geht es dem Gewürztraminer, der ganz gute Weine ergibt, aber in Oregon schwer zu kultivieren ist. Immer mehr an Popularität gewinnt Pinot gris, er liefert knackige, frische, trockene Weißweine. Aus Cabernet Sauvignon lässt sich nur im Süden des Landes brauchbarer Wein produzieren, der früh reifende Merlot bereitet Probleme wegen des kühlen Herbstes. Interessante Weine entstehen auch aus Pinot blanc, Zinfandel und Sauvignon blanc.

AMITY

18150 Amity Vineyards Road, OR-97101 Amity, Tel. 001-503-835 23 621, Fax 835 64 51, amity@amityvineyards.com, www.amityvineyards.com
INHABER und **KELLERMEISTER:** Myron Redford
REBFLÄCHE: 6 Hektar
REBSORTEN: Pinot noir, Gewürztraminer, Pinot blanc, Gamay noir, Riesling
BESUCH: tgl. 12-17 Uhr
EURO VISA
FFF

Zunächst machte Myron Redford seinen Universitätsabschluss in Politischer Wissenschaft. Dann aber entschloss er sich 1974, im Alter von 29 Jahren, in Oregon einen Weinberg zu kaufen

Ehrgeizige Ziele: Myron Redford

– 70 Kilometer südwestlich von Portland fand er ihn. Um sich die erforderlichen Kenntnisse zu verschaffen, belegte Redford Kurse in Önologie an der Oregon State University.
Er hatte sich ein ehrgeiziges Ziel gesteckt: Exzellente Pinot noir wollte er keltern. Vergoren wurde in alten Molkereigefäßen, und weil das so gut funktionierte, ist Redford bis heute dabei geblieben. Seine Pinot noir zeichnen sich aus durch fruchtige Kirscharomen und mineralisch-würzige Noten, sie sind samtig und rund. Redford arbeitet grundsätzlich nicht mit neuen kleinen Eichenfässern. Pinot blanc und Gewürztraminer baut er im elsässischen Stil aus, also in gebrauchten Eichenfässern, die keine Holztöne mehr an den Wein abgeben. Redfords Erzeugnisse sind alkoholstark, fruchtig und voll. Dann und wann gibt es auf Amity sogar Spätlesen von Pinot blanc und Gewürztraminer. Redfords Riesling gehört zu den Besten in den USA. Weil sie viel Säure haben, lässt er den Rieslingen bis zu einem Gramm Restzucker pro Liter.

WEINTIPPS

1997 Dry Riesling,
1995 Willamotte Valley, Oregon Pinot noir

BEZUGSQUELLEN

100, 164, 172, 403, 427

ARCHERY SUMMIT

OREGON

18599 Archery Summit Rd., OR-97114 Dayton
Tel. 001-503-864 43 00, Fax 864 40 38, info@archerysummit.com, www.archerysummit.com
INHABER: Pine Ridge Winery - **KELLERMEISTER:** Gary Andrus
REBFLÄCHE: 40 Hektar
REBSORTEN: Pinot noir
BESUCH: Do-So 10-15.30 nach Voranmeldung
AmEx EURO VISA

FFF

Seit sieben Jahren unterhält die berühmte kalifornische Pine Ridge Winery von Gary Andrus ein Tochterunternehmen in Oregon: Archery Summit, das sich – weil man sich dort auf das Wesentliche konzentrierte – schnell einen Namen machte. Andrus arbeitet in Oregon mit Sam Tannahill zusammen. Die beiden verbindet eine Vorliebe für Pinot noir aus dem Burgund – und um Pinot noir geht es deshalb ausschließlich auch auf Archery Summit Estate.
Der Pinot noir findet dort beste Voraussetzungen, um sein Potenzial voll zu entfalten. Andrus und Tannahill entschieden sich nach genauer Untersuchung des Bodens für Pinot-Rebstöcke aus Dijon.
Die Oregon Pinot noir Premier Cuvée gärt mit natürlichen Hefen 14 Monate lang und wird zu 80 Prozent in neuen Eichenfässern ausgebaut. Typisch ist das Aroma von dunklen Beeren mit Zimt, Kaffee- und Rauchnoten.
Der Oregon Pinot noir Arcus Estate ist noch würziger, mineralischer und deutlicher von Holztönen geprägt. Er endet blumig, beim opulenten Oregon Pinot noir Red Hills Estate hingegen kommen die Tannine deutlicher zum Vorschein. Andrus und Tannahill bemühen sich, die Unterschiede zwischen den Weinbergen, aus denen die Reben stammen, herauszuarbeiten. Wie man es eben auch im Burgund macht.

Pine Ridge-Filiale in Oregon: Archery

WEINTIPPS

1997 Vireton, Oregon Table Wine
1997 Oregon Pinot noir Premier Cuvée Red Hills
1997 Oregon Pinot noir Arcus Estate
1997 Pinot noir Red Hills Estate

BEZUGSQUELLEN

Keine Bezugsquellen

ARGYLE WINERY

691 Highway 99 W, OR-97115 Dundee, Tel. 001-503-538 85 20,
Fax 538 20 55, argyle@ipinic.net, www.argylewinery.com
INHABER und **KELLERMEISTER:** Rollin Soles
REBFLÄCHE: 78,5 Hektar
REBSORTEN: Pinot noir, Chardonnay
BESUCH: Mo-So 11-17 Uhr
DINERS EURO
FF

Mit seinen Pinot noir und Chardonnay hat Winzer Rollin Soles zwei erfolgversprechende Weine im Köcher, wenn es darum geht, sich im immer härter werdenden Wettbewerb der Weinindustrie von Oregon zu behaupten. Sorgen um den Absatz seiner Weine muss sich der Argyle-Besitzer nicht machen, denn er produziert wunderbare Pinot noir und Chardonnay.
Vor allem auf die Reben des Argyle-Weinbergs kann sich Soles verlassen: 1987 erwarb er Anteile am alten Knudsen-Weinberg und pflanzte neue Rebstöcke.
Rollin Soles hat noch große Pläne. Stillstand und Bewahrung des Status quo passen nicht zu seiner unternehmerischen Grundeinstellung. Soles will weiter nach oben. Deshalb hat er sein Weingut immer wieder erweitert. Mehr als 350 000 Flaschen werden mittlerweile Jahr für Jahr produziert und inzwischen auch auf den internationalen Markt gebracht.

Stillstand ist ein Fremdwort: Argyle

WEINTIPPS

1989 Extended Tirage Brut
1996 Blanc de Blanc
1997 Reserve Chardonnay
1998 Nuthouse Pinot noir
1998 Willamotte Valley Chardonnay
1998 Willamotte Valley Pinot noir

BEZUGSQUELLEN

keine Angaben

HEDGES CELLARS

196 NE Gilman, Issaquah WA-98027, Tel. 001-425-391 60 56, Fax 391 38 27, rdmountn@nwlink.com, www.hedgescellars.com

INHABER: Tom und Anne-Marie Hedges
KELLERMEISTER: Stephen K. Lessard
REBFLÄCHE: 16 Hektar
REBSORTEN: Cabernet Sauvignon, Cabernet franc, Merlot, Syrah
BESUCH: Mo-Sa 11-17 Uhr

AmEx MASTER VISA

F

Tom Hedges begann als Kartoffelfarmer in Kanada. Später arbeitete er für einen schwedischen Weinimporteur. Er kaufte Massenweine, füllte sie unter einem eigenen Etikett ab und lieferte den Wein in den Fernen Osten. Dann lernte Hedges seine spätere Ehefrau Anne-Marie kennen, die in der Champagne aufgewachsen war. Zusammen kauften die Hedges Land im Yakima Valley und begannen, eigenen Wein zu produzieren. Inzwischen nennen sie eine Kellerei – errichtet im Stil eines Bordeaux-Châteaux – ihr eigen, mit herrlichem Blick auf die Red Mountains und das Yakima Valley.
Die Reben stehen auf einem der heißesten Flecken des Tales, die Nächte und vor allem die Winter aber sind sehr kalt. Die Böden sind sandig und nicht sehr tief. Die ausreichende Versorgung der Weinberge mit Wasser stellt für die *winemakers* der Gegend das größte Problem dar.
Die Hedges konzentrieren sich auf vier Rebsorten und wollen Weine von hoher Qualität zu einem günstigen Preis produzieren. Ihr Prestige-Wein ist der „Red Mountain Reserve Red", von ihm werden nicht mehr als 1000 Kisten erzeugt. Auch der „Three Vineyards at Red Mountain Blend" aus Cabernet Sauvignon und Merlot liegt 18 Monate im Fass und bringt das Terroir deutlich zur Geltung.
Die Weine zeichnen sich durch eine kräftige Struktur und gut eingebundene Tannine aus, sie sind durchweg würzig und haben eine nicht zu dominante Eichennote.
Hedges Cellars exportieren nach Europa, vor allem nach Skandinavien.

WEINTIPPS

1997 Red Mountain Reserve Red
1997 Three Vineyards
1998 Columbia Valley
1999 Fumé-Chardonnay

BEZUGSQUELLEN

Keine Angaben

HOGUE CELLARS

2800 Lee Rd., WA-99350 Prosser, Tel. 001-509-786 45 57,
Fax 786 45 80, info@hogue-cellars.com, www.hogue-cellars.com
INHABER: Mike Hogue
KELLERMEISTER: David Forsyth
REBFLÄCHE: 600 Hektar
REBSORTEN: Chardonnay, Riesling, Sauvignon blanc, Merlot, Cabernet Sauvignon
BESUCH: Mo-So 10-17 Uhr
AmEx MASTER VISA
FF

Die weißen Weine haben den Ruhm der Hogue Cellars begründet. In den Weingärten des Yakima Valley dominieren Chardonnay, Riesling und Sauvignon blanc – die Rebsorten, auf die sich Weingutsbesitzer Mike Hogue spezialisiert hat. Die Anlage ist gerade einmal 20 Jahre alt – der Aufstieg zu einem der führenden Weingüter der Region verlief rasant. Neben Reben wachsen auf der 480 Hektar großen Hogue Ranch Äpfel, Spargel und Hopfen.
Heute besitzen Mike Hogue und Wade Wolfe, der Manager der Weinkellerei, Rebgärten in den besten Regionen des Yakima-Anbaugebietes. Mit einer Jahresproduktion von annähernd fünf Millionen Flaschen ist Hogue nach Stimson Lane das zweitgrößte Weingut des Staates Washington. Auf einem Großteil der Rebflächen steht Chardonnay – fast eine Million Flaschen bringen die Hogue Cellars Jahr für Jahr auf den Markt. Gutes muss nicht immer teuer sein: Mike Hogue gelingt es, Qualitätsweine in verschiedenen Preislagen zu produzieren. Die einzigen bei Hogue angebauten Rotweinsorten sind Merlot und Cabernet Sauvignon. Kellermeister David Forsyth produziert aus diesen Rebsorten bevorzugt Blends.

Bei der Weißwein-Lese: Mike Hogue

WEINTIPPS

1995 Hogue Reserve, Cabernet Sauvignon
1997 Hogue Genesis, Riesling Schwartzman Vineyard
1997 Hogue Genesis, Dry Gewürztraminer
1997 Sémillon, Barrel Fermented

BEZUGSQUELLEN

Keine Angaben

DR. FRANK'S VINIFERA

9749 Middle Rd., 14840 NY-Hammondsport, Tel. 001-607-868 48 84, Fax 868 48 88, Frank Wines@aol.com, www.drfrankwines.com
INHABER: Willy K. Frank - KELLERMEISTER: Morten Hallgren und Mark Veraguth
REBFLÄCHE: 28 Hektar
REBSORTEN: Riesling, Chardonnay, Pinot noir, Pinot meunier, Cabernet Sauvignon, Gewürztraminer, Rkatsiteli
BESUCH: Mo-Sa 9-17 Uhr, So 12-17 Uhr

EURO VISA

FFF

Nach knapp 50 Jahren ist ein Rückblick gestattet: Als Dr. Konstantin Frank 1951 mit seiner Familie aus der Ukraine kommend in New York die Einwanderungskontrollen auf Ellis Island über sich ergehen ließ, wartete die Weinindustrie des amerikanischen Ostens noch darauf, wachgeküsst zu werden.
Seither hat sich eine Menge getan, und der Name Frank hat heute einen sehr guten Klang in der *winemaker*-Szene des US-Bundesstaates New York.
Mit seinen beiden Weingütern – Dr. Frank's Vinifera und Chateau Frank – erfüllte sich der leidenschaftliche Winzer nicht nur einen Traum. Er vermochte auch bald die Kritiker zu überzeugen. Die waren nämlich lange der Ansicht, aus der Neuen Welt könne kein guter *sparkling wine* kommen. Doch Konstantin Frank belehrte sie mit seinen klassischen Champagner-Trauben Pinot noir, Pinot Meunier und Chardonnay eines Besseren. Auch Franks Erben – der New Yorker Winzerpionier starb 1985 – blieben den Ideen des Gründers treu. Heute leitet Sohn Willy K. Frank die Geschicke des Weinguts. Dessen Sohn Frederick Frank schickt sich bereits an, in die Fußstapfen der Altvorderen zu treten. Eine ganz besondere Spezialität des Weinguts wird es auch in Zukunft geben: Weine aus der 5000 Jahre alten Rebsorte Rkatsiteli, die ursprünglich am Berg Ararat wuchs und deren Aromen ein bisschen an

Spezialität Rkatsiteli-Rebe: Willy K. Frank

Riesling und Gewürztraminer erinnern. „Die Nachfrage ist so groß", freut sich Willy K. Frank, „dass wir gar nicht genug davon produzieren können."

WEINTIPPS

1998 Chateau Frank Brut Champagne
1996 Dr. Konstantin Frank's Finger
1998 Salmon Run Johannisberg Riesling New York

BEZUGSQUELLEN

Keine Angaben

WIEMER, HERMANN J.

3962 Rt. 14, NY-14837, Tel. 001-607-243 79 71, Fax 243 79 83
wiemer@linkny.com, www.wiemer.com
INHABER: Hermann J. Wiemer - **KELLERMEISTER:** Peter Oughterson
REBFLÄCHE: 65 Hektar
REBSORTEN: Chardonnay, Cabernet Sauvignon, Merlot, Cabernet franc, Pinot noir, Riesling, Gewürztraminer
BESUCH: Mo-Fr 10-17 Uhr, April-Nov. Sa 10-17 Uhr, So 11-17 Uhr
AmEx MASTER VISA
FFF

Der Anfang war schwer für den jungen Hermann J. Wiemer – sein Vater hatte ihn von der Mosel nach Nordamerika geschickt, nun sollte er dort sein eigenes Weingut aufbauen. Die Suche nach geeigneten Böden führte Hermann J. Wiemer in die Gegend der Finger Lakes im Norden des Bundesstaates New York, wo er 1973 fündig wurde. Schnell gehörte er zu den Winzerstars der Region und überzeugte mit Weinen, die seine Heimat Deutschland nicht verleugneten. Mit 40 Prozent ist Riesling die am stärksten vertretene Rebsorte. Konsequent betreibt Wiemer ökologischen Weinbau, auch reduzierte er die Erntemenge auf 60 Hektoliter pro Hektar. Dies verhilft ihm zu hohen Mostgewichten. Geerntet wird nur, wenn die Trauben 90 bis 110 Grad Öchsle haben. Wiemer erzeugt im Jahr 192 000 Flaschen, davon etwa 12 000 Flaschen *sparkling wine*. Ausgebaut werden die Weine im Stahltank. Der Chardonnay und die Rotweine reifen für kurze Zeit im Barrique. Wiemers Spezialität sind jedoch die Rieslinge. Dichte, gut strukturierte Weine mit frischer, gelegentlich exotischer Frucht und einer angenehm eingebundenen Säure. Eine besondere Rariät sind die Late Harvest Rieslinge.
Der Empfang auf dem Weingut ist überaus herzlich. Nicht nur die Studenten der nahe gelegenen Cornell-University nutzen die Möglichkeit zum Besuch. Viele New Yorker legen bei Wiemers einen Zwischenstop ein auf dem Weg zu den Niagara-Fällen.

WEINEMPFEHLUNG

1997 Finger Lakes Riesling Dry
FARBE: intensives leuchtendes Gelb mit hellgoldenen Reflexen
DUFT: Reife Äpfel und Quitten, Williams-Birne und florale Komponenten
GESCHMACK: Angenehme Säure, gut eingebettet in zarten Schmelz, fruchtig-mineralischer Abgang

BEZUGSQUELLEN

keine Angaben

WÖLFFER ESTATE

139 Sagg Road, NY-11962 Sagaponack, Tel. 001-631-537 51 06, Fax 537 51 07, wolffer@hamptons.com, www.wolffer.com
INHABER: Christian Wölffer - **KELLERMEISTER:** Roman Roth
REBFLÄCHE: 25 Hektar
REBSORTEN: Chardonnay, Merlot
BESUCH: tgl. 11-18 Uhr
AmEx DINERS MASTER VISA

FFF

Nicht klein, dennoch exquisit: Unter dieser Devise begann Winzer Christian Wölffer vor etwa zehn Jahren damit, Weine von Premiumqualität zu erzeugen. Mit seiner „Boutique Kellerei" machte sich der gebürtige Hamburger seither nicht nur in den USA einen Namen.
Ganze 25 Hektar gutseigene Rebfläche stehen in den Hamptons auf Long Island zur Verfügung. „Für Quantität fehlt uns einfach die Anbaufläche", sagt der Winzer. Der Qualität der Tropfen tut dies keinen Abbruch.
Schon seit 150 Jahren schätzen Weinbauern die Bodenbeschaffenheit und das hervorragende Klima der Hamptons. Die meernahe Lage und die Sonnengarantie – Long Island liegt auf demselben Breitengrad wie Madrid – lassen die Trauben langsam und gleichmäßig reifen.
Auf dem Wölffer Estate hat man sich auf den Anbau von Chardonnay und Merlot spezialisiert. Rot- und Weißweine werden jeweils in verschiedenen Abfüllungen auf den Markt gebracht. Neben einem *sparkling wine* wird noch ein Rosé produziert, der unlängst vom Wall Street Journal zum besten des Landes gekürt wurde. Seit die Wölffer-Weine auf den Weinkarten fast aller Spitzen-Restaurants der amerikanischen Ostküste geführt werden, peilt der Winzer nun den Export nach Europa an.

Hoch gelobt: Wölffer Estate

WEIN-EMPFEHLUNG

1998 „Wölffer" Merlot, The Hamptons, Long Island, Sagapond Vineyards

FARBE: intensives Rubinrot mit purpurnen Reflexen
DUFT: Hauch Karamell und Vanille, Himbeeraromen, Kirsche, intensive, elegante Frucht
GESCHMACK: Sehr elegant mit feinen Tanninen. Komplexe Aromen am Gaumen mit gutem Abgang

BEZUGSQUELLEN

keine Angaben

WEINE AUS DEM HOHEN NORDEN VON AMERIKA

Als Eisweinproduzenten sind die kanadischen Winzer bereits bekannt – aber sie keltern auch andere gute Tropfen

Mit seinen langen, bitterkalten Wintern und nordischen Sommern ist Kanada nicht eben das ideale Land für Weinbau. Dennoch erhalten die kanadischen Weinproduzenten zunehmend Anerkennung für ihre frischen, aromatischen Weißen und ganz besonders für die exzellenten Eisweine. Lediglich 9000 Hektar sind in den Provinzen Ontario, British Columbia, Neuschottland und Québec mit Reben bepflanzt. Vier Fünftel der erzeugten Menge sind Weißweine.

Als Vater des kanadischen Weinbaus gilt Johann Schiller, ein deutscher Corporal, der sich in Kanada zur Ruhe setzte. Er bepflanzte 1811 einen kleinen Weinberg mit wilden Reben, die er am Credit River westlich von Toronto gefunden hatte. Erst 1866 entstand das erste richtige Weingut im Süden Kanadas, als Farmer aus Kentucky einen Weinberg von 12 Hektar anlegten, 1890 gab es bereits 41 Weingüter, davon allein 35 in der Provinz Ontario. Heute erzeugt eine neue Generation von Winzern zunehmend Qualitätsweine aus internationalen Edelrebsorten. Sehr viel zum Aufschwung des kanadischen Weinbaus trug auch die Vintners Quality Alliance bei, ein Appellationssystem, das 1988 in Ontario und zwei Jahre später auch in British Columbia am Pazifik eingeführt wurde. Die Winzer in Neuschottland und Québec haben bislang die Normen der VQA allerdings noch nicht anerkannt – und verhindern so ein einheitliches Appellationssystem. Der allgemeine Trend geht in Kanada von den zuvor Sherry-ähnlichen Weinen zu leichteren Tafel- und Schaumweinen, die eher mit Importweinen konkurrieren können. Ihrer Spezialität, den Eisweinen, blieben die kanadischen Winzer jedoch trotz der Neuorientierung im Weinbau treu – von den raren, süßen Weißwein-Köstlichkeiten werden hier so viele produziert wie in keinem anderen Land der Erde. Aus Riesling und Vidal – einer alten, frostresistenten Sorte – wird ein hochkonzentrierter Most gewonnen, der hervorragende Eisweine und Beerenauslesen hervorbringt.

Die Weinregion British Columbia liegt zwar auf demselben Breitengrad wie der Rheingau und die Champagne, dennoch ist das Klima nicht vergleichbar. In den gemäßigten Zonen des Westens an der Grenze zum US-Staat Washington steigen im Sommer die Temperaturen tagsüber bis auf 35 Grad. Es regnet kaum, die Nächte aber sind sehr kalt. Hoch im Norden ringen die Weinbauern hart um Qualität – bei steppenähnlichen Verhältnissen mit Sandboden, dürren Sommern und bitterkalten Wintern.

Die Weinberge am Lake Okanagan, eine Flugstunde von Vancouver entfernt, profitieren von einem etwas milderen Klima. Die Rebflächen ziehen sich wie ein grüner Streifen durch das staubtrockene Gebirge. In dessen kühlen nördlichen Gebieten entstehen aromatische Weißweine aus Riesling, Pinot gris, Gewürztraminer, Ehrenfelser, Bacchus und Auxerrois. In den südlicheren Regionen ist es heiß und trocken, dort wächst insbesondere Merlot, doch bis auf wenige Ausnahmen reicht die Qualität nicht an die der Weißweine heran. Etwa 30 Betriebe bewirtschaften eine Rebfläche von 1000 Hektar. Jährlich kommen zwischen 40 und 60 Hektar neuer, mit Edelrebsorten bestockter Rebflächen hinzu.

Die Produktion der rund 40 Betriebe in Ontario konzentriert sich auf die Niagara-Halbinsel. Etwa 85 Prozent der kanadischen Weine kommen aus dieser Gegend. In warmen und trockenen Jahren erinnern die Cabernet Sauvignon an Bordeaux, die kräftigen Gamay und Pinot noir sind eher vom Burgunder-Typ. Aus Chardonnay und Riesling gewinnt man ehrliche, manchmal sogar sehr gute Weißweine. Manche Chardonnay präsentieren sich hier im Chablis-Stil, und der Riesling erreicht, je nach Reifegrad, Qualitäten von Kabinett bis Beerenauslese.

Ganze drei Weingüter – mit 38 Winzern als Zulieferern – bewirtschaften in Neuschottland etwa 60 Hektar Rebfläche. Sie sind vor allem mit Hybriden, Kreuzungen zwischen amerikanischen und europäischen Reben, und alten russischen Rotweinsorten bestockt. Wegen des kurzen Vegetationszyklus können zwischen Annapolis-Tal und Northumberland nur wenige Rebsorten gedeihen.

Mit viel Engagement wird entlang der Grenze zu den Vereinigten Staaten die sehr frische Seyval blanc und etwas Chardonnay angebaut. Doch selbst diese widerstandsfähigen Reben überleben nur in einigen warmen Klima-Nischen.

CAVE SPRING CELLARS

3836 Main Street, LOR 1 SO, Jordan, Ontario, Canada,
Tel. 001-905-562 35 81, Fax 562 32 32, www.cavespringcellars.com

BESITZER: Familie Pennacchetti
KELLERMEISTER: Angelo G. Pavan
REBFLÄCHE: 60 Hektar
REBSORTEN: Riesling, Chardonnay, Gamay, Pinot noir, Cabernet Sauvignon, Cabernet franc, Merlot , Sauvignon blanc, Chenin blanc, Sémillon, Gewürztraminer
BESUCH: Mo-Sa 10-17 Uhr, So 11-17 Uhr

DINERS MASTER

F

„Große Weine werden nicht gemacht, große Weine wachsen", sagt Leonard Penacchetti. Der Verbeugung vor dem Willen der Natur verdanken die Weine der Cave Spring Cellars ihre exzellente Qualität, und das bereits seit mehr als zwei Jahrzehnten. „Wir von Cave Spring glauben, dass unsere Weine einzigartig sind, weil sie das haben, was die Franzosen ‚goût de terroir' nennen. Wenn

Spezialist für weiße Sorten: Cave Spring

dies fehlt, kann sich der Kellermeister noch so anstrengen – es nützt nichts", so Leonard Pennacchetti. Die Kellerei von Cave Spring liegt inmitten von Weinbergen, ganz hinten am Horizont läßt sich die Skyline von Toronto erahnen. Der Himmel ist zumeist bedeckt, vom Ontariosee weht stets eine steife Brise herüber.

Riesling und Chardonnay sind Pennacchettis Favoriten unter den Rebsorten. Sie gedeihen im kühlen Klima Ontarios am besten. Die

Idyllische Umgebung: Weinladen

roten Reben spielen bei Cave Spring eine eher untergeordnete Rolle.

WEINTIPPS

1997 Chardonnay Reserve
1998 Chardonnay Musqué
1998 Sauvignon blanc
1997 Gewürztraminer

BEZUGSQUELLEN

287

INNISKILLIN WINES

R.R. 1, Niagara-on-the-Lake, Ontario, Canada, Tel. 001-905-468 21 87,
Fax 468 53 55, inniskil@inniskillin.com, www.inniskillin.com
BESITZER: Donald Ziraldo - **KELLERMEISTER:** Karl Kaiser
REBFLÄCHE: 54 Hektar - **REBSORTEN:** Chardonnay, Pinot noir, Riesling, Cabernet franc, Pinot blanc, Pinot grigio, Gamay, Merlot
BESUCH: Nov.-April tgl. 10-17 Uhr, März-Okt. tgl. 10-18 Uhr
AmEx DINERS MASTER VISA

FFF

Kellermeister Karl Kaiser arbeitet nach einem simplen Motto: „Weinmachen ist eine Kunst, und das Verkosten eines guten Weins ist eine der größten Freuden, die das Leben bereithält." Inniskillin liegt auf der Niagara-Halbinsel, gilt als eine der kühlsten Anbauregionen der Welt und bietet den Winzern ein ähnliches Klima wie die nördlichen Anbaugebiete Deutschlands oder das Burgund. Die Bedingungen auf der Niagara-Halbinsel gelten als ideal für den Anbau von Chardonnay, Pinot noir und Riesling. Seit 1974 werden bei Inniskillin Weine von guter Qualität erzeugt, vor allem fruchtige Chardonnay, aber auch andere weiße Sorten wie Pinot blanc und Pinot grigio. Das kühle Klima lässt den Trauben mehr Zeit für die Reife, ein höherer Säureanteil und besondere aromatische Tiefe sind das Ergebnis.
Auf Inniskillin werden auch gute Eisweine erzeugt. Die Erträge dieses kostbaren und besonders säurehaltigen Weins sind jedoch nie kalkulierbar – wegen der wechselhaften Wetterbedingungen und schwankender Niederschlagsmengen in den Wintermonaten. Neben den Rebflächen, die sich rund um die Kellerei mit den historischen Gebäuden aus den zwanziger Jahren ausdehnen, unterhält Inniskillin noch Weinberge in anderen Regionen der Niagara-Halbinsel.

Zufrieden: Karl Kaiser (l.), Donald Ziraldo

WEINEMPFEHLUNG

1997 Riesling
FARBE: leuchtendes, blasses Gelb mit grünen Reflexen
DUFT: dezent in der Nase nach reifen Äpfeln und Birnen, ein wenig vegetabil, nach Heu
GESCHMACK: weich mit zurückhaltender Frucht im Ansatz, leicht oxidativ, deutliche Säure und Alkohol, etwas kurz im Abgang

BEZUGSQUELLEN

131, 154, 317, 417, 506, 560

HENRY OF PELHAM

1469 Pelham Rd., R.R. 1, St. Catharines, Ontario, Canada, Tel. 001-905-684 84 23, Fax 684 84 44
winery@henryofpelham.com, www.henryofpelham.com
BESITZER: Paul Speck - **KELLERMEISTER:** Ron Giesbrecht
REBFLÄCHE: 70 Hektar
REBSORTEN: Baco noir, Chardonnay, Riesling, Cabernet Sauvignon, Cabernet franc, Merlot, Sauvignon blanc, Gewürztraminer, Gamay
BESUCH: Mo-So 10-18 Uhr AmEx EC MASTER VISA F F

Auf die Größe seines Unternehmens kommt es Winzer Paul Speck gar nicht an – und dass es in Kanada Anlagen gibt, deren Jahresproduktion bedeutend höher ist, stört den Besitzer des Weinguts Henry of Pelham genauso wenig. Speck verfolgt ein anderes Ziel: Er möchte Weine von möglichst guter Qualität erzeugen. Paul Speck bebaut rund 70 Hektar eigene Reb-

flächen und kauft Trauben von ausgewählten Winzern zu. Sie versorgen ihn Jahr für Jahr mit ihren besten Erträgen und tragen so ihren Teil dazu bei, dass das Weingut Henry of Pelham jedes Jahr mehr als eine halbe Million Flaschen produziert und verkauft. Seit Speck die Anlage, die auf eine lange Vergangenheit zurückblicken kann, 1982 wieder in Betrieb nahm, spezialisierte er sich vornehmlich auf den Anbau von Baco noir, Chardonnay und Riesling, die im gemäßigten Klima der Ontario-Region besonders gut gedeihen. Die jeweils besten Trauben werden zu begehrten Reserve-Weinen vergoren. Seit einiger Zeit experimentieren Winzer Speck und Kellermeister Ron Giesbrecht auch mit anderen, für Kanada eher ungewöhnlichen Traubensorten – Gamay, Zweigelt und Vidal.

WEINTIPPS

1998 Riesling Reserve
1998 Chardonnay Reserve
1998 Barrel Fermented Chardonnay
1998 Baco noir
1998 Cabernet-Merlot

BEZUGSQUELLE

287

A LIFE
KÖNIG SEIN IM EIGENEN ZUHAUSE

SCHLAFENDER RIESE MIT GROSSEM POTENZIAL

Die argentinischen Weingüter verfügen über optimale Voraussetzungen, um international mithalten zu können

Argentinien ist das nach den USA größte Wein erzeugende Land außerhalb Europas – und der fünftgrößte Weinproduzent der Welt. Ein schlafender Riese, der sich eben anschickt, den internationalen Weinmarkt zu erobern – mit Hilfe der besten europäischen Rebsorten. Argentinien hat alle Voraussetzungen, um gute und sogar sehr gute Weine zu erzeugen: ideale Böden, vorteilhaftes Klima – und Rebsorten wie die rote Malbec und die weiße Torrontés, die nirgendwo auf der Welt so gute Weine ergeben wie hier.

Der Weinbau Argentiniens erlebte nach 1920 eine Blütezeit, doch dann litt er lange unter den politischen Wirren, die das Land wirtschaftlich nahezu in den Ruin trieben. Seinen absoluten Tiefpunkt hatte der Weinbau vor 20 Jahren erreicht. Seitdem geht es wieder aufwärts – gegenwärtig noch allerdings weniger quantitativ als qualitativ.

Mehr als 50 Jahre lang war der Wein für die Argentinier ein „Arme-Leute-Getränk“ gewesen – er galt fast schon als Grundnahrungsmittel. Anfang der siebziger Jahre noch lag der Pro-Kopf-Verbrauch bei jährlich 90 Litern – der dritthöchste der Welt –, heute hat sich der Konsum auf die Hälfte reduziert, und der Abwärtstrend hält weiter an.

Der dramatisch gesunkene Inlandverbrauch und der immer noch herrschende Mangel an – für den Aufschwung dringend benötigten – Devisen veranlassten weitblickende Erzeuger, die Produktion auf hochwertige Weine umzustellen. Doch erst, nachdem sich endlich auch die politische Lage stabilisierte.

Bevor Argentinien allerdings neben den aufstrebenden Weinländern der Neuen Welt einen gleichberechtigten Platz einnehmen kann, bleibt noch viel zu tun. Angesichts der immer noch starken Inflation und des jahrezehntelangen chronischen Kapitalmangels fällt es den Winzern nicht leicht, in Edelstahltanks,

La Mendoza: Im Fasskeller von Trapiche

moderne Pressen, Kühltechnik oder Barriques zu investieren.

Dennoch haben sich einige argentinische Kellereien, darunter auch die größte, Peñaflor, zur Modernisierung entschlossen. Viele Erzeuger aber müssen die Umkehr – vom Mengen- zum Qualitätsdenken –

Das Wasser kommt aus den Anden: Rebflächen in der Mendoza-Region

erst noch vollziehen.

Mitte des 16. Jahrhunders pflanzten jesuitische Missionare die ersten Reben in Argentinien. Später kamen – mit einer zweiten Einwanderungswelle – spanische, dann auch italienische und französische Siedler ins Land, die Reben aus ihrer Heimat mitbrachten. Nachdem schließlich 1885 die Eisenbahn die westliche Provinzmetropole Mendoza mit der Haupstadt Buenos Aires verband, setzte ein regelrechter Weinboom ein. In Mendoza wurden damals mehrere große Kellereien gegründet. Die Weine hießen Chablis oder Bordeaux – unabhängig von der Rebsorte, aus der sie gekeltert wurden. Sicher ist, dass der heutige Star Malbec bereits zu jener Zeit angebaut wurde, Cabernet Sauvignon hingegen spielte nur eine Nebenrolle. Bei den weißen Sorten gab es in der Region Mendoza Chenin blanc früher als Chardonnay.

Da die Argentinier sehr sorglos mit der Bezeichnung der Rebsorten umgingen, ist es heute nahezu unmöglich, die früher angebauten Rebsorten exakt zu bestimmen.

Ohne Bewässerungsanlagen wäre Weinbau in Argentinien nicht möglich. Wasser aber gibt es erfreulicherweise zur Genüge: In den Anden entspringen zahlreiche Flüsse, auch Schmelzwasser strömt in großen Mengen zu Tal. So üppig, dass man die Rebflächen früher

einfach flutete – auch wenn das Wasser sofort versickerte. Heute praktiziert man die effizientere Tröpfchenbewässerung.
Die Rebflächen liegen auf einer Hochebene, 600 bis 1200 Meter über dem Meeresspiegel, und dehnen sich entlang der Anden aus. Die Böden variieren sehr stark: Es gibt sehr fruchtbare und nur mäßig fruchtbare. Die besseren Böden bestehen aus Kies, Kalkgestein und tonhaltigem Sand, die für anspruchsvollen Weinbau gut geeignet sind. Allerdings kümmerte man sich früher wenig um die Qualität der Böden, entsprechend dünn und ausdruckslos fielen viele Weine aus. Das hat sich nun geändert.

Der Schwerpunkt des argentinischen Weinbaus lag bis vor wenigen Jahren auf der Verarbeitung der Missionstraube, der Massenträgersorte Criolla, und der Cereza, welche die Spanier vor 400 Jahren ins Land gebracht hatten. Bei voller Reife haben die Schalen der Trauben eine rosa Farbe. Criolla und Cereza sind die Basis der bei den Argentiniern sehr beliebten leichten Weine – zumeist süß, preiswert und schlicht.
Argentinien war immer ein Rotweinland – argentinisches Rindfleisch und alkoholstarke Rotweine passten bestens zusammen –, dennoch entwickelte sich in der aufstrebenden Mittelschicht allmählich eine Vorliebe für Weißwein, der heute ein Drittel der Produktion ausmacht.
Nach internationalem Standard sind diese Weine jedoch zu dunkel, zu wenig fein und oft schon oxidiert. Gewonnen werden sie aus der Pedro Ximénez, der Basissorte für süßen Sherry, und der Rebsorte Alexandermuskat. Die besseren Weißweine entstehen aus der Torrontés, die leichte, blumige Weine mit kräftigem Muskateller-Aroma hervorbringt. Die besten Erzeugnisse stammen aus den kühleren, höhergelegenen Andentälern im Norden. Häufig verwendet man in der Assemblage Ugni blanc und Chenin blanc.
Die Provinz Mendoza mit ihrem warmen und gemäßigten Klima ist ideal für die Erzeugung von Rotweinen. Die meisten Roten sind Verschnitte aus Cabernet Sauvignon und Malbec. Auch italienische Rebsorten wie Barbera und Sangiovese ergeben gehaltvolle Tropfen. Experimente mit der Kultivierung von Syrah zeigen vielversprechende Resultate.
Die Malbec-Traube gilt in ihrer

Star der argentinischen Weine: Malbec

Heimat Bordeaux als widerspenstig, wegen ihres hohen Tanningehalts nur als zweitklassig und wird nicht mehr gepflanzt. In Argentinien dagegen ist sie der absolute

Weinbergpflege: Maultier statt Maschine

Superstar und von einer Qualität wie in keinem anderen Land, nicht einmal im benachbarten Chile.
Die Weine sind komplett und opulent mit süßem, würzigem Beerenaroma. Die Malbec-Traube kam zu Beginn des 20. Jahrhunderts nach Argentinien, zu Beginn der sechziger Jahre waren 20 000 Hektar Rebfläche mit ihr bestockt. Dann aber meinten die Winzer, internationale Erfolgsreben anbauen zu müssen, die Flächen wurden gerodet, und fast hätte dies das Ende der Malbec bedeutet. Inzwischen aber haben die Argentinier erkannt, welchen Schatz sie mit dieser Sorte besitzen, nach Neupflanzungen sind heute wieder 12 000 Hektar mit Malbec bestockt.

Der größte Teil der Rebflächen erstreckt sich entlang der argentinischen Westgrenze. Über mehr als 2000 Kilometer erstreckt sich das Anbaugebiet, von Salta im Norden, über Mendoza im Westen bis zum Rio Negro im Südosten. Knapp drei Viertel der Gesamtproduktion kommen aus Mendoza, am Fuße der Anden gelegen. Etwa 2000 Bodegas – vom kleinen Familienbetrieb bis zur großen Kellerei – sind hier ansässig. Mendoza liegt inmitten einer riesigen Trockensteppe, die Stadt verbirgt sich unter dem grünen Dach unzähliger hochgewachsener Platanen, die einen großen Teil der Hitze absorbieren und das Leben in der Stadt erst erträglich machen.
Während der Sommermonate regnet es fast nie, im Winter selten – doch die Anden liefern reichlich Wasser für die Stadt. Ein kompliziertes Kanalsystem versorgt die Stadt Mendoza und die umliegenden landwirtschaftlichen Nutzflächen. Die besten Rotweingegenden, Luján de Cuyo und Maipú, wurden 1993 als Appellation aner-

kannt. Für aromatische Weißweine eignen sich die höheren Lagen der Anden am besten, zum Beispiel Agrelo und Tupungato, die bei ausländischen Investoren sehr beliebt sind und als neues Anbaugebiet für Chardonnay, Pinot noir und Merlot entdeckt wurden.
Das Land östlich von Mendoza bietet sich an für einfache Tischweine. Immer noch sind die Hälfte der hier angebauten Reben hellrote Sorten, je ein Viertel entfallen auf weiße und rote Qualitätsreben. Malbec und Cabernet Sauvignon sind noch unterrepräsentiert.

BODEGA ALTA VISTA

Alzaga 3972, AR-5500 Mendoza, Tel. 0054-0261-496 46 84, Fax 0261-496 46 83, andy@wineplanet.com, www.wineplanet.com

INHABER: Jean-Michel Arcaute

KELLERMEISTER: Jean-Michel Arcaute

REBFLÄCHE: 100 Hektar

REBSORTEN: Malbec, Cabernet Sauvignon, Merlot, Chardonnay, Tempranillo

BESUCH: nach Vereinbarung

FFF

Am Fuße der großen Andengipfel fand der französische Winzer Jean-Michel Arcaute eine neue Heimat. Auf der Bodega Alta Vista – der Name verdankt sich der Lage in 1100 Meter Höhe – spezialisierte er sich auf den Ausbau großer Rotweine. Die Nummer eins nicht nur bei ihm: der Malbec.

Das ausgezeichnete Mikroklima lockte schon früh viele Weinbauern in die Region Luján de Cuyo. Die von Arcaute übernommenen Bodega etwa wurde bereits 1912 erbaut. Nach einer gründlichen Renovierung – neben den Gebäuden ist nun auch die gesamte Kellertechnik auf dem neuesten Stand – erstrahlt die Anlage wieder in frischem Glanz. Jean-Michel Arcaute will sich aber nicht allein auf moderne Technik verlassen. Eines der wichtigsten Argumente, die ihn dazu bewogen, die Bodega Alta Vista zu erwerben, waren die bis zu 60 Jahre alten Rebstöcke, die auf Alta Vista standen. Sie trugen vor allem Malbec-Reben, die unter den dortigen klimatischen Bedingungen besonders langsam reifen.

Der zweite große Alta Vista-Wein ist der „Alto", ein Verschnitt aus Malbec und Cabernet Sauvignon. Seit 1999 rundet der Alta Vista Cosecha (Malbec, Tempranillo, Cabernet) das Rotwein-Sortiment ab. Der Chardonnay wird bislang ausschließlich für den amerikanischen Markt produziert.

WEINEMPFEHLUNGEN

1998 Alto

FARBE: dichtes Purpurrot mit lebendigem Charakter

DUFT: im ersten Moment noch verschlossen, doch dann öffnet sich das Bukett und gibt Aromen von schwarzen Johannisbeeren, schwarzen Kirschen und dunklen Beerenfrüchten frei. Im Hintergrund feine Gewürzaromen

GESCHMACK: sehr dicht mit leicht rauchiger Note. Intensive Frucht und ebenfalls wieder Gewürze. Sehr lang am Gaumen, Tiefe und Komplexität

1998 Malbec
1997 Malbec

BEZUGSQUELLEN

82, 110, 164, 212, 514

LUIGI BOSCA LEONCIO ARIZU

San Martin 2044, AR-5507 Luján de Cuyo - Mendoza,
Tel. 0054-261-498 04 37, Fax 498 20 86, luigibosca@luigibosca.com.ar,
www.luigibosca.com.ar

INHABER: Familie Arizu - **KELLERMEISTER:** Alberto und Paul Arizu
REBFLÄCHE: 400 Hektar
REBSORTEN: Malbec, Merlot, Cabernet Sauvignon, Pinot noir, Shiraz, Petit Verdot, Sauvignon blanc, Chardonnay, Sémillon, Riesling
BESUCH: Mo-Fr nach Vereinbarung

FF

Ahnherr Loncio Arizu gründete das Weingut 1901, mittlerweile wird es in der vierten Generation von der Familie Arizu bewirtschaftet.

Weinbau in vierter Generation: Arizu

Luján de Cuyo and Maipú gelten als die besten Weinbau-Regionen Argentiniens. Dort liegen auch die Weinberge von Leoncio Arizu: Vistalba, La Puntilla, Carrodilla und Finca Don Saturnino in Luján de Cuyo, El Paraíso in Maipú. Traditionelle rote Sorten wie Cabernet Sauvignon, Merlot und Shiraz gedeihen ebenso langsam und gut wie die weißen Trauben Chardonnay, Sémillon und Sauvignon blanc.
Aus dem einstigen Familienbetrieb ist ein straff geführtes Unternehmen geworden, das seine Weinproduktion an die modernen Erfordernisse angepasst hat. Doch die Wurzeln hat auf Leoncio Arizu niemand vergessen. Vor allem Geschäftsführer und Kellermeister Alberto Arizu nicht. Seine Weine sind kräftig und stolz.
Mit fast zwei Millionen Flaschen pro Jahr zählt das Weingut zu den größten Argentiniens.

WEINEMPFEHLUNGEN

1990 Cabernet Sauvignon
FARBE: Kirschrot mit rubinfarbenen Reflexen
DUFT: Beerenmarmelade, Karamell, etwas animalisch
GESCHMACK: weich, samtig, angenehme Frucht, gut eingebundene Holznoten, präsente Tannine, komplex

1996 Merlot
1986 Cabernet Sauvignon
1995 Chardonnay

BEZUGSQUELLEN

14, 37, 38, 44, 86, 102, 109, 119, 237, 255, 385, 460, 462, 472, 473, 525

HUMBERTO CANALE

Chacra 186, AR-8332 General Roca, Tel. 0054-11-43 07 15 06,
Fax 43 62 34 36, willy@datamarkets.com.ar
INHABER: Humberto Canale SA - **KELLERMEISTER:** Marcélo Miras
REBFLÄCHE: 155 Hektar
REBSORTEN: Sémillon, Sauvignon blanc, Torrontés, Cabernet Sauvignon, Merlot, Pinot noir, Petit Verdot, Malbec, Chardonnay, Riesling, Viognier
BESUCH: tgl. 8.30-18.30 Uhr nach Voranmeldung

FF

Mit einer Jahresproduktion von 1,3 Millionen Flaschen zählt das Weingut Humberto Canale zu den größten im Süden Argentiniens. Dennoch hat sich die Anlage ihren familiären Charakter bis heute erhalten. Die Gründung des Weinguts liegt lange zurück: Humberto Canale, nach dem das Weingut benannt ist, ließ sich 1913 am Rio Negro nieder. Ein Jahrzehnt sollte vergehen, ehe der Pionier den ersten Wein produzieren konnte. Nach der fast vollständigen Erneuerung der Kellereigebäude gehört das Weingut heute zu den modernsten der Region Rio Negro. Dieses Anbaugebiet ist eines der südlichsten der Welt und vergleichsweise kühl. Deshalb gerät der Sémillon vortrefflich und der Pinot noir sogar noch ein bisschen besser. Viel Gutes erhofft sich Kellermeister Marcelo Mirsa für die Zukunft von Merlot und Malbec.

Erntezeit am Rio Negro: Humberto Canale

WEIN-EMPFEHLUNGEN

1995 Malbec Rio Negro
FARBE: sehr dichtes, intensives Kirschrot
DUFT: fein, eingekochte Früchte, Karamellbonbons, Butter, Rahm
GESCHMACK: sehr fruchtig im Ansatz, voll und konzentriert, leicht bitter und noch etwas verschlossen im Abgang

1994 Cabernet Sauvignon Reserva Especial Rio Negro

BEZUGSQUELLE

520

BODEGAS Y VIÑEDOS NICOLAS CATENA

Libertad S/N, AR-5579 Rivadavia, Tel. 0054-2623-442 92, Fax 44 25 53
www.nicolascatena.com
INHABER: Nicolas Catena - KELLERMEISTER: José Galante
REBFLÄCHE: 800 Hektar
REBSORTEN: Chardonnay, Cabernet Sauvignon, Malbec
BESUCH: tgl. 9 -16 Uhr nach Vereinbarung

FFFF

Seit mehr als 100 Jahren baut die argentinische Familie Catena Premium-Weine an – sie zählen heute zu den besten des Landes. Als Nicolas Catena gegen Ende des 19. Jahrhunderts nach Argentinien kam, erkannte er sofort das Potenzial der Region. Doch erst sein Enkel sollte es wirklich nutzen. Er leitete eine umfassende Modernisierung der Anlage ein, vergrößerte die gutseigenen Rebflächen und baute weitere Sorten an.

Chardonnay und Cabernet Sauvignon nehmen heute, wie bei vielen argentinischen Weingütern, den weitaus größten Teil der Rebflächen ein. Darüber hinaus pflanzt das Unternehmen seit einiger Zeit mit beachtlichem Erfolg auch Malbec an.

Ein Schlüsselerlebnis hatte Gründerenkel Nicolas Catena bei einem Besuch in Kalifornien. Eine ganz normale Touristenführung über die Mondavi-Anlage hinterließ bei dem Argentinier einen nachhaltigen Eindruck. „Bis dahin hatte ich nicht wirklich verstanden, was die Kalifornier machten", gibt Catena offen zu, „aber als ich sah, wie viel Zeit und Engagement auf der Anlage von Robert Mondavi in Forschung und Qualitätsverbesserung investiert wurde, fühlte ich mich wirklich inspiriert." Zurück in Argentinien, setzte Nicolas Catena die in Kalifornien gewonnenen Erkenntnisse sogleich um – der Erfolg ließ nicht lange auf sich warten.

WEINEMPFEHLUNGEN

1995 Chardonnay Catena Alta
FARBE: kräftiges, helles Goldgelb
DUFT: intensive Nase nach Lakritz, reife Früchte wie Mango, Ananas und Birne, Heu
GESCHMACK: rund, kräftig und würzig, neben den Fruchtnoten auch Eichenholz, fast wie Weihrauch, und heller Tabak, extraktreich, komplex und lang

1997 Chardonnay Agrelo Vineyard
1996 Malbec Alta, Lunlunta Vineyard
1995 Cabernet Sauvignon Catena Alta
1996 Cabernet Sauvignon Agrelo Vineyard

BEZUGSQUELLEN

23, 35, 44, 51, 54, 71, 72, 80, 90, 98, 107, 114, 123, 131, 139, 149, 151, 196, 197, 234, 261, 265, 273, 286, 291, 299, 318, 321, 324, 328, 366, 382, 385, 412, 413, 435, 479, 480, 482, 510, 511, 518, 532, 533, 534, 541, 550, 551

BODEGAS CHANDON

OT Agrelo, Ruta 15 km 29, AR-5500 Mendoza, Tel. 0054-261-490 99 00, Fax 490 99 89, cmacaya.@chandon.com.ar

INHABER: Bodegas Chandon S.A. - **KELLERMEISTER:** Onofre Arcos

REBFLÄCHE: 531 Hektar

REBSORTEN: Chardonnay, Malbec, Cabernet Sauvignon, Merlot, Pinot noir, Sémillon, Syrah

BESUCH: nach Vereinbarung

FF

Renaud Poirier, „Chef de Cave“ bei Moët & Chandon in Épernay, ließ es sich nicht nehmen, die Lage für die argentinische Tochterfirma des französischen Champagnerhauses persön-

Chefsache: Chandon-Reben in Mendoza

lich auszuwählen, 1960 wurden die Bodegas Chandon gegründet. Poiriers Wahl fiel auf Mendoza, heute Zentrum des argentinischen Weinbaus.

Das Klima ist kontinental: der Sommer nicht zu heiß, der Frühherbst warm, die Luftfeuchtigkeit – und damit die Fäulnisgefahr – gering. Der Boden besteht zum Teil aus leichtem Sand, zum Teil aus schwerem, lehmhaltigem Schwemmland.

Ideales Gelände für Chardonnay und Pinot noir, die in der Champagne zu Champagner und in Mendoza zu Charmat-Sekt ausgebaut werden. Es gibt ihn als Brut Nature, Extra Brut, Demi Sec und Rosé. Chandon-Sekte genießen in Südamerika einen ausgezeichneten Ruf. Bodegas Chandon erzeugen auch einen stillen Chardonnay, der teilweise in französischen Barriques vergoren wird. Malbec, Merlot, Syrah und Cabernet Sauvignon werden sechs bis sieben Monate lang in Eichenholzfässern ausgebaut. Seit 1995 der erste Verschnitt aus Chardonnay und Pinot noir auf die Sektflasche kam, geht es bei der Qualität aufwärts.

WEINTIPPS

1995 Baron B.
1995 M. Chandon
1995 Chardonnay Renaud Poirier
1995 Paul Galard

BEZUGSQUELLEN

82, 121, 199, 283, 292, 433, 491, 508

ETCHART

Lima 229, AR-1073 Buenos Aires , Tel. 0054-11-43 82 69 23, Fax 43 83 14 95
idegas@pragentina.com.ar

INHABER: Bodegas Etchart - **KELLERMEISTER:** José Luis Mounier und Victor Marcantoni - **REBFLÄCHE:** 350 Hektar
REBSORTEN: Torrontés, Malbec, Cabernet Sauvignon, Chardonnay
BESUCH: tgl. 8-17 Uhr nach Voranmeldung

VISA

FF

Vom Charme eines Familienbetriebs ist auf den Bodegas Etchart nicht mehr viel zu spüren. Ruhe und Beschaulichkeit sind dem routinierten Funktionieren eines modernen Großunternehmens zum Opfer gefallen. Heute werden in der Anlage jährlich zwölf Millionen Flaschen Wein produziert, von denen ein großer Teil in die USA und nach Europa exportiert wird.

Berittene Wache: Gaucho bei Etchart

Die beiden firmeneigenen Bodegas vertreiben ihre Weine jeweils unter einem eigenen Label. In Cafayate wird in erster Linie Torrontés angebaut, die typische einheimische Rebsorte. Nicht viele argentinische Winzer widmen dieser Rebe noch so viel Aufmerksamkeit wie Etchart. Die zweite Anlage nahe Luján de Cuyo in der berühmten Wein-Provinz Mendoza dagegen wartet mit einer internationaleren Rebsorten-Verteilung auf. Cabernet Sauvignon und Merlot nehmen hier den größten Teil der Rebfläche ein, ein kleiner Teil ist für den Anbau von Chardonnay reserviert.

WEINTIPPS

1996 Etchart Cafayatte
1996 Etchart Cabernet Sauvignon
1996 Etchart Malbec
1996 Etchart Torrontés

BEZUGSQUELLEN

23, 26, 34, 51, 62, 83, 107, 111, 119, 123, 139, 165, 177, 184, 193, 199, 204, 210, 212, 218, 236, 266, 270, 289, 293, 314, 328, 330, 331, 332, 361, 373, 374, 375, 393, 397, 409, 418, 446, 459, 464, 507, 512, 522, 533, 547, 550, 561

FINCA FLICHMAN

Maipú 757 - 8° piso, AR-1006 Buenos Aires, Tel. 0054-11-43 26 73 00, Fax 43 93 73 01, international@flichman.com.ar, www.flichman.com.ar

INHABER: Roberto Luka - **KELLERMEISTER:** Juan C. R. Villa
REBFLÄCHE: 280 Hektar - **REBSORTEN:** Cabernet Sauvignon, Malbec, Merlot, Sangiovese, Tempranillo, Syrah, Chardonnay, Chenin blanc, Riesling
BESUCH: Mo-Fr 8.30-18 Uhr

FF

Die Besitzer der berühmten Finca Flichman in der argentinischen Provinz Mendoza haben in den vergangenen Jahren mehrmals gewechselt. Als die Wertheim-Gruppe die traditionsreiche Finca in den achtziger Jahren übernahm, begann für den Betrieb ein neues Zeitalter. Das Firmenkonsortium baute das Weingut zu einem hochmodernen Unternehmen aus. Vor einigen Jahren übernahm Sogrape Holdings den Hauptanteil an der Finca Flichman – die den zuvor eingeschlagenen Kurs aber beibehielt.
Fast zehn Millionen Flaschen werden heute produziert, doch man hat noch mehr vor: Vor einigen Jahren erweiterte Flichman die Anbauflächen und kultivierte neue, fruchtbare Böden.
Dank seiner Größe kann das Weingut sowohl Weine für den nationalen wie den Weltmarkt herstellen. Den Hauptanteil an der Produktion machen Rotweine wie Cabernet Sauvignon, Merlot und Shiraz aus. Unter den Weißen finden sich vor allem Chardonnay, Chenin blanc und Riesling.

WEINEMPFEHLUNGEN

1996 Cabernet Sauvignon Reserva
FARBE: kräftiges, dichtes Purpur
DUFT: würzig und konzentriert, Pflaumen, Cassis
GESCHMACK: kräftig, voll, fast schmelzig. Präsente, aber gut eingebundene Tannine, lang und würzig im Abgang

1997 Sangiovese
1995 Cabernet Sauvignon,
1998 Chardonnay Mendoza Reserve
1996 Malbec

BEZUGSQUELLEN

30, 42, 54, 67, 68, 70, 71, 81, 84, 88, 94, 140, 154, 164, 210, 254, 255, 268, 314, 320, 321, 356, 393, 430, 460, 473, 488, 560

GOYENECHEA

OT La Vasconia, c/Sotero Arizo S/N, AR-5623 Villa Atuel, Tel. und Fax 0054-2625 -47 01 81
goyenwines@infovia.com.ar

INHABER: José Luis Goyenechea
KELLERMEISTER: Alberto Goyenechea
REBFLÄCHE: 1200 Hektar
REBSORTEN: Cabernet Sauvignon, Merlot, Syrah, Chardonnay, Pineau de la Loire, Sauvignon blanc
BESUCH: tgl. 8-18 Uhr

FF

Zwei Basken, die Brüder Santiago und Narciso Goyenechea, gründeten das Weingut, als sie um 1850 nach Südamerika auswanderten. Heute zählt das Gut in der Region Villa Atuél mit 1200 Hektar zu den größten in Argentinien. Wie in den meisten argentinischen Weinbergen, dominiert auch bei Goyenechea Cabernet Sauvignon. Daneben werden auch Merlot und kleinere Mengen Syrah angebaut. Bei den Weißweinen nimmt Chardonnay den größten Teil der Anbaufläche ein – gefolgt von Sauvignon blanc und Chenin blanc.

Maßvolle Korrekturen: Goyenechea

Auf Goyenechea ist man stolz auf das Erreichte – große Experimente, etwa mit außergewöhnlichen Sorten, finden hier nicht statt. Die heutigen Besitzer – das Familienweingut wird in der vierten Generation betrieben – wollen an der grundsätzlichen Ausrichtung des Betriebes nur maßvolle Änderungen vornehmen, doch auch bei Goyenechea geht es voran, wenngleich in kleinen Schritten. Mittlerweile werden die Weine in drei verschiedenen Abfüllungen angeboten, darunter auch eine Reserva-Version der besten Trauben eines jeden Jahrgangs. Der Großteil der Goyenechea-Weine ist für den Export bestimmt.

WEINTIPP

1997 Marqués del Nevado

BEZUGSQUELLEN

218, 236, 493

LA RURAL VIÑEDOS Y BODEGAS

Montecaseros 2625, AR-5513 Coquimbito/Maipú, Tel. 0054-261-497 20 13, Fax 497 39 56, larural@infovia.com.ar

INHABER: Familie Rutini - **KELLERMEISTER:** Mariano di Paola

REBFLÄCHE: 180 Hektar

REBSORTEN: Cabernet Sauvignon, Malbec, Chenin blanc, Sémillon, Chardonnay, Merlot

BESUCH: Mo-Sa 9.30-17.30 Uhr

AmEx

F

Der italienische Einwanderer Don Felipe Rutini gründete die Kellerei im Maipú Valley. Mittlerweile wird auf La Rural in der vierten Generation Wein produziert. In den vergangenen Jahren erlangte der Export eine besondere

Probierstube: Rural Viñedos

Bedeutung. Argentinische Weine verkaufen sich nur in begrenztem Umfang im eigenen Land, das zwingt auch Winzer wie die Familie Rutini, den Schritt auf den internationalen Markt zu wagen.

Auf den Weinbergen im Maipú Valley werden in erster Linie die in Argentinien bekannten roten Rebsorten angebaut. Cabernet Sauvignon gibt es allerdings nur als Cuvée, gemeinsam mit Malbec. Malbec wird außerdem mit Merlot verschnitten.

Auch die Weißweine von La Rural, die wie die Roten unter den Labels San Felipe und Felipe Rutini vertrieben werden, sind nicht reinsortig. Verwendet werden in diversen Zusammensetzungen Chenin blanc, Sémillon und Chardonnay – in Argentinien ebenfalls gute Bekannte.

WEINTIPP

1998 Collección Rutini Chardonnay

BEZUGSQUELLE

124

NAVARRO CORREAS, J. EDMUNDO

Don Bosco 3672, AR-1206 Buenos Aires, Tel. 0054-11-4959 28 55, Fax 4959 2878, calderon@cinba.com.ar

INHABER: CINBA S.A. - **KELLERMEISTER:** Alfredo Despous
REBFLÄCHE: 145 Hektar
REBSORTEN: Malbec, Cabernet Sauvignon, Chardonay, Torrontés, Syrah, Pinot noir
BESUCH: kein Publikumsverkehr

FF

Don Juan de Diós Correas entdeckte die Region Mendoza am Fuße der Anden einst 1798 als exzellentes Wein-Anbaugebiet. Die Tage sind warm, aber nicht heiß, die Nächte kühl, aber nicht kalt. Das Mikroklima ist geradezu ideal für Weinbau. Auch das macht den Erfolg der Bodega Navarro Correas aus.
Traditionelle Anbaumethoden und modernste Kellertechnik bilden auf der Anlage heute eine pefekte Symbiose. Es werden schonende, pneumatische Pressen verwendet, die Kühlsysteme für den Weißwein sind auf dem neuesten Stand, die Stahltanks blitzen, und für die besten Rotweine werden ausschließlich Fässer aus französischer und amerikanischer Eiche verwendet.
Exklusivität beweist das Weingut Navarro Correas bei der Gestaltung seiner Flaschen und Etiketten. Jede Flasche ist nummeriert, die Etiketten tragen die Signatur des Kellermeisters – so werden die Weine Jahr für Jahr auch auf den europäischen Absatzmärkten angeboten. Dank seiner Größe und ausgezeichneten Lage ist Navarro Correas in der Lage, eine breite Palette unterschiedlicher Rebsorten anzubauen. Vornehmlich die für Argentinien üblichen Rotweine Malbec und Cabernet Sauvignon, aber auch eine vielversprechende weiße Sorte wie Torrontés. Sie erbringt bei sorgfältiger Verarbeitung leichte Weine mit kräftiger Säure und an Muskateller erinnernden Aromen.

WEINEMPFEHLUNGEN

1997 Maipú-Mendo, Syrah
FARBE: intensives Granatrot
DUFT: würziger Duft, erinnert an Weihrauch, Zimtnoten, etwas Bitterschokolade, die Fruchtaromen sind eher verhalten
GESCHMACK: die Gerbstoffe sind etwas streng, im Abgang ordentliche Struktur

1994 Maipú-Mendoza, Cabernet Sauvignon, Collección Privada
1994 Maipú-Mendoza Malbec

BEZUGSQUELLEN

44, 74, 75, 105, 138, 148, 150, 153, 158, 161, 175, 205, 248, 253, 261, 285, 292, 331, 367, 389, 420, 455, 483, 550

BODEGA NORTON

Ruta Provincial 15, AR-5507 Luján de Cuyo, Tel. 0054-261-488 04 80, Fax 488 04 82, norton-exp@lanet.com.ar, www.norton.com.ar
INHABER: Gernot Langes-Swarowski
KELLERMEISTER: Jorge Riccitelli
REBFLÄCHE: 650 Hektar
REBSORTEN: Malbec, Cabernet Sauvignon, Sangiovese, Barbera, Syrah, Chardonnay, Torrontés, Merlot, Sauvignon blanc
BESUCH: Mo-Fr 9-12 Uhr und 14-17 Uhr

FFF

Die perfekten Böden und das ideale Klima seien für ihn Motivation, stets nach höchster Qualität zu streben, sagt Gernot Langes-Swarowski, Besitzer der Bodega Norton. Seinen Namen

Neuerdings auch Exoten: Norton

verdankt das Weingut dem Engländer Sir Edmund James Palmer Norton, der 1895 als Eisenbahn-Ingenieur nach Argentinien kam. Er begeisterte sich rasch für den Weinbau und gründete die Anlage am Fuße der Anden, die sich während der folgenden Jahrzehnte zu einem Großbetrieb entwickeln sollte. Heute werden auf den Rebflächen des Weinguts nahezu alle Trauben angebaut, die Südamerika zu einem bedeutenden Weinland gemacht haben: neben den traditionellen Weißen Chardonnay und Sauvignon blanc vor allem die noblen Roten Cabernet Sauvignon, Merlot und Syrah. Mittlerweile werden auch vermeintliche Exoten wie Sangiovese und Barbera angepflanzt. Ein Großteil der Jahr für Jahr produzierten nahezu sechs Millionen Flaschen geht in den Export.

WEINEMPFEHLUNGEN

1997 Merlot/Cabernet Sauvignon/Malbec „Privada"
FARBE: dunkles Purpurrot mit fast schwarzem Kern, sehr gute Viskosität
DUFT: sehr intensiv, ein Hauch von Schokolade, dunkle Beerenfrüchte, vor allem Cassis und Brombeeren, feine exotische Gewürze, komplex
GESCHMACK: sehr dicht, perfekt integrierte Tannine, sehr gute Länge, intensiver Schmelz, sehr guter Abgang mit Lakritzaromen

1999 Torrontés
1995 Malbec

BEZUGSQUELLEN

3, 11, 30, 36, 44, 54, 60, 66, 67, 68, 73, 91, 92, 93, 94, 101, 118, 122, 140, 145, 152, 163, 167, 188, 197a, 210, 272, 278, 280, 284, 299, 314, 347, 352, 359, 395, 409, 426, 431, 432, 438, 444, 468, 478, 483, 491a, 512, 522, 533, 534, 536, 538, 540, 542, 550, 551, 556

BODEGAS Y VIÑEDOS SANTA ANA

S/N°, Roca y Grl. Urquiza, AR-5521 Villa Nueva, Tel. 0054-0261-421 10 00, Fax 421 59 05, bvsa@bodegas-santa-ana.com.ar

INHABER: Bodegas y Viñedos Andina
KELLERMEISTER: Rodolfo Sadler
REBFLÄCHE: 106 Hektar
REBSORTEN: Chardonnay, Syrah, Chenin blanc, Viognier, Ugni blanc, Cabernet Sauvignon
BESUCH: nach Vereinbarung

FF

Die Bodegas Santa Ana zählen zu den ältesten Weingütern Argentiniens – und wegen ihrer zahlreichen Auszeichnungen auch zu den berühmtesten. Die ersten Weine wurden bereits im 19. Jahrhundert produziert, doch erst mit der Übernahme durch die heutigen Besitzer stellte sich der Erfolg ein.

In der Provinz Mendoza, der größten zusammenhängenden Anbaufläche des Landes, liegt auch Santa Ana. Von hier aus werden die Produkte an Genießer in der ganzen Welt geliefert, denn auch Santa Ana vertreibt nur einen Bruchteil der jährlichen Weinproduktion im Lande.

Auch auf Santa Ana wird mit Vorliebe Cabernet Sauvignon angebaut, als Weißwein gedeiht Chenin blanc hervorragend.

In den vergangenen Jahren haben die Besitzerfamilien Basso und Tonnelier viel Zeit und Geld in Marketing-Strategien sowie die Modernisierung der Keller und der Produktionsgebäude investiert. Erst kürzlich wurde eine komplett neue Abfüllstraße aus Italien angekauft.

WEINEMPFEHLUNGEN

1997 Cabernet Sauvignon
Cepa Privadas

FARBE: Kirschrot mit schönen Purpurreflexen
DUFT: animalische Aromen nach Leder, pilzig, etwas oxidativ, Mirabellen und eingelegte Kirschen
GESCHMACK: süßfruchtig, trocken, gut eingebundene Säure und Tannine, etwas herb, rund im Abgang

Chenin blanc: Santa Ana

1997 Cabernet Sauvignon
1998 Chardonnay

BEZUGSQUELLEN

14, 114, 171, 198, 210, 212, 314, 328, 414, 438, 520, 542

TRAPICHE

Nueva Mayorca S/N, AR-5513 Coquimbito Maipú - Mendoza, Tel. 0054-261-497 23 88, Fax 497 37 37, trapiche@interserver.com.ar
INHABER: Juan José Canay- **KELLERMEISTER:** Angel Mendoza
REBFLÄCHE: 2300 Hektar
REBSORTEN: Malbec, Cabernet Sauvignon, Merlot, Syrah, Pinot noir, Sauvignon blanc, Chardonnay, Chenin blanc, Viognier, Cabernet franc
BESUCH: Mo-Sa 9-18 Uhr

FFF

Ein Beispiel für Vielfalt und das Potenzial der argentinischen Weinindustrie ist das Weingut Trapiche, das mit seiner riesigen Jahresproduktion und einer beeindruckenden Auswahl an Weinen mit dafür sorgt, dass Argentinien unter den Wein produzierenden Ländern der Neuen Welt eine herausragende Position einnimmt. Dank hervorragender Klimabedingungen und unterschiedlicher, qualitativ jedoch immer hochwertiger Böden baut Mendoza eine außergewöhnliche Vielzahl von Rebsorten an. Mehr als 20 Millionen Flaschen werden jährlich produziert. Nur ein geringer Anteil ist

Internationale Orientierung: Trapiche

für den heimischen Markt bestimmt. Der größte Teil geht in den internationalen Markt, wo sich die Trapiche-Weine einen guten Namen gemacht haben.
Der Medalla Tinto von Trapiche gilt als einer der besten Rotweine Südamerikas. Auch weiße Rebsorten wie Chardonnay, Sauvignon blanc und Chenin blanc brauchen den internationalen Vergleich nicht zu scheuen.

WEINEMPFEHLUNGEN

1997 Mendoza Cabernet Sauvignon „Roble"

FARBE: dunkles Kirschrot mit leicht violetten Reflexen
DUFT: im ersten Moment wie ein Kirschkuchen mit Zimt, dezente Vanilletöne, leichte Röstaromen
GESCHMACK: angenehme, durch die Reife abgerundete Tannine, sehr gut integriert, mittlere Länge, angenehmer Abgang

1995 Trapiche Medalla Tinto
1995 Trapiche Malbec Roble

BEZUGSQUELLEN

44, 105, 137, 173, 194, 195, 199, 201, 206, 219, 227, 243, 263, 283, 336, 347, 366, 376, 398, 408, 422, 483, 488

FINCA FAMILIA VOLLMER SOBRE EL RIO

C. Calderon S/N, AR-5560 Tumuyan, Tel. 0054-2622-42 37 02, Fax 42 37 03,
wvollmer@slatinos.com.ar, www.weingutvollmer.com
INHABER: Heinrich Vollmer - **KELLERMEISTER:** Heinrich Vollmer
REBFLÄCHE: 605 Hektar
REBSORTEN: Cabernet Sauvigon, Malbec, Merlot, Syrah, Chardonnay, Sémillon, Sauvignon blanc
BESUCH: nach Vereinbarung

An einem Septembertag 1972 betritt der junge Heinrich Vollmer ein Mannheimer Bankhaus. Er braucht Geld, Ideen genug hat er bereits. Er will Wein erzeugen, und mit dem Darlehen der Bank geht er dann zunächst in der pfälzischen Heimat ans Werk. Heute nennt Vollmer auch eine Bodega in Argentinien sein eigen. Das hat eine ganz spezielle Vorgeschichte: Während eines Erdbebens in den Anden verunglückte der begeisterte Bergsteiger Vollmer, Indios trugen ihn 70 Kilometer weit zum nächsten Arzt und retteten ihm so das Leben. Vollmer bedankte sich, indem er in Argentinien investierte und Arbeitsplätze für Indios schuf.
Nachdem er in der Wein-Region Mendoza einen geeigneten Standort gefunden hatte, erwarb Vollmer dort Land.
Zunächst mussten viele Hektar Rebflächen neu angelegt werden. Heute reifen auf der Vollmer-Finca besonders gut die noblen roten Trauben Cabernet Sauvignon, Malbec und Merlot. Das nötige Wasser für die Rebflächen liefert der Gletscher des höchsten Vulkans Amerikas, des Tupungato. Vollmer-Weine aus Argentinien werden heute in zahlreichen Ländern getrunken. Neben Europa zählen Kanada und Japan zu den wichtigsten Exportländern.

Dank an die indianischen Retter: Vollmer

WEINEMPFEHLUNGEN

1999 Merlot
FARBE: kräftiges Purpur
DUFT: Bittermandel, Brombeer, Holunder und Karamell
GESCHMACK: süßlich, rund, volle Frucht, mittelkräftig, schönes Finale

1999 Malbec
1999 Cabernet Sauvignon

BEZUGSQUELLEN

5, 33, 78, 99, 102, 115, 165, 180, 192, 207, 227, 232, 237, 241, 244, 245, 254, 290, 331, 419, 452, 484, 503, 526, 545

AUFBRUCH IN EINE NEUE ÄRA DER WEINPRODUKTION

Chile schickt sich an, die internationale Weinwelt mit modern vinifizierten, teils sehr guten Gewächsen zu erobern

Chile hat zwar eine mehr als 100 Jahre alte Weinbautradition, doch spielten die Reben im Andenstaat lange Zeit so gut wie keine Rolle. Noch vor 20 Jahren waren die meisten chilenischen Rotweine müde und alt, die Weißweine dünn und nicht selten oxidiert. Die Weinberge wurden vernachlässigt, ein Konzept für qualitätsorientierten Weinbau gab es nicht. Erst ausländische Investoren, allen voran der bereits in Spanien erfolgreiche Winzer Miguel Torres, brachten Chile Anfang der achtziger Jahre mit Roten im Stil von Bordeaux auf einen neuen Weg. Heute ist der chilenische Wein ein wichtiges Exportprodukt, die weltweite Nachfrage nimmt rasant zu.

Bis zur Zeit der spanischen Eroberung war die Weinrebe in Chile unbekannt. Die ersten Rebflächen wurden 1551 in Santiago angelegt, vor allem die Missionare hatten Bedarf an Wein. Später entwickelte sich der Wein zum Massenprodukt – um 1900 konsumierten die Chilenen bereits über 100 Liter Wein pro Kopf und Jahr. Danach begann der Niedergang der chilenischen Weinwirtschaft. Die Regierung führte empfindliche Steuern ein – zur Bekämpfung des Alkoholmissbrauchs – und verbot Neupflanzungen. Während des Zweiten Weltkriegs erließ die Regierung wegen Devisenmangels Importbeschränkungen für bestimmte technische Geräte – mit dem Ergebnis, dass auch Chiles Kellertechnik stagnierte.

Die schwere Wirtschaftskrise der sechziger Jahre ließ die chilenische Weinwirtschaft völlig zusammenbrechen. Der Inlandkonsum war kontinuierlich gesunken, Chiles Weinproduzenten waren daher auf den Export angewiesen, wenn sie überleben wollten – unglücklich war nur, dass sie qualitativ nichts zu bieten hatten.

Modernste Anlagen im Bau: Casablanca Valley

Zu Beginn der achtziger Jahre wurde die Hälfte der 100 000 Hektar Rebfläche gerodet, eine neue Ära begann – die Erzeugung hochwertiger Weine. Heute stehen wieder etwa 120 000 Hektar unter Reben, auch in Regionen, wo man zuvor nie Reben angepflanzt hatte. Chiles neue Weinmacher sind ehrgeizig, zudem erzeugten ausländische Investoren und Berater den nötigen Druck, um den Umdenkungsprozess zu beschleunigen.

vor 20 Jahren, und die Entwicklung geht ähnlich zügig voran wie einst im Golden State.

Etwa 50 große Weingüter arbeiten heute in Chile. Das scheint nicht sehr viel angesichts der Größe des Landes, doch jedes Gut verfügt

Barriques-Lager im Maipo-Valley: Santa Rita

Fortschrittliche Anbaumethoden und moderne Kellertechnik sind heute Pflicht auf den chilenischen Weingütern. Die schnell trinkbaren Weine orientieren sich am modernen Verbrauchergeschmack.

Chile befindet heute in einer vergleichbaren Phase wie Kalifornien

über ausgedehnte Weinberge. Ein Besitz mit 100 Hektar Rebfläche gilt als klein, 3000 Hektar sind für große Häuser normal – und dennoch kaufen sie noch regelmäßig Trauben von Vertragswinzern hinzu. Etwa zwei Drittel der Rebfläche werden für die Produktion von Flaschenweinen aus internationalen Rebsorten genutzt, Tendenz steigend. Der größte Teil der Anpflanzungen wurde in den achtziger und neunziger Jahren angelegt, nur wenige Weingüter machten sich die Mühe, alte Rebstöcke zu erhalten. In Chile ist Weinbau eine Industrie – den kleinen Winzer, der seinen Wein noch von Hand keltert, gibt es nicht. Die Ausstattung der Keller in den neuen Weingütern ist erstklassig: Modernste Edelstahltanks, Kühlaggregate und computer-kontrollierte Barrique-Keller sind die Regel. Neueste wissenschaftliche Erkenntnisse werden zügig in Weinbergen und Kellern umgesetzt. Bodenanalysen gelten als selbstverständliche Voraussetzung für modernen Weinbau, neuerdings arbeiten die ersten Winzer auch nach einer Reberziehungsmethode, bei der sogar die Anzahl der Blätter, die am Stock wachsen dürfen, festgelegt wird.

Sein heutiges Renommee als Weinland verdankt Chile seinen Rotweinen, insbesondere dem Cabernet Sauvignon. Die Weine sind fruchtig, weich, konzentriert und fein, wenn auch nicht so langlebig wie das berühmte Vorbild aus dem Bordelais. Wegen ihrer weichen Tannine aber bieten sie bereits früh vollen Genuss. Merlot findet in dem warmen Klima ebenfalls sehr gute Bedingungen vor und ergibt anspruchsvolle Weine. Auch in den kühleren Regionen im Süden Chiles werden aus Merlot ausdrucksvolle Weine gekeltert, die oft in kleinen Eichenholzfässern ausgebaut werden. Aus den kühleren Regionen kommen unvergleichlich fruchtige Weißweine aus Chardonnay und Sauvignon blanc. Einfache Chardonnay werden im Stahltank ausgebaut, bei den teureren bevorzugen die Chilenen eine kräftige Holznote. Leider überdeckt diese zuweilen das typische Aroma der Rebsorte, und es bleiben vor allem süßliche, vanilleartige Röstaromen als Eindruck haften. Ein gut gemachter Sauvignon blanc aus Chile unterscheidet sich mit seinen Aromen – Grapefruit und Passionsfrucht – merklich von denen anderer Weinländer in Übersee. Meist stammt der Sauvignon blanc aus dem Stahltank, seltener aus dem Fass. Aus der traditionellen chilenischen Traubensorte País werden billige Konsumweine gewonnen, die in großen Kartons oder Kanistern verkauft werden. País ist eine ertragreiche Sorte, sie wurde einst von spanischen Siedlern ins Land gebracht.

Andere Rebsorten sind bislang von nur geringer Bedeutung. Es werden aber Versuche mit Riesling, Gewürztraminer, Chenin blanc und Sémillon (Süßweine) angestellt, bei den Rotweinen experimentiert man vor allem mit Carmenère, Syrah und Pinot noir.

Die geschäftliche Basis jedes chilenischen Weinguts sind einfache, preiswerte und gut gemachte Rebsortenweine. Die meisten werden im Stahltank vergoren. Um die beliebte Holznote zu erhalten – ohne teure Barriques anschaffen zu müssen –, setzt man Holz-

bohlen in die für den Ausbau vorgesehenen Stahltanks ein, ein ebenso preisgünstiges wie fragwürdiges Verfahren.
Neben preiswerten Weinen erzeugen nahezu alle Weingüter auch hochwertige, sortenreine. Bei diesen so genannten Reservas oder Gran Reservas liegt der Ertrag wesentlich niedriger, die Holznote stammt von Vergärung und Ausbau im echten kleinen Holzfass. In den letzten Jahren kamen immer mehr rote Spitzenweine auf den Markt, die qualitätsmäßig mit den großen Gewächsen der Welt konkurrieren können – auch die Preise ziehen allerdings an.
Diese Rotweine werden äußerst sorgfältig vinifiziert und aufwändig ausgebaut. Zumeist handelt sich um eine Cuvée aus mehreren Rebsorten, Cabernet Sauvignon jedoch ist immer dabei. Solche Spitzenweine sind zum Beispiel „Seña“ (Robert Mondavi), „Montes Alpha M“ (Weingut Discover) oder „Almaviva“ (ein Gemeinschaftserzeugnis von Concha y Toro und Mouton Rothschild).

Seit 1995 darf chilenischer Wein eine Herkunftsbezeichnung tragen (Denominación de Origen), wenn die dafür verwendeten Trauben aus einem bestimmten Anbaugebiet stammen. Der Alkoholgehalt muss – außer in der Region Bió Bió – mindestens 11,5 Volumenprozent aufweisen. Die Zugabe von Säure ist erlaubt, Zuckerung hingegen nicht. Um Jahrgang, Herkunft oder Rebsorte auf dem Etikett angeben zu dürfen, muss das jeweilige Kriterium zu 75 Prozent erfüllt sein. Qualitätsbezeichnungen wie Reserva oder Gran Reserva Superior sind nicht geschützt, sie dürfen beliebig verwendet werden.

Chiles Weinbaugebiete liegen zu einem großen Teil im 400 Kilometer langen Valle Central südlich der Hauptstadt Santiago. Zwischen Anden und den niedrigeren Küstenkordilleren sind die Weinberge vor den kühlen Pazifikwinden geschützt. Es ist trocken, Pilzkrankheiten oder Mehltau sind selten, der Aufwand für Schädlingsbekämpfung entsprechend gering. Nicht einmal die Reblaus, die Ende des 19. Jahrhunderts in Europa und Kalifornien wütete, hatte hier eine Chance. Auf der Hochebene des Valle Central ist es tagsüber warm, nachts nicht selten 20 Grad kühler als am Tage.
Oft fällt im Sommer zwischen Dezember und März kein einziger Regentropfen, ohne künstliche Bewässerung aus den zahlreichen Gletscherflüssen der Anden wäre kein Weinbau möglich. Bei den Böden herrscht Verwitterungsgestein wie Ton, Lehm und Sand vor, an manchen Stellen finden sich Kiesel- und Vulkanböden.

In der Region Aconcagua nördlich von Santiago wachsen auf kargen Böden Reben für einige der besten Rotweine Chiles. Nordwestlich von Santiago liegt Casablanca, ein Weißweingebiet, in dem es, wegen der Nähe zum Pazifik, wesentlich kühler ist als in den anderen Landesteilen. Das bekanntes-

te Weinbaugebiet ist Maipo Valley, südlich von Santiago. Hier haben Weingüter wie Santa Rita, Concha y Toro, Undurraga und Tarapaca ihren Sitz. Im warmen Klima gedeihen große Rotweine.
Als klassisches Rotweingebiet gilt auch Rapel. Dort ist es etwas kühler, und es regnet häufiger als in Maipo. In Curicó, 200 Kilometer südlich von Santiago, entstehen hervorragende Weißweine, aber auch feine, elegante Rotweine.
Das größte Weinbaugebiet ist Maule, über die Hälfte der Rebfläche dort ist mit dem traditionellen País bestockt. In Itata und Bió Bió wurden die ersten chilenischen Reben kultiviert, auch hier wächst immer noch exklusiv País.

ALMAVIVA

Av. Santa Rosa 821, Casilla 274, Cl- Puente Alto, Tel. 0056-2-852 93 00,
Fax 852 54 05; www.conchaytoro.com
INHABER: Mouton-Rothschild, Concha y Toro
KELLERMEISTER: Philippe Bujard
REBFLÄCHE: 40 Hektar
REBSORTEN: Cabernet Sauvignon, Cabernet franc, Carmenère
BESUCH: nach Vereinbarung

FFFFF

Cach einer halben Stunde Autofahrt eröffnet sich südlich von Santiago de Chile eine für chilenische Verhältnisse völlig neue Weinwelt: Viña Almaviva. Philippe Baron de Rothschild hatte sich einst mit dem kalifornischen Winzer Robert Mondavi zusammengetan, um im Napa Valley das überaus erfolgreiche französisch-kalifornische Projekt Opus One ins Leben zu rufen. Seine Tochter, Philippine Baronesse de Rothschild, tat es ihm nach und ging eine Wein-Liaison mit einem chilenischen Produzenten ein, um einen Wein der Spitzenklasse zu erzeugen. Concha y Toro heißt der Partner, und 40 Hektar bester Rebfläche stehen für das Gemeinschaftsunternehmen zur Verfügung.

Die Kellerei mit ihrem geschwungenen Holzdach mutet futuristisch an, sie ist perfekt durchdacht und hält manche Überraschung bereit. Während der Verkostung im Barriquekeller drückt Kellermeister Philippe Bujard auf einen Knopf, und wie von Geisterhand hebt sich plötzlich eine Wand – eine riesige Fensterfront gibt den Blick auf die Rebstöcke frei. Befeuchtet werden sie per Tröpfchenbewässerung. Die Önologen können die Wasserzufuhr für jede Rebzeile einzeln regulieren. Außerdem sind die Düsen unter die Erde verlegt worden, damit keine Feuchtigkeit verdunstet. Auch der Name des Weinguts und die Gestaltung der Flaschen sind erstaunlich. Warum aber trägt der Wein den Namen des Titelhelden eines Romans von Pierre-Augustin Caron de Beaumarchais?

Der berühmte französische Dichter des 18. Jahrhunderts hatte eine Roman-Trilogie über den Conte Almaviva geschrieben. Er beschreibt ihn zunächst als jungen Mann, dann im mittleren Alter und zuletzt als alten Menschen – drei Zyklen, die auch ein großer Wein durchläuft.

Auf dem Etikett der Almaviva-Flasche finden sich Symbole der Mapuche-Indianer, der chilenischen Ureinwohner. Skulpturen und Wanddekorationen schmücken die Kellerei, die ganz aus Holz erbaut wurde. Alle für den Bau benötigten Nägel wurden handgefertigt.

Der Baronesse geht es bei dem Joint Venture um eine Verschmelzung europäischer und südamerikanischer Weinbautraditionen. Der Almaviva trägt chilenische Züge, besonders was seine Fruchtigkeit an-

Almaviva: Kellergebäude mit zahlreichen Überraschungen

belangt. Zugleich ist er elegant und raffiniert. Der Einfluss des Bordelais ist nicht zu verkennen. So wird Almaviva zu einer Brücke zwischen Neuer und Alter Welt – und das nicht nur auf dem Etikett.

WEINEMPFEHLUNGEN

1996 Almaviva

FARBE: intensives dichtes Purpur mit leichten granatroten Reflexen

DUFT: das Bukett ist deutlich von Röstaromen geprägt, außerdem Cassisnoten, leicht schokoladige Anklänge, eleganter Zedernholz- und Tabakduft

GESCHMACK: kraftvolle Aromatik, mit sehr guter Balance von reifen Tanninen, am Gaumen ähnliche Aromen wie in der Nase, sehr lang im Abgang

1997 Almaviva

FARBE: dichter Purpur mit jugendlich violetten Reflexen

DUFT: nahezu klassische Bordeaux-Nase, im ersten Moment etwas von den Röstaromen dominiert, an der Luft entwickeln sich Aromen von schwarzen Kirschen, schwarzen Johannisbeeren, zarter Bitterschokolade und feinen milden Gewürzen

GESCHMACK: Im ersten Moment noch etwas verschlossen, zeigt dann aber sehr schön balancierte Tannine, dichte Aromen mit sehr gutem Abgang

BEZUGSQUELLEN

15, 82, 86, 97, 126, 159, 166A, 210, 243, 255, 293, 294, 295, 347, 352, 358, 403, 464, 491A, 495, 528

VIÑA AQUITANIA

OT Peñalolen, Av. Consistorial 5090, Cl- Santiago, Tel. 0056-2-284 54 70, Fax 284 54 69, aquitani@firstcom.cl

INHABER: Bruno Prats, Paul Pontallier, Felipe de Solminihac
KELLERMEISTER: Herve Diez
REBFLÄCHE: 22 Hektar
REBSORTEN: Cabernet Sauvignon, Merlot, Carmenère
BESUCH: nach Voranmeldung

FFF

Von Frankreich nach Chile: Bruno Prats und Paul Pontallier, zwei angesehene Winzer aus Frankreich, erwarben 1990 nahe Santiago de Chile 62 Hektar Anbaufläche. Schon bald wollten sie sich mit Weinen einen guten Namen auf den nationalen und internationalen Absatzmärkten machen. Prats und Pontallier sind fest überzeugt, dieses Ziel zu erreichen. Dass es noch ein paar Jahre dauern wird, wissen sie auch. Im Maipo Valley

Ihr Tag kommt noch: Bruno Prats (l.), Felipe de Solminihac, Paul Pontallier (r.)

spezialisierten sich die beiden Winzer – die mittlerweile mit Felipe de Solminihac einen weiteren Mitstreiter ins Boot holten – vor allem auf den Anbau von Cabernet Sauvignon. Die Entscheidung war ein Tribut an die klimatischen Bedingungen der Region. Aber auch eine Hommage an die Vergangenheit der beiden französichen Winzer. Das 1993 fertiggestellte Kellereigebäude ist im typischen Bordeaux-Stil gehalten. Dennoch trägt die Architektur auch der neuen Heimat Chile Rechnung. Im Kleinen verbinden sich hier Alte und Neue Welt, Bordeaux und Maipo zu einem produktiven und sehenswerten Ganzen.

WEINEMPFEHLUNG

1995 Viña Aquitania Cabernet Sauvignon

FARBE: dichtes Rubinrot
DUFT: Holunder und Cassis, dann schwarze Kirschen, frisch geschlagenes Holz, wilde Kräuter, Lakritz, Kakao, sehr elegant
GESCHMACK: die Früchte setzen sich am Gaumen fort, dazu kommen eine gute Säure und Gerbstoffe, kräftiger, lang anhaltender Abgang, sehr schokoladig

BEZUGSQUELLE

97a

CALITERRA

Nueva Tajamar 481, Torre Sur, Office 503, Las Condes, Cl- Santiago, Tel. 0056-2-203 66 88, Fax 203 63 46, www.caliterra.com

INHABER: Familie Chadwick und Robert Mondavi
ÖNOLOGE: Tim Mondavi - **KELLERMEISTERIN:** Irene Paiva
REBFLÄCHE: 600 Hektar
REBSORTEN: Cabernet Sauvignon, Merlot, Chardonnay, Sauvignon blanc, Malbec, Syrah und Carmenère
BESUCH: Mo-Fr 8.30-18.45 Uhr nach Voranmeldung

FFF

Caliterra gehört zu einer neuen, jungen Generation von chilenischen Weingütern. Das Gemeinschaftsprojekt der Familien Mondavi und Chadwick kombiniert erfolgreich Innovation und Traditionsbewusstsein. Eduardo Chadwick gründete das Weingut 1989 als Ergänzung zum erfolgreichen Familiengut Viña Errazuriz. Für Caliterra wollte er neue Anbaugebiete entdecken – jedes mit optimaler Qualität für eine spezifische Rebsorte.
Die kalifornische Winzerfamilie Mondavi stieß 1996 dazu. Lange schon hatte man nach einem Partner in Chile Ausschau gehalten, da das chilenische *terroir* den Reben Wachstumsbedingungen bietet, die man selbst in Kalifornien so nicht vorfindet. Bei Caliterra wurde Mondavi fündig, und dank seines geschäftlichen Know-hows und seiner Kontakte auf den internationalen Weinmärkten wurde das chilenische Gut schnell zu einer Branchengröße. Heute werden auf Caliterra jährlich sieben Millionen Flaschen Wein produziert.
Die Trauben reifen auf Anbauflächen in nahezu allen bekannten Weinregionen Chiles. Knapp die Hälfte der Produktion entfällt auf Cabernet Sauvignon, lediglich ein Viertel auf Weißwein, Sauvignon Blanc und Chardonnay.

WEINEMPFEHLUNGEN

1997 Merlot
FARBE: intensives Rubinrot mit leicht violetten Reflexen
DUFT: frische Cassis, pflanzlich, am Anfang leicht flüchtig
GESCHMACK: gute Fruchtnoten, schwarze Johannisbeeren, noch etwas unreif, gute Struktur, angenehme Länge

1997 Sauvignon blanc Central Valley
1997 Cabernet Sauvignon
1996 Cabernet Sauvignon Reservado, Maipo Valley

BEZUGSQUELLEN

14, 16, 17, 27, 38, 44, 45, 47, 48, 49, 51, 55, 56, 57, 58, 61, 67, 68, 78, 87, 95, 100, 101, 102, 112, 117, 118, 119, 126, 137, 138, 139, 151, 159, 161, 163, 164, 168, 172, 186, 188, 192, 194, 197, 202, 206, 210, 212, 214, 215, 219, 230, 231, 241, 242, 243, 244, 245, 249, 273, 275, 287, 289, 291, 292, 293, 300, 305, 307, 311, 314, 317, 324, 328, 329, 339, 370, 372, 389, 393, 400, 406, 412, 431, 435, 436, 438, 440, 441, 447, 462, 470, 473, 474, 475, 478, 480, 487, 491, 491a, 498, 517, 518, 522, 533, 534, 548, 553, 556

CARMEN VINEYARDS

Las Condes 3669, Piso 6 Apoquindo, Cl- Santiago, Tel. 0056-2-362 21 22, Fax 263 15 99, info@carmenvineyards.com, www.carmenvineyards.com
INHABER: Ricardo Claro - **KELLERMEISTER:** Alvaro Espinoza
REBFLÄCHE: 250 Hektar
REBSORTEN: Chardonnay, Sauvignon blanc, Sémillon, Gewürztraminer, Merlot, Cabernet Sauvignon, Carmenère, Pinot noir, Syrah, Petite Sirah
BESUCH: Mo-Fr 9-18.30 Uhr

FFF

Mit seiner 150jährigen Tradition ist Carmen Vineyards eines der ältesten chilenischen Weingüter. Im internationalen Geschäft ist man allerdings erst seit einem knappen Jahrzehnt. Der Schritt auf den Weltmarkt leitete eine neue Ära des Weinbaus ein. Eine komplett neue Anlage mit modernster Technologie wurde erbaut, um der jährlichen Nachfrage nach einer Viertelmillion Flaschen gerecht werden zu können. Die Qualität der Weine ist dank moderner Kellertechnik und hochwertigen Weinbergen gleichbleibend gut. Auf den 250 Hektar Rebfläche im berühmten Maipo Valley werden nicht nur die für Chile typischen Reben Cabernet Sauvignon, Merlot, Chardonnay und Sauvignon blanc angebaut, sondern auch Gewürztraminer, Carmenère und Petite Sirah – sie werden ebenfalls mit großem Erfolg zu Premium-Weinen verarbeitet. Seit einiger Zeit orientiert sich das Unternehmen auf eine natürliche Anbauweise. Zu Versuchszwecken unterhält man ein spezielles Gelände, auf dem auf äußere Eingriffe in Wachstum und Reife der Reben weitestgehend verzichtet wird. Die strikt ökologische Anbauweise scheint der Qualität der Weine nicht zu schaden. Bei der ersten Bepflanzung war das Öko-Gelände 25 Hektar groß, heute umfasst es bereits 45 Hektar. Eventuell soll in einigen Jahren der gesamte Betrieb auf ökologischen Anbau umgestellt werden.

Der Umwelt zuliebe: Carmen

WEINEMPFEHLUNG

1997 Carmenère/Cabernet Reservado, Barrique
FARBE: Rubinrot mit lila Reflexen
DUFT: konzentrierte Fruchtnoten nach Cassis und Brombeermarmelade, feines Holz, leicht Vanille, Gewürznelke und Pfeffer
GESCHMACK: kräftige Frucht mit interessanter Würze, schön eingebundene Holznoten, intensives Cassis, feine Tannine, leicht bitterer Abgang

BEZUGSQUELLEN

19, 23, 30, 38, 51, 59, 61, 89, 91, 101, 107, 123, 140, 156, 199, 204, 205, 206, 207, 209, 210, 212, 216, 218, 234, 235, 236, 274, 283, 296, 330, 338, 341, 374, 437, 438, 493, 496, 503, 507, 511, 533, 534, 547, 556, 559, 561

VIÑA CARTA VIEJA

Av. Francisco Antonio Encina 231, VII Region, Cl- Villa Allegre
Tel. 0056-73-38 16 12, Fax 38 16 81
vicar@ctc-mundo.net, www.cartavieja.com
INHABER: Vina Carta Vieja S.A. - **KELLERMEISTER:** Richard Figueron
REBFLÄCHE: 550 Hektar
REBSORTEN: Cabernet Sauvignon, Merlot
BESUCH: Mo-Fr 8-18.30 Uhr nach Vereinbarung

FF

Böden und klimatische Bedingungen im chilenischen Maule-Tal schaffen beste Voraussetzungen für den Anbau vor allem fruchtiger roter Trauben. Eines der ersten Weingüter, welches die Vorzüge der Region entdeckte, war Carta Vieja. Bereits seit 1825 werden dort Reben kultiviert, und die Weine von Carta Vieja zählen heute zu denen, die Chile zu einem der gefragtesten Weinländer der Neuen Welt machten.
Seit eh und je werden in erster Linie rote Trauben angebaut. Cabernet Sauvignon und Merlot nehmen auf den Rebflächen nahezu 80 Prozent der Anbaufläche ein – sie ist mit 550 Hektar um ein Vielfaches größer als bei den meisten anderen Betrieben im Maule-Tal. Die besten Trauben jedes Jahrgangs gehen in die Reserve-Abfüllungen von Carta Vieja. Es dominieren zwar die Rotweine, doch werden auf dem Gut auch einige Weißweine von guter Qualität erzeugt.
Wie fast überall, wo Cabernet Sauvignon und Merlot den ersten Platz einnehmen, werden sie auch bei Carta Vieja vor allem von Chardonnay begleitet. Die zweite weiße Rebsorte ist Sauvignon blanc. Die weißen Trauben werden bereits in der ersten Märzwoche gelesen, die roten benötigen einen ganzen Monat länger zur Reife. Nur ein Bruchteil der jährlich fast 11 Millionen Flaschen verbleibt in Südamerika, der überwiegende Teil geht in den weltweiten Export.

Die Roten dominieren: Carta Vieja

WEINTIPPS

1997 Chardonnay Antigua Selección
1997 Carta ViejaSauvignon blanc Antigua Selección (Reservado)
1998 Carta Vieja Merlot

BEZUGSQUELLEN

26, 62, 75, 76, 79, 83, 94, 104, 111, 177, 184, 193, 194, 266, 274, 293, 315, 325, 331, 343, 373, 393, 397, 436, 517, 544, 548, 553

VIÑA CASABLANCA

Macul, Rodrigo de Araya 1431, Cl- Santiago, Tel. 0056-2-450 30 00, Fax 238 03 07
rbeckdor@santacarolina.cl, www.santacarolina.cl
INHABER: Viña Casablanca LTDA.
KELLERMEISTER: Ignacio Recabarren
REBFLÄCHE: 28,3 Hektar
REBSORTEN: Cabernet Sauvignon, Chardonnay, Sauvignon blanc, Gewürztraminer, Merlot
BESUCH: Mo-Fr 9-18.30 Uhr nach Voranmeldung

FF

Casablanca Valley zählt zu den jüngsten Weinbauregionen Chiles. Erst vor gut zehn Jahren entdeckten die chilenischen Winzer die hohe Qualität von Böden und Klima des Gebiets nahe der Küste des Pazifischen Ozeans. Als eines der Ersten siedelte sich das Weingut Casablanca hier an. Ende der achtziger Jahre begann

Macht es den anderen vor: Casablanca

man, die Böden vorzubereiten und Rebstöcke zu setzen, nach einigen Jahren wurden die ersten Trauben gelesen und der erste Wein produziert. Der spontane Erfolg der Casablanca-Weine rief sogleich eine Anzahl weiterer Winzer auf den Plan, die sich nun ebenfalls im Casablanca Valley niederließen. Auch auf Casablanca dominieren Cabernet Sauvignon und Merlot sowie Sauvignon blanc und Chardonnay. Von Anfang an aber wurden auch Versuche mit anderen Sorten unternommen.
Als Einziger hat bisher allerdings der Gewürztraminer den Durchbruch geschafft. Die Zahl der produzierten Flaschen ist nach nur einem Jahrzehnt auf bereits 750 000 pro Jahr gestiegen.

WEINEMPFEHLUNGEN

1998 Chardonnay
FARBE: helles Gelb mit leichter Trübung
DUFT: rund, mit Aromen nach Nuss, Butter und Mandel, frische Frucht, Stachelbeere, Zitrus und Melone
GESCHMACK: prickelnde Säure im Ansatz, frisch, schöne Frucht, süßlich, laktisch, ausgewogen, leichte Bittertöne im Abgang, gut gemachter, moderner Typ

1998 Cabernet Sauvignon, San Fernando, Miraflores Estate
1997 Chardonnay, Santa Isabel Estate

BEZUG

14, 103, 140, 190, 212, 258, 314, 315, 322, 415, 434, 445, 557

VIÑA CONCHA Y TORO

OT Las Condes, Avenida Nueva Tajamar 481, Cl- Santiago, Tel. 0056-2-821 71 04, Fax 853 00 24
pkonar@conchaytoro.cl, www.conchaytoro.com
INHABER: Eduardo Guilisasti - KELLERMEISTER: Enrique Tirado
REBFLÄCHE: 3200 Hektar
REBSORTEN: Cabernet Sauvignon, Merlot, Chardonnay, Pinot noir, Syrah, Sauvignon blanc, Cabernet franc, Malbec, Zinfandel, Viognier
BESUCH: Mo-Fr 10.30-16, Sa 10-12 Uhr

DINERS EURO VISA

FFFF

Ein entscheidendes Datum für Concha y Toro war der Oktober 1994 – als erstes Weingut Chiles ging der Betrieb an die Börse. Mit dem Geld aus der Aktienemission wurden weitere Weinberge in Chile und Argentinien erworben.
Doch damit nicht genug: Der Vorstandsvorsitzende Eduardo Guilisasti schloss 1997 mit Baronesse Philippine de Rothschild einen Kooperationsvertrag. Die beiden setzten sich das ehrgeizige Ziel, in Chile einen Wein zu kreieren, der einem Bordeaux Grand Cru Classé ebenbürtig ist. Zu diesem Zweck wurde das Weingut Almaviva aufgebaut und mit 40 Hektar der besten Rebfläche von Concha y Toro ausgestattet.
In fast allen Anbaugebieten des Landes – Maipo, Casablanca, Rapel, Curicó und Maule – besitzt Concha y Toro Rebflächen. Unter den angebauten Traubensorten finden sich neben Cabernet Sauvignon und Merlot auch Exoten wie Zinfandel, eine Rebe, die außerhalb Kaliforniens nur sehr selten angebaut wird. Mit einer Jahresproduktion von 130 Millionen Flaschen gehört Concha y Toros zu den führenden chilenischen Weingütern.

WEINEMPFEHLUNGEN

1996 Cabernet Sauvignon
FARBE: Schwarzkirschrot mit braunen Reflexen
DUFT: animalisch und würzig, nach Leder, Pferdestall, Lakritz, Lorbeer und Thymian, dazu feine Cassis-Aromen
GESCHMACK: auch hier animalisch-würzige Noten, erstaunliche Frische, begleitet von präsenten, noch kräftigen Tanninen, körperreich, fein, lang und würzig im Abgang

1997 Chardonnay, Casillero del Diablo
1996 Merlot, Marques de Casa Concha

BEZUGSQUELLEN

12, 14, 23, 27, 35, 36, 38, 44, 46, 54, 56, 67, 68, 71, 87, 89, 97, 105, 106, 107, 109, 112, 115, 117, 119, 120, 123, 125, 130, 136, 140, 148, 150, 152, 154, 159, 163, 164, 166a, 167, 170, 177, 181, 186, 191, 197, 197a, 205, 210, 212, 216, 237, 249, 255, 261, 270, 273, 274, 280, 289, 290, 291, 292, 295, 297, 306, 307, 314, 318, 320, 324, 325, 328, 331, 333, 337, 338, 341, 355, 357, 358, 361, 368, 380, 385, 386, 393, 397, 402, 403, 404, 413, 424, 430, 432, 438, 444, 452, 456, 459, 462, 467, 470, 471, 472, 473, 475, 483, 488, 491a, 493, 495, 497, 507, 522, 526, 527, 528, 533, 536, 541, 545, 550, 552, 554, 556

VIÑA COUSINO MACUL

OT Peñalolen, Av. Quilin 7100, Cl- Santiago, Tel. 0056-2-284 10 11, Fax 284 15 09 - **INHABER:** Arturo Cousiño
KELLERMEISTER: Jaime Rios - **REBFLÄCHE:** 250 Hektar
REBSORTEN: Cabernet Sauvignon, Merlot, Chardonnay, Riesling
BESUCH: Mo-Fr 10-13 und 16-18 Uhr nach Voranmeldung
VISA

F F F

Ein Gang über die Rebflächen von Cousino Macul lässt die Verbundenheit des Weinguts mit Europa deutlich werden. Die Rebstöcke im chilenischen Maipo-Valley stammen ursprünglich aus dem Médoc, aus Martillac, dem Burgund und dem Rheingau. Um

Europäische Wurzeln: Cousino

1860 brachte Luis Martias die Stöcke in die Neue Welt und legte damit den Grundstein für eine erfolgreiche Unternehmensgeschichte. Mittlerweile produziert man auf Cousino Macul mehr als 2,4 Millionen Flaschen. Trotz aller Erweiterungen und Modernisierungen blieb das Weingut aber immer ein Familienbetrieb – mit großer Achtung vor der Tradition. Mit äußerster Sorgfalt kümmert sich die Besitzerfamilie um die Qualität der Anbauflächen und die Ernteeinbringung. Nur junge, robuste Trauben werden maschinell gelesen, bei Reben, die größere Vorsicht erfordern, wird von Hand gelesen. Den größten Teil der Produktion auf Cousino Macul machen Cabernet Sauvignon und Merlot aus – zusammen nahezu zwei Drittel.

WEINEMPFEHLUNGEN

1994 Cabernet Sauvignon Reservado Maipo

FARBE: dunkles Kirschrot
DUFT: leicht käsig, entwickelte Frucht, reife Pflaumen, Backpflaumen, Brombeermarmelade, Cassisblüten, eingelegte Kirschen, Waldpilze
GESCHMACK: pilzig und trocken im Ansatz, dezent fruchtig, präsente Säure und Tannine, würzig, mittelkräftig, nachhaltig und lang.

1997 Merlot Reservado Maipo

BEZUGSQUELLEN

11, 19, 29, 31, 34, 42, 51, 54, 67, 68, 72, 73, 77, 90, 94, 98, 101, 105, 112, 114, 119, 125, 130, 131, 139, 140, 145, 151, 154, 162, 163, 166a, 167, 170, 175, 176, 189, 195, 196, 197, 198, 210, 212, 255, 261, 263, 273, 286, 291, 292, 302, 308, 309, 314, 316, 317, 318, 324, 326, 328, 329, 331, 353, 359, 361, 368, 382, 385, 395, 431, 435, 437, 438, 454, 464, 471, 481, 483, 493, 504, 510, 511, 523, 536, 540, 541, 545, 548, 550, 554

VIÑA ECHEVERRIA

OT Las Condes, Asturias 171, Oficina 205, Cl- Santiago, Tel. 0056-2-207 43 27, Fax 207 43 28
echewine@entelchile.net

INHABER UND KELLERMEISTER: Roberto Echeverria
REBFLÄCHE: 80 Hektar
REBSORTEN: Cabernet Sauvignon, Merlot, Chardonnay, Sauvignon blanc
BESUCH: Mo-Fr 8-12 und 13.30-18 Uhr

FF

Erst Anfang der neunziger Jahre wagte Roberto Echeverria den Schritt in die Selbstständigkeit und begann, Weine unter eigenem Namen auf den Markt zu bringen. Rund 200 Kilometer südlich der Hauptstadt Santiago de Chile, im Valle de Curicó, ist der Betrieb beheimatet. Die 80 Hektar Rebfläche liegen rund um das traditionsreiche Weingut herum. In dem Familienbetrieb hat jeder seine Aufgabe, um zum Gelingen des Unternehmens beizutragen. Bei der Wahl der Trauben ging Winzer Roberto Echeverria keine Kompromisse ein. Weniger ist manchmal mehr – so könnte man seine Unternehmensphilosophie umschreiben. Denn anders als

Keine Kompromisse: Roberto Echeverria

viele Nachbarbetriebe hat sich das Gut Echeverria auf vier Traubensorten spezialisiert: vor allem Cabernet Sauvignon, dann Merlot und zu etwa gleichen Teilen Chardonnay und Sauvignon blanc. Die gesamte Lese erfolgt von Hand, die Trauben werden unmittelbar nach der Ernte auf der Anlage weiterverarbeitet. Viña Echeverria gibt sich traditionsbewusst und heimatverbunden – doch seine Weine sind in Chile nur selten zu bekommen. Der größte Teil der jährlich produzierten, nahezu eine Million Flaschen ist für den Export nach Nordamerika und Europa bestimmt.

WEINTIPPS

1997 Vina Echeverria Cabernet Sauvignon Reserva
1998 Vina Echeveverria Cabernet Sauvignon
1998 Vina Echeverria Chardonnay

BEZUGSQUELLEN

42, 59, 132, 140, 154, 192, 212, 238, 276, 290, 299, 321, 336, 361, 389, 393, 397, 403, 456, 459, 493, 554

VIÑA LUIS FELIPE EDWARDS

OT Vitacura, Avenida Vitacura 4130, Cl- Santiago, Tel. 0056-2-208 68 19, Fax 208 77 75
winery@luisfelipeedwards.cl, www.luisfelipeedwards.cl

INHABER: Luis Felipe Edwards
KELLERMEISTER: Gilbert Rokvam, Brian Light
REBFLÄCHE: 270 Hektar
REBSORTEN: Cabernet Sauvignon, Carmenère, Chardonnay, Merlot, Syrah, Cot
BESUCH: nach Vereinbarung

FF

Auf dem Weingut Luis Felipe Edwards im Colchagua-Tal geht es ruhig und beschaulich zu. Das Unternehmen wird auch nach einem Vierteljahrhundert noch vom Firmengründer und Namensgeber geführt. In der Nachbarschaft des Pazifischen Ozeans, dessen stete Brise im Colchagua-Tal für ein besonders günstiges Klima sorgt, findet vor allem die Cabernet Sauvignon-Traube nahezu ideale Voraussetzungen für eine langsame und gehaltvolle Reife.
So haben vor allem die noblen Rotweine das Weingut in Chile und auf den internationalen Märkten bekannt gemacht. Von den meisten Konkurrenten unterscheidet sich Edwards durch das strenge Festhalten an traditionellen Produktionsverfahren. Das Weingut wurde 1976 gegründet, auf verlassenen Rebflächen des ehemaligen Weinguts San José de Puquillay. Nach der Lese, die hier nur von Hand erfolgt, kümmern sich auf der Anlage die Kellermeister Gilbert Rokvam und Brian Light um die Weinproduktion. Sie sammelten zuvor berufliche Erfahrungen in Frankreich und Australien.
Neben Cabernet Sauvignon zählen auch Merlot und – wie in Australien – Syrah zu den beliebtesten Weinen auf Viña Luis Felipe Edwards. Bei den weißen Trauben dominiert Chardonnay, dem das fast mediterrane Klima ebenfalls sehr gut bekommt. Jährlich werden auf dem Weingut nahezu 2,5 Millionen Flaschen abgefüllt, sie gehen größtenteils nach Nordamerika und Europa.

WEINTIPPS

1996 Luis Felipe Edwards Chardonnay
1995 Luis Felipe Edwards Cabernet Sauvignon Reserva

BEZUGSQUELLEN

97, 117, 151, 178, 213, 225, 272, 518, 553

VIÑA ERRÁZURIZ

OT Torre Sur, Av. Nueva Tajamar 481, Cl- Santiago, Tel. 0056-2-203 66 88, Fax 203 66 90
www.errazuriz.cl
INHABER: Eduardo Chadwick-Errázuriz
KELLERMEISTER: Brian Bicknell
REBFLÄCHE: 425 Hektar
REBSORTEN: Syrah, Merlot, Pinot noir, Chardonnay, Sauvignon blanc, Cabernet Sauvignon
BESUCH: nach Vereinbarung

FFFF

Das Weingut Errázuriz zählt zu den ältesten Betrieben im noch vergleichsweise jungen Weinland Chile. Bereits seit mehr als einem Jahrhundert werden hier, im Aconcagua-Tal, etwa 100 Kilometer nördlich der Hauptstadt Santiago de Chile, Weine von sehr guter Qualität angebaut. Das Klima trägt seinen Teil zum Gelingen bei: Trockene, heiße Sommer, dafür kühle und feuchte Wintermonate sowie ein frischer Wind lassen die Trauben, vor allem Cabernet Sauvignon und Merlot, unter sehr guten Bedingungen reifen.
Auch nach 128 Jahren ist man bei Errázuriz noch immer auf der Suche nach Möglichkeiten, das Wachstum der Reben weiter zu optimieren. Darum kümmert sich vor allem Eduardo Chatwick-Errázuriz, der das Weingut in dritter Generation führt.
In den letzten Jahren sind die Anlagen komplett modernisiert worden. Fast 90 Prozent der Weinmenge ist heute für den Export nach Nord-Amerika und Europa bestimmt.
Brian Bricknell ist ein Kellermeister mit internationaler Erfahrung, er hat noch einmal frischen Wind in das Familienunternehmen gebracht. Einer der beliebtesten Weine von Errázuriz trägt den Namen des Weingut-Gründers: Don Maximiano Founder's Reserve.

WEINEMPFEHLUNGEN

1997 Don Maximiano, Acongagua Valley
FARBE: dunkles Schwarzkirschrot
DUFT: aromatische, konzentrierte und komplexe Nase, nach Karamell, Beerenmarmelade, würzig
GESCHMACK: süßfruchtig im Ansatz, anregende Säure, kräftige Tannine, körperreich, konzentrierte Frucht, Gerbsäure noch zu präsent, aber sehr großes Potenzial

1998 Chardonnay Wild Ferment
1998 Sauvignon blanc La Escultura

BEZUGSQUELLEN

36, 41, 44, 53, 55, 56, 57, 58, 67, 68, 71, 78, 87, 90, 95, 100, 112, 116, 118, 126, 132, 138, 139, 151, 154, 158, 161, 164, 167, 168, 170, 175, 177, 192, 197, 202, 210, 212, 214, 215, 219, 230, 241, 243, 244, 245, 254, 271, 283, 291, 293, 297, 300, 305, 311, 317, 329, 333, 339, 354, 370, 389, 405, 435, 440, 441, 447, 450, 459, 462, 470, 474, 475, 480, 482, 487, 491a, 498, 509, 518, 525, 531, 533, 534, 556

CASA LAPOSTOLLE

OT Las Condes, Benjamin 2935, ofic. 801, Cl- Santiago,
Tel. 0056-2-242 97 74, Fax 234 45 36
egatica@casalapostolle.com, www.casallapostolle.com
INHABER: Alexandra Marnier Lapostolle
ÖNOLOGE: Michel Rolland - **KELLERMEISTER:** Michel Friou
REBFLÄCHE: 308 Hektar
REBSORTEN: Chardonnay, Sauvignon blanc, Merlot, Cabernet Sauvignon
BESUCH: tgl. 8.30-18.30 Uhr nach Voranmeldung

FFFF

Die ältesten Rebstöcke auf der Casa Lapostolle sind etwa ein halbes Jahrhundert alt – nicht viel für chilenische Verhältnisse, aber nicht wenig im Vergleich zu anderen Regionen in der Neuen Welt. Bei der Wahl der Rebsorten haben sich bereits die früheren

Kellermeister: Michel Friou

Winzer-Generationen auf den Anbau von Rebsorten konzentriert, die unter den klimatischen Bedingungen des Rapel Valley am besten gedeihen: Neben Cabernet Sauvignon werden vor allem Merlot und Chardonnay angebaut.
Der Absatz im eigenen Land ist für Lapostolle eher von untergeordneter Bedeutung, man produziert in erster Linie für den Export.
Weil die Weinberge regelmäßig durch die Pflanzung neuer Rebstöcke erweitert werden, holt das Unternehmen dabei stets die Ratschläge eines erfahrenen Önologen aus Frankreich ein: Michel Rolland.
Vor Ort kümmert sich Kellermeister Michel Friou um die Umsetzung von Rollands Empfehlungen in die Praxis.

WEINEMPFEHLUNG

1997 Clos Apalta,
Merlot/Carmenère/Cabernet Sauvignon
FARBE: dichtes Purpur mit nahezu schwarzem Kern, hohe Viskosität
DUFT: üppige Aromen von Himbeeren, Brombeeren und Cassis mit Nuancen von milden Gewürzen, vor allem Vanille, dazu komplexe Röstaromen
GESCHMACK: dicht und üppig mit samtigen Tanninen, deutliche Röstaromen im Abgang, sehr gute Länge

BEZUGSQUELLEN

30, 54, 60, 67, 68, 92, 94, 140, 167, 210, 227, 235, 278, 314, 333, 347, 352, 464, 478, 522, 530, 533, 534, 538, 554, 556

LAS CASAS DEL TOQUI

OT Totihua, Correo Rengo 249, CI- Comune de Requinoa, Tel. 0056-072-55 11 97, Fax 55 21 66, castoqui@entelchile.net

INHABER: Juan Granella, Larose Trintaudon und AGF-Allianz
KELLERMEISTER: Philippe Dardenne
REBFLÄCHE: 108 Hektar
REBSORTEN: Cabernet Sauvignon, Merlot, Chardonnay, Sémillon, Syrah
BESUCH: Mo-Fr 8-12.30 und 14.30-19 Uhr nach Voranmeldung

F

Die Casas del Toqui passen sich mehr und mehr dem Kundengeschmack an und erweitern die Palette ihrer Rebsorten. Zwar nimmt Cabernet Sauvignon noch immer eine zentrale Rolle ein, doch ist nur noch knapp die Hälfte der mehr als 100 Hektar großen Anbaufläche des Weinguts mit der Bordeaux-Rebe bepflanzt. In den vergangenen Jahren kamen im Zuge der Expansion weitere Rebsorten hinzu – zunächst Chardonnay, dann Sémillon und schließlich auch Syrah. Auch aus diesen Trauben produziert Kellermeister Philippe Dardenne Weine von Premium-Qualität.
Die Grundvoraussetzungen dafür sind bei Casas del Toqui gegeben: Auf den Weinbergen haben die Trauben hervorragende klimatische Bedingungen. Die ältesten und besten Reben des Weinguts stehen auf einem etwa acht Hektar großen Gelände und tragen Cabernet Sauvignon. Aus den Trauben dieser mehr als 50 Jahre alten Stöcke keltert Dardenne seine Reserve-Abfüllungen. Die Weine von Toqui werden heute in alle wichtigen Weinländer der Welt exportiert.

Starke Helfer: Toqui

WEINTIPPS

1997 Las Casas del Toqui Chardonnay
1997 Las Cases del Toqui Cabernet Sauvignon
1997 Las Casas del Toqui Gran Vino Reservado Cabernet Sauvignon

BEZUGSQUELLEN

12, 97, 264, 275, 492, 520, 522

VIÑA LOS VASCOS

OT Las Condes, Isidora Goyenechea 3156, Cl- Santiago, Tel. 0056-72-86 12 20, Fax 86 12 21
INHABER: Domaines Baron de Rothschild
KELLERMEISTER: Freddy Grez
REBFLÄCHE: 356 Hektar
REBSORTEN: Cabernet Sauvignon, Chardonnay
BESUCH: nur nach Vereinbarung

FF

Die rote Bordelaiser Rebsorte Cabernet Sauvignon gibt auf der Viña Los Vascos den Ton an. Sie findet hier nahezu ideale Voraussetzungen für eine lange und allmähliche Reife. Mit großem Aufwand und viel Engagement begannen die Rothschilds 1980 dieses Projekt. Los Vascos ist ein straff geführtes und modern ausgestattetes Großunternehmen. Und man profitiert gern vom Know-how der Önologen von Château Lafite-Rothschild.

Bodega in Peralillo: Los Vascos

Mehr als 3,5 Millionen Flaschen werden pro Jahr auf Las Vascos produziert – sie gehen vorwiegend in die USA und nach Europa. Dort werden die von Kellermeister Freddy Grez vinifizierten Cabernet stets mit Spannung erwartet – bereits mit seinen ersten Weinen machte sich das Gut in den achtziger Jahren einen Namen.
Die besten Trauben werden als Gran-Reserve-Abfüllungen vergoren. Neben Cabernet Sauvignon wird seit einiger Zeit auch Chardonnay angebaut.

WEINEMPFEHLUNG

1996 Cabernet Sauvignon
FARBE: Schwarzkirschrot
DUFT: weich und süßlich, nach eingekochten roten Früchten und Pflaumen, Leder, Kakao, Bitterschokolade
GESCHMACK: Feine Frucht, präsente Tannine, von der Gerbsäure geprägt, pelzig

BEZUGSQUELLEN

3, 11, 14, 30, 38, 40, 42, 44, 54, 67, 68, 71, 72, 84, 97, 102, 104, 105, 112, 122, 154, 167, 175, 176, 202, 205, 206, 210, 215, 232, 235, 255, 263, 266, 271, 275, 278, 280, 284, 286, 287, 289, 311, 314, 321, 322, 324, 325, 329, 337, 341, 352, 395, 397, 409, 410, 428, 432, 438, 444, 450, 452, 455, 464, 470, 473, 480, 483, 488, 491a, 494, 501, 504, 506, 507, 512, 526, 527, 528, 531, 538, 540, 547, 551, 554

VIÑA MONTES

California 2521, Cl- Santiago, Tel. 0056-2-274 17 03, Fax 225 01 74,
dmurray@monteswines.com, www.monteswines.com

INHABER: Vina Montes S.A.
KELLERMEISTER: Aurelio Montes, Victor Baeza
REBFLÄCHE: 180 Hektar
REBSORTEN: Cabernet Sauvignon, Merlot, Chardonnay
BESUCH: tgl. 8.30-18.30 Uhr

EC

FFFF

Jeder der vier Partner von Montes hatte bereits langjährige Erfahrungen in Produktion und Vertrieb von Premium-Weinen gesammelt, als man 1988 beschloss, in Zukunft gemeinsame Sache zu machen. Aurelio Montes, Douglas Murray, Alfredo Vidaurre und Pedro Grand setzten mit ihrer Entscheidung ganz sicher auf das richtige Pferd. In nur einem Jahrzehnt hat sich auf Viña Montes die jährliche Produktion mehr als vervierzigfacht. Ein Ende der Expansion ist nicht abzusehen. In den kommenden Jahren erwarten das Winzer-Quartett weitere Rekordzahlen, auch wegen des Zukaufs weiterer Anbauflächen.
Bislang gehören dem Weingut rund 180 Hektar sehr guter Weinberge in zwei der bekanntesten chilenischen Anbauregionen: Curicó und Colchagua-Tal. Hier werden in erster Linie Cabernet Sauvignon, Merlot, Chardonnay und Sauvignon blanc kultiviert. Erst 1999 wurden weitere Sorten gepflanzt. Die ersten Versuche mit Syrah und Pinot noir erwiesen sich als vielversprechend, mit diesen Weinen ist in den kommenden Jahren zu rechnen. Auch sie werden – wie bereits heute 98 Prozent der gesamten Jahresproduktion von 3,5 Millionen Flaschen – überwiegend in den Export nach Nordamerika und Europa gehen.

Rekordzahlen im Curicó-Tal: Montes

WEINEMPFEHLUNG

1997 Alpha „M"
FARBE: intensives, nahezu tintiges Purpur, sehr gute Viskosität
DUFT: intensive Cassis-Aromen in Verbindung mit Vanille und Röstnoten, nach einiger Zeit im Glas auch Aromen von roten Früchten und Tabak
GESCHMACK: üppig, mit deutlichem, aber gut integriertem Alkohol, dazu Cassis, Röstaromen, reife Tannine und ein gutes Finale

BEZUGSQUELLEN

1, 3, 14, 38, 43, 44, 54, 60, 67, 68, 72, 74, 87, 92, 93, 94, 106, 127, 138, 145, 148, 153, 174, 191, 200, 202, 205, 213, 238, 257, 261, 262, 263, 268, 280, 284, 289, 297, 324, 352, 359, 361, 367, 370, 387, 398, 420, 422, 426, 439, 440, 452, 460, 464, 489, 518, 526, 533, 534, 540, 551, 559

VIÑA SANTA MONICA

Camino a Doñihue Km. 5, Cl- Rancagua, Tel. 0056-072-23 14 44,
Fax 22 51 67, vsmonica@santamonica.cl, www.santamonica.cl
INHABER: Emilio de Solminihac Gonzales
KELLERMEISTER: Jaime Lamoliatte
REBFLÄCHE: 93 Hektar
REBSORTEN: Cabernet Sauvignon, Merlot, Chardonnay, Sauvignon blanc, Sémillon, Riesling
BESUCH: Mo-Fr 10-17 Uhr, Sa 10-13 Uhr

F

Die ersten Reben auf Santa Monica, westlich von Rancagua gelegen, wurden bereits 1930 gepflanzt. Dann erwarb 1976 Don Emilio de Solminihac das alte Weingut. Zu Ehren seiner Ehefrau Monica Fonseca hieß die Anlage fortan Santa Monica. Mit dem Namenswechsel wurde auch der Grundstein für eine der rasantesten Erfolgsgeschichten des chilenischen Weinanbaus gelegt.

Handlese und Computer: Santa Monica

Santa Monica etablierte sich rasch auf dem immer härter umkämpften südamerikanischen Weinmarkt. Heute besitzt das Unternehmen fast 100 Hektar eigene Rebfläche, auf der vornehmlich Cabernet Sauvignon und – mit großem Erfolg – auch Merlot kultiviert wird. Kellermeister Jaime Lamoliatte widmet auch dem Anbau weißer Trauben viel Aufmerksamkeit. Chardonnay, Sauvignon blanc, Sémillon und Riesling nehmen zusammen fast die Hälfte der Anbaufläche ein.
Die Lese erfolgt immer noch von Hand, doch in den vergangenen Jahren hat auf Santa Monica verstärkt auch moderne Technik Einzug gehalten. Ohne den Einsatz einer computergesteuerten Presse etwa ließe sich die Produktion bei weiter steigender Nachfrage heute kaum noch gewährleisten.

WEINEMPFEHLUNGEN

1996 Merlot
FARBE: Purpurrot mit kirschroten Reflexen
DUFT: weich und fruchtig, mit Aromen nach Lebkuchen, Holunder und Kirschen, auch Bittermandel
GESCHMACK: ebenfalss weiche Frucht, leicht und fein, schön eingebundene Säure und Tannine, samtig und ausgewogen, von leichtem Typus

1996 Cabernet Sauvignon

BEZUGSQUELLEN

16, 45, 48, 49, 54, 71, 212, 256, 257, 273, 298, 311, 319, 328, 343, 391, 419, 476, 481

VIÑA SANTA RITA

OT Las Condes, Av. Apoquindo 3669, Cl- Santiago, Tel. 0056-2-362 20 00, Fax 228 63 35, vbarsby@santarita.cl, www.santarita.com
INHABER: Santa Rita S.A.
KELLERMEISTER: Cecilia Torres, Andres Ilabaca
REBFLÄCHE: 2000 Hektar
REBSORTEN: Cabernet Sauvignon, Merlot, Sauvignon blanc, Chardonnay, Syrah, Petite Sirah, Pinot noir, Carmenère, Cabernet franc, Sangiovese, Viognier, Gewürztraminer, Riesling, Sémillon, Tintorea, Oiros
BESUCH: Mo-Fr 8.30-18 Uhr

FF

Nach der Zahl der angebauten Rebsorten liegt Viña Santa Rita unter den chilenischen Weingütern ganz vorn. Kaum eine Traube, die jemals in Südamerika

Bodega unter Palmen: Santa Rita

angebaut wurde, fehlt im beachtlichen Angebot des ambitionierten Unternehmens. Doch seit den Anfangsjahren, um 1900, konzentrierte sich das Weingut auf Cabernet Sauvignon.
Die Kellermeister Cecilia Torres und Andres Ilabaca bauen die Trauben zu verschiedenen Abfüllungen aus, darunter auch die begehrten Reservados. Zwei weitere dominierende Trauben sind Merlot und Chardonnay.

WEINEMPFEHLUNG

1996 Cabernet Sauvignon, Casa Real

FARBE: dichtes Rubinrot mit beginnender granatroter Färbung
DUFT: überreife und eingekochte dunkle Früchte, hauptsächlich Cassis und schwarze Kirschen, nach einiger Zeit im Glas leichte Aromen von Zedernholz und Leder
GESCHMACK: milde, reife Gerbstoffe mit samtigem Charakter, gute Länge

BEZUGSQUELLEN

20, 35, 37, 42, 44, 45, 48, 51, 54, 60, 62, 64, 66, 67, 68, 69, 73, 77, 78, 79, 80, 84, 91, 94, 95, 98, 99, 101, 102, 105, 106, 113, 119, 125, 126, 128, 140, 151, 154, 155, 159, 161, 164, 166a, 171, 175, 177, 184, 186, 190, 193, 203, 204, 208, 210, 212, 216, 219, 225, 227, 232, 234, 237, 238, 242, 243, 244, 245, 253, 254, 256, 263, 267, 269, 270, 275, 280, 283, 285, 287, 290, 308, 311, 313, 314, 315, 320, 321, 322, 324, 332, 334, 337, 342, 344, 346, 349, 351, 356, 361, 366, 370, 374, 375, 389, 393, 396, 397, 408, 409, 412, 413, 419, 422, 425, 431, 432, 436, 441, 444, 453, 455, 456, 459, 463, 464, 468, 469, 475, 479, 483, 492, 498, 500, 501, 502, 504, 505, 506, 508, 512, 519, 525, 538, 546, 550, 552, 554

VIÑA TARAPACA EX ZAVALA

Av. Los Conquistadores 1700, Cl-1835 Santiago, Tel. 0056-2-707 62 88, Fax 233 31 62
vinos.tarapaca chilnet.cl, www.tarapaca.cl
INHABER: Rene Araneda Largo - **KELLERMEISTER:** Sergio Correa
REBFLÄCHE: 600 Hektar
REBSORTEN: Cabernet Sauvignon, Merlot, Chardonnay, Sauvignon blanc, Syrah, Mourvèdre
BESUCH: Mo-Fr 8.30-18.30

FF

Aus dem einstigen Familien-Weingut ist längst ein modern geführtes und erfolgsorientiertes Unternehmen geworden. Durch den Einsatz neuer Techniken wurden Produktionsmenge und Qualität der Weine stetig gesteigert. Das Klima auf den gutseigenen Weinbergen im Maipo-Tal begünstigt die Reife der Trauben.
Mit Sergio Correa beschäftigt Tarapaca ex Zavala einen Kellermeister mit langjähriger Erfahrung. Mit der Rebsorte Cabernet Sauvignon hatte er bereits erfolgreich gearbeitet, bevor Correa auf Viña Tarapaca ex Zavala zusätzlich Merlot, Chardonnay, Sauvignon blanc – seit einiger Zeit auch Syrah und Mourvèdre – vinifizierte. Mit einer Jahresproduktion von mehr als zwölf Millionen Flaschen orientiert sich das Unternehmen längst auch auf die internationalen Märkte.

Roter mit Zukunft in Chile: Cabernet Sauvignon

WEINEMPFEHLUNGEN

1996 Cabernet Sauvignon/Syrah/Merlot „Millennium"
FARBE: Purpurrot mit braunen Reflexen
DUFT: konzentriert, reife, süßliche Aromen, würzig, getoastetes Brot, etwas Zimt und Pfeffer
GESCHMACK; weicher Ansatz, reife, feine Frucht, gut eingebundene Säure und Tannine, frisch und elegant.

1992 Cabernet Sauvignon Grand Reserva
1996 Merlot Grand Reserva

BEZUGSQUELLEN

30, 132, 141, 212, 290, 299, 382, 389, 397, 429, 432, 473, 493, 554

VIÑEDOS TERRANOBLES

Avenida Andres Bello 2777, Of. 901 Cl- Santiago, Tel. 0056-2-203 33 60,
Fax 203 33 61, terranob@ctcreuna.cl
INHABER: Viñedos Terranobles S.A.
KELLERMEISTER: Mario Geisse, Ignacio Conca
REBFLÄCHE: 85 Hektar
REBSORTEN: Cabernet Sauvignon, Merlot, Chardonnay, Sauvignon blanc, Syrah, Carmenère
BESUCH: tgl. 9-18 Uhr und nach Vereinbarung

FFF

Vier Chilenen schlossen sich anno 1993 zusammen und gründeten das Weingut Terranoble. Sie hatten sich vorgenommen, Weine zu produzieren, die mit den besten des Landes mithalten können. Indem sie sich zusammentaten, konnten sie von ihren jeweiligen Erfahrungen profitieren. Ein Übriges zum Erfolg trugen die exzellenten Bedingungen auf den gutseigenen Weinbergen im Maule- und dem berühmten Colchagua-Tal bei – das Lesegut war durchweg hervorragend.

Die vier Partner konzentrierten ihre Arbeit und ihr Talent auf Trauben, die schon seit vielen Jahren mit beachtlichem Erfolg in Chile angebaut werden. So dominieren heute bei den Rotweinen – wie in vielen benachbarten Anlagen – Cabernet Sauvignon und Merlot, das Angebot der Weißweine wird von Chardonnay und Sauvignon blanc bestimmt. Die Terranobles-Weine erfreuen sich internationaler Beliebtheit und haben schon mehrere Auszeichnungen erhalten. In jüngster Vergangenheit wurde das Angebot erweitert, es werden nun auch Syrah und Carmenère angepflanzt. Auf Terranobles wird die ausschließlich von Hand gelesen.

Vom Winzerquartett: Terranobles

WEINTIPPS

1998 Valle del Maule Cabernet Sauvignon Oak aged Reserva
1998 Valle del Maule Merlot Oak aged Reserva
1999 Valle del Maule Chardonnay Varietel

BEZUGSQUELLEN

76, 133, 337, 343, 374, 419, 464

TORREÓN DE PAREDES

Fundo Santa Teresa, Camino Las Nieves S/N, Cl- Rengo, Tel. 0056-5672-51 25 51, Fax 51 23 76, torreon@torreon.cl, www.torreon.cl
INHABER: Viñedos Torreón de Paredes S.A.
KELLERMEISTER: Alvaro Paredes
REBFLÄCHE: 150 Hektar
REBSORTEN: Cabernet Sauvignon, Merlot, Chardonnay, Sauvignon blanc
BESUCH: Mo-Fr 9-10 und 14-17 Uhr nach Voranmeldung

Eine lange Familientradition ist eine Sache, die Errungenschaften modernen Winzertechnik die andere, wenn man Erfolg haben will. Davon ist Amado Paredes, Besitzer von Torreón des Paredes, überzeugt. Mehr als eine Million

Feste Grundsätze: Patron Amado Paredes

Flaschen werden jährlich auf seiner Anlage abgefüllt. Anders als in zahlreichen benachbarten Weingütern, die Jahr für Jahr auf Vertragswinzer zurückgreifen, werden auf Torreón de Paredes ausschließlich eigene Trauben verwendet. Auch die Arbeitsweise möchte Paredes stets kontrollieren können: Er verzichtet beim Anbau konsequent auf künstliche Eingriffe.

Getreu der Winzer-Tradition seiner Familie versteht er Wachstum und Reife der Trauben als natürlichen Prozess. Die Verwendung von Düngemitteln oder Schädlingsvertilgern ist auf Torreón de Paredes strengstens untersagt.
Nahezu die Hälfte der insgesamt 150 Hektar Rebfläche nimmt Cabernet Sauvignon ein, die übrige Hälfte teilen sich der zweite noble Rote, Merlot, sowie Chardonnay und Sauvignon blanc.

WEINTIPPS

1998 Sauvignon blanc Reserve
1997 Chardonnay
1997 Cabernet Sauvignon

BEZUGSQUELLEN

70, 71, 135, 211, 213, 251, 277

MIGUEL TORRES

Panamericana Sur Km 195, Curicò, Tel. 0075-31 04 55, Fax 0075-31 23 55
INHABER: Miguel Torres
KELLERMEISTER: Fernando Almeda
REBFLÄCHE: 220 Hektar
REBSORTEN: Cabernet Sauvignon, Pinot noir, Chardonnay, Merlot, Gewürztraminer, Riesling
BESUCH: kein Publikumsverkehr

FFF

Die Panamericana ist die längste Straße der Welt, sie verbindet Nord- und Südamerika – von Alaska bis Feuerland. An dieser Straße, nahe der Stadt Curicó, liegt Viña Maquehua, das Weingut von Miguel Torres. Er ließ sich 1979 in Chile nieder – nachdem er zuvor seine künftigen Rebflächen genau untersucht hatte. Zuvor war Miguel Torres bereits mit seinem Weingut in Vilafranca del Penedès bei Barcelona bekannt geworden. In Chile führte Torres neue Kellertechniken ein. Er war der Erste, der Stahltanks und kühlbare Gärtanks in die Keller stellte, zudem kaufte er große Mengen an 300-Liter-Fässern aus amerikanischer Eiche an. Torres produziert leichte und fruchtige Weine im modernen Stil und ist damit sehr erfolgreich beim Export. Wie bei seinen spanischen Weinen, sind die Vereinigten Staaten auch Hauptabsatzmarkt der chilenischen Torres-Erzeugnisse.

Wein-Dynastie: Familie Torres

Zu den 100 Hektar, die Torres in Curicó besitzt, kamen 1986 weitere 53 Hektar in Lontué und vier Jahre später noch einmal 72 Hektar in Rio Claro da. Die Jahresproduktion beläuft sich auf etwa 750 000 Liter. Die Torres Winery verkauft unter drei Etiketten: Don Miguel, Santa Digna und Manso de Velasco.

WEINEMPFEHLUNG

Miguel Torres 1998 Santa Digna Cabernet Sauvignon Curicó
FARBE: Tiefrot mit violetten Reflexen
DUFT: süße, reife Früchte, Vanille und etwas Holz
GESCHMACK: ausgewogen, schön balanciert, voluminöser Abgang

BEZUGSQUELLEN

26, 44, 51, 71, 74, 94, 104, 140, 148, 150, 153, 177, 191, 200, 205, 261, 292, 307, 338, 367, 389, 431, 455, 483, 518

UNDURRAGA

OT Providencia, Camino de Melipilla km 34, Cl- Santiago, Tel. 0056-2-372 29 00, Fax 372 29 35, info@undurraga.cl, www.undurraga.cl

INHABER: Familie Undurraga - **KELLERMEISTER:** Max Undurraga
REBFLÄCHE: 1000 Hektar
REBSORTEN: Cabernet Sauvignon, Merlot, Pinot noir, Carmenère, Sauvignon blanc, Chardonnay, Gewürztraminer, Riesling, Sémillon
BESUCH: Mo-Fr 8.30-17 Uhr

EURO VISA

FF

Das Weingut Undurraga besticht durch die Vielfalt seines Angebotes. Chilenische Weingüter spezialisieren sich oft auf einige wenige Rebsorten, bei Undurraga jedoch möchte man alle Kundenwünsche erfüllen. So findet man dort traditionelle Weine für den einheimischen Markt ebenso wie erstklassige moderne Weine, die selbst in den preiswerten Kategorien überzeugen. Allerdings stehen dem Familienunternehmen

Bodega im Maipo-Tal: Undurraga

auch deutlich größere Anbauflächen zur Verfügung als den meisten anderen Weingütern Südamerikas. Etwa 1000 Hektar in den chilenischen Weinbauregionen Maipo und Colchagua hat die Viña Undurraga bepflanzt. Cabernet Sauvignon, Merlot, Sauvignon blanc und Chardonnay nehmen den größten Teil der Rebflächen ein. Darüber hinaus aber werden auch Pinot noir, Gewürztraminer, Riesling und Sémillon angebaut – ebenfalls mit gutem Erfolg. Die Trauben jedes Jahrgangs, die auf den besten Parzellen reifen, bilden die Grundlage für die Reserva-Weine von Undurraga.

WEINEMPFEHLUNGEN

1996 Cabernet Sauvignon, Bodega de Familia

FARBE: tiefes Granatrot
DUFT: würzig und kräftig fruchtig nach Pflaumen, Cassis, Kirschen, Leder, Tee und Zimt
GESCHMACK: fruchtig, kräftig und ausgewogen, mit spürbaren, sehr gut eingebundenen Tanninen, langes Finale

1997 Chardonnay Reserve
1998 Chardonnay
1999 Merlot
1999 Cabernet Sauvignon

BEZUGSQUELLEN

159, 471, 527

VIÑA VALDIVIESO

CHILE

OT San Joaquin, Celia Solar 55, Cl-Santiago, Tel. 0056-02-381 92 00, Fax 238 23 83
valdivie@ctcinternet.cl, www.vinavaldivieso.cl

INHABER: Felix Gil Mitjanes - **KELLERMEISTER:** Philippe Debrus
REBFLÄCHE: 120 Hektar
REBSORTEN: Chardonnay, Merlot, Pinot noir, Sauvignon blanc, Cabernet Sauvignon, Malbec, Cabernet franc
BESUCH: tgl. 8.30-18.30 Uhr nach Voranmeldung

F F

Mehr als 130 Jahre Familien- und Unternehmensgeschichte bilden die Grundlage der erfolgreichen Arbeit des Weinguts Viña Valdivieso. Winzer Felix Gil Mitjanes brachte das Unternehmen technisch auf den neuesten Stand, um expandieren zu können. Mehr als sechs Millionen Flaschen Wein verlassen Jahr für Jahr die Anlage. Bei aller Modernisierung – Mitjanes ist immer noch von der Väter Sitte geprägt. Seine Ahnen setzten bereits 1879 die ersten Rebstöcke und begannen, Weine zu keltern. Heute wird in den Weinbergen teilweise noch nach den althergebrachten Methoden gearbeitet – ein Teil der Reben wird immer noch von Hand gelesen. Unter den verschiedenen Traubensorten finden sich nahezu alle, die in Chile unter hervorragenden Bedingungen angebaut werden können: Cabernet Sauvignon, Chardonnay, Merlot, Sauvignon blanc und Pinot noir.

Nach Art der Väter: Valdivieso

WEINEMPFEHLUNG

Caballo Loco Nr. 2

FARBE: dichtes Kirschrot mit violetten Reflexen
DUFT: intensiv nach schwarzen Johannisbeeren mit einem Hauch Schokolade
GESCHMACK: runder, üppiger Körper, leicht vom Alkohol geprägt, wuchtige Aromen am Gaumen

BEZUGSQUELLEN

19, 69, 131, 151, 177, 212, 214, 215, 249, 252, 265, 317, 336, 469, 505, 532

VERAMONTE

Casilla 122, Cl- Casablanca, Tel. 0056-032-74 24 21, Fax 74 24 20
winemaker@franciscan.com, www.franciscan.com
INHABER: Franciscan Estates
KELLERMEISTER: Rafael Tirado
REBFLÄCHE: 303,5 Hektar
REBSORTEN: Sauvignon blanc, Chardonnay, Merlot, Cabernet Sauvignon
BESUCH: Mo-Fr 8.30 -19.00, Sa 9.30-17.00 Uhr

AmEx DINERS EC EURO VISA

FFF

Dank des kühlen Klimas im Casablanca Valley währt die Reifeperiode der Trauben hier länger als irgendwo sonst in Chile. Die Lese auf den Weinbergen von Veramonte beginnt üblicherweise nicht vor Mitte Mai – wenn viele andere Winzer diese Arbeit bereits abgeschlossen haben. Allerdings ist es seit einigen Jahren mit der absoluten Verlässlichkeit der

Rafael Tirado: Gefahr durch „El Niño"

klimatischen Bedingungen in Südamerika vorbei: „El Niño“ wird auch für die Winzer zum Problem. Auf Veramonte sorgte das berüchtigte Wetter-Phänomen kürzlich für einen Winter fast ohne jeden Niederschlag, die Ernte fiel um fast 25 Prozent geringer aus als in den klimatisch konstanten Vorjahren. Noch hat die Qualität der Weine von Veramonte allerdings nicht gelitten. Der erfahrene Kellermeister Rafael Tirado verrichtet seine Arbeit bei Veramonte mit großem Engagement. Neben Cabernet Sauvignon – auch auf Veramonte die Traubensorte mit der größten Rebfläche – werden mit sehr gutem Erfolg auch Merlot, sowie Chardonnay und Sauvignon blanc angebaut. Seit einigen Jahren gehört Veramonte dem kalifornischen Unternehmen Franciscan Estates.

WEINEMPFEHLUNGEN

1998 Cabernet Sauvignon
FARBE: dichtes Schwarzrot mit lila Rändern
DUFT: konzentriert, animalisch und fruchtig, würzig, intensiv nach Leder, Holunder, schwarzen Johannisbeeren, Paprikapulver, Pfeffer, Nelken, Kaffee
GESCHMACK: schmelzig im Ansatz, herbe Frucht und Würze, kräftig, mit präsenter Säure und jungen Tanninen, mächtig, trocken, leicht rauh am Gaumen, lang und würzig im Abgang

1997 Primus Merlot und Carmenère, 1998 Merlot
1998 Sauvignon blanc, 1998 Chardonnay

BEZUGSQUELLEN

119, 129, 212, 260, 262, 323

VIU MANENT

OT San Joaquin, Antonio Varas 2740, Cl- Santiago, Tel. 0056-562-379 00 20, Fax 379 04 39
export@viumanent.cl, www.viumanent.cl

INHABER: José Miguel Viu
KELLERMEISTER: Aurelio Montes, Leonardo Contreras
REBFLÄCHE: 200 Hektar
REBSORTEN: Merlot, Cabernet Sauvignon, Malbec, Chardonnay
BESUCH: Mo-Sa 9-17 Uhr nach Voranmeldung

FFF

Mit dem Import von Rebstöcken aus Frankreich nahm die Erfolgsgeschichte von Viu Manent, im Herzen der Anbauregion Colchagua gelegen, ihren Anfang. Seitdem wurden mehrfach neue Rebflächen hinzugekauft, ältere abgegeben, auch wechselte das Weingut einige Male den Besitzer. Eines aber hat sich nicht geändert: Die Reben auf den gutseigenen Anbauflächen sind noch immer die direkten Nachfahren großer französischer Ahnen.
Das Weingut samt 150 Hektar Anbaufläche ging 1966 in den Besitz von Don Miguel Viu Manent über. Er modernisierte das Weingut und schuf bald Weine von Premium-Qualität.
Seit einem Jahrzehnt steht die zweite Generation der Familie an der Spitze des Betriebs. Die Leitung der Keller wurde Aurelio Montes und Leonardo Contreras übertragen.
Auch bei Viu Manent dominieren die Rotweine Cabernet Sauvignon und Merlot, daneben werden Malbec und Chardonnay angebaut.
Die besten Trauben jedes Jahrgangs bilden die Grundlage der Reserva-Abfüllungen. Der weitaus größte Teil der jährlich produzierten zwei Millionen Flaschen geht bei Viu Manent in den Export.

WEINEMPFEHLUNGEN

1997 Malbec Reserve
FARBE: kräftiges Kirschrot mit violetten Reflexen
DUFT: sehr kräftig und aromatisch, konzentrierte Aromen nach Brombeeren und Cassis
GESCHMACK: voll, rund und trocken, weiche, integrierte Tannine, lang anhaltende Frucht, kräftig, würzig, pfeffrig im Abgang

1997 Cabernet Sauvignon Reserve
1998 Chardonnay

BEZUGSQUELLEN

50, 110, 221, 225, 247, 269, 304, 324, 348, 394, 428, 438, 504, 520

MEHR ALS NUR EXOTEN IN LATEINAMERIKA

Bolivien, Brasilien, Mexiko und Uruguay schicken sich an, Weinländer zu werden

Mexiko ist ein tragischer Fall in der Weingeschichte: Das Land, das den Wein in Amerika hoffähig machte und seinen Nachbarn im Süden und im Norden näher brachte, wird heute als zu heiß und zu unwirtlich für den Weinbau angesehen.
Bereits Ende des 19. Jahrhunderts wurden französische Edelrebsorten nach Mexiko eingeführt. Dann zerstörte die Reblaus den größten Teil der Weinberge, später blockierten politische Turbulenzen und Bürgerkrieg den Weinbau.
Erst um 1940 bepflanzten manche Bauern ihre ehemaligen Baumwollfelder wieder mit Rebstöcken. Nach wie vor aber geht es bei der Traubengewinnung vorrangig um die Produktion von Branntwein. Das belegt auch das Engagement von spanischen Brandy-Firmen wie Domecq und Gonzalez-Byass, französischen Cognac-Produzenten wie Hennessy und Martell, italienischen Spirituosenkonzernen wie Cinzano und Martini & Rossi. Auch japanische Firmen wie Suntory oder kanadische wie Seagram zeigen großes Interesse an Mexiko. Allein Domecq hat sich auch in der Weinproduktion engagiert und ist der wichtigste Tafelweinproduzent des Landes.
Mexikos Rebfläche umfasst heute eine Fläche von etwa 70 000 Hektar. Rund 80 Prozent des Ertrags gehen immer noch in die Spirituosenverarbeitung, doch seit den achtziger Jahren ist ein steigendes Interesse der Mexikaner am Wein zu verzeichnen.

Im übrigen Südamerika ist der Weinbau ebenfalls noch wenig entwickelt, doch mittlerweile haben auch Länder wie Brasilien, Peru, Venezuela, Bolivien oder Kolumbien eine bescheidene Weinproduktion aufgebaut. In all diesen Ländern geht der Weinbau auf die spanischen und portugiesischen Eroberer zurück. Auch in diesen Ländern werden die Trauben häufig zu Pisco oder anderen Branntweinen verarbeitet, doch der Trend ändert sich. In Peru etwa erzeugt das Weingut Vina Tacama seit über 20 Jahren süffige Rot- und Weißweine.

Auswanderer: Europas Rebsorten

Die ersten Weinbauversuche in Brasilien wurden mit der Rebsorte Criolla unternommen, die im 17. Jahrhundert aus Argentinien eingeführt wurde. Italienische Einwanderer brachten dann gegen Ende des 19. Jahrhunderts europäische Weinbaukultur ins Land. Hohe

Luftfeuchtigkeit und häufige Niederschläge erschwerten jedoch den Anbau, die Trauben faulten oft und waren anfällig für Mehltau. Die meisten der 600 brasilianischen Produzenten siedeln in den Gebieten Rio Grande do Sul, Santa Catarina und Sao Paulo. Im Landesinnern gibt es zudem einige vielversprechende Weinbaugebiete in Hanglagen. Entlang der Grenze zu Uruguay, bei Bagé und Santana do Livramento, wird mit europäischen Reben experimentiert. Das kommerzielle Weinzentrum befindet sich in Sao Paulo.
Im südlichen Santa Catarina sind die Weinberge und der Stil der stellt man bereits erfolgreich Schaumweine nach italienischem Vorbild her. Nach wie vor aber werden vornehmlich Hybridsorten angebaut.
Mit der Anpflanzung italienischer und französischer Edelrebsorten (Barbera, Bonarda, Cabernet Sauvignon, Malbec, Zinfandel, Barbera, Trebbiano, Moscato, Malvasia, Chardonnay, Pinot blanc und Sémillon) und modernen Ausbaumethoden fördern große Genossenschaften und internationale Konzerne den brasilianischen Weinbau. Die Gesamtproduktion liegt bei etwa 500 Millionen Flaschen, sechs Millionen gehen in den Export.

Trauben-Business: Internationale Konzerne engagieren sich im Weinbau Südamerikas

Weine deutlich von deutschem Einfluss geprägt. Viel verspricht man sich in Brasilien von dem neu erschlossenen Gebiet Frontera im äußersten Süden, und auch auf die Weingebiete in der Sierra Gaucha setzt man große Hoffnungen. Dort

Weitaus unbedeutender ist der Weinbau in Bolivien. Auch hier spielten Missionare eine entscheidende Rolle. Ab 1550 entwickelte sich der bolivianische Weinbau – in bis zu 2000 Meter hoch gelegenen Regionen. Dort herrschen eher

kontinentale klimatische Bedingungen, die für den Weinbau besser geeignet sind als das schwül-warme tropische Klima der tiefer gelegenen Landesteile. Nach der Reblauskatastrophe Ende des 19. Jahrhunderts und Wurmbefall im 20. Jahrhundert bearbeiten die bolivianischen Weinbauern heute wieder eine Fläche von gerade einmal 1700 Hektar. Auch wenn manche Winzer immer noch Reben an Pfefferbäumen ziehen, haben sich doch insgesamt moderne Drahtrahmenanlagen durchgesetzt.

Über 80 Prozent der angebauten Trauben werden aus der Rebsorte Muscat d'Alexandrie gewonnen und zumeist zur Destillation für den lokalen Branntwein Singal gewonnen. Westliche Rebsorten wie Cabernet, Merlot, aber auch Reben wie Torrontés, Riesling und Chenin blanc werden jedoch immer häufiger gepflanzt, um Sortenweine herzustellen.

ARANJUEZ BODEGAS MILCAST

1976, Av. Los Souces, BOL-Tarija, Tel. 00591-66-42 25 52, Fax 440 53
milcast@olivo.tja.entelnet.bo
INHABER: Milton Castellanos - KELLERMEISTER: Ramón Castellanos
REBFLÄCHE: 52 Hektar
REBSORTEN: Cabernet Sauvignon, Merlot, Malbec, Riesling
BESUCH: Mo-Fr 8-18 Uhr

F

Die Weingärten von Bodegas Milcast wurden bereits in der Kolonialzeit angelegt – Jesuiten pflanzten erste Rebstöcke an, die sie aus der Alten Welt mitgebracht hatten. An den fruchtbaren Ufern des Guadalquivir-Flusses, in der hoch gelegenen Region Tarija, scheint die Sonne intensiver und häufiger als in den tiefer gelegenen Zonen des Landes. Diese klimatischen Verhältnisse erlauben den Trauben eine lange Reifezeit. Zudem sind die Sedimentböden aus Lehm, Sand und Kies für den Weinbau wie geschaffen – tiefgründig, reich an Mineralien und Nährstoffen. Vor allem den großen roten Trauben der Sorten Cabernet Sauvignon und Merlot, um die sich Kellermeister Ramón Castellanos ganz besonders kümmert, kommt dies zugute.
Es werden auch kleinere Mengen Malbec und Riesling kultiviert, deren Rebstöcke ebenfalls im 17. Jahrhundert aus Europa eingeführt wurden.
Wegen der dauerhaft hohen Temperaturen müssen die Reben auf Milcast bewässert werden. Gelesen wird ausschließlich von Hand. In den Kellern der Anlage aber hat moderne Technik Einzug gehalten, ohne die ein Betrieb dieser Größenordnung heute nicht überlebensfähig wäre.
Die Produktion ist vor allem für den Export bestimmt. 800 000 Flaschen verlassen Jahr für Jahr die Anlage, nur die wenigsten werden in Bolivien getrunken.

WEINTIPPS

1996 Campo de Solana Merlot
1996 Campo de Solana Cabernet Sauvignon

BEZUGSQUELLEN

119, 201, 227, 540

AURORA WINERY

500, Rua Olavo Bilac, BRA-95700-00 Bento Conçalves, Tel. 54-451 41 11, Fax 451 40 36, aurora@vinicolaaurora.com.br, www.vinicolaaurora.com.br
INHABER: Cooperativa Vinicola Aurora
KELLERMEISTER: Antonio Czarnobay
REBFLÄCHE: 3500 Hektar
REBSORTEN: Cabernet Sauvignon, Gewürztraminer, Chardonnay
BESUCH: tgl. außer So nachmittag
AmEx DINERS EURO VISA

F

Das Klima im brasilianischen Bundesstaat Rio Grande do Sul lässt sich als mediterran bezeichnen. Es erstaunt daher nicht, dass sich hier, im äußersten Süden Brasiliens, vor allem italienienische Immigranten ansiedelten und dem Weinbau widmeten.

Voller Saft: Cabernet Sauvignon

Einige Familien aus der Stadt Bento Conçalves gründeten 1931 die Cooperativa Vinicola Aurora. Heute gehören der Genossenschaft mehr als 1300 Winzerfamilien an. Mit einer Produktion von jährlich 34 Millionen Liter Wein ist Aurora heute das größte Weingut Brasiliens. Hauptrebsorte ist Cabernet Sauvignon, dann folgen zu gleichen Anteilen die weißen Sorten Chardonnay und Gewürztraminer. Eine bedeutende Rolle spielen außerdem die *sparkling wines*, die unter dem Label „Marcus James" als trockene und halbtrockene erzeugt werden.

In Brasilien liebt man üppige Fleischgerichte, in den zahlreichen „churrascarias" aber wird dazu vor allem Bier getrunken. Um mehr Brasilianer an den Weingenuss heranzuführen, öffnete Aurora als erstes Weingut des Landes seine Keller für den Publikumsverkehr und empfängt mittlerweile jedes Jahr über 100 000 Besucher. Sie dürfen alle Aurora-Weine kostenlos probieren.

WEINTIPPS

2000 Cabernet franc
2000 Riesling Suave
2000 Blanc de blancs
(Jahrgang wird auf dem Etikett nicht angegeben, da brasilianisches und EU-Recht differieren)

BEZUGSQUELLE

138a

MONTE XANIC

10, Av. de la Marina, MEX-11520, 22800 Ensenada, Tel. 0052-561-74 61 55, Fax 74 68 48 www.montexanic.com.mx/vistai.htm
INHABER: Monte Xanic S.A. - **KELLERMEISTER:** Dr. Hans Backhoff
REBFLÄCHE: 60 Hektar
REBSORTEN: Cabernet Sauvignon, Merlot, Cabernet franc, Malbec, Petit Verdot, Chenin blanc, Colombard, Chardonnay
BESUCH: Mo-Fr 9-16 Uhr, Sa 9-12 Uhr nach Anmeldung
AmEx MASTER VISA

F F

Dominikaner-Mönche gründeten 1834 im Guadelupe-Tal eine Missionsstation und pflanzten Rebstöcke an, die sie aus Europa mitgebracht hatten. Sie

Beste Voraussetzungen: Chardonnay

wollten vor allem Messwein keltern. Heute stehen auf dem ehemaligen Klostergelände die Rebstöcke des Weinguts Monte Xanic, das 1987 gegründet wurde. Die klassische Bordeaux-Sorte Chardonnay wird weiterhin angepflanzt, weil sie – so hoffte man – das Terroir des Tals am besten zum Ausdruck bringt. Außerdem pflanzte die Monte Xanic S.A. auch wieder Chenin blanc an.
Auf Monte Xanic wird der Ertrag streng reduziert, Tröpfchenbewässerung sorgt für die nötige Feuchtigkeit. Ziel ist es, in den Weinen der Unterschiedlichkeit der Lagen zum Ausdruck zu verhelfen. Deshalb nimmt man in den Kellern möglichst wenig Einfluss auf den Most. Die Trauben werden stets nachts gelesen, um ihnen die Frische zu bewahren, weiße und rote Weine reifen in neuen, kleinen französischen Eichenholzfässern. Der Chenin blanc bleibt bis zum folgenden Frühjahr im Stahltank. Bevor die Weine in den Verkauf gelangen, reifen sie noch einige Zeit auf der Flasche.

WEINEMPFEHLUNGEN

1991er Cabernet Sauvignon
FARBE: tiefes Rot mit bläulichen Reflexen
DUFT: sehr komplex, Waldfrüchte, Gewürze, Kaffee
GESCHMACK: sehr kräftiger Körper, saftig, schöne Frucht am Gaumen, langer Abgang

1998 Chenin/Colombard
1996 Cabernet Sauvignon y Merlot

BEZUGSQUELLE

417

BODEGAS CASTEL PUJOL

2556, Ruta César Mayo Gutiérrez, URU-12400 Montevideo, Tel. 00598-2-320 02 38, Fax 320 82 21
cpujcl@st.com.uy, www.st.com.uy/carrau

INHABER: Javier Carrau - KELLERMEISTER: Francisco Carrau
REBFLÄCHE: 35 Hektar
REBSORTEN: Tannat, Merlot, Cabernet Sauvignon, Chardonnay, Sauvignon blanc
BESUCH: Mo-Fr 7.30-17.30 Uhr nach Vereinbarung

EURO VISA

FF

Das Jahr 1930 war für Uruguay in doppelter Hinsicht ein wichtiges Datum: die „Urus" wurden Fußball-Weltmeister – und die Erfolgsgeschichte der Winzer-Familie Carrau nahm ihren Anfang. Die Carraus erzeugen in der Provinz Canelones südlich der Hauptstadt Montevideo Weine von Premium-Qualität. Inzwischen ist der einst beschauliche Familienbetrieb Uruguays führender Weinproduzent und größter Exporteur von Spitzen-Gewächsen.

Weinbau im Kommen: Reben in Uruguay

Weinbauern wurden die Carraus nicht erst mit der Übersiedlung nach Südamerika. Die Familienchronik belegt bereits für das Jahr 1752 Winzertätigkeiten in Katalonien. Weit mehr als die Hälfte der von den Bodegas Castel Pujol angepflanzten Rebstöcke tragen rote Trauben, in erster Linie die im Südwesten Frankreichs beheimatete Sorte Tannat sowie Merlot. Bei den weißen Trauben halten sich Chardonnay und Sauvignon blanc in etwa die Waage. Bei diesen Rebsorten und 900 000 Flaschen pro Jahr wollen es Bodegas Castel Pujol allerdings nicht belassen – man möchte weiter expandieren.

WEINEMPFEHLUNGEN

1997 Chardonnay Barrel Fermented, Cerro Chapeu
FARBE: helles Zitronengelb
DUFT: sehr fein nach weißen Blumen, exotischen Früchten und einem Hauch von Vanille
GESCHMACK: fein und fruchtig nach Melone, Zitrone und weißen Pfirsichen, leichte Süße und eine angenehm frische Säure, mittelkräftig, weiche Barriquetöne mit etwas Graphit, ausgewogen und lang anhaltend

1994 Cabernet Sauvignon/Cabernet franc, Cerro Chapeu,
1996 Tannat

BEZUGSQUELLEN

14, 30, 71, 114, 115, 194, 224, 394, 414, 515, 553

REBENVIELFALT UND WEINE AUF HOHEM NIVEAU

Moderne Kellertechnik und sehr viel Ehrgeiz der australischen Winzer sorgen für immer bessere Tropfen

Australiens Weingeschichte beginnt im Jahr 1788. Der erste britische Gouverneur, Arthur Philipp, pflanzte den ersten Rebstock in seinem Garten in der damaligen Hauptstadt Sydney. Als Vater des australischen Weinbaus aber gilt der Schotte James Busby, der – mit französischen Reben – den ersten Weinberg anlegte.
Ab 1830 wurde in Australien kommerziell Wein angebaut. Immer neue Weinfirmen wurden gegründet, ein ausgeklügeltes Bewässerungssystem ließ aus kargen Wüstenregionen blühende Rebflächen werden. Ende des 19. Jahrhunderts begann der Niedergang der australischen Weinwirtschaft: Eine Bankenkrise und hohe Steuern auf Alkohol trafen die Weinindustrie schwer, zudem blieb auch Australien nicht von der Reblausplage verschont. Vor allem die Weinregion Victoria wurde schwer geschädigt. In den folgenden Jahrzehnten spielten Wein und Weinanbau in Australien keine große Rolle, erst nach dem Zweiten Weltkrieg nahmen die großen Weinunternehmen Penfolds, Lindemans und Hardys wieder in größerem Stil die Produktion auf.

Bis in die sechziger Jahre hinein dominierten süße, alkoholverstärkte Weine den Markt. Dann nahm die Nachfrage nach trockenen Tafelweinen zu, die damals qualitativ aber noch nicht überzeugten. Dennoch entwickelte sich ein moderner Weinbau, der sich neuester Keller- und Weinbautechniken bediente. Um die Nachfrage nach höherer Qualität zu befriedigen, wurde ab 1960 Cabernet Sauvignon und ab 1979 Chardonnay angepflanzt. Dennoch stammte 1985 nur ein Drittel der Produktion aus Edelrebsorten – zehn Jahre später waren es bereits zwei Drittel. Vor allem die Produktion von Chardonnay, heute Inbegriff für australische Weiße, nahm deutlich zu.

Zumeist werden weiße Rebsorten wie Sémillon, Chardonnay oder Sauvignon in Australien im Barrique ausgebaut, um die volle Frucht etwas abzurunden. Aromatischere Rebsorten wie Riesling oder Gewürztraminer gären im Fass und werden schon bald auf Flaschen gezogen. Auch hochwertige Rotweine baut man im kleinen Eichenfass aus, um den Weinen etwas mehr Würze zu geben. Den australischen *winemakers* gilt das „Würzen“ der Weine als normaler Teil des Erzeugungsprozesses. Darüber kann man streiten, vor allem, wenn auch leichte Weine generell ins kleine Holzfass kommen.
Die meisten qualitativ hochwertigen Weine sind rebsortenrein. Oft tragen die Weine europäische Bezeichnungen, um den Stil zu kennzeichnen – zum Beispiel Chablis, White Burgundy oder Claret. Zunehmend aber werden Produzent und Region auf den Etiketten genannt, oft auch die Herkunft der Trauben und der Name der Parzelle *(paddock)*.
Das australische Weinrecht räumt den Erzeugern zwar große Freihei-

ten ein, die Kontrollen aber sind sehr genau. Wahl der Rebsorte, Assemblage, Verschnitt von Weinen unterschiedlicher Herkunft und Vinifizierung müssen nicht genannt werden – die Angaben zu Rebsorte, Herkunft und Jahrgang aber haben korrekt zu sein. Kommt der Wein aus verschiedenen Regionen, muss die übergreifende geographische Bezeichnung auf dem Etikett genannt werden.
Australien hat gezeigt, dass man mit Cuvées aus Weinen verschiedener Regionen bemerkenswerte

stammen aus geographisch klar abgegrenzten Gebieten mit charakteristischem Boden und Klima. Beispiele sind „Hunter Valley" oder „Barossa Valley".
Weine kleiner Betriebe, die ihre Trauben selbst produzieren – und nicht von Vertragswinzern beziehen – werden Estate-Weine genannt. Sie haben oft einen individuellen Charakter, gelegentlich sind es sogar Spitzenprodukte. „Single Vineyards" stammen aus einer einzelnen Lage. Da es in Australien offiziell keine Einzellagen, geschweige denn

Kultstätte der Ureinwohner und Wahrzeichen Australiens: Ayers Rock

Tropfen machen kann – unvorstellbar für die „alte" Weinwelt. Normalerweise handelt es sich bei diesen Cuvées um einfache Konsumweine, aber auch einige der besten Weine Australiens sind darunter, der Penfolds Grange zum Beispiel. Die schlichteren Weine tragen die Herkunftsbezeichnung „Australia" oder „South Australia".
Daneben gibt es Weine mit einer gewissen regionalen Identität. Sie

eine Lagenklassifikation gibt, wird diese Bezeichnung allerdings nur selten verwendet.
Viele australische Weine tragen eine BIN-Nummer auf dem Etikett. Diese Kennzeichnung meint die Abteilung im Keller, in dem Weine eines bestimmten Stils lagern, zum Beispiel Gewächse des kalifornischen oder des Burgunder-Typus. Die BIN-Nummer sagt so auch etwas über eine Cuvée aus.

WESTERN AUSTRALIA

Nirgendwo in Australien waren die Veränderungen im Weinbau seit den siebziger Jahren stärker spürbar als hier, obwohl auf Westaustralien nur ein geringer Teil der Gesamtproduktion entfällt. Die besten Gebiete dort aber haben sich mit regionalen Weinspezialitäten rasch einen sehr guten Namen gemacht. Swan Valley ist die heißeste Gegend Australiens, die Lese beginnt meist schon im Januar. Hier werden fast nur weiße Rebsorten angebaut.

Weiter südlich, am äußersten südwestlichen Zipfel des Kontinents, liegt das Weinbaugebiet Margaret River. Boden- und Klimaverhältnisse ähneln jenen des Bordelais. Wegen der beständig kühlen Winde vom Indischen Ozean nahm man an, dass diese Region ideal für Weißweine sei. Tatsächlich aber sind es aber die Rotweine, die hier grandios gelingen: fruchtige, feine Cabernet Sauvignon mit würzigem Geschmack, oft ergänzt mit Merlot. Auch auf Shiraz setzt man große Hoffnungen. Herausragende Weißweine entstehen meist aus Sémillon und etwas Sauvignon blanc.

In den ausgedehnten kühleren Lagen des Weinbaugebiets Lower Great Southern findet nicht nur der Riesling gute Bedingungen, auch viele andere Rebsorten werden dort gepflanzt. Die Cabernet Sauvignon sind duftig und haben Struktur. Hohe Erwartungen setzt man dort in Pinot noir, aber auch auf Syrah und Sauvignon blanc. Vor allem in den Weinbaugebieten um Albany und Pemberton ganz im Süden, die das ganze Jahr über von einer kühlen Meeresbrise profitieren.

SOUTH AUSTRALIA

South Australia ist das Territorium mit dem größten Weinbaugebiet, es erstreckt sich vor allem rund um die Hauptstadt Adelaide. Glücklicherweise konnte sich die Reblaus hier nie so recht ausbreiten. Die Adelaide Hills – oft steil, recht kühl und meist windig – sind die Heimat der elegantesten Weine. Weiße, allen voran Chardonnay, dazu duftige, frische Rieslinge konkurrieren mit den Gewächsen aus dem Clare Valley um die ersten Plätze. Rotweine aus Pinot noir und Merlot finden hier ideale Bedingungen. Aus den Hills soll im Jahr 1845 die erste Flasche australischen Weins exportiert worden sein, als Geschenk an die noch junge Queen Victoria. Um 1900 gab es in den Hills bereits knapp 200 deutsche und englische Weinbauern. Ab 1920 stockte jedoch die Nachfrage aus dem Ausland. Und in Australien waren während der nächsten 50 Jahre Bier und alkoholverstärkte Weine mehr gefragt. Mittlerweile lassen Neupflanzungen die Rebfläche sehr schnell wachsen, heute produzieren in den Adelaide Hills etwa 20 Weingüter.

Mehr als 140 Weingüter haben sich im östlich von Adelaide gelegenen Barossa Valley angesiedelt. Alle bedeutenden Namen der australischen Weinwirtschaft sind vertreten, aber auch etliche vielversprechende jüngere

Winzer. Die Rebbestände auf braunem Lehm und grauen Sandböden gehören zu den ältesten überhaupt, und nicht selten findet man 100-jährige Shiraz- und Grenache-Stöcke, die hochkonzentrierte Weine liefern. Allerdings verringert sich die Rebfläche gegenwärtig zu Gunsten des höhergelegenen und etwas kühleren Nachbargebiets Eden Valley, aus dem großartige Weißweine kommen. Nur knapp konnte man im Barossa Valley verhindern, dass die vor zehn Jahren noch vorherrschenden traditionellen Sorten wie Syrah, Grenache, Mourvèdre, Sémillon und Riesling den modernen, internationalen Rebsorten wie Chardonnay, Cabernet Sauvignon und Pinot noir weichen mussten. Heute feiern Weine aus den traditionellen Rebsorten wieder große Erfolge.
Besonders stolz ist man im Barossa Valley auf den vollblütigen Syrah, der in diesem Klima eine absolute Ausnahmequalität erreicht.
Sémillon gedeiht hier sehr viel besser als Sauvignon. Er wird meist im Fass ausgebaut und ergibt kräftige, weiche Weißweine, oftmals auch mit Edelfäule.
In eineinhalb Stunden erreicht man von Adelaide aus die reizvolle Landschaft von Clare Valley. Das Tal hat tiefgründige Lehmböden mit kalkreichen tieferen Schichten und gilt als Australiens bestes Riesling-Anbaugebiet. Die Rieslinge können sich in zehn Jahren zu einem komplexen harmonischen Wein entwickeln, gelegentlich auch mit einer wunderbaren Edelsüße.
Aber auch charaktervolle Rotweine von erstaunlicher Qualität gibt es hier, zum Beispiel elegante Cabernet Sauvignon und wuchtige Shiraz.
Coonawarra, ein winziges Dorf weit im Südosten und kaum auf der Landkarte zu orten, gilt als bestes Anbaugebiet für feinste Rotweine.
Dabei haben sich hier die ersten Betriebe nur zögernd angesiedelt. Erst als Weinkaufmann David Wynn Rebflächen erwarb – und dazu die Kellerei von John Riddoch, einem der ersten Weinbauern dort –, begann der Aufschwung.
Auf einem 2,5 breiten und 15 Kilometer langen Streifen mit Terra rossa (rote Erde auf Kalksteingrund) wachsen die besten Cabernet und Shiraz Australiens: voller Geschmack, konzentriert, tanninreich und dennoch weich.

Padthaway liegt etwa 100 Kilometer nördlich von Coonawarra und ist nichts anderes als eine einzige riesige Rebfläche. Die dort produzierten Chardonnay und Riesling gehören zu den besten, die Australien zu bieten hat.
Im McLaren Valley, nur eine knappe Autostunde südlich von Adelaide, entstehen süffige, gefällige Tropfen. Neben dem Großerzeuger Hardy erzeugen viele kleinere Winzer hochinteressante Weine.
Bereits 1830 pflanzten englische Einwanderer die ersten Reben in der beständig von einer kühlen Meeresbrise bestrichenen Region, doch erst 1970 begann der Aufschwung im McLaren-Tal.
Zunächst begeisterten üppige Weißweine die Fachwelt. Aber

schnell merkten die Winzer, dass sie mit den großen Beständen an uralten Rebstöcken von Grenache, Shiraz und Mourvèdre echte Schätze ihr eigen nannten. Aus ihnen gewinnt man heute würzige, hochkonzentrierte Rotweine.

Auf der Fleurieu Halbinsel und in Lower Murray bemühen sich ein halbes Dutzend Weingüter um eine faszinierende Mischung von alt und neu. Die Weinbauregion Riverland folgt den Windungen des Murray-Flusses – eine natürlich bewässerte Rebfläche, so weit das Auge reicht. Das Gebiet bietet ideale Bedingungen für traditionelle wie für exotischere Rebsorten. Viel Sonne und fruchtbare Böden erlauben den Winzern alle Weinstile, vom Schaumwein bis hin zum Süßwein. Das Gebiet Boston Bay beherrscht die Südspitze von Südaustraliens spektakulärer Eyre-Halbinsel und ist das jüngste Weinbauareal. Aus dieser Region kommen großartige reintönige Rieslinge.

NEW SOUTH WALES

Die Region rund um Sydney steht in der australischen Weinproduktion an zweiter Stelle. Im Bundesstaat New South Wales gibt es alle in Australien denkbaren klimatischen Bedingungen – von der intensiven Hitze im Hunter Valley bis zur frischen Kühle in den höheren Lagen der Snowy Mountains. Auch an Weinen ist alles vertreten, was das Herz begehrt: Schaumweine, alkoholverstärkte Süßweine und frisch-fruchtige Sémillon, holzbetont oder mit Edelfäule.

Es ist heiß und es regnet oft im Hunter Valley, meist zum ungünstigsten Zeitpunkt: während der Lese. Deshalb sind große Jahrgänge hier selten. Die Weine sind eher gebiets- als sortentypisch geprägt. Der größte Teil der Rebflächen liegt im Lower Hunter Valley. Die absoluten Stars dort sind ungewöhnliche, honigartige Sémillon und markante, langlebige Shiraz mit erdigem Charakter.

Mudgee ist Rotweinland, obwohl der allgegenwärtige Chardonnay hier natürlich ebenso gedeiht. Wie im Hunter Valley, hatte auch in Mudgee die Reblaus keine Chance, so dass viele Rebstöcke seit 1858 kontinuierlich im Ertrag stehen.

Weinberg-Besucher: Kängurus

Die Cabernet und Shiraz sind farbintensiv und geschmackvoll, oft bedient man sich ihrer, um der Qualität der verregneten Ernte im Hunter Valley aufzuhelfen.

Murrumbidgee Irrigation Area (MIA) ist ein Massenanbaugebiet. Die Weine werden zumeist fassweise verkauft und mit Weinen anderer

Regionen verschnitten. Eine beachtliche Ausnahme bietet ein hochklassiger, üppig-süßer Sémillon mit Edelfäule (Noble One), der nach dem Vorbild des Sauternes hergestellt wird.

VICTORIA

Seit etwa 1980 erlebt der Bundesstaat Victoria eine Renaissance. Eine Vielzahl unterschiedlicher, weit auseinanderliegender und manchmal sehr kleiner Anbaugebiete erstreckt sich von Melbourne im Süden bis an den feuchtheißen Murray River im Norden.

Sieben Weinbaugebiete liegen im Zentrum von Victoria: Aunbury, Macedon Ranges, Kyneton, Heathcote, Bendigo, Goulburn Valley und Central Northern Victoria. Während der langen, trockenen Wachstumsperiode reifen hier vollaromatische, reiche Weine mit erstaunlicher Tiefe und Fülle heran. Üppige Shiraz und kräftig-würzige Cabernet Sauvignon erreichen in dem wärmeren Klima von Goulburn Valley eine außerordentlich gute Qualität. Einen nicht weniger guten Namen machte sich Bendigo mit seinen Rotweinen. Weißweinliebhaber schätzen die feinen, vollaromatischen Chardonnay, Rieslinge und Schaumweine aus den kühleren Macedon Ranges.

Geelong war einst Victorias größtes Weinbaugebiet mit 400 Hektar Rebfläche, doch es wurde, wie viele andere auch, ein Opfer der Reblaus. Seit ungefähr 1960 haben sich in Geelong einige bedeutende Produzenten angesiedelt. Von hier kommen hervorragende Pinot noir, kräftige und aromatische Shiraz sowie außergewöhnliche Cabernet Sauvignon, Chardonnay und sogar Gewürztraminer.

Auf der Mornington-Halbinsel erreichen die Winzer im kühlen Klima Spitzenergebnisse. Dabei gab es dort noch bis vor wenigen Jahren nur einzelne Freizeit-Winzer. Inzwischen ist die Zahl der Weinbauern rasant gestiegen, große Kellereien aber haben sich auf der Mornington Peninsula noch nicht angesiedelt.

Die warme Gegend bei Dromana eignet sich gut für vollreife Cabernet, die Höhenlagen am Red Hill bieten beste Voraussetzungen für Chardonnay und Pinot noir, die oft zu Schaumwein verarbeitet werden. In besonders warmen Winkeln gedeiht auch Shiraz gut.

Die Weinbauregion Murray River Valley erstreckt sich von der Nordgrenze zwischen Victoria und New South Wales in einem schmalen Streifen entlang des Murray-Flusses bis zum Süden von Swan Hill. Große Kellereien haben sich bei der Stadt Mildura auf die Erzeugung von Fassweinen spezialisiert.

Lange bevor man in Central Victoria, Yarra Valley oder auf der Mornington Peninsula an Weinbau dachte, war Rutherglen in North Eastern Victoria berühmt für seine feurigen Rot- und süßen Portweine. Die ruhmreiche Vergangenheit der alten Muskat und Tokajer lebt heute in aufgespriteten Weinen aus überreifen Muskatellertrauben weiter. Es sind ausgezeichnete,

füllige und konzentrierte Tropfen. Neuanlagen von Weinbergen in kühleren Gegenden wie Brigth, Whitfield und Beechworth, erbringen ein großes Angebot an modernen Tafelweinen, knackige Weiße wie schwere, gehaltvolle Rote.
Das Gebiet Great Western in Western Victoria zwischen Ararat und Stawell ist berühmt für seine sehr guten Schaumweine. In Great Western ist es zumeist recht warm, doch es gibt viele Gegenden, in denen es nachts stark abkühlt. Neben Chardonnay gedeihen hier auch volle, frische Rieslinge, Pinot noir und Gewürztraminer.
Yarra Valley, eine Autostunde von Melbourne entfernt, wird zumeist als eine neue Weinregion angesehen, tatsächlich aber ist sie die älteste im Bundesstaat Victoria. Bis zum Ende des 19. Jahrhunderts blühte der Weinbau in Yarra Valley, dann ging es bergab. Erst 1960, als das Interesse an feinen Qualitätsweinen wieder auflebte, pflanzten Winzer wie John Middleton von Mount Mary oder Bailey Carrodus von Yarra Yering wieder neue Rebstöcke an. Vor allem köstliche Pinot noir werden hier produziert, aber auch Cabernet Sauvignon und Shiraz. Das kühle, feuchte Klima kommt auch den Weißweinen entgegen, vor allem dem Chardonnay.

ANGOVE'S

Bookmark Av., AUS-5341 Renmark, Tel. 0061-8-85 80 31 00, Fax 85 80 31 55
export@angoves.com.au, www.angoves.com.au
INHABER: John Angove
KELLERMEISTER: Garry Wall
REBFLÄCHE: 566,5 Hektar
REBSORTEN: Cabernet, Shiraz, Chardonnay, Riesling, Colombard, Malbec, Merlot, Pinot noir
BESUCH: Mo-Fr 8.30-17 Uhr

EC VISA

FF

Seit 1886 baut die Familie Angove in der Region Nanya Wein an. Dr. William Angove, praktischer Arzt und Chirurg im südenglischen Cornwall, emigrierte einst mit seiner Frau nach Australien, um dort eine neue Praxis zu eröffnen. Nach Versuchen mit dem Ausbau von Weinen und Destillationsverfahren gründete er ein Weingut in der Gemeinde Tea Tree Gully in den Adelaide Foothills.

Schwört auf resistente Trauben: Angove's

Seit 1983 hat auf dem Familienweingut bereits die vierte Generation das Sagen, Ur-Ur-Enkel John Carlyon Angove wurde Managing Director.
Mit einer Größe von über 500 Hektar zählt Angove's zu den größten privaten Erzeugern Australiens. Kellermeister Garry Walls keltert seine Spitzenweine aus insgesamt 23 verschiedenen Traubensorten. „Jeder Schritt bei der Weinherstellung", sagt er, „geschieht in dem Wissen, was das Endprodukt werden muss: ein Glas voller Freude am Geschmack."

WEINEMPFEHLUNGEN

1998 Colombard/Chardonnay, Chalk Hill Blue
FARBE: helles Zitronengelb
DUFT: intensive Nase nach exotischen Früchten, Ananas, Kiwi, Birne, Honigmelone, Honig und Minze
GESCHMACK: schön eingebundene Aromen, angenehme, mit der Frucht harmonierende Säure, langer Abgang

1994 Sauvignon blanc Floreate, Dessertwein
1997 Shiraz Classic Reserve
1998 Sauvignon blanc Classic Reserve

BEZUGSQUELLEN

20, 80, 95, 169, 242, 246, 261, 296, 322, 328, 349, 361, 419, 425, 456, 459, 476, 481, 498, 506

D'ARENBERG WINES

Osborn Road, AUS-5171 McLaren Vale, Tel. 0061-08-83 23 82 06, Fax 83 23 84 23, darenberg@mclarenvale.sa.com.au, www.wineaustralia.com.au/darenberg
INHABER: Francis d'Arenberg-Osborn
KELLERMEISTER: Chester Osborn, Phillip Dean
REBFLÄCHE: 150 Hektar
REBSORTEN: Shiraz, Cabernet, Grenache, Chardonnay
BESUCH: tgl. 10-17 Uhr
AmEx DINERS EC EURO VISA

FFF

Nach der Schule studierte Frank Osborn zunächst Medizin, gab aber 1928 das Studium wieder auf und arbeitete stattdessen im damals 78 Hektar großen Weingut seines Vaters mit. Rot und trocken waren die Weine der Osborns – und offensichtlich sehr gut, denn die produzierte Menge konnte kaum mit der Nachfrage Schritt halten.
Heute ist die vierte Osborn-Generation am Werk, und Kellermeister (und Miteigentümer) Chester Osborn machte den Familienbetrieb zu einem der renommiertesten in ganz Australien.
Das Weingut liegt 30 Kilometer südöstlich von Adelaide – rund 150 Hektar Rebfläche, riesiges Barrique-Lager. Chester Osborne wurde bereits als Australiens „Winemaker of the Year“ geehrt. Seine Weine zählen seit Jahren zu den besten des Landes.
Hoch gelobt werden neben der Cuvée aus Shiraz und Grenache auch die beiden anderen Vorzeigeerzeugnisse des Gutes: Der „Ironstone Pressings Grenache-Shiraz“ und der Prestige-Wein des Hauses, „The Dead Arm Shiraz“. Die Trauben für diesen Wein werden erstaunlicherweise von Rebstöcken geernet, die unter Exoriose leiden, einer Pilzkrankheit, die Teile der Stöcke zerstört.
Chester Osborn aber schwört, dass die resistenten Trauben von ganz besonders guter Qualität seien.

WEINEMPFEHLUNGEN

1998 d'Arry's Original Grenache-Shiraz, McLaren Vale
FARBE: Backsteinrot
DUFT: Pflaumen und Backpflaumenaromen
GESCHMACK: Vanille- und Karamelltöne, gute Struktur, runde Tannine, mittellanger Abgang

1997 The Dry Dam Riesling, Fleurieu Peninsula
1998 The Dead Arm Shiraz
1998 The Broken Fish Plate Sauvignon blanc
1998 D'Arry's Original Shiraz
1999 The Other Side Chardonnay
1999 The Custodia Greenache

BEZUGSQUELLEN

20, 25, 37, 66, 75, 80, 140, 151, 155, 159, 161, 177, 188, 203, 221, 225, 227, 238, 254, 270, 283, 295, 313, 322, 334, 339, 361, 370, 374, 403, 419, 422, 436, 456, 463, 464, 508, 518, 525, 535, 538, 550, 551, 552

BAROSSA VALLEY ESTATE

Heaslip Road, AUS-5117 Angle Vale, Tel. 0061-8-82 84 70 00, Fax 82 84 72 19, bve@chariot.net.au, www.bve.com.au
MANAGER: Bruce Richardson - **KELLERMEISTERIN:** Natasha Mooney
REBFLÄCHE: 149,7 Hektar
REBSORTEN: Shiraz, Cabernet Sauvignon, Cabernet franc, Merlot, Grenache, Chardonnay, Sémillon
BESUCH: Mo-Fr 9-17 Uhr, Sa 10-17 Uhr
AmEx EURO VISA
FFFFF

Eine Gruppe von Weinbauern schloss sich 1985 im Herzen des australischen Barossa Valley zu einem Gemeinschaftsunternehmen zusammen. Heute zählen die Weine von Barossa Valley Estate ohne Zweifel zum Besten, was der an guten Weinen nicht eben arme fünfte Kontinent zu bieten hat.
Von Anfang an war es das unternehmerische Ziel von Manager Bruce Richardson, Weine von höchster Qualität herzustellen, die nicht nur in Australien, sondern in der ganzen Welt ihre Abnehmer finden sollten. In Natasha Mooney, verantwortlich für die Keller, fand er eine für dieses Vorhaben kongeniale Partnerin.
Flaggschiff von Barossa Valley Estate ist der „E & E Black Pepper Shiraz". Nicht wenige Experten sehen in diesem Wein so etwas wie die Quintessenz aller Shiraz aus dem Barossa Valley. „E & E" ist eines von drei Labels, unter denen die Weine des Unternehmens vertrieben werden.
Auch die Ebenezer-Weine gelten als klassische Barossa-Produkte. Neben dem Shiraz überzeugen besonders Chardonnay und Cabernet Sauvignon von „Ebenezer". Das dritte Label des Barossa Valley Estate ist „Moculta".

WEINEMPFEHLUNGEN

1995 Shiraz Black Pepper E & E
FARBE: Schwarzkirschrot
DUFT: sehr harmonisch in der Nase, Cassis, etwas Pflaumen, Holzaromen mit Karamell und Vanille, Kaffee, Zeder und Tabak
GESCHMACK: voll fruchtig am Gaumen, weich, sehr gut ausbalanciert, starke Säure, samtige Tannine, sehr langer Abgang, fein und vollkommen, gigantisch und explosionsartig, einfach Spitze

1996 Cabernet Sauvignon Ebenezer

BEZUGSQUELLEN

14, 22, 70, 82, 126, 198, 210, 212, 213, 242, 243, 275, 295, 297, 298, 312, 314, 324, 361, 374, 430, 442

JIM BARRY

Blyth Rd., AUS-5453 Clare SA, Tel. 08-88 42 24 61, Fax 88 42 37 52

INHABER: Jim Barry
KELLERMEISTER: Mark Barry
REBFLÄCHE: keine Angabe
REBSORTEN: Cabernet Sauvignon, Malbec, Shiraz, Riesling, Sémillon
BESUCH: nach Vereinbarung

FFF

Das Clare Valley in Südaustralien ist bereits seit der Mitte des vorletzten Jahrhunderts bekannt für die Produktion guter Weine – eine lange Tradition.

Spitzenklasse: Mark (r.) und Peter Barry

Der Winemaker Jim Barry kaufte 1959 seinen ersten Weinberg im Clare Valley. Er hatte drei Brüder und eine Schwester, die seine große Leidenschaft für Wein teilten. Jim Barry arbeitete zunächst weiterhin als Önologe für andere Weingüter. Unter seinem eigenen Namen brachte er gemeinsam mit seinen Geschwistern erstmals Mitte der siebziger Jahre einen Wein heraus. In der Folgezeit kaufte er weitere Rebflächen hinzu, pflanzte neue Rebstöcke und erwarb sich in kurzer Zeit einen hervorragenden Ruf. Bald gehörte Jim Barry zur absoluten Oberliga der australischen Winzer.

Kein Wunder, dass auch die Preise seiner Weine absolut Spitze sind. Bekannt wurde Jim Barry vor allem durch seine Rieslinge, reiche Tropfen mit intensiven Noten von Zitrus und Passionsfrüchten, lang anhaltend im Finale. Seinen roten „McCrae Wood" aus 65 Prozent Cabernet Sauvignon und 35 Prozent Malbec benannte Barry nach dem Vorbesitzer des Weinbergs, aus dem die Trauben stammen, sein „Armagh" erinnert an das gleichnamige County in Irland, aus dem die Einwanderer stammten, die diese Gegend in Australien einst als erste besiedelten.

WEINTIPPS

1996 Cabernet Sauvignon/Malbec „McCrae Wood"
1996 Shiraz „Armagh"

BEZUGSQUELLEN

82, 197a, 238, 352, 361, 374, 464, 491a, 535

BASEDOW WINES

161-165 Murray Street, AUS-5352 Tanunda, Tel. 0061-8-85 63 36 66,
Fax 85 63 35 97, hillwine@ozmail.com.au
INHABER: Terry Hill
KELLERMEISTER: Craig Stansborough und Grant Burge
REBFLÄCHE: 105 Hektar
REBSORTEN: Shiraz, Sémillon, Chardonnay, Grenache
BESUCH: tgl. 10-17 Uhr

AmEx DINERS EURO VISA

F F

Deutsche Einanderer besiedelten einst als erste das Barossa Valley. Noch heute ist ihr Einfluss überall zu spüren. Die Basedow Winery wurde 1896 von Johannes Christoff Basedow aus Ostpreußen gegründet. Seit einigen

Rückschnitt nach jeder Lese: Basedow

Jahren gehört das renommierte Gut Terry Hill. Ausgebaut werden die Weine vom Star-Önologen Grant Burge. Er kümmert sich auch um die Weine auf dem Gut Marienberg, ebenfalls im Besitz von Terry Hill. Burges unverwechselbarer Stil ist deutlich zu schmecken: Der Sémillon von Basedow ist dicht und konzentriert, auch der Shiraz ist großartig. Die Trauben werden von Hand gelesen und im Edelstahltank vergoren.

Nach jeder Lese müssen die Reben sehr stark zurückgeschnitten werden, um die Säurebalance zu erhalten. Solch extreme Pflege der Weinberge wirkt sich auf die jährliche Ertragsmenge aus: Basedow kann nicht wie – wie seine großen Nachbarn – große Mengen produzieren. Ein Problem für die Verbraucher, denn die Basedow-Weine erfreuen sich großer Beliebtheit und sind entsprechend rasch ausverkauft.

WEINEMPFEHLUNGEN

1996 Bush Vine Grenache

FARBE: Purpur mit Orangenreflexen
DUFT: Tabak, Karamell, feine komplexe Frucht mit Noten von Erd- und Brombeeren
GESCHMACK: konzentrierte Frucht, intensive Noten von Veilchen, Waldpilzen und Brombeermarmelade, kräftig mit weichen Tanninen, langanhaltend

1996 Barossa Shiraz
1996 Barossa Chardonnay
1996 Barossa Sémillon

BEZUGSQUELLEN

17, 89, 119, 186, 189, 210, 212, 283, 290, 324, 332, 338, 377, 460

WOLF BLASS - MILDARA WINES

97 Sturt Highway, AUS-3505 Merbein, Tel. 0061-8-85 62 19 55,
Fax 85 62 21 56, jmader@mildarablass.com.au, www.worldwidewines.com

INHABER: Mildara Blass Limited

KELLERMEISTER: Wendy Stuckey, John Glaetzer, Caroline Dunn, Kirsty Glaetzer

REBFLÄCHE: 474 Hektar

REBSORTEN: Riesling, Chardonnay, Semillon, Shiraz, Cabernet Sauvignon, Merlot

BESUCH: Mo-Fr 9.15-16.30 Uhr, Sa-So 10-16.30 Uhr

AmEx DINERS EURO VISA

FFFF

Wolf Blass, Sohn eines deutschen Weinbauern, kam 1960 nach Australien. Nachdem er fünf Jahre als Kellermeister gearbeitet hatte, machte sich Blass selbstständig. Heute gehören Wolf Blass-Weine zu den teuersten des Landes.
Das Weingut ist inzwischen Teil der Mildara-Blass-Gruppe, einer Tochter des australischen Brauerei-Riesen Foster's.
Der Betrieb wird aus den renommiertesten Anbaugebieten Australiens mit diversen Traubensorten beliefert. Der einzige Wein, der in den unternehmenseigenen Weinbergen im Barossa Valley wächst, ist der Gold Label Riesling. Für ihn zeichnet Wendy Stuckey verantwortlich, gemeinsam mit Kirsty Glaetzer. Um die roten Trauben, die das Weingut als ausgewogene Cabernet/Shiraz-Weine verlassen, kümmert sich Caroline Dunn.
Wolf Blass selbst ist nicht mehr im operativen Geschäft, seine Popularität aber ist ungebrochen. Er hat inzwischen – mit der finanzstarken Foster's Brauerei im Rücken – ein ganzes Imperium aufgebaut: Mildara Wines produziert außerdem Portwein, Sherry und Brandy. Zur Firmengruppe gehört auch das Weingut Rothbury Estate in New South Wales.

WEINEMPFEHLUNGEN

1996 Shiraz „President's Selection"

FARBE: Schwarzkirschrot

DUFT: schwarze Johannisbeermarmelade, Brombeere, Eichennoten, Vanille und feines Karamell, dazu Würze von schwarzem Pfeffer, Kokosnuss und Zimt

GESCHMACK: intensive süße Frucht, würzig und pfeffrig, gut eingebundene Tannine, fein, intensiv, mittellanger Abgang, großes Potenzial

1995 Cabernet Sauvignon/Shiraz „Black Label"
1996 Cabernet Sauvignon „President's Selection"
1998 Cabernet Sauvignon
1997 Shiraz

BEZUGSQUELLEN

14, 36, 40, 44, 67, 68, 71, 86, 109, 113, 154, 180, 202, 210, 222, 255, 265, 295, 318, 324, 331, 361, 378, 462, 470, 472, 473, 475, 483, 505, 529, 538

BOWEN ESTATE

Riddoch Highway, AUS-5263 Coonawarra, Tel. 0061-8-87 37 22 29, Fax 87 37 21 73
bowenest@penola.mtx.net.au
INHABER: Doug und Joy Bowen
KELLERMEISTER: Doug Bowen
REBFLÄCHE: 40,5 Hektar
REBSORTEN: Cabernet Sauvignon. Shiraz, Merlot, Cabernet franc, Chardonnay, Petit Verdot
BESUCH: tgl. 10-17 Uhr
AmEx DINERS EURO VISA

FF

Doug Bowen war, bevor er sich selbständig machte, Kellermeister bei Lindeman. Dann erbaute Bowen 1982 in Coonawarra, auf einem schmalen, fruchtbaren Streifen Land inmitten einer endlosen Steppenlandschaft, eine eigene Kellerei. Sie wurde 1995 erweitert – inzwischen halten die Bowens etwa mehr als 40 Hektar unter Reben. Doug Bowen ist nicht nur Firmeninhaber, sondern auch sein eigener Kellermeister.

Faire Preise: Bowen

Kenner schätzen Bowen Estate als Produzenten von hervorragenden Rotweinen. Cabernet Sauvignon und Shiraz sind hochkonzentriert, voll und besitzen doch Finesse und viel Fucht. Auch Riesling und Shiraz sind gut und typisch für dieses Anbaugebiet.
Bowens Weine werden, anders als manch anderer Coonawarra-Tropfen, zu fairen Preisen angeboten. Daher ist ein großer Teil seiner Jahresproduktion verkauft, bevor die Weine überhaupt die Kellergewölbe der Anlage verlassen haben.

WEINEMPFEHLUNGEN

1996 Cabernet Sauvignon

FARBE: Kirschrot mit braunen Reflexen
DUFT: sehr intensiv, vegetabile Noten, marmeladig, pfeffrig
GESCHMACK: intensive Frucht, kräftige Säure mit gut eingebundenen Tanninen, angenehme Barrique-Noten, sehr harmonisch

1997 Shiraz
1998 Riesling

BEZUGSQUELLEN

345, 358, 479

GRANT BURGE

Barossa Valley Way, AUS-5352 Tanunda
Tel. 0061-8-85 63 37 00, Fax 85 63 28 07

INHABER: Grant und Helen Burge - **KELLERMEISTER:** Grant Burge
REBFLÄCHE: 323,76 Hektar
REBSORTEN: Shiraz, Cabernet Sauvignon, Grenache, Shiraz, Mourvèdre, Chardonnay
BESUCH: tgl. 10-17 Uhr

AmEx DINERS EURO VISA FF

Grant Burge gilt als der mächtigste Winzer im Barossa Valley. Ihm gehören über 300 Hektar wertvollstes Rebland. Die Ursprünge des Unternehmens

reichen zurück bis in die Mitte des 19. Jahrhunderts.
Vor 30 Jahren zahlte Grant Burge für einen Hektar Rebland 500 australische Dollar, was damals als außerordentlich hoher Preis galt. In den nächsten Jahren will Burge zu seinen mittlerweile etwa 325 Hektar weitere 250 dazukaufen – das wird wohl etwas teurer werden. Besonderes Augenmerk richtet Burge, der auch als Berater für andere Weingüter arbeitet, im eigenen Betrieb auf den Anbau von Shiraz. Seine Weine werden unter verschiedenen Labels und in unterschiedlichen Qualitätsstufen auf den Markt gebracht.
Neben Shiraz finden sich auf den Weinbergen von Grant Burge auch weite Flächen mit Cabernet Sauvignon und Chardonnay. Seinen Chardonnay baut Grant Burge nicht so holzbetont aus wie seine Konkurrenten. Er setzt auf Ausgewogenheit und typische Fruchtaromen.

WEINEMPFEHLUNG

1997 Cabernet Sauvignon
Cameron Vale

FARBE: dunkles Kirschrot
DUFT: erinnert an Tiramisù, Amaretto, Bitterschokolade und etwas Cassis. Feinwürzig, schön eingebundene Holzaromen
GESCHMACK: feine Frucht, Barrique-Töne, mittelkräftig, mit präsenter Säure, deutlichen Tanninen, dazu eine dominante süße, marmeladige Note, lang, aber etwas alkoholisch im Finale

BEZUGSQUELLEN

19, 38, 51, 94, 140, 199, 209, 212, 218, 235, 236, 238, 298, 324, 330, 361, 438, 493, 509, 511, 547, 561

CLARENDON HILLS

363 The Parade Kensington Park, AUS-5068 Adelaide,
Tel. 0061-8-83 64 14 84, Fax 83 64 14 84
INHABER UND KELLERMEISTER: Roman Bratasiuk
REBFLÄCHE: 80 Hektar
REBSORTEN: Shiraz, Grenache, Cabernet Sauvignon, Merlot
BESUCH: nach Vereinbarung

FFFF

Der Mann will kein Verkäufer sein, sondern vor allem ein guter Winzer: Roman Bratasiuk kehrte einst seiner ukrainischen Heimat den Rücken, um in Australien sein Glück im Weinbau zu suchen. Heute zählt sein Gut Clarendon Hills zu den bekanntesten des Landes.
Bratasiuk wurde sein Talent nicht in die Wiege gelegt, er musste sich seine Kenntnisse und Fähigkeiten in jahrelanger, beharrlicher Arbeit selbst erwerben. Das prägte: Noch heute steht Roman Bratasiuk am liebsten im Weinberg.
Charakterstark wie der Winzer sind auch die Weine von Clarendon Hills. Dass sie von Fachleuten zu den besten des fünften Kontinents gezählt werden, freut Bratasiuk. Dass sie nebenbei auch zu den teuersten des Landes gehören, stört ihn nicht weiter. „Qualität“, so der Winzer selbstbewusst, „hat eben ihren Preis.“ Bratasiuk orientiert sich vor allem an den großen französischen Weinen.
„Manchmal“, sagt er, „muss man aber noch einen Schritt weiter zurückgehen, um Traditionen zu finden, die selbst die Franzosen heute vergessen oder verdrängt haben.“
Das Angebot von Clarendon Hills ist breit gefächert. Seit Jahren genießen die Shiraz besondere Wertschätzung. Doch auch aus den weißen Trauben Chardonnay und Sémillon entstehen große Weine.

WEINEMPFEHLUNGEN

1997 Liandra Shiraz
FARBE: dunkles Schwarzkirschrot mit lila Reflexen
DUFT: sehr konzentriert und breit, schwarze Johannisbeermarmelade, schwarze Kirschen, Leder, Kaffee, Lakritz, Gewürznelken, Pfeffer und Vanille
GESCHMACK: sehr fruchtbetont und konzentriert, leicht würzig, noch etwas zu dominante Tannine, anhaltende Süße, sehr gutes Potenzial, braucht noch Zeit

1997 Cabernet Sauvignon
1997 Merlot
1997 Old Vines Grenache, Blewitt Springs Vineyard

BEZUGSQUELLEN

10, 54, 82, 87, 134, 176, 183, 197a, 210, 212, 215, 237, 261, 275, 278, 295, 297, 306, 352, 358, 378, 428, 469, 470, 479, 499, 509, 524, 529, 533, 536, 551

COONAWARRA RYMILL

The Riddoch Run Vineyards, AUS-5263 Coonawarra,
Tel. 0061-8-87 36 50 01, Fax 87 36 50 40
winery@rymill.com.au, www.rymill.com.au
INHABER: Peter Rymill - **ÖNOLOGE:** John Innes
KELLERMEISTER: John Innes, Tom Simons
REBFLÄCHE: 105,2 Hektar
REBSORTEN: Cabernet Sauvignon, Shiraz, Merlot, Sauvignon blanc, Chardonnay
BESUCH: tgl. 10-17.00 Uhr
AmEx DINERS EURO VISA

FFF

Lange bevor Australien zu einer festen Größe auf der Weinlandkarte der Welt wurde, produzierte der schottische Einwanderer John Riddoch dort bereits Weine von guter Qualität.
„Terra Rossa“, eine dünne Schicht leuchtend roter, eisenhaltiger Erde, überdeckt auf dem Rymill-Gut den Untergrund aus weichem Kalkstein und Sand. Der Boden ist durchlässig und nicht schwer, das Klima kühl, mit kalten und feuchten Wintern und trockenen, warmen Sommermonaten.
Nächtens kann es aber auch im Sommer empfindlich kalt werden. Nicht ohne Grund nennen die

Einheimischen Coonawarra auch das „Médoc Australiens“.
Ein Teil der erstklassigen Anbauflächen des Rymill-Gutes ist für den Anbau von Obst und Gemüse bestimmt. Fürs Renommee aber sorgte der Wein, der mittlerweile in einer 1990 erbauten, hochmodernen Traubenverarbeitungsanlage vergoren wird.
Das dazu gehörige Kellergebäude wurde 1995 fertiggestellt, es ist das Reich der Rymill-Kellermeister John Innes und Tom Simons.

WEINEMPFEHLUNGEN

1996 Cabernet Sauvignon
FARBE: dunkles Schwarzkirschrot
DUFT: intensive Fruchttöne nach Kirschmarmelade, Leder und Teer
GESCHMACK: konzentrierte schwarze Kirsche, würzig, kräftige Säure und Tannine, lang im Abgang mit süßen Noten, leicht alkoholisch, Potenzial

1996 Merlot/Cabernet franc/Cabernet Sauvignon
1998 Sauvignon blanc

BEZUGSQUELLEN

130, 131, 221, 225, 247, 269, 304, 314, 348, 438, 504, 529, 535, 546

FOX CREEK WINES

Malpas Rd., AUS-5171 McLaren Vale, Tel. 0061-8-85 56 24 03,
Fax 85 56 21 04, sales@foxcreek.wines.com, www.foxcreek.wines.com
INHABER: James Wath - **ÖNOLOGEN:** Sparky und Sarah Marquis -
KELLERMEISTER: Anthony Walker
REBFLÄCHE: 54 Hektar
REBSORTEN: Shiraz, Cabernet Sauvignon, Merlot, Cabernet franc, Chardonnay, Sauvignon blanc, Sémillon, Verdelho
BESUCH: tgl. 11-17 Uhr

AmEx DINERS EURO VISA

F F

Wo noch vor wenigen Jahren Schafe grasten, wachsen heute die Weine von Fox Creek. Jim und Helen Watts erwarben 1985 das Grundstück, das auf halbem Weg zwischen McLaren Vale und Willunga liegt. Heute legt bereits die zweite Generation Hand an auf den weiten Rebflächen. Sarah Watts – Jims und Helens Tochter – und ihr Ehemann Sparky Marquis haben mittlerweile erfolgreich ihr Studium abgeschlossen und werden in absehbarer Zeit das Familien-Unternehmen übernehmen. Seit Mitte der achtziger Jahre hat sich das Weingut deutlich weiterentwickelt. Heute sind die 32 Hektar Anbaufläche mit Qualitäts-Reben bepflanzt.
Die Liste der Sorten reicht von Cabernet Sauvignon, Shiraz, Chardonnay und Sauvignon blanc bis hin zu Sémillon und Verdelho.
In den Kellereigebäuden der Anlage sind mit Daniel Hills und Tony Walker zwei studierte Fachkräfte am Werk, die in den vergangenen Jahren für ihre Weine viele Medaillen und Auszeichnungen erhielten.

Verkaufsraum im Cottage-Stil: Fox Creek

WEINEMPFEHLUNG

1998 J.S.M. Shiraz/Cabernet franc

FARBE: Schwarzrot mit dunklen, lila Reflexen
DUFT: feine konzentrierte Nase, komplex, fruchtig, Cassis, Lakritz, feine Holzaromen, leicht animalisch, feine Würze, alles perfekt eingebunden
GESCHMACK: kräftig, fruchtig, konzentrierte Tannine, von der Gerbsäure geprägt, pelzig und bitter

BEZUGSQUELLEN

10, 54, 67, 68, 82, 96, 128, 172, 208, 212, 235, 258, 259, 280, 281, 295, 345, 352, 358, 361, 372, 374, 398, 434, 456, 499, 509, 533, 534, 551, 557, 560

ANDREW GARRETT

Ingoldby Rd., AUS-5171 Mc Laren Flat SA, Tel. 0061-8-83 83 00 05, Fax 83 23 82 71, dangus@mildarablass.com.au, www.worldwidewines.com
INHABER: Mildara Blass Limited - **KELLERMEISTER:** Phil Reschke
REBFLÄCHE: 120 Hektar
REBSORTEN: Chardonnay, Cabernet Sauvignon, Grenache, Sauvignon blanc, Pinot noir, Shiraz, Cabernet franc, Merlot
BESUCH: tgl. 10-16.30 Uhr

AmEx DINERS EURO VISA

FF

Auch dieses hochangesehene Weingut gehört mittlerweile zum Konzern Mildara Blass Ltd., der sein Imperium durch den Zukauf angesehener und prämierter Weingüter beständig vergrößert. Die Investition in das Gut mit 200 Hektar Rebfläche im McLaren Vale und in Padthway hat sich gelohnt. Der Konzern lässt Kellermeister Phil Reschke freie Hand – denn der versteht sein Geschäft.

Reschke will Weine mit Ecken und Kanten machen, die aber rasch trinkbar sind. Das gelingt ihm ganz besonders gut beim weichen, sehr fruchtbetonten Cabernet Merlot und auch beim knackigen, frischen Sauvignon blanc. Reschke zeigt mit seinen Weinen, was im idyllischen McLaren Vale möglich ist, wenn man es nicht auf Massenerträge absieht.

Ursprünglich gehörte das Weingut Andrew Garrett, der 1974 als Kellergehilfe begann. Nach einem erfolgreich abgeschlossenen Studium wurde er Winzer, Erfinder, Kellermeister, Geschäftsmann, Manager – bald zählte er zur australischen Winzer-Elite. Immer hatten seine Weine einen eigenen, unverwechselbaren Charakter. Diese Tradition setzt Reschke erfolgreich fort.

WEINEMPFEHLUNGEN

Andrew Garrett
1997 Black Shiraz
FARBE: tiefes Granatrot
DUFT: üppiges Bukett mit schwarzen Beeren, Eukalyptus, Pfeffer und eingekochten Brombeeren
GESCHMACK: ausgezeichnet integrierte Tannine, feurig, nach kurzer Belüftung viel Frucht am Gaumen

1997 Sauvignon blanc

BEZUGSQUELLEN

82, 198, 212, 347, 361, 374, 389, 442, 488, 519, 535

GROSSET WINERY

Manoora Rd., AUS-5451 Auburn, Tel. 0061-8-88 49 21 75, Fax 88 49 22 92
grosset@capri.net.au

INHABER UND KELLERMEISTER: Jeffrey Grosset
REBFLÄCHE: 16 Hektar
REBSORTEN: Riesling, Cabernet Sauvignon, Cabernet franc, Chardonnay
BESUCH: Mi-So 10-17 Uhr (September-Oktober) nach Voranmeldung

AmEx DINERS EURO VISA

FFF

Da er auf den eigenen Anbauflächen nur etwas mehr als die Hälfte der benötigten Trauben kultivieren kann, ist Jeffrey Grosset auf die Zulieferung von Vertragswinzern angewiesen. Von ihnen erwartet er, dass sie ebenso wie er selbst so wenig wie möglich in den naürlichen Reifeprozess der Trauben eingreifen – chemische Hilfsmittel sind ohnehin tabu.
Nach der Arbeit auf größeren Weingütern in Australien und Europa nahm Grosset 1981 auf seinem eigenen Weingut die Produktion auf. Schon 1998 wählte ihn das australische „Wine Magazine" zum „Winemaker of the Year", im selben Jahr wurde er in Hamburg zum „Riesling Winemaker of the Year" gewählt.
Etwa die Hälfte seiner Weine entstehen aus Riesling-Trauben – ungewöhnlich für ein australisches Unternehmen. Doch das Klima des Clare Valley bietet dieser Rebe hervorragende Bedingungen für Wachstum und Reife.
Der am höchsten gelegene Abschnitt der gutseigenen Anbaufläche im Süden Australiens – Gaia Vineyard – ist für Rotwein reserviert. Aus Cabernet Sauvignon, Cabernet franc und Merlot kreiert Grosset einen feinen, charaktervollen Blend, der unter dem Label „Gaia" vertrieben wird.

Konsequent ökologisch: Jeffrey Grosset

WEINEMPFEHLUNG

1997 Gaia Cabernet Sauvignon/Cabernet franc/Merlot
FARBE: Schwarzkirschrot
DUFT: sehr konzentrierte und komplexe Frucht von Waldbeeren, außerdem Teer
GESCHMACK: Feine Frucht, präsente Tannine, von der Gerbsäure geprägt

BEZUGSQUELLEN

7, 212, 327, 358, 361, 469, 509

SIMON HACKETT WINES

Budgens Rd., AUS-5171 McLaren Vale, Tel. 0061-8-83 23 77 12,
Fax 83 23 77 13
INHABER UND KELLERMEISTER: Simon Hackett
REBFLÄCHE: 16,1 Hektar
REBSORTEN: Shiraz, Cabernet Sauvignon, Chardonnay, Sémillon
BESUCH: Mi-So 10-17 Uhr
AmEx

FF

Kein Überflieger, sondern ein sachlicher und ruhiger Vertreter seiner Zunft: Wie der australische Winzer Simon Hackett, so sind auch seine Weine.
Auf dem gleichnamigen Gut im McLaren Vale werden seit der Aufnahme des Betriebs 1981 in einer modernen Anlage gute Produkte erzeugt. Vor allem die Rotweine liegen dem Winzer aus Leidenschaft am Herzen. Darüber vergisst jedoch er die Weißen nicht. Neben Cabernet Sauvignon wird bei Simon Hackett besonderes der Anbau von Shiraz forciert, und zwar in gleich mehreren der gutseigenen Weingärten. Die jeweils besten Trauben eines Jahrgangs kommen als Reserve-Abfüllungen auf den Markt. Insgesamt füllt das Unternehmen jährlich rund 150 000 Flaschen ab.

Luftschutz: Auch Vögel lieben edle Trauben

WEINEMPFEHLUNGEN

1996 Shiraz Reserve „Anthony's"
FARBE: Kirschrot mit Purpurreflexen
DUFT: sehr würzige Noten von Lorbeer und Pfeffer, Lakritz, dezente Frucht, Cassis-Bonbons
GESCHMACK: fruchtig, Cassis mit einer Spur Veilchen, würzig, intensiv Lorbeer, präsente Säure, feine Tannine, vollmundig, kräftig und lang im Abgang

1996 Cabernet Sauvignon „Foggo Road"

BEZUGSQUELLEN

10, 12, 14, 27, 54, 67, 68, 99, 109, 117, 120, 130, 152, 163, 186, 212, 255, 270, 273, 274, 299, 314, 324, 341, 380, 385, 386, 462, 467, 472, 492, 521, 527, 558

HARDY WINE

Reynella Rd., AUS-5161 Reynella, Tel. 0061-8-83 92 22 22, Fax 83 92 22 00
international@brlhardy.com.au, www.brlhardy.com.au
INHABER: BRL Hardy Limited - **KELLERMEISTER:** Peter Dawson
REBFLÄCHE: 2750 Hektar
REBSORTEN: Cabernet Sauvignon, Merlot, Pinot noir, Sauvignon blanc, Chardonnay, Shiraz, Riesling
BESUCH: tgl. 8.30-17 Uhr

FF

Als eines der größten australischen Wein-Imperien, mit einer Rebfläche von 2500 Hektar, verarbeitet Hardy Jahr für Jahr die Lese von 1000 australischen Weinbauern. Nahezu jede fünfte Weinflasche, die in Australien abgefüllt wird, stammt aus den Kellern von Hardy. Der Konzern entstand 1992 als Zusammenschluss von zwei der größten Weinproduzenten Südaustraliens, Thomas Hardy & Sons Limited und Berri Renmano Limited.
Nach der Fusion expandierte das neue Unternehmen im Westen Australiens (Margaret River, Pemberton und Franklin River) und erwarb auch in Europa ein Weingut: Hardy ist Besitzer der Domaine de la Baume im südfranzösischen Languedoc-Roussillon.
In Australien lässt Hardy nahezu alle dort heimischen Sorten anbauen, die prozentuale Verteilung variiert allerdings entsprechend den jährlich wechselnden Klimaverhältnissen in den einzelnen Regionen.
Als Chef-Kellermeister zeichnet Peter Dawson für die Qualitäten verantwortlich. Natürlich kann Dawson sich nicht um jeden Wein selbst kümmern. Dafür untersteht ihm ein Team von fast zwei Dutzend Kellermeistern, die in den Betrieben der verschiedenen Weinregionen arbeiten.

WEINEMPFEHLUNGEN

1996 Shiraz „Hardy's Bankside"
FARBE: Schwarzkirschrot mit Purpurreflexen
DUFT: Toast, gegrilltes Fleisch, Vanille, schwarze Johannisbeere, Bitterschokolade
GESCHMACK: leicht fruchtig und weich im Ansatz, entfaltet sich mit Kraft, würziger Abgang

1997 Cabernet Sauvignon/Shiraz „Hardy's Nottage Hill"

BEZUGSQUELLEN

11, 23, 28, 30, 36, 38, 41, 51, 53, 54, 72, 84, 101, 107, 123, 132, 135, 139, 152, 154, 197a, 199, 209, 212, 213, 215, 218, 219, 222, 224, 226, 227, 236, 238, 243, 261, 283, 289, 294, 295, 298, 305, 324, 328, 330, 361, 368, 374, 403, 438, 440, 442, 475, 493, 499, 503, 519, 522, 527, 533, 534, 536, 539, 542, 547, 561

HASELGROVE WINES

Foggo Road, AUS-5171 McLaren Vale, Tel. 0061-8-83 23 87 06,
Fax 83 23 80 49
winery@haselgrove.com.au, www.haselgrove.com.au

INHABER UND KELLERMEISTER: Nick Haselgrove
REBFLÄCHE: 12 Hektar
REBSORTEN: Shiraz, Cabernet, Merlot, Cabernet franc
BESUCH: Mo-Fr 10-17 Uhr

AmEx EC EURO VISA

FF

Aus einer ehemaligen Pferdekoppel haben wir ein hochmodernes Weingut gemacht", sagt stolz Nick Haselgrove, Besitzer und Kellermeister der gleichnamigen Anlage im McLaren Vale. Er hat kräftig investiert und möchte die Produktion auf Haselgrove weiter steigern, um für den immer härter werdenden Wettbewerb gerüstet zu sein.
Nicks Vater James hat das Haselgrove-Weingut im Herzen der aufstrebenden McLaren-Region aufgebaut. Dort herrscht das ganze Jahr über ein mediterranes Klima, das den Weinen vorzüglich bekommt: warme, trockene Sommer und kühle, feuchte Winter. Die Trauben haben Jahr für Jahr ausreichend Zeit zur Reife, erhalten aber auch genügend Feuchtigkeit.
Gelesen wird teils noch von Hand, um nur beste Trauben zu ernten. Überwiegend wird Rotwein kultiviert, Cabernet Sauvignon und Shiraz machen mehr als 80 Prozent der Produktion aus. Die Etiketten der Picture-Serie, einer von mehreren Haselgrove-Marken, wurden von bekannten Künstlern gestaltet, hinzu kommen die Marken „H“, Bentwing und Sovereign.

Mediterranes Klima: Haselgrove

WEINEMPFEHLUNG

1998 Chardonnay
FARBE: helles Strohgelb
DUFT: Gemüsetöne von Gurke und Staudensellerie, auch Birne, Apfel und Lychee, dazu mineralische Noten
GESCHMACK: fein, elegant, mit angenehmer Säure und sehr schönem Spiel, am Ende ein süßer Abgang nach reifer Birne

BEZUGSQUELLEN

10, 42, 44, 67, 76, 101, 103, 191, 210, 212, 224, 314, 320, 321, 322, 324, 328, 341, 349, 361, 380, 394, 405, 415, 422, 445, 449, 451, 488, 521, 529, 550

HENSCHKE

Henschke Rd., AUS-5353 Keyneton, Tel. 0061-8-85 64 82 23,
Fax 85 64 82 94; henschke@dove.net.au, www.henschke.com.au
INHABER: S.C. Henschke - **KELLERMEISTER:** Stephen Henschke
REBFLÄCHE: 100 Hektar
REBSORTEN: Riesling, Chardonnay, Sémillon, Chenin blanc
BESUCH: Mo-Fr 9-16.30 Uhr, Sa 9-12 Uhr

EC EURO VISA

FFFFF

Mit Riesling und Shiraz begann vor vielen Jahren die Erfolgsgeschichte des Weinguts Henschke im Barossa Valley. Sieben Jahre lang produzierte Johann Christian Henschke, ein schlesischer Einwanderer, ausschließlich für den Eigenbedarf –

An der Spitze: Prue und Stephen Henschke

dann produzierte er so viel, dass er an den Verkauf seines Weins denken konnte. In den folgenden Generationen wurde die Anlage – heutiger Firmensitz ist das Eden Valley – ständig erweitert und den Erfordernissen einer modernen Produktion angepasst. Trauben aus verschiedenen Anbaugebieten werden verarbeitet – die Spitzenlage ist Hill of Grace.
Auf den trockenen Hügeln des Weinguts wächst ein kräftiger Shiraz, in den jüngeren und kühleren Anbaugebieten werden Pinot noir, Chardonnay und Merlot angebaut.
Anders als bei den meisten Nachbarbetrieben blieb die Weinproduktion bei Henschke seit fünf Generationen fest in der Hand der Familie. Heute führt Stephen Henschke das Unternehmen und leitet auch die Keller. Das Weingut Henschke zählt zum exklusiven Kreis der australischen Spitzen-Winemaker.

WEINEMPFEHLUNG

1995 Shiraz Vineyard Keyneton, Mount Edelstone

FARBE: dunkles Kirschrot
DUFT: fein und komplex, animalisch, Noten von Brombeere, Bitterschokolade, Leder und frischem Fleisch, feinwürzig mit Aromen von Lakritz, Pfeffer und Gewürznelke
GESCHMACK: süßlich im Ansatz, samtig und intensiv, gut eingebundene Tannine, feine Gerbsäure, schön integrierte Holznoten. Harmonie, Tiefe und Finesse mit sehr langem Finale

BEZUGSQUELLEN

15, 87, 164, 210, 280, 281, 295, 297, 324, 345, 352, 358, 361, 378, 405, 451, 479, 499, 509, 529, 533, 534, 551

HOLLICK WINES

AUSTRALIEN

Ravenswood Lane, AUS-5263 Coonawarra
Tel. 0061-8-87 37 23 18, Fax 87 37 29 52
hollick@coonawarra.ntx.net.au, www.hollick.com
INHABER: Ian Hollick - **KELLERMEISTER:** Ian Hollick, David Norman
REBFLÄCHE: 80,94 Hektar
REBSORTEN: Cabernet Sauvignon, Merlot, Shiraz, Chardonnay, Sauvignon blanc
BESUCH: tgl. 9-17 Uhr

AmEx EURO VISA

FF

SÜDAUSTRALIEN

Mit den ersten Lesen von Hollick wurden lediglich umliegende Weingüter beliefert. Heute produziert das Unternehmen unter dem eigenem Markennamen Chardonnay und Cabernet Sauvignon, die hohen Ansprüchen gerecht werden. Hier, im tiefen Süden Australiens, lassen die kühlen Temperaturen ganz besondere Weine reifen.
Ian Hollick strebt ständig nach Neuem, nach Veränderung und

Zu eng in Coonawarra: Ian Hollick

Erweiterung. So kommt es nicht von ungefähr, dass ihm Coonawarra zu eng wurde. Zudem standen die dort herrschenden klimatischen Bedingungen auch dem einen oder anderen Traum, den sich Hollick noch erfüllen wollte, im Weg. Dann geschah 1998, was die Hollicks selbst als „die Flügel spreizen" bezeichnen: Das Unternehmen erwarb 20 Hektar Land in dem neuen Anbaugebiet Wrattonbully, etwa 40 Kilometer nördlich von Coonawarra, um dort Shiraz anzubauen. Die etwas wärmeren Temperaturen dürften den Trauben sicherlich gut tun.
Die erste Lese erwartet Ian Hollick 2001, der erste Tropfen wäre dann zwei Jahre später soweit. Man darf gespannt sein.

WEINEMPFEHLUNG

1994 Cabernet Sauvignon/Merlot
FARBE: Kirschrot mit dunklen Purpurreflexen
DUFT: kräftige Lakritztöne, Brombeeren, Cassis, würzig nach Pfeffer und Gewürznelken, Gemüsenoten
GESCHMACK: im Ansatz angenehm, präsente Säure, feine, eingebundene Tannine, würzig, animalisch und geschmeidig, prägende Säure im Finale

BEZUGSQUELLEN

128, 242, 261, 361, 535

KATNOOK ESTATE

Riddoch Highway, AUS-5263 Coonawarra, Tel. 0061-8-87 37 23 94,
Fax 87 37 23 97, katnookestate@wingara.com.au
www.katnookestate.com.au
INHABER: David Yunghanns - **KELLERMEISTER:** Wayne Stehbens
REBFLÄCHE: 450 Hektar
REBSORTEN: Cabernet, Shiraz, Chardonnay
BESUCH: Mo-Fr 9-16.30 Uhr, Sa 10-16.30 Uhr, So 12-16.30 Uhr
AmEx DINERS EURO VISA
FFF

Die Geschichte des Katnook Estate reicht bis ins 19. Jahrhundert zurück. In den Jahren der ersten Besiedelung der Region Coonawarra war ein John Riddoch Besitzer des heute als Weingut genutzten Areals. Der schottische Farmer entdeckte bald, dass sich der Boden für den Anbau von Reben sehr gut eignete.
Der Aufstieg in die erste Liga des australischen Weinbaus begann für Katnook um 1960, nachdem Peter Yunghanns, ein Industrieller aus Melbourne, das Anwesen erworben hatte. Die historischen Gebäude ließ er restaurieren, daneben erbaute er eine moderne Anlage. Unlängst wurden weitere 250 Hektar Anbaufläche hinzugekauft und bepflanzt. Etwa die Hälfte der heute insgesamt 450 Hektar ist für Cabernet Sauvignon-Trauben reserviert, die in Coonawarra besonders gut gedeihen.
Von allzu viel Diversifizierung hält der heutige Inhaber, David Yunghanns, nicht viel. Er konzentriert sich lieber auf drei Rebsorten. Mit gutem Erfolg: Sein Shiraz, Chardonnay und vor allem Sauvignon blanc schneiden bei Verkostungen stets sehr gut ab.

Konzentration: David Yunghanns

WEINEMPFEHLUNGEN

1999 Sauvignon blanc
FARBE: helles Gelb mit Zitronenreflexen
DUFT: exotische Früchte wie Lychee, Banane, Ananas, auch Birne, Stachelbeere, dazu Mandel und etwas Menthol
GESCHMACK: feinfruchtig und aromatisch, angenehme Säure, leicht herb, schmelzig, mittelkräftig und harmonisch im Abgang

1998 Cabernet/Shiraz Riddoch
1998 Shiraz Riddoch, 1997 Merlot
1997 Cabernet Sauvignon

BEZUGSQUELLEN

227, 345, 560

PETER LEHMANN WINES

Para Rd., AUS-5352 Tanunda, Tel. 0061-8-85 63 25 00, Fax 85 63 34 02
www.peterlehmannwines.com.au
INHABER: Douglas Lehmann
KELLERMEISTER: Peter Lehmann, Andrew Wigan, Ian Hongell, Leonie Lange
REBFLÄCHE: 404,6 Hektar
REBSORTEN: Shiraz, Cabernet Sauvignon, Grenache, Sémillon, Chardonnay
BESUCH: Mo-Fr 9.30-17 Uhr, Sa, So 10.30-16.30 Uhr

AmEx DINERS EC EURO VISA FFFF

Peter Lehmanns deutsche Vorfahren siedelten im Barossa Valley – in unmittelbarer Nachbarschaft der australischen Ureinwohner. Noch heute wird auf dem Weingut – vor allem zur Zeit der Lese – gemeinsam mit den Aborigines gefeiert.
Peter Lehmann und sein ältester Sohn Doug haben in den Weinbergen des Barossa Valley für ihre Trauben nahezu optimale Bedingungen. Besonders die großen australischen Rotweine – Cabernet Sauvignon, Shiraz und Merlot – sowie die bekannten weißen Vertreter Chardonnay, Sémillon und Sauvignon blanc profitieren von den sehr guten Wachstums- und Reifebedingungen.

Feiern gern: Peter Lehmann (l.), Sohn Doug

Doug Lehmann arbeitete nach seiner Ausbildung zum Önologen zunächst als Kellermeister in einem benachbarten Weingut, bevor er den elterlichen Betrieb von seinem Vater übernahm.
Die Keller werden von Andrew Wigan geführt, dessen 1989er Shiraz Stonewell mit dem angesehenen Jimmy-Watson-Preis für den besten einjährigen Rotwein Australiens ausgezeichnet wurde.

WEINEMPFEHLUNGEN

1994 Shiraz Stonewell
FARBE: Dunkles Schwarzkirschrot mit lila Reflexen
DUFT: konzentriert, Cassismarmelade, Brombeere, dazu animalisch, Leder, Teer und Tabak, auch leicht würzig, feine Holzaromen und Vanille
GESCHMACK: im Ansatz konzentrierte Frucht, angenehme Säure, feinwürzig mit präsenten Tanninen, harmonisch, kräftig und lang

1995 Mentor Cabernet Sauvignon/Malbec/Merlot
1997 Mourvèdre/Shiraz/Grenache
1997 Chardonnay

BEZUGSQUELLEN

14, 67, 68, 114, 174, 212, 224, 295, 314, 349, 361, 414, 438, 449, 473, 479, 533, 534

MOUNTADAM

High Eden Ridge, AUS-5235 Eden Valley, Tel. 0061-8-83 61 33 00,
Fax 83 61 34 00, office@mountadam.com, www.mountadam.com
INHABER: Adam Wynn
KELLERMEISTER: Adam Wynn, Andrew Ewart
REBFLÄCHE: 50 Hektar
REBSORTEN: Chardonnay, Pinot noir, Cabernet Sauvignon, Merlot, Shiraz
BESUCH: tgl. 11-16 Uhr

FF

Eigentlich hatte er schon alles erreicht im Leben, doch David Wynn suchte trotz seines gut gehenden Weinguts in Coonawarra eine weitere Herausforderung. Mit 55 Jahren wagte der große Visionär noch einmal den ganz großen Schnitt und baute ein neues Weingut auf. Heute zählt es, auf halber

Im Geist des Vaters: Adam Wynn

Höhe zwischen Barossa und Eden Valley gelegen, zu den bedeutendsten in ganz Australien.
Wynn suchte nach einem optimalen Anbaugebiet für Chardonnay. In Coonawarra konnte er seine Vorstellungen von einem großen Chardonnay wegen der dortigen regelmäßigen Frostperioden nicht realisieren. Also schaute sich der *winemaker* um und durchstreifte Neu-Südwales, Victoria und Tasmanien, bis er auf die 550 Meter über dem Meeresspiegel gelegene Anhöhe Mountadam im Eden Valley stieß. Dort war er sich sicher, dass die kühlen Temperaturen, die Trockenheit und das konstante Klima den Trauben exakt jene Zeit zur Reife lassen würden, die sie benötigen, um zu einem großen Wein zu werden.
Nachdem David Wynn 1995 im Alter von 80 Jahren starb, wird Mountadam von seinem Sohn Adam geführt. Ihm läge es fern, auch nur einen Schritt vom Wege des Vaters abzugehen.

WEINEMPFEHLUNGEN

1997 Pinot noir

FARBE: helles Goldgelb
DUFT: Apfel und Mandarine, dazu Buttermilch, Lakritz, Basilikum und Honig
GESCHMACK: leicht süßlich, gepaart mit angenehmer Säure, Vanille, rund, mittellang und ein wenig alkoholisch im Abgang

1997 Pinot noir

BEZUGSQUELLEN

139, 197, 212, 255, 258, 273, 286, 291, 309, 353, 365, 385, 412, 434, 511, 550, 557, 561

PENFOLDS WINES

78 Penfold Rd., AUS-5072 Magill, Tel. 0061-08-83 01 55 29,
Fax 83 01 54 44, www.penfolds.com
INHABER: Southcorp Wines - **KELLERMEISTER:** John Duval
REBFLÄCHE: 500 Hektar
REBSORTEN: Riesling, Cabernet Sauvignon, Mourvèdre, Shiraz, Cinsault, Merlot, Malbec, Cabernet franc, Chardonnay, Sémillon, Petit Verdot
BESUCH: Mo-Fr 10-17 Uhr , Sa, So 11-17 Uhr

AmEx DINERS EURO VISA

FFFF

Zur 200 Jahre alten Winzer-Dynastie Penfolds gehören heute drei eigenständige Weingüter. Das Herz des Konzerns schlägt in der Stadt Nuriootpa im Barossa Valley, hinzu kommen Magill im Süden des Landes und

Alte australische Winzer-Dynastie: Penfolds

Clare Estate, etwa 130 Kilometer nördlich von Adelaide.
Die Anlage im Barossa Valley wird unter dem Familiennamen betrieben, und dort verarbeitet Penfolds auch einen Großteil der Trauben. Das Unternehmen bietet eine erstaunliche Bandbreite verschiedener Weine und Blends an. Es dominieren Cabernet Sauvignon, Shiraz, Chardonnay und Sémillon.
Das Weingut in Magill verfügt über eigene Rebflächen und Produktionsgebäude, seine Weine bietet es unter dem eigenen Label an. Clare Estate, Rebfläche 130 Hektar, vertreibt seine Weine zum Teil ebenfalls unter eigenem Namen.

WEINEMPFEHLUNG

1996 Magill Estate Shiraz
FARBE: Schwarzkirschrot mit lila Reflexen
DUFT: feine Fruchtnoten von schwarzen Johannisbeeren und Brombeeren, dazu Vanille, toastig, etwas Pfeffer und Gewürznelken
GESCHMACK: feine Frucht, präsente Tannine, von der Gerbsäure geprägt

BEZUGSQUELLEN

9, 11, 13, 15, 17, 19, 21, 29, 31, 35, 36, 38, 39, 42, 44, 51, 54, 57, 60, 67, 68, 72, 73, 77, 78, 80, 82, 84, 87, 89, 90, 94, 95, 98, 104, 105, 106, 112, 114, 117, 118, 119, 125, 130, 131, 132, 136, 137, 138, 139, 140, 149, 151, 154, 162, 163, 166a, 167, 170, 175, 176, 177, 180, 183, 186, 189, 190, 195, 196, 197, 197a, 198, 202, 205, 206, 208, 210, 212, 215, 216, 220, 227, 230, 232, 234, 235, 237, 240, 242, 243, 244, 245, 255, 261, 263, 265, 272, 273, 282, 286, 287, 290, 291, 292, 297, 298, 299, 302, 305, 306, 308, 309, 310, 311, 312, 313, 314, 316, 318, 321, 324, 325, 326, 328, 329, 338, 345, 347, 352, 353, 358, 361, 365, 366, 368, 370, 374, 377, 378, 379a, 382, 385, 388, 389, 395, 408, 409, 412, 413, 424, 431, 432, 435, 437, 438, 440, 444, 451, 454, 455, 464, 470, 471, 472, 473, 476, 479, 480, 482, 487, 488, 491a, 494, 498, 499, 501, 504, 506, 509, 510, 511, 512, 518, 523, 526, 527, 529, 533, 534, 535, 541, 545, 547, 548, 550, 551, 556, 561

PENLEY ESTATE

McLeans Rd., AUS-5263 Coonawarra, Tel. 0061-8-87 36 32 11,
Fax 87 36 31 24, winery@penley.com.au, www.penley.com.au
INHABER UND KELLERMEISTER: Kym Tolley
REBFLÄCHE: 80 Hektar
REBSORTEN: Chardonnay, Merlot, Shiraz, Pinot noir, Cabernet franc, Cabernet Sauvignon
BESUCH: nach Vereinbarung
EURO VISA
FFF

Kym Tolley hatte nicht einmal die Qual der Wahl: Die Tolleys sind Winzer seit 1888, Kim ist zudem mütterlicherseits mit der Winzerdynastie Penfolds verwandt. Daher schlug auch er diesen Berufsweg ein – und nannte sein eigenes Weingut Penley – zusammengesetzt aus Penfolds und Tolley. Mehr als 90 Prozent der Anbaufläche von Penley sind mit roten Reben bestockt, vor allem Cabernet Sauvignon. Dazu gesellen sich Shiraz, Cabernet franc, Merlot und Pinot noir. Die einzige weiße Rebe auf Penley ist der in Australien bestens bekannte Chardonnay, der neben der roten Sorte Cabernet Sauvignon für den Ruhm der wohl bekanntesten australischen Weinbauregion Coonawarra sorgte.
Ein Chardonnay war es auch, der 1989 der Erfolgsgeschichte von Penley Estate zu einem blitzsauberen Start verhalf und in der australischen Weinszene bejubelt wurde. Seit ein Jahr später die ersten Rotweine auf den Markt kamen, ist jedem klar, dass Kym Tolley weit mehr ist als der „Sohn zweier berühmter Winzerfamilien“.

Ernte im Spätherbst: Penley Estate

WEINEMPFEHLUNG

1995 Shiraz/Cabernet

FARBE: dichtes Schwarzrot, mit dunklen, braunen Reflexen
DUFT: intensive Frucht, konzentriert nach Beerenmarmelade, Cassis- und Holundersaft, Pflaumen, etwas Heu, würzig nach Paprikapulver, Pfeffer, Gewürznelken, Zimt, Portwein und Vanillezucker
GESCHMACK: konzentriert am Gaumen, schmelzig, geschmeidig, schön eingebundene Tannine, anregende Säure, füllig, mittelkräftig, lang und fein im Abgang, großes Potenzial

BEZUGSQUELLEN

224, 323, 336, 354, 469, 509, 535

PETALUMA

Spring Gully Road, AUS-5151 Piccadilly, Tel. 0061-8-83 39 41 22,
Fax 83 39 52 53, www.portawinery.cl
INHABER: Brian Croser/Champagne Bollinger
KELLERMEISTER: Brian Croser
REBFLÄCHE: 125 Hektar
REBSORTEN: Cabernet Sauvignon, Riesling, Merlot, Chardonnay
BESUCH: tgl. 10-17 Uhr

FFF

Brian Croser gehört zur ersten Garde der australischen Kellermeister – ohne seine Arbeit wäre der Erfolg von Petaluma undenkbar. In den siebziger Jahren modernisierte er die Weißweinproduktion und führte erstmals in Australien Hefeselektion sowie Kühlgärung ein. Die Zusammenarbeit mit dem Champagnerhaus Bollinger begann 1985, danach wurde die Produktion von Schaumweinen aufgenommen, die nach der Champagner-Methode aus Pinot noir und Chardonnay hergestellt werden. Die Rebflächen sind über den ganzen Bundesstaat Südaustralien verteilt, der Cabernet Sauvignon zum Beispiel stammt aus Coonawarra, der Riesling aus Clare. Petaluma ist ein stark expandierendes Weinunternehmen, das mittlerweile mehrere andere australische Weingüter übernommen hat, beispielsweise Knappstein und Mitchelton. Zudem erwarb Petaluma 2000 auch das Weingut Argyle im US-Bundesstaat Oregon.

WEINTIPPS

1996 Chardonnay „Tiers Vineyard"
1997 Riesling
1997 Shiraz „Tiers Vineyard"

BEZUGSQUELLE

491a

Hefeselektion und Kühlgärung: Pionierleistung auf Petaluma

CHATEAU REYNELLA

Reynella Rd., AUS-5161 Reynella, Tel. 0061-8-83 92 22 22, Fax 83 92 22 00
international@brlhardy.com.au, www.brlhardy.com.au
INHABER: BRL Hardy Limited
KELLERMEISTER: Simon White, Stephen Pannell, Peter Dawson
REBFLÄCHE: 101,17 Hektar
REBSORTEN: Shiraz, Cabernet, Merlot, Chardonnay
BESUCH: tgl. 10-17 Uhr

FFF

Ein Château steht im Zentrum des Weinguts – ganz wie im Bordelais. Soviel zu den Vorbildern. Die Weine von Reynella gedeihen bei weitem nicht alle in Reichweite des Stammhauses. Das älteste Weingut Australiens besitzt Rebflächen in fast allen bekannten Anbauregionen des Südens. Chateau Reynella hat sich der Kunst des „blendings" verschrieben – der Komposition von Trauben verschiedener Weinberge zu einem charaktervollen Ganzen.
Eigene Weinberge unterhält das Unternehmen nicht nur in Reynella, sondern auch im McLaren Vale und in Coonawarra. Für die Rotweine ist Stephen Panell verantwortlich, der bei der Herstellung alte Weinbautraditionen mit modernen Technik verbindet. Der Prozess des „blending" wird bei Reynella unmittelbar nach der Lese eingeleitet – so durchlaufen die Trauben die nachfolgenden Produktionsstufen gemeinsam. Wie früher werden Teile des Rotweins noch offen fermentiert, nach dem schonenden Keltern mit Hilfe einer klassischen Korbkelter (Basket Press) werden die Weine in kleinen Eichenholzfässern gelagert. Etwas anders sieht es bei den Weißweinen aus, die Kellermeister Tom ausbaut. Hier wird nichts mehr offen fermentiert. Der Gärungsprozess findet in Fässern statt, was den Weinen zu einer ausgewogenen Kombination von Frucht und Holzcharakter verhelfen soll.

WEINEMPFEHLUNGEN

1994 Cabernet/Merlot „Basket Pressed"
FARBE: kräftiges Purpurrot
DUFT: feine Aromen von Kaffee, eingelegten Beeren, Minze und Zimt
GESCHMACK: süßlicher Ansatz, die Aromen finden sich auch am Gaumen, begleitet von feiner Säure, feinwürzig, mit angenehmen Tanninen, optimale Reife, sehr genussvoll

1995 Chardonnay

BEZUGSQUELLEN

20, 22, 73, 126, 154, 198, 210, 212, 215, 219, 222, 227, 243, 294, 295, 324, 328, 361, 368, 389, 402, 428, 442, 473, 475, 509, 518, 519, 527, 535, 539

ST. HALLETT

St. Hallett's Rd., AUS-5352 Tanunda (SA), Tel. 08-85 63 70 00,
Fax 85 63 70 01
sthallett@sthallett.com.au, www.sthallett.com.au
INHABER: Lindner McLean Vineyards & Cellars
KELLERMEISTER: Stuart Blackwell, Cathy Spratt
REBFLÄCHE: 50 Hektar
REBSORTEN: Sémillon, Cabernet Sauvignon, Chardonnay, Merlot, Shiraz, Grenache
BESUCH: tgl. 9-17 Uhr
AmEx DINERS EURO VISA

F F

Die deutsche Familie Lindner gründete 1944 das Weingut St. Hallett, das zu den ältesten Gütern im Barossa Valley zählt. Anfangs wurden hier aufgespritete Weine produziert, wie es damals in der Region üblich war, 1988 erlebte das Weingut einen Neuanfang.
Die Familien Blackwell und McLean erwarben Anteile, später auch die Familie Lamb. Verantwortlich für die Weinbereitung ist Stuart Kelso Blackwell. Nach ersten Erfahrungen als Kellermeister in Südafrika und Zimbabwe arbeitet er seit 1974 bei St. Hallett und wurde – nach seiner finanziellen

St. Hallett: Old Block Vineyard

Beteiligung am Unternehmen – die treibende Kraft der Erneuerung. Die traditionelle Ausrüstung wurde durch neue Technik ergänzt, der Schwerpunkt der Weinbereitung verlagert. Ab sofort verarbeitete man ausschließlich Trauben aus dem Barossa Valley. Aus selektiertem reifem Lesegut von alten, schon lange bepflanzten Weinbergen entstehen sehr aromatische Weine aus den roten Sorten Shiraz, Grenache, Cabernet Sauvignon und Merlot sowie den weißen Sorten Sémillon und Chardonnay.
St. Hallett fusionierte 2000 mit dem Weingut Tatachilla in McLaren Vale, vor allem, um von dessen Erfahrungen im Exportgeschäft zu profitieren.

WEINTIPPS

1997 Gamekeepers (Grenache, Mourvèdre, Touriga)
1996 Grenache

BEZUGSQUELLEN

47, 82, 114, 169, 176, 181, 197a, 265, 297, 548

TATACHILLA WINERY

151 Main Rd., AUS-5171 McLaren Vale SA, Tel. 0061-8-83 23 86 56,
Fax 83 23 90 96
tatachil@tatachillawinery.com.au, www.tatachillawinery.com.au

INHABER: Tatachilla Winery Pty. Ltd.
KELLERMEISTER: Michael Fragos, Justin McNamee
REBFLÄCHE: 10,5 Hektar
REBSORTEN: Chardonnay, Chenin blanc, Sémillon, Sauvignon blanc, Malbec, Grenache, Merlot, Cabernet Sauvignon, Shiraz
BESUCH: Mo-Fr 10-17 Uhr, Sa, So 11-17 Uhr

AmEx DINERS EC EURO VISA

FFF

Das heutige Weingut Tatachilla wurde 1995 eröffnet. Die Ursprünge der Anlage, ihr Name und die große Weinbautradition reichen jedoch 100 Jahre zurück. Mittlerweile unterhält das Unternehmen eigene Weinberge in vier Anbauregionen Südaustraliens. Neben dem Stammsitz im Herzen des McLaren Vale besitzt Tatachilla auch Rebflächen in den Adelaide Hills, in Padthaway und am Longhorne Creek. Die unterschiedlichen Herkunftsregionen, die unterschiedlichen klimatischen Bedingungen sowie die unterschiedlichen Böden und Anbautechniken schlagen sich deutlich in den diversen Weinen nieder.
Fast alle Rebsorten, die in Australien angebaut werden, wurzeln auch auf den Weinbergen des Tatachilla-Guts. Die körperreichen Roten werden traditionell in großen offenen Tanks fermentiert, der Most der Weißen wird in temperaturkontrollierten Edelstahltanks vergoren.

WEINEMPFEHLUNG

1997 Shiraz Foundation, McLaren Vale

FARBE: Schwarzrot
DUFT: animalisch nach frischem Fleisch, rote Beeren, Datteln und Feigen, süßliche Barrique-Noten
GESCHMACK: süßlich im Ansatz, konzentrierte Frucht, aromatisch, sehr präsente Tannine, schmelzig im Abgang. Noch sehr jung, braucht Luft, um sich zu entfalten, hat großes Potenzial

Berühmte Anlage: Tatachilla

BEZUGSQUELLEN

22, 73, 127, 132, 135, 139, 198, 200, 210, 212, 213, 215, 227, 261, 295, 305, 323, 361, 368, 374, 388, 389, 402, 428, 442, 469, 515, 518, 519, 535, 539, 551

GEOFF WEAVER

2 Stafford Rd., AUS-5240 Lenswood, Tel. 0061-8-82 72 21 05,
Fax 82 71 01 77
weaver@adelaide.on.net
INHABER UND ÖNOLOGE: Geoff Weaver
KELLERMEISTER: Geoff Weaver
REBFLÄCHE: 12 Hektar
REBSORTEN: Chardonnay, Sauvignon blanc, Riesling, Cabernet Sauvignon, Pinot noir, Merlot
BESUCH: kein Publikumsverkehr

FF

Als Geoff Weaver um 1980 zum ersten Mal nach Lenswood kam, fand er in erster Linie große Obstplantagen vor mit Apfel- und Kirschbäumen. Weinreben suchte er damals noch vergeblich. Doch Weaver vermutete richtig, dass Lenswood beste Voraussetzungen für den Anbau großer Weine bot. Für Weaver ist die Lage das Wichtigste, die Qualität eines Weines entsteht im Weinberg, nicht im Keller – so sein Credo. Mit der eigenen Produktion begann Weaver 1982 – und er stellte bald fest, dass er das Potenzial der Region richtig eingeschätzt hatte. Man kann Weaver daher mit Fug und Recht als Pionier dieses Anbaugebiets bezeichnen. Abgeschottet von extremen Windeinflüssen und begünstigt von einem Klima, welches während des ganzen Jahres stets relativ gleichmäßig und konstant bleibt, bieten die Anbauflächen in Lenswood beste Voraussetzungen für die Kultivierung von Weinreben. Ein gewaltiger Vorteil für den Winzer, da die konstanten Bedingungen seine Planungen für die Zukunft erheblich erleichtern. Heute hält Weaver 12 Hektar Anbaufläche unter Wein. In erster Linie baut er bekannte weiße Rebsorten wie Sauvignon blanc, Chardonnay und Riesling an. Der einzige Rotwein in Weavers Produktpalette ist ein mittelschwerer Blend aus Cabernet Sauvignon und Merlot, von dem jährlich etwa 10 000 Flaschen produziert werden. Insgesamt bringt das Weingut Geoff Weaver jedes Jahr rund 60 000 Flaschen auf den Markt.

WEINEMPFEHLUNG

1996 Chardonnay
FARBE: helles Goldgelb
DUFT: kräftige Barrique-Note, Vanille, Honig, Ananas, reifer Apfel und Graphit
GESCHMACK: süßliche Noten, gut eingebundene Aromen, kräftig, würzig, angenehm erfrischende Säure, lang anhaltend

BEZUGSQUELLEN

7, 82, 215, 258, 434, 515, 557

WIRRA WIRRA VINEYARDS

McMutrie Rd., AUS-5171 McLaren Vale, Tel. 0061-8-83 23 84 14,
Fax 83 23 85 96
info@wirra.com.au, www.wirra.com.au
INHABER: Greg und Roger Trott - **KELLERMEISTER:** Benjamin Riggs
REBFLÄCHE: 45 Hektar
REBSORTEN: Cabernet Sauvignon, Grenache, Shiraz, Merlot, Pinot noir, Riesling, Chardonnay, Sémillon, Sauvignon blanc
BESUCH: Mo-Sa 10-17 Uhr, So 11-17 Uhr nach Voranmeldung
AmEx DINERS EURO VISA
FFF

Nach dem Ende seiner Sportlerkarriere suchte Bob Wigley, ehemaliger Auswahlspieler der Cricket-Liga von South Australia, ein neues Betätigungsfeld. Er entschied sich für den Weinbau, 1984 bepflanzte er im McLaren Vale erste Rebflächen.
In den folgenden Jahren produzierte er Wein zunächst nur für den Eigenbedarf, nachdem sich der Erfolg eingestellt hatte, verkaufte er sein Weingut wieder. Die heutigen Besitzer von Wirra Wirra, Greg und Roger Trott, haben weiterreichende Pläne. Ihr Blick richtet sich auf den internationalen Markt, längst werden die Weine aus dem McLaren Vale in zahlreiche Länder der Erde exportiert.
Mit einer Anbaufläche von mittlerweile 45 Hektar zählt Wirra Wirra sicherlich nicht zu den Branchenriesen, doch die Weine belegen schon seit Jahren Spitzenplätze unter den australischen Weinen.
Wie in Australien und vor allem in der Region McLaren Vale üblich, stehen die noblen roten Trauben im Vordergrund: Cabernet Sauvignon, Shiraz und Merlot – die typischen, charaktervollen Rotweine Südaustraliens. Daneben werden auch die weißen Rebsorten Sauvignon blanc, Sémillon und Chardonnay angebaut. In den Kellern der Anlage regiert

Gute Geschäfte: Wirra Wirra

Jedes Jahr Preise und Auszeichnungen: Wirra Wirra-Keller im McLaren Vale

Benjamin John Riggs – seit seinem 16. Geburtstag bestimmt die Arbeit in Weinberg und Keller sein Leben. Nachdem er seine Ausbildung auf einem anderen Betrieb im McLaren Vale begonnen und später auf Weingütern in Frankreich und den USA seine Kenntnisse vertieft hatte, wechselte Riggs 1988 zu Wirra Wirra.

Dort ist er für sämtliche Phasen des Produktionsprozesses und die Überwachung der Abfüllanlagen zuständig. Zahlreiche Preise und Auszeichnungen, welche die Weine von Wirra Wirra Jahr für Jahr erhalten haben, sind der beste Nachweis einer erfolgreichen Arbeit.

WEINEMPFEHLUNGEN

1997 Cabernet/Shiraz/Merlot

FARBE: Rubinrot mit kirschroten Reflexen

DUFT: in der Nase animalische Aromen von Leder, auch Teer, Tabak, Cassis, Holunder, erdige Noten

GESCHMACK: fruchtige Süße, dazu angenehme Säure, feine Tannine, sehr harmonisch und rund

1998 Chardonnay Sexton's Acre Unwooded

1996 Grenache/Shiraz, Original Blend McLaren Vale

BEZUGSQUELLEN

67, 68, 87, 212, 242, 261, 276, 295, 336, 361, 469, 535, 551

WYNNS COONAWARRA ESTATE

Memorial Drive, AUS-5263 Coonawarra, Tel. 0061-8-87 36 32 66,
Fax 87 36 32 02
wynns.coonawarra@southcorp.com.au
www.wynns.com.au
INHABER: Southcorp Wines - **KELLERMEISTERIN:** Suzanne Hodder
REBFLÄCHE: 900 Hektar
REBSORTEN: Cabernet Sauvignon, Shiraz, Merlot, Riesling, Chardonnay
BESUCH: tgl. 9-17 Uhr

AmEx DINERS EURO VISA

FFF

Zwar wurden auf der Farm in Coonawarra schon um 1900 Reben angepflanzt, doch gab man den Weinbau bald wieder auf. David Wynn kaufte den verlassenen Betrieb Anfang der fünfziger Jahre und baute ihn zu einer prachtvollen Anlage aus. Heute prangt auf dem Etikett jeder Weinflasche, die das Gut verlässt, die Fassade von Wynns Coonawarra Estate. Wynn ist mittlerweile zu einem Großunternehmen aufgestiegen, das nahezu alle einheimischen Trauben-Varietäten anbaut.
Zwei Weine hat Unternehmensgründer David Wynn Menschen gewidmet, die ihm besonders nahe stehen. Der Shiraz „Michael“, den er erstmals 1955 abfüllte und der ihm viel Anerkennung einbrachte, ist nach seinem erstgeborenen Sohn – heute selbst Winzer – benannt. Der Cabernet Sauvignon „John Riddoch“ erinnert an jenen Weinbau-Pionier, der die Region Coonawarra als Anbaugebiet entdeckte. Außerdem werden auf Wynns Coonawarra Estate zahlreiche interessante Rote und Weiße produziert – und seit vielen Jahren auch in alle Welt exportiert.

WEINEMPFEHLUNGEN

1994 Cabernet Sauvignon
FARBE: dichtes Schwarzkirschrot
DUFT: sehr ansprechend, fein aromatisch, nach Würze, Paprikapulver und ein wenig Pfeffer, auch konzentrierte Frucht von Beeren und Cassis-Likör, dazu animalisch wie Pferd und Leder
GESCHMACK: der Wein braucht Luft und Zeit, um sich zu entfalten, sehr trocken, komplex, kräftig und nachhaltig, präsente, langanhaltende Taninne

1996 Coonawarra Cabernet Sauvignon

BEZUGSQUELLEN

41, 44, 53, 54, 84, 114, 139, 140, 195, 196, 197, 212, 227, 255, 261, 273, 286, 291, 295, 309, 321, 324, 326, 329, 353, 361, 365, 366, 370, 378, 382, 385, 388, 412, 435, 437, 438, 441, 451, 464, 475, 476, 479, 480, 511, 535, 545a, 547

YALUMBA WINERY

Eden Valley Rd., AUS-5353 Angaston, Tel. 0061-8-85 61 32 00,
Fax 85 61 34 65; negin@negociants.com, www.yalumba.com
INHABER: Robert Hill Smith - **ÖNOLOGE:** Simon Adams
KELLERMEISTER: Brian Walsh
REBFLÄCHE: 580 Hektar
REBSORTEN: Shiraz, Cabernet Sauvignon, Merlot, Pinot noir, Chardonnay, Sauvignon blanc, Sémillon, Viognier
BESUCH: Mo-Fr 8.30-17 Uhr

AmEx DINERS EC EURO VISA

FFFF

Das Weingut ist unser Herz und unsere Seele", sagt Robert Hill Smith. Der Winzer auf Yalumba ist stolz auf die Tradition der Familie, die bereits im 19. Jahrhundert Wein anbaute. „Unser Ziel ist es, das beste und größte unter den unabhängigen australischen Weingütern zu werden", sagt Smith weiter – auch auf Yalumba herrscht Aufbruchstimmung. Robert Hill Smith scheint auf dem richtigen Weg zu sein. Unterstützt wird er von Brian Walsh, der im Keller das Sagen hat und im Unternehmen den kreativen Part übernahm.

Angebaut werden auf Yalumba fast alle Trauben, die Australien als Weinland großgemacht haben. Neben den Anbauflächen im Barossa Valley besitzt das Unternehmen weitere Rebflächen in anderen bevorzugten australischen Weinregionen wie Coonawarra und Wrattonbully. So kann Yalumba stets ein breit gefächertes Angebot – und eine jährliche Produktionsmenge von zwölf Millionen Flaschen – gewährleisten.

Shiraz, Cabernet Sauvignon und Chardonnay nehmen den größten Teil der Rebfläche ein. Nicht ohne Grund zählen gerade diese Varietäten im ganzen Land zu den beliebtesten und bekanntesten – sie gedeihen in Australien nun einmal besonders gut.

WEINEMPFEHLUNG

1998 Limited Release Viognier

FARBE: helles Gelb mit grünen Reflexen

DUFT: komplex, weich und süßlich nach Drops, reifer Birne, Pfirsich und Lychee, auch weiße Blüten, eine Spur Muskat und Melone

GESCHMACK: runder Ansatz, würzig und pfeffrig, aromenreich, rassige Säure, nachhaltig mit guter Balance von Frucht, Säure und Kraft

BEZUGSQUELLEN

20, 35, 51, 54, 72, 76, 84, 89, 95, 106, 112, 119, 139, 140, 151, 167, 188, 192, 197, 197a, 203, 206, 210, 212, 216, 221, 225, 227, 261, 273, 279, 280, 283, 285, 286, 292, 295, 303, 308, 312, 314, 329, 338, 339, 361, 374, 378, 388, 413, 419, 422, 429, 436, 453, 456, 461, 463, 464, 470, 472, 491a, 492, 498, 506, 518, 529, 533, 534, 535, 536, 552, 560, 561

BROWN BROTHERS VINEYARD

Milawa Victoria, AUS-3678 Milawa, Tel. 0061-357-20 55 00, Fax 20 55 11
www.brownbrothers.com.au
INHABER: John E. Brown - **KELLERMEISTER:** Terry Barnett
REBFLÄCHE: 567,7 Hektar
REBSORTEN: Dry Muscat, Shiraz, Chardonnay, Cabernet Sauvignon, Orange Muscat, Tarrango
BESUCH: tgl. 9-16 Uhr

DINERS EURO VISA

FFF

Kaum ein anderes australisches Unternehmen bietet eine derartige Vielfalt unterschiedlicher Weine an wie das Weingut Brown Brothers in Milawa – 45 verschiedene Rebsorten wachsen auf den weiten Rebflächen. „Jede Sorte benötigt ihre eigenen, ganz speziellen Wachstumsbedingungen – wir geben sie ihr", nach diesem Motto betreibt man im Hause Brown Weinbau, seit über einem Jahrhundert. Mochten sich andere Winzer spezialisieren – Brown Brothers schlugen von Anfang an den entgegengesetzten Weg ein. Zwar nehmen die für Australien typischen Rebsorten auch hier den größten Raum ein, doch neben Cabernet Sauvignon, Merlot und Shiraz bei den Roten sowie Sémillon, Chardonnay und Sauvignon blanc bei den Weißen werden in den nördlichen, deutlich kühleren Regionen von Milawa, am Eingang zum King Valley, auch Riesling und Gewürztraminer angebaut. Daneben experimentiert Brown Brothers sehr erfolgreich mit Tempranillo, Zinfandel und Muscat.
Vor einigen Jahren wurde ein kleines „Weingut im Weingut" – betriebsintern „Kindergarten Winery" genannt – angelegt, um dort mit weiteren Rebsorten, verschiedenen Böden und neuartigen Techniken zu experimentieren. Auf die Ergebnisse darf man gespannt sein.
Die Weine von Brown Brothers – jährlich eine Million Flaschen – werden unter verschiedensten Labels vertrieben.

WEINEMPFEHLUNGEN

1996 Noble Riesling Milawa
FARBE: Orangengelb mit goldenen Reflexen
DUFT: frisch, nach kandierten Zitrusfrüchten, Honig, etwas Quitten, Aprikosen, Karamell und Milchschokolade
GESCHMACK: konzentriert, fast fett im Ansatz, intensive Süße mit anregender Säure, Orangen-Aromen mit leichten, angenehmen Bittertönen, vollmundig, mächtig, trotzdem elegant und sehr lang im Abgang

1996 Cabernet Sauvignon
1998 Orange Muscat and Flora Victoria
1998 Muscat Victoria

BEZUGSQUELLEN

39, 57, 58, 127, 138, 140, 142, 164, 328, 409, 509, 511, 512, 525, 560

DOMAINE CHANDON

St. Huberts Rd., AUS-3770 Coldstream, Tel. 0061-3-97 39 11 10,
Fax 97 39 10 95
postmaster@domainechandon.com.au
INHABER: Moët Hennessy Group
KELLERMEISTER: Wayne T. Donaldson, Neville W. Rowe, James Goster
REBFLÄCHE: 97,1 Hektar
REBSORTEN: Chardonnay, Pinot noir, Pinot meunier
BESUCH: tgl. 10.30-16.30 Uhr
AmEx DINERS EC EURO VISA
FF

Hervorragenden Schaumwein kann man nicht nur in Frankreich produzieren – mit dieser festen Überzeugung startete die Champagner-Dynastie Moët & Chandon ihre Expansion in die Neue Welt. Die australische Domaine Chandon – Experten ist die Anlage noch unter ihrem früheren Namen Green Point bekannt – wurde zu einem der wichtigsten Außenposten des Unternehmens.

Wichtiger Außenposten: Domaine Chandon

Die Mitte der achtziger Jahre errichtete Kellerei wurde mit den modernsten Anlagen ausgestattet, auch den Weinbergen widmete das Unternehmen große Aufmerksamkeit und viel Engagement. Angepflanzt wurden ausschließlich Chardonnay, Pinot noir und Pinot meunier – die in Frankreich für Champagner zugelassenen Rebsorten. Bereits die erste Ernte 1986, die Schaumweine von hoher Qualität erbrachte, belohnte die konsequente Firmenpolitik.
Drei Kellermeister sorgen auf der Domaine Chandon dafür, dass die Qualität beständig auf hohem Niveau bleibt – bei einer Jahresproduktion von nahezu 1,5 Millionen Flaschen.
Ursprünglich wollte der Mutterkonzern nur den australischen Markt bedienen, heute wird etwa ein Viertel der Produktion nach Europa verkauft.

WEINEMPFEHLUNG

Australia Chandon Brut
FARBE: mittleres Strohgelb mit feinen, gleichmäßigen Perlen
DUFT: dominante nussige Aromen, dezente, reife, tropische Frucht im Hintergrund, nach einiger Zeit entwickelt sich ein schönes Birnenaroma
GESCHMACK: üppiger Charakter, sehr viel Schmelz, zarte Süße, ausgezeichnetes Mousseux

BEZUGSQUELLEN

212, 366, 371, 451

LILLYDALE VINEYARDS

45 Davross Court, AUS-3193 Seville, Victoria, Tel. 0061-3-59 64 20 16,
Fax 59 64 30 09
internet: www.mcwilliams.com.au

INHABER: McWilliam's Wines
KELLERMEISTER: Max McWilliam & Jim Brayne
REBFLÄCHE: 13 Hektar
REBSORTEN: Cabernet Sauvignon, Merlot, Pinot noir, Sauvignon blanc, Chardonnay, Gewürztraminer
BESUCH: tägl 9-17 Uhr

AmEx DINERS EURO VISA

F F

Die Lillydale Vineyards sind Teil der großen McWilliam-Weinfamilie, das Unternehmen unterhält in nahezu allen bekannten australischen Weinbauregionen eigene Rebflächen und Weingüter. Im Yarra Valley sorgen vor allem jene Rebsorten, die ein kühleres Klima bevorzugen, für hervorragende Ergebnisse.

Das Anbaugebiet war zwar bereits um 1900 als Weinregion bekannt, doch der Aufschwung ließ bis zu den siebziger Jahren auf sich warten. Max McWilliam war 1976 unter den Ersten, welche die Produktion aufnahmen – heute zählen seine Weine zu den besten in diesem Gebiet.

Auf den 13 Hektar Rebflächen von Lillydale werden in erster Linie die weißen Chardonnay und Sauvignon blanc sowie die roten Cabernet Sauvignon und Pinot noir angebaut. Kleinere Areale sind für Merlot und Gewürztraminer reserviert. Als Großunternehmen mit Rebflächen in verschiedenen australischen Anbauregionen kann McWilliam' Wines eine weit gefächerte Produktpalette anbieten.

WEINTIPPS

1997 Lillydale Vineyards Cabernet Merlot
1998 Lillydale Vineyards Chardonnay
1996 Lillydale Vineyards Gewürztraminer
1999 Lillydale Vineyards Pinot noir
1998 Lillydale Vineyards Sauvignon blanc
1995 Lillydale Vineyards Yarra Gold

BEZUGSQUELLEN

keine Angaben

LINDEMANS

Eddy Rd., AUS-3496 Karadoc, Tel. 0061-3-50 51 33 33, Fax 50 51 33 90, lindemans@com.au, www.lindemans.com.au
INHABER: Neville Parbs - **KELLERMEISTER:** Phillip John
REBFLÄCHE: keine Angabe
REBSORTEN: Shiraz, Cabernet Sauvignon, Chardonnay, Sémillon, Merlot, Pinot noir, Sauvignon blanc, Riesling
BESUCH: tgl. 10-16 Uhr

AmEx DINERS EURO VISA

Cawarra bedeutet in der Sprache der australischen Ureinwohner „am Ufer des fließenden Wassers". Heute steht der Name für eine der bedeutendsten australischen Weinbauregionen. Hier ist auch die Heimat eines der ältesten Weingüter des Landes, der Lindemans Winery. Längst hat sich aus dem Familienbetrieb, um 1850 von dem britischen Einwanderer Henry Lindeman gegründet, ein weit verzweigtes Netz von Unternehmen entwickelt. Das Herz des Konzerns aber schlägt noch immer in Cawarra, hier steht ein Großteil der firmeneigenen Rebstöcke. Lindemans ließ sich aber auch in anderen australischen Weinbauregionen nieder, 1968 zählte der Familienbetrieb zu den Pionieren in der Region Padthaway, 90 Kilometer nördlich von Coonawarra. Heute besitzt das Gut zudem Anbauflächen und Kellereien im Hunter Valley und anderen Regionen. Die Anlage „Karadoc" nahe der Stadt Mildura gilt als eine der modernsten Produktionsanlagen der Neuen Welt.

Lindemans baut nahezu die gesamte Palette der in Australien heimischen Varietäten an, darunter auch die Klassiker Shiraz, Cabernet Sauvignon und Chardonnay.

WEINEMPFEHLUNGEN

1998 Chardonnay Lindemans BIN 65
FARBE: helles Zitronengelb
DUFT: deutliche Holznoten, Vanille, Räuchertöne, toastig, dazu Frucht von Ananas und Quitten sowie Minze
GESCHMACK: süß im Ansatz, dann Ananas und Vanille, leicht würzig und schmelzig

1998 Cabernet Sauvignon Lindemans BIN 45
1997 Shiraz Lindemans BIN 50

BEZUGSQUELLEN

21, 40, 65, 67, 68, 106, 109, 117, 174, 186, 210, 263, 272, 296, 306, 314, 432, 451, 472, 479, 561

CHÂTEAU TAHBILK

Tahbilk Rd., AUS-3608 Tahbilk, Tel. 0061-3-57 94 25 55, Fax 57 94 23 60
INHABER: Familie Purbrick - **KELLERMEISTER:** Alister Purbrick
REBFLÄCHE: 161 Hektar
REBSORTEN: Marsanne, Chardonnay, Shiraz, Cabernet Sauvignon, Riesling, Roussanne, Viognier, Chenin blanc, Sémillon, Malbec, Merlot, Cabernet franc
BESUCH: Mo-Sa 9-17 Uhr, So 10-17 Uhr

EC | EURO | VISA

FFF

Weit mehr als 1000 Auszeichnungen haben die Weine des Château Tahbilk im Laufe der mehr als 100jährigen Geschichte des Gutes erhalten – Ansporn für die heutige Besitzer-Generation. Château Tahbilk gilt als eines der renommiertesten

Wein-Folklore: Château Tahbilk

Unternehmen in der Region Victoria. In den Weingärten entlang des Goulburn River gedeihen nahezu alle Traubensorten. Neben Chardonnay, Cabernet Sauvignon und natürlich Shiraz widmet sich die Winzer-Familie Purbrick auch Rebsorten wie Marsanne und Roussanne, die in Australien eher ungewöhnlich sind. Eine besondere Rarität des Gutes sind die alten, 1860 angepflanzten Shiraz-Reben, die einen hochkonzentrierten Wein hervorbringen.
Bei der Weinproduktion gehen auf Château Tahbilk traditionelle und moderne Methoden Hand in Hand, so wird etwa die Lese teils mit Erntemaschinen, teils klassisch von Hand durchgeführt. Für den Ausbau und die Komposition der Weine setzt Kellermeister Alister Purbrick ganz auf traditionelle Methoden, wie sie auf Château Tahbilk seit seiner Gründung üblich sind.

WEINEMPFEHLUNGEN

1996 Chardonnay
FARBE: helles Goldgelb mit Zitronenreflexen
DUFT: exotische Früchte wie reife Ananas und Passionsfrucht, würzig und kräuterig, Pfefferminz, Holznoten, Vanille und Kokosnuss
GESCHMACK: süßliche Vanillenoten, feinwürzig und fruchtig, geschmeidig, angenehme Säure, leicht buttrig und lang im Abgang

1995 Cabernet Sauvignon
1996 Marsanne

BEZUGSQUELLEN

25, 44, 54, 61, 62, 113, 119, 126, 140, 171, 174, 177, 191, 219, 242, 243, 260, 262, 270, 295, 347, 370, 419, 438, 444, 453, 464, 475, 506, 535, 550, 559

TALTARNI VINEYARDS

Taltarni Rd., AUS-3478 Moonambel, Tel. 0061-3-54 67 22 18,
Fax 54 67 23 06, taltarni@river.net.au, www.taltarni.com.au
INHABER: John Goelet
KELLERMEISTER: Chris Markell, Shane Clohesy und Philippe Bru
REBFLÄCHE: 121,4 Hektar
REBSORTEN: Chardonnay, Pinot noir, Pinot meunier, Sauvignon blanc, Chenin blanc, Riesling, Shiraz, Cabernet Sauvignon, Cabernet franc, Malbec, Merlot
BESUCH: tgl.10-17 Uhr
AmEx DINERS EURO VISA

F F

Neben seinem Weingut in Kalifornien gründete John Goelet 1972 ein zweites im Herzen des australischen Bundesstaates Victoria. Taltarni ist ein Wort aus der Sprache der australischen Ureinwohner und bedeutet „rote Erde". Der quarzreiche, tiefrote Boden sowie die hervorragenden klimatischen Bedingungen erwiesen sich schnell als nahezu optimale Voraussetzungen für den Anbau nahezu aller in Australien heimisch gewordener Rebsorten. Anders als die meisten Winzer in

Rote Erde: Rebflächen auf Taltarni

Victoria verfolgt man auf Taltarni keine Strategie der Spezialisierung auf einzelne Rebsorten.
Den größten Anteil der Anbauflächen nimmt Sauvignon blanc ein. Fünf Jahre nach der Eröffnung des Guts wurde der erste Wein abgefüllt. Der 1977er Taltarni Cabernet Sauvignon konnte auf Anhieb überzeugen und wurde mit einer Goldmedaille ausgezeichnet. Es sollte nur die erste von zahlreichen Auszeichnungen sein, welche die Weine von Taltarni mittlerweile erhalten haben.

WEINEMPFEHLUNG

1997 Sauvignon blanc

FARBE: intensives Gelb mit guter Viskosität
DUFT: Eichenholz, geröstetes Brot, Anklänge von Ginsterblüten und Quitten
GESCHMACK: üppig mit dezenter Säure, geprägt von Röstnoten und Quitten, ein Hauch von Vanille im sehr guten Finale

BEZUGSQUELLEN

298, 469

YARRA VALLEY HILLS

Delaney's Rd., AUS-3134 Warranwood, Tel. 0061-3-59 62 41 73,
Fax 59 62 40 59
yarravalleyhills@compuserve.com, www.yarravalleyhills.com.au
INHABER: Terry Hill - **KELLERMEISTER:** Martin Williams
REBFLÄCHE: 16,19 Hektar
REBSORTEN: Chardonnay, Pinot noir, Sauvignon blanc, Cabernet Sauvignon, Merlot, Cabernet franc, Riesling
BESUCH: Sa, So 11-18 Uhr

AmEx DINERS EC EURO VISA

F

Das australische Weinunternehmen De Bortoli nahm 1971 den Betrieb auf dem Weingut Yarra Valley auf. Ganze zehn Hektar standen damals unter Wein. Der Erfolg erforderte eine schnelle

Vom Klima verwöhnt: Reben auf Yarra

Expansion. Mittlerweile ist das Weingut Yarra Valley längst aus dem Schatten des Mutterkonzerns herausgetreten – die Trauben dieser Region vollbringen in dem dort herrschenden außergewöhnlichen Klima wahre Höchstleistungen. Yarra Valley baut einerseits die für Australien typischen Rebsorten Cabernet Sauvignon, Merlot und Chardonnay an, andererseits auch Sorten, die, wie Riesling und Pinot noir, ein kühleres Klima bevorzugen.

WEINEMPFEHLUNG

1996 Quintet, Mount Mary Vineyard
FARBE: Kirschrot
DUFT: animalisch, Pilzaromen und Veilchentöne
GESCHMACK: ebenfalls Pilz- und Veilchennoten, leicht würzig, elegant

BEZUGSQUELLEN

375, 385, 428, 479, 491a, 535, 536

ARROWFIELD WINES

Denman Road, AUS-2330 Upper Hunter, Jerrys Plains (NSW)
Tel. 0061-2-65 76 40 41, Fax 65 76 41 44,
arrowine@hunterlink.net.au

INHABER: Hokuriku Coca Cola Bottling Company, Japan
KELLERMEISTER: Don Buchanan
REBFLÄCHE: 58,2 Hektar
REBSORTEN: Chardonnay, Sémillon, Shiraz, Pinot noir, Cabernet Sauvignon, Merlot, Sauvignon blanc
BESUCH: tgl. 10-17 Uhr

AmEx EURO VISA

F

Tradition wird auf dem Weingut Arrowfield im oberen Hunter Valley groß geschrieben. Dass die Ursprünge der Anlage auf einen der ersten weißen Siedler der Region, George Bowman, zurückgehen, würdigt das Unternehmen auf besondere Weise: Eines der Labels, unter denen die Weine auf den nationalen und internationalen Markt gebracht werden, heißt „Bowman". Damit würdigt man den Mut des Mannes, der sich im Jahre 1824 in dem Gebiet niederließ.

Der Weinbau begann auf Arrowfield allerdings erst viel später. Bowman und die nachfolgenden Generationen hatten das Gelände zur Pferdezucht genutzt, erst in den siebziger Jahren begann man, den Boden auf den Anbau von Reben vorzubereiten. Nach einigen harten und arbeitsreichen Jahren wurden die ersten Weine gekeltert.

Damals wie heute nimmt der Chardonnay den Hauptteil der Anbauflächen ein. Der Erfolg des Unternehmens beruht allerdings keineswegs nur auf der Weißwein-Produktion. Auch Shiraz, Merlot und Cabernet Sauvignon werden heute angebaut. Mittlerweile wurde Arrowfield an ein großes japanisches Unternehmen verkauft, doch der ehemalige Besitzer, Don Buchanan, ist als Kellermeister immer noch für die Wein-Produktion zuständig.

Früher Pferdezucht: Arrowfield

WEINTIPPS

1996 Arrowfield Chardonnay
1997 Arrowfield Show Reserve Cabernet Sauvignon

BEZUGSQUELLE

142

DE BORTOLI WINERY

Pinnacle Lane, AUS-3775 Dixon's Creek, Tel. 0061-3-59 65 22 71,
Fax 59 65 24 42, dbw@debortoli.com
INHABER: Stephen Webber, Leanne de Bortoli - **KELLERMEISTER:** Stephen Webber, David Slingsby-Smith, David Bicknell
REBFLÄCHE: 130 Hektar
REBSORTEN: Pinot noir, Shiraz, Merlot, Cabernet Sauvignon, Chardonnay, Sauvignon blanc, Riesling, Petit Verdot, Zinfandel, Sémillon
BESUCH: tgl. 10-17 Uhr

AmEx EURO VISA

FF

Vittorio de Bortoli betrat 1924 australischen Boden – mit nicht viel mehr als seinem Ausweis in der Tasche und vielen Ideen im Kopf. Innerhalb von nur vier Jahren etablierte der gebürtige Italiener seine eigene, sehr erfolgreiche Firma. Heute gilt die Kellerei De Bortoli als eines der größten in Familienbesitz befindlichen Unternehmen der australischen Weinbranche.
Der Konzern unterhält mittlerweile zwei Weingüter — Yarra Valley Hills und die Anlage in Bilbul, dort, wo einst alles begann. Auf den fruchtbaren Hügeln der Region Riverina im Bundesstaat Neu-Südwales fanden die De Bortolis, wonach sie gesucht hatten: hervorragende Böden mit einer guten natürlichen Drainage und ebenso guten klimatischen Bedingungen. Die Trauben – nahezu alle in Australien heimisch gewordenen Varietäten sind auf den Rebflächen zu finden – werden teils selbst angebaut, teils von kleineren Winzern aus verschiedenen Regionen Australiens zugekauft. Entsprechend breit gefächert ist das Angebot an Weinen. De Bortoli bringt Jahr für Jahr mehrere Marken auf den Markt, der überzeugendste Wein ist nach wie vor die edelsüße Cuvée aus Riverina.

WEINEMPFEHLUNGEN

1994 Noble One
FARBE: dezent bernsteinfarben, mit sehr hoher Viskosität
DUFT: sehr elegante, gleichzeitig auch intensive, von Botrytis geprägte Aromen, die an eingelegte Mangos, Williamsbirnengelee und Pfirsichmarmelade erinnern, eine Spur Honig, mit leicht rauchigen Tönen unterlegt
GESCHMACK: opulent, mit einem dezenten Hauch von Säure, wuchtige Botrytistöne auch am Gaumen, Fruchtkonfitüre und geröstete Aromen im langen Abgang

1994 Cabernet/Shiraz/Merlot Victoria, Windy Peak
1997 Lightly Oaked Chardonnay
1997 Barrel Selected Cabernet Sauvignan

BEZUGSQUELLEN

42, 46, 533, 534, 535

CASELLA WINES

Wakely Road (Farm 1471), AUS-2681 Yenda, Tel. 0061-2-69 68 13 46,
Fax 69 68 11 96
info@casellawine.com.au

INHABER: John Casella - KELLERMEISTER: Alan Kennett
REBFLÄCHE: 283,2 Hektar
REBSORTEN: Chardonnay, Sémillon, Cabernet Sauvignon, Shiraz, Merlot
BESUCH: nach Vereinbarung

FFF

Ursprünglich hatte die italienische Einwanderer-Familie Casella gar nicht vor, ein Großunternehmen zu gründen. Lediglich der Weinbedarf der Familie sollte von den kleinen Rebflächen bei Yenda gedeckt werden – mehr nicht. Gut, dass der Familienrat seine Entscheidung noch einmal

Blühendes Unternehmen: Casella

überdachte. Heute werden jährlich stolze 10 Millionen Flaschen produziert. Seinen Erfolg verdankt das Weingut in erster Linie John Casella, der den Betrieb heute in zweiter Generation leitet. Er erwarb 1994 eine moderne Produktionsanlage und übertraf bereits mit der folgenden Ernte die bisherigen Erträge des Unternehmens bei weitem. Bis 1997 wurde der Umsatz noch einmal verdreifacht.
Wie auf den meisten anderen Weingütern stehen Klassiker wie Cabernet Sauvignon, Shiraz, Merlot und Chardonnay im Mittelpunkt des Interesses. Derzeit hält das Gut knapp 300 Hektar unter Wein. Auch die Produktion von Schaumweinen wurde auf Casella in den vergangenen Jahren intensiviert. Mittlerweile produziert man rund 20 000 Flaschen im Jahr, mit weiter steigender Tendenz.

WEINEMPFEHLUNG

1997 Riverina Botrytis Sémillon, Carramar Estate

FARBE: hell bernsteinfarben, sehr hohe Viskosität
DUFT: intensive Aromen von Honig, Aprikosenmarmelade, Quittengelee, aber auch etwas marinierte exotische Früchte wie Ananas und Passionsfrucht
GESCHMACK: üppige Süße und Aromen, die an Fruchtgelee und Honig erinnern, guter Abgang, sehr dicht

BEZUGSQUELLEN

22, 90, 169, 548

CRANSWICK ESTATE

Walla Avenue, AUS-2680 Griffith, Tel. 0061-2-69 62 41 33,
Fax 69 62 28 88
info@cranswick.com.au, www.cranswick.com.au
INHABER: Andrew Shulz - **KELLERMEISTER:** Tim Pearce
REBFLÄCHE: 292,5 Hektar
REBSORTEN: Shiraz, Cabernet Sauvignon, Chardonnay, Merlot, Ruby Cabernet, Marsanne, Sémillon, Grenache, Traminer, Colombard
BESUCH: tgl. 10-16 Uhr
AmEx EC EURO VISA

FF

Cranswick Estate ist der sechstgrößte Wein-Exporteur Australiens. Das Unternehmen kauft Reben von anderen Gütern, auch aus unterschiedlichen Regionen, auf. Entsprechend vielfältig ist das Angebot. Griffith, Mildura, McLaren Vale – die Herkunftsangaben der Cranswick-Weine lesen sich wie ein Führer durch die besten Anbaugebiete.
Die Weine des Unternehmens werden unter mehreren Labels mittlerweile bis in den letzten Winkel der Erde vertrieben: Cranswick Estate, Haselgrove, Barramundi, Milburn Park, Salisbury und Cedar Creek.
Aufs Ganze gesehen dominiert unter den Rebsorten der kräftige Shiraz, der wohl bekannteste und erfolgreichste australische Wein, dicht gefolgt von Cabernet Sauvignon und Merlot – den großen Bordeaux-Trauben.
Bei den weißen Verwandten bietet sich ebenfalls ein vertrautes Bild: Chardonnay und Sémillon machen den größten Teil des Angebots aus.
Den Charme eines alten Familienbetriebes sucht man bei Cranswick vergebens. Wer erst seit sechs Jahren eigene Weinberge besitzt und zuvor eher als Aufkäufer auf sich aufmerksam machte, steht in Sachen Tradition hinter kleineren Betrieben naturgemäß zurück.
Der Besuch eines der Betriebe lohnt sich aber aus einem ganz anderen Grunde: Cranswick zeigt, wie ein Gut auszusehen hat, wenn man in der Weinindustrie bestehen will.

WEINTIPPS

1996 Cranswick Estate Autumn Gold Botrytis Semillon
1997 Cranswick Estate Cocoparra Vineyard Shiraz

BEZUGSQUELLEN

2, 10, 12, 14, 23, 27, 30, 54, 89, 105, 107, 115, 119, 120, 122, 123, 130, 136, 150, 163, 181, 186, 255, 270, 274, 299, 307, 314, 321, 338, 341, 380, 385, 386, 414, 424, 438, 462, 467, 468, 472, 483, 495, 497, 527, 541, 550

GARTELMANN HUNTER ESTATE

Lovedale Rd., PLZ 2321 AUS-Lovedale NSW, Tel. 0061-2-49 30 71 13, Fax 49 30 71 14, sales@gartelmann.com.au, www.gartelmann.com.au

INHABER: Jan und Jorg Gartelmann - **KELLERMEISTER:** Gary Reel
REBFLÄCHE: 16 Hektar
REBSORTEN: Shiraz, Sémillon, Chardonnay, Chenin blanc, Merlot, Muscat
BESUCH: tgl. 10-17 Uhr

AmEx DINERS EURO VISA F

Der Shiraz hat Janette und Jörg Gartelmann nach Australien geführt. In Lovedale, dem jüngsten Weinanbaugebiet des Landes, einem Gebiet, das sich erst seit 1997 „wine area" nennen darf, gedeiht der noble Rote besonders gut. Doch Shiraz ist nicht die einzige Rebsorte, die auf dem Familien-Weingut angebaut wird.
Obwohl der Betrieb noch jung ist, kann das Weingut Gartelmann bereits auf eine lange Liste von Medaillen und Auszeichnungen verweisen. Neben den Shiraz sind es vor allem die Weißweine – Chardonnay und Sémillon –, die bei Kritikern im In- und Ausland großen Anklang gefunden haben. Jedes Jahr stellen die Gartelmanns ihre Erzeugnisse auf zahlreichen Wein-Shows in Australien vor, mittlerweile setzt man aber auch immer stärker auf den Export.
Die Qualität der Weine verdankt sich – neben den günstigen klimatischen Voraussetzungen in Lovedale – vor allem der harten Arbeit, welche die Gartelmanns in die Rekultivierung der Anbauflächen investiert haben.
Das eigentliche Geheimnis der Qualitätssteigerung aber liegt – so vermuten Janette und Jörg Gartelmann – in der traditionellen Lese-Methode, die sie auf ihren Rebflächen praktizieren – 1998 wurden die Trauben erstmals ausschließlich von Hand geerntet. Wegen des guten Ergebnisses gilt diese Methode nun als Muss für alle zukünftigen Lesen.

WEINEMPFEHLUNGEN

1998 Shiraz

FARBE: Kirschrot
DUFT: Weihrauch, würzige Noten, Pfeffer und Gewürznelken, dazu süße Holznoten, Vanille, Cassis, auch animalische Töne, Lakritz und Graphit
GESCHMACK: sehr würzig, Gewürznelken, Glühwein, Backpflaumen, dazu Vanille und präsente Tannine, hohe Säure, mittellang im Finale

1998 Unwooded Chardonnay

BEZUGSQUELLEN

54, 82, 94, 163, 208, 212, 459

HANWOOD WINERY MCWILLIAMS WINES

Jack McWilliams Road, AUS-2680 Hanwood, Tel. 0061-2-69 63 00 01,
Fax 69 63 00 02
hanbarrel@mcwilliams.com.au, www.mcwilliams.com.au
INHABER: McWilliams Wines
KELLERMEISTER: Simon Crook
REBFLÄCHE: 809 Hektar
REBSORTEN: Colombard, Sémillon, Chardonnay, Shiraz, Cabernet Sauvignon
BESUCH: Mo-Sa 9-17 Uhr
EC EURO VISA

FF

Schon die fünfte Generation der McWilliams-Familie bewirtschaftet heute das Weingut in Neu-Südwales. Mit Erfolg: Neben Weinfreunden in Australien zählen heute Genießer in 15 weiteren Länder sowie die Erste-Klasse-

First Class-Weine: Hanwood

Passagiere dreier Fluggesellschaften zu den zufriedenen Kunden. Aus dem ehemaligen Familienunternehmen, gegründet 1912 von John James McWilliams, ist längst ein Großbetrieb geworden. Doch noch immer verstehen sich die McWilliams mehr als Künstler denn als Arbeiter. Fleiß ist zwar wichtig, doch Talent ist zum Weinmachen unverzichtbar – so denkt man auf Hanwood.

Mehr als 60 Prozent der McWilliams-Weine liegen im stark umkämpften mittleren Preis-Segment. Eine große Auswahl, eine moderne Komposition und konsequent ökologischer Anbau garantieren den Erfolg der Hanwood-Weine.

WEINEMPFEHLUNGEN

1997 Chardonnay McWilliams Hanwood
FARBE: helles Goldgelb mit Zitronenreflexen
DUFT: kräftige Noten von Quitte, Orange und Honig, dazu Eichenholz mit Vanille und Lakritz
GESCHMACK: süßlich, gepaart mit präsenter Säure, etwas bitter, kräftig, fast fett, sehr reif, lang und leicht alkoholisch im Abgang

1998 Cabernet Sauvignon McWilliam's Hanwood

BEZUGSQUELLEN

34, 62, 79, 94, 102, 111, 231, 239, 314, 328, 409, 454, 512, 517, 535, 536, 548, 553

MOUNT PLEASANT ESTATE

Marrowbone Road, AUS-2320 Pokolbin NSW, Tel. 0061-2-498 75 0,
Fax 49 98 77 61, phil-ryan@mcwilliams.com.au, www.mcwilliams.com.au
INHABER: McWilliams Wines - **KELLERMEISTER:** Phillip Ryan
REBFLÄCHE: 223 Hektar
REBSORTEN: Sémillon, Chardonnay, Verdelho, Shiraz, Merlot, Pinot noir, Cabernet franc
BESUCH: tgl. 10-16.30 Uhr

AmEx EURO VISA

FFF

Kontinuität wird auf dem Weingut Mount Pleasant im Hunter Valley groß geschrieben: Seit der Gründung 1921 hat die Anlage gerade einmal mal drei Kellermeister erlebt. Den Anfang machte der erste Besitzer, Maurice O'Shea, dessen traditionelle Methoden noch heute den Maßstab setzen. Natürlich hat der amtierende Kellermeister Phillip Ryan bei seinem Dienstantritt 1978 einige Veränderungen vorgenommen, doch er tat gut daran, nicht sämtliche Errungenschaften der Vergangenheit über Bord zu werfen, denn die Weine des Gründers Maurice O'Shea fanden großen Anklang bei Fachleuten wie Kunden. Die Produktion von Rot- und Weißwein hält sich auf Mount Pleasant in etwa die Waage. Bei den Roten dominiert der Shiraz, die größten Flächen mit weißen Reben sind für Sémillon und Chardonnay reserviert. Darüber hinaus werden in geringeren Mengen auch andere Rebsorten (Pinot noir, Cabernet franc, Verdelho) angebaut. Heutiger Besitzer des Unternehmens ist das Weingut McWilliams in Hanwood.

Traditionelle Methoden: Mount Pleasant

WEINTIPPS

1999 Mount Pleasant Unwooded Chardonnnay
1996 Mount Pleasant Elizabeth Sémillon
1996 Mount Pleasant Old Paddock & Old Hill Shiraz
1997 Mount Pleasant Rosehill Vineyard Shiraz

BEZUGSQUELLEN

210, 418

ROSEMOUNT ESTATE

Rosemount Road, AUS-2328 Denman, Tel. 0061-2-65 49 64 00,
Fax 65 49 64 99, david.hodgson@rosemountestates.co.uk,
www.rosemountestates.com.au
INHABER: Sandy Oatley - **KELLERMEISTER:** Philip Shaw
REBFLÄCHE: 1618,7 Hektar
REBSORTEN: Chardonnay, Shiraz, Cabernet Sauvignon, Sauvignon blanc, Pinot noir, Sémillon, Grenache, Merlot, Gewürztraminer, Mourvèdre
BESUCH: Mo-Sa 10-16 Uhr und So 11-16 Uhr
AmEx VISA
FFFF

Fast 70 Jahre lang lag das Weingut Rosemount im Dornröschenschlaf. Erst als die Oatley-Familie den Betrieb 1969 übernahm, offenbarte Rosemount seine

Die Rosemounts: Philip Shaw, Keith Lambert, Sandy Oatley, Bob Oatley und Chris Hancock

Geheimnisse. Die ersten Flächen erwarb Bob Oatley am Goulburn-Fluss. Das Gut entwickelte sich zu einem Großunternehmen mit mehr als 1600 Hektar Anbaufläche.
Die Reben stehen im Hunter Valley (Giant's Creek, White's Creek, Yarrawa, Balmoral, Edinglassie und Roxburgh), im McLaren Vale, in Langhorne Creek, in den Adelaide Hills und in Coonawarra.
Bob Oatley gab 1998 die Führung des Betriebs an seinen Sohn Sandy ab, Oatleys Schwager Keith Lambert zeichnet für den kaufmännischen Teil verantwortlich.

WEINEMPFEHLUNG

1996 Shiraz/Cabernet Sauvignon, Mountain Blue, Mudgee
FARBE: dichtes, kompaktes Kirschschwarz
DUFT: komplex, nach Cassis, Tabak, Leder, Wild, Lakritz und Graphit
GESCHMACK: intensive, konzentrierte Frucht, mit feinen Barriquetönen eingebunden, präsente, harmonische Tannine, lang, unglaublich nachhaltig

BEZUGSQUELLEN

1, 3, 8, 14, 17, 26, 30, 31, 34, 36, 38, 41, 43, 44, 46, 51, 53, 54, 60, 65, 66, 67, 68, 70, 71, 72, 73, 74, 75, 82, 87, 89, 92, 94, 101, 104, 105, 106, 108, 109, 111, 116, 117, 118, 131, 134, 137, 138, 140, 141, 145, 148, 150, 153, 154, 155, 158, 161, 163, 164, 166a, 174, 175, 177, 181, 185, 186, 189, 191, 197a, 200, 202, 205, 206, 208, 210, 212, 216, 230, 232, 235, 238, 242, 248, 251, 253, 255, 261, 262, 263, 268, 271, 273, 276, 280, 282, 284, 289, 291, 292, 295, 296, 297, 299, 301, 307, 308, 311,, 313, 314, 315, 318, 320, 321, 324, 326, 328, 329, 331, 333, 338, 339, 341, 344, 345, 350, 352, 359, 361, 366, 367, 370, 372, 374, 380, 386, 387, 388, 289, 398, 406, 409, 410, 412, 417a, 420, 424, 426, 428, 431, 438, 439, 440, 450, 452, 455, 459, 460, 468, 471, 472, 473, 475, 480, 481, 482, 483, 487, 488, 489, 492, 507, 508, 509, 512, 518, 524, 525, 526, 529, 531, 535, 536, 540, 547, 548, 550, 552, 556, 560, 561

TYRRELL'S VINEYARDS

Broke Rd., AUS-2320 Pokolbin, Tel. 0061-2-49 93 70 00, Fax 49 98 77 23
tyrrells@tyrrells.com.au, www.tyrrells.com.au
INHABER: Bruce Tyrrell - KELLERMEISTER: Andrew Spinaze
REBFLÄCHE: 404,6 Hektar
REBSORTEN: Sémillon, Chardonnay, Cabernet Sauvignon, Shiraz
BESUCH: Mo-Sa 8-17 Uhr
AmEx DINERS EURO VISA

FF

Ein Winzer mit Berufs- und Lebenserfahrung wie Bruce Tyrrell ist sich sicher: In der Ruhe liegt die Kraft. Das Unternehmen geht mit behutsamen Schritten an Neuerungen heran – dennoch eilt es von Erfolg zu Erfolg. Nahezu 150 Jahre sind vergangen, seit der

Keine Macht den Konzernen: Tyrrell-Familie

erste der Tyrrells sein Leben dem Weinbau im Hunter Valley widmete, und bis in die nunmehr vierte Winzer-Generation hat dies nicht ein einziger der Nachfahren bereut. Glanzstück des Sortiments ist seit langem der Chardonnay. Murray Tyrrell, der Vater des heutigen Inhabers Bruce, brachte mit seinem „Vat 47" den ersten allgemein anerkannten australischen Chardonnay auf den Markt, noch heute zählt er zu den besten des Landes. Acht Millionen Flaschen produziert das Weingut im Jahr. Die Zahl beweist, dass man die bisherige Firmenpolitik wohl richtig war: Strenge Unabhängigkeit von Großunternehmen wird bei den Tyrells seit eh und je groß geschrieben. Und damit sind sie sehr erfolgreich.

WEINEMPFEHLUNGEN

1997 Vintage Pinot Chardonnay Winemaker's Selection
FARBE: Zitronengelb
DUFT: kräftige Holztöne, harzig, Lakritz, Graphit, Honig, Zitrusfrüchte, Kräuternoten
GESCHMACK: süßer Ansatz, Orangen, Grapefruit, gute Säure mit kräftigem Holz, Vanille und Bittertöne von Orangenschale, harmonisch

1998 Long Flat Chardonnay

BEZUGSQUELLEN

8, 38, 44, 62, 67, 68, 77, 112, 154, 175, 202, 212, 262, 279, 342, 361, 366, 473, 480, 509, 535, 536, 537

CAPE MENTELLE

Wallcliffe Road, AUS-6285 Margaret River, Tel. 0061-97-57 32 66,
Fax 57 32 33; info@capementelle.com.au, www.capementelle.com.au
INHABER: David Hohnen und Veuve Clicquot Ponsarda
KELLERMEISTER: John Durham
REBFLÄCHE: 32,3 Hektar
REBSORTEN: Chardonnay, Sauvignon blanc, Cabernet Sauvignon, Merlot, Shiraz, Sémillon
BESUCH: Mo-Sa 10-16.30 Uhr

AmEx DINERS EURO VISA

FFF

Ein mildes Klima wie am Mittelmeer und steiniger, eisenhaltiger Boden liefern am Margaret River im Südwesten Australiens die besten Voraussetzungen für erfolgreichen Weinbau. Die Weinberge von Cape Mentelle gelten als nahezu idealer Anbauort für die großen Bordeaux-Rebsorten. Bodenbeschaffenheit, Hangneigung und Klima – die Ausläufer des Leeuwin-

Gartenlandschaft: Cape Mentelle

Naturaliste-Gebirges reichen fast bis an die Küste – ergänzen sich hier harmonisch. Dadurch entstehen Weine von großer Kraft und edler Komposition.
Inmitten einer natürlichen Gartenlandschaft liegt das 1970 erbaute Weingut Cape Mentelle mit seinen weitläufigen Kelleranlagen. Massive Wände gewährleisten tief unter der Erde dauerhaft kühle und trockene Luft – Bedingungen, ohne die kein großer Wein wirklich reifen kann.
Um die Weine weltweit vermarkten zu können, hat sich Besitzer David Hohnen vor zehn Jahren mit dem Champagner-Hersteller Veuve Clicquot Ponsardin zusammengetan.

WEINEMPFEHLUNGEN

1998 Sémillon/Sauvignon blanc
FARBE: helles Gelb mit Graureflexen
DUFT: weiße Blüten, Stachelbeere, Pfirsich und reife Äpfel, auch Pfefferminz
GESCHMACK: sehr fein, angenehme Frische, gut eingebundene Säure, mittelkräftig, elegant und lang

1997 Shiraz
1997 Cabernet/Merlot

BEZUGSQUELLEN

38, 44, 51, 67, 68, 73, 117, 154, 167, 180, 198, 205, 210, 212, 230, 248, 262, 279, 287, 295, 297, 324, 361, 366, 408, 435, 451, 464, 473, 487, 506, 518, 533, 535, 537, 559

CHESTNUT GROVE WINES

Chestnut Grove Rd., AUS-6258 Manjimup, Tel. 0061-8-91 12 43 45,
Fax 91 12 45 43; chestnut@karriweb.com.au
INHABER: Familie Kordic - KELLERMEISTER: Kim Horton
REBFLÄCHE: 18,2 Hektar
REBSORTEN: Merlot, Cabernet Sauvignon, Pinot noir, Chardonnay, Verdelho, Sauvignon blanc
BESUCH: nach Vereinbarung

Harte Arbeit und ausgeprägter Perfektionismus haben das Chestnut Grove Weingut zu dem gemacht, was es heute ist: In

der noch jungen Weinbauregion um die Stadt Manjimup, östlich des Margaret River, zählt Chestnut Grove zu den bekanntesten und renommiertesten Weingütern. Der Plan der Familie Kordic ist aufgegangen. Als die Einwandererfamilie 1988 ihre ersten Reben pflanzte, hatte sie den nicht unbescheidenen Wunsch, ihrem Gut und der Region Manjimup zu Ansehen in der australischen Weinszene zu verhelfen. Dafür legten sich Veljko Kordic, den alle nur Vic nennen, und seine Frau Katharina mächtig ins Zeug – und haben mittlerweile ihr Ziel erreicht.
Neben bekannten Trauben wie Cabernet Sauvignon und Merlot gedeiht hier, unweit der See mit ihren steten kühlen Winden, Pinot noir besonders gut. Weine aus dieser Traube und aus der weißen Verdelho erfreuen sich bei Weinfreunden größter Beliebtheit. Die gutseigenen Weinberge tragen hier einen ganz besonderen Namen: Velrina. Er setzt sich zusammen aus den Vornamen des Besitzer-Ehepaars: Veljko und Katharina.

WEINEMPFEHLUNG

1995 Chardonnay
FARBE: helles Zitronengelb mit goldenen Reflexen
DUFT: feine Frucht nach Lychee, Ananas, reifem Pfirsich, etwas Pfefferminz, leicht süßlich nach Vanille, auch Graphit
GESCHMACK: angenehme Frische im Ansatz, eingebundene Aromen, exotische Note, präsente und anregende Säure, dazu eine leichte Würze, gehaltvoll und schmelzig, harmonisch und kräftig im Abgang

BEZUGSQUELLEN

221, 225, 247, 269, 280, 304, 348, 372, 428, 438, 474

CULLEN

Caves Road, Willyabrup, AUS-6284 Cowaramup (WA), Tel. 08-97 55 52 77, Fax 97 55 55 50
INHABER: Familie Cullen – **ÖNOLOGIN:** Vanya Cullen
REBFLÄCHE: 32 Hektar
REBSORTEN: Chardonnay, Sauvignon blanc, Cabernet Sauvignon, Sémillon, Merlot, Pinot noir
BESUCH: tgl. 10-16 Uhr
AmEx DINERS EURO VISA
FFF

Etwa drei Stunden südlich von Perth in Westaustralien liegt Margaret River, das bekannteste Anbaugebiet dieses Landesteils. Der Boden ist karg, flach und sandig. Die Familie Cullen erzeugt hier Weine von großer Kraft und Komplexität, die dennoch viel Eleganz aufweisen. Kevin und Diana Cullen produzierten auf dem Weingut 1974 ihren ersten Jahrgang. Rasch erlangten sie viel Anerkennung für ihren Chardonnay, in jüngerer Zeit auch für ihre Cuvée aus Cabernet Sauvignon und Merlot. Tochter Vanya übernahm 1989 die Position der Önologin und gelangte bald zu großen Ehren, Anfang 2000 wurde sie zu Australiens „Winemaker of the year" gewählt. Vanya vertraut – aller Wissenschaft zum Trotz – vor allem auf ihren Gaumen und hat ein sicheres Gespür für den richtigen Erntezeitpunkt der jeweiligen Traubensorte.
Ruhm erlangte sie vor allem durch ihren 1997er Rotwein aus Cabernet Sauvignon und Merlot, füllig, mit deutlichen Tanninen und reichem Finale.

Gespür: Önologin Vanya Cullen (r.), Mutter Diana

WEINTIPPS
1998 Chardonnay
1998 Pinot noir
1997 Cabernet Sauvignon/Merlot

BEZUGSQUELLEN
94, 259a, 261, 291, 345, 353, 361, 366, 385, 451

LEEUWIN ESTATE WINERY

Stevens Road, AUS-6285 Margaret River WA
Tel. 0061-8-97 57 62 53, Fax 97 57 63 64, info@leeuwinestate.com.au

INHABER: Denis und Tricia Horgan
KELLERMEISTER: Robert Cartwright
REBFLÄCHE: 121,4 Hektar
REBSORTEN: Chardonnay, Riesling, Sauvignon blanc, Cabernet Sauvignon, Malbec, Petit Verdot, Shiraz, Pinot noir
BESUCH: tgl. 10.30-17 Uhr

AmEx DINERS EURO VISA

FF

Guter Wein, so sieht man dies auf dem Leeuwin Estate, entsteht nicht nur durch körperliche Arbeit – ohne Talent und künstlerische Ambition ist alles nichts. Auf Leeuwin Estate verleiht man der Erfolgs-Symbiose auch visuell Ausdruck: An den Wänden der Kellereigebäude prangen ausge-

Künstlerische Ambitionen: Leeuwin

wählte Werke zeitgenössischer australischer Maler, zudem finden auf der Anlage jedes Jahr große Konzertveranstaltungen statt. Beim Bau des Weinguts wurde eigens ein Amphitheater erbaut. Aber natürlich steht auf Leeuwin der Wein im Mittelpunkt.

Kellermeister Robert Cartwright kann sich auf kühle, frostfreie Winter und gemäßigte Temperaturen in den Sommermonaten verlassen. Dafür sorgt vor allem die stete Meeresbrise, die über die sanften Hügel des Weinguts streicht.

In jahrzehntelanger Arbeit ist es bei Leeuwin gelungen, das Zusammenspiel von Klima, Boden und Reifeprozess der Trauben zu optimieren. So bringen die Keller Jahr für Jahr gute Weine hervor – edle Cabernet Sauvignon ebenso wie würzige Shiraz und fruchtige Chardonnay.

WEINEMPFEHLUNGEN

1996 Cabernet/Merlot, Leeuwin Prelude
FARBE: Kirschrot
DUFT: animalisch, Wildgeflügel, Leder, Vanille, Lakritz, dezente Frucht
GESCHMACK: würzig, konzentriert, präsente und feine Tannine, leicht alkoholisch, lang im Abgang

1998 Sauvignon blanc
1998 Riesling

BEZUGSQUELLEN

12, 21, 44, 97, 119, 164, 178, 181, 264, 275, 295, 313, 327, 368, 518, 522, 560

PLANTAGENET WINES

45-47 Albany Highway, AUS-6324 Mount Barker, Tel. 0061-8-98 51 21 50, Fax 98 51 18 39
planwine@rainbow.agn.net.au, www.conwest.net.au
INHABER: Tony Smith
KELLERMEISTER: Gavin Berry, Gordon Parker
REBFLÄCHE: 80,94 Hektar
REBSORTEN: Chardonnay, Shiraz, Riesling, Cabernet Sauvignon, Merlot, Pinot noir
BESUCH: Mo-Fr 9-17 Uhr, Sa, So 10-16 Uhr

AmEx DINERS EC EURO VISA

FFF

Das Weingut Plantagenet nahm 1968 den Betrieb auf. Cabernet Sauvignon und Shiraz waren die ersten Rebsorten, die hier kultiviert wurden. Seitdem wurde die Anbaufläche Zug um Zug erweitert. Mit der Expansion nahm auch die Zahl der kultivierten Rebsorten zu: Chardonnay hat bei Plantagenet Cabernet und Shiraz mengenmäßig längst überholt. Von der Qualität her dominieren jedoch nach wie vor die traditionellen roten Sorten, die Kellermeister Gavin Berry und seinem Team schon zahlreiche Auszeichnungen eintrugen. Auf dem Weingut wurde 1975 eine Produktions- und Abfüllanlage eingerichtet, die auch von zahlreichen anderen Winzern der Umgebung genutzt wird. So leistet das Weingut Plantagenet Entwicklungshilfe, damit die noch junge Region im Konkurrenzkampf mit den etablierten australischen Weinbaugebieten bestehen kann.

Entwicklungshilfe für die Region: Plantagenet

WEIN-EMPFEHLUNGEN

1996 Shiraz Mount Barker
FARBE: Rubinrot mit schwarzen Reflexen
DUFT: kräftig fruchtig und pfeffrig
GESCHMACK: intensive Frucht von Waldbeeren, Cassis und schwarzen Kirschen, Würze nach Pfeffer und Lorbeer, kräftig und gut strukturiert

1996 Cabernet Sauvignon Mount Barker

BEZUGSQUELLEN

73, 198, 212, 215, 258, 261, 295, 361, 374, 434, 442, 518, 519, 532, 539, 557

VASSE FELIX

Corner Caves Rd. und Harman's Rd. South, AUS-6284 Cowaramup,
Tel. 0061-8-97 55 52 42, Fax 97 55 52 42
info@vassefelix.com.au, www.vassefelix.com.au
INHABER: Janet Holmes à Cart
KELLERMEISTER: Clive Otto
REBFLÄCHE: 13,7 Hektar
REBSORTEN: Shiraz, Cabernet Sauvignon, Sémillon, Merlot, Riesling
BESUCH: tgl. 10-17 Uhr
AmEx DINERS EC EURO VISA

FFF

Über allem schwebt der Falke. Das Logo des Weinguts Vasse Felix symbolisiert eine traurige Geschichte: Der Gründer der Anlage, Tom Cullity, widmete einen Großteil seiner Freizeit seinen Falken. Er schaffte es jedoch nicht, die stolzen Vögel so abzurichten, dass sie nach einem Flug in Freiheit auf das Weingut zurückkehrten, denn die Falken liebten ihre Unabhängigkeit mehr als ihren Herrn und Meister.
Als sich Cullity 1967 nahe der Stadt Margaret River niederließ, um hier Weine anzubauen, war er der einzige Winzer weit und breit: Dass die Region heute als aufstrebende Anbauregion des fünften Kontinents gilt, ist vor allem der Pionierleistung von Vasse Felix zu verdanken.
Nachdem sich Cullity aus dem aktiven Geschäftsleben zurückgezogen hat, übernahm die Heytesbury-Gruppe, ein australisches Firmenkonsortium, die Leitung des Weinguts. Unter ihrer Führung wuchs das Unternehmen weiter. Auf den gutseigenen Rebflächen und jenen der zahlreichen Vertrags-Winzer von Vasse Felix wachsen nahezu alle Rebsorten, die Australien als Weinland berühmt gemacht haben. Weißweine, vor allem Chardonnay, und Rotweine, Cabernet Sauvignon und Shiraz, halten sich dabei in etwa die Waage.

WEINEMPFEHLUNG

1996 Noble Riesling, Botrytised Dessert Wine
FARBE: Organgengelb mit Goldreflexen
DUFT: kräftige Eichenholzaromen, Passionsfrucht, Orangen, getrocknete Aprikose, ein wenig oxidiert, Lakritz, Karamell, Kaffee, Datteln
GESCHMACK: konzentriert und fett im Ansatz, präsente Säure, deutliche Holznoten, auch am Gaumen Orange und Aprikose, würzig mit Bitterstoffen, körperreich und lang im Abgang

BEZUGSQUELLEN

67, 68, 164, 212, 249, 259, 276, 280, 281, 361, 374, 439, 451, 456, 533, 535, 551

CHÂTEAU XANADU

144 Terry Road, AUS-6285 Margaret River, Tel. 0061-8-97 57 25 81,
Fax 97 57 33 89
chxanadu@netserv.net.au
INHABER: John Lagan - **KELLERMEISTER:** Jürg Muggli
REBFLÄCHE: 85 Hektar
REBSORTEN: Cabernet Sauvignon, Sémillon, Chardonnay
BESUCH: tgl. 10-17 Uhr
AmEx DINERS EC EURO VISA

FFF

Seit seiner Gründung 1977 wird das Weingut Xanadu von der irischen Einwandererfamilie Lagan geleitet. Für den Ausbau der Weine ist der gebürtige Schweizer Jürg Muggli zuständig. Am Margaret River im Westen Australiens finden die Reben beste Bedingungen für ein langsames und schonendes Wachstum vor. Das ganze Jahr über weht eine kühle Brise vom Meer herüber, welche für eine hohe Luftfeuchtigkeit auch in Zeiten der sommerlichen Hitze sorgt. Schwerpunkt des Angebots von Château Xanadu sind Cabernet Sauvignon und Shiraz sowie die weißen Sorten Chardonnay und Sauvignon blanc. Kellermeister Muggli hat ein Faible für Blends, Mischungen aus verschiedenen Trauben, die sich durch eine hohe Ausgewogenheit und einen eigenständigen Charakter auszeichnen.
Der Vertrieb der Weine erfolgt unter den Labels Xanadu und Secession. Seit 1989 ist Conor Lagan, der Sohn des Firmengründers, Direktor auf Chateau Xanadu, das 1999 einen Partnerschaftsvertrag mit einer großen australischen Kapitalgesellschaft schloss, die einige Millionen Dollar investierte – in die Modernisierung der Produktions- und Weiterverbeitungsanlagen und die Expansion des Unternehmens.

WEINEMPFEHLUNGEN

1995 Cabernet Reserve
FARBE: kräftiges Kirschrot mit Purpurreflexen
DUFT: fein, elegant, würzig, deutliche Noten von Rosmarin, Minze, Gewürznelke, animalisch, Leder, dazu Teer, Lakritz, Kaffee, Zeder und Trüffel
GESCHMACK: hoch konzentriert, dicht und massiv, extrem frisch und würzig, hohe Säure, gut eingebundene Tannine, vielschichtig, sehr lang, wirkt noch recht jung

1998 Sémillon

BEZUGSQUELLEN

67, 68, 70, 87, 128, 164, 172, 210, 212, 242, 259, 280, 281, 295, 361, 374, 439, 551, 560

PIPERS BROOK VINEYARD

1216 Pipers Brook Rd., AUS-7254 Pipers Brook, Tel. 0061-8-332 44 44, Fax 334 91 12
info@pbv.com.au, www.pbv.com.au
INHABER: Pipers Brook Vineyard Ltd.
KELLERMEISTER: Andrew Pirie
REBFLÄCHE: 220 Hektar
REBSORTEN: Pinot noir, Chardonnay, Sauvignon blanc, Riesling, Cabernet Sauvignon, Pinot gris, Pinot meunier
BESUCH: tgl. 10-17 Uhr

AmEx DINERS EURO VISA

F F F

Vom Meer her weht stets eine kühle Brise und sorgt auf Tasmanien für ein Klima, in dem vor allem würzige Chardonnay und kräftige Rieslinge gedeihen. Zwar wurden auf der Insel vor der australischen Südküste schon um 1900 die ersten Reben gepflanzt und der erste Wein gekeltert – der Aufschwung aber kam erst mit Andrew Pirie, heute Kellermeister der Pipers Brook Winery. Pirie sammelte lange Jahre Klimadaten

Auf der „Teufelsinsel": Pipers Brook

aus Bordeaux, Burgund und der Champagne und verglich sie mit denen der „Teufelsinsel" Tasmanien. Nach Auswertung der Ergebnisse kelterte er Spitzenweine des europäischen Typus, die es als erste Australier überhaupt auf die Karte des berühmten französischen Restaurants „Troisgrois" schafften.

Heute zählt Pipers Brook zu einem der wichtigsten Unternehmen auf Tasmanien.

Da blieb es nicht aus, dass das traditionelle Erscheinungsbild des Guts in den letzten Jahren mehr und mehr in den Hintergrund trat – zu Gunsten eines modernen und funktionell geführten Betriebes.

WEINEMPFEHLUNGEN

1998 Summit Chardonnay
FARBE: helles Zitronengelb
DUFT: intensive reife Fruchtnoten mit schön eingebundenem Holz, Aprikose, Pfirsich, exotische Früchte, Ananas, Grapefruit, Kokos, Vanille, etwas Graphit, cremiges Karamell
GESCHMACK: feine fruchtige Noten auch am Gaumen, anregende, präsente Säure, trocken, harmonisch, filigran mit schmelzigem und elegantem Finale

1998 Riesling,
1998 Tamar Cabernet

BEZUGSQUELLEN

keine Angaben

VOM ANDEREN ENDE DER WELT TROPFEN VON HOHER QUALITÄT

Neuseelands Winzer überraschen mit Weinen, deren beste bereits an die großen Franzosen erinnern

Das Angebot an neuseeländischen Weinen ist in Deutschland nicht allzu umfangreich, der Inselstaat im Südpazifik zählt – gemessen an den dort produzierten Mengen – noch zu den „Weinzwergen". Im Wesentlichen reicht es gegenwärtig gerade einmal für die Grundversorgung der „Kiwis" mit dem raren Rebensaft.

Dabei begann die Geschichte des neuseeländischen Weinbaus bereits 1819. Der anglikanische Missionar Samuel Marsden, der zuvor in Australien seelsorgerisch gewirkt hatte, pflanzte die ersten 100 Rebstöcke auf der wärmeren Nordinsel, und bald sorgten katholische Geistliche, die Stecklinge aus Europa mitbrachten, dafür, dass die Zahl der Rebflächen zunahm.

Die eigentliche treibende Kraft aber waren kroatische Einwanderer. Noch heute zeugen die Namen vieler Weingüter von der kroatischen Herkunft ihrer Besitzer – etwa Babich, Nobilo, Soljans oder Selaks.

Bis zum Beginn des modernen Weinbaus wurden auf der Nordinsel zumeist süße, mit Alkohol aufgespritete Weine im Sherry-Stil erzeugt. Der Anbau von Tischweinen gewann erst vor 30 Jahren an Bedeutung. In den letzten Jahren aber haben die jungen neuseeländischen Weine unter Kennern viel Anerkennung gefunden.

Anfangs hatte die Müller-Thurgau-Rebe einen wahren Höhenflug erlebt. Die schlichten, süffigen Weißweine fanden großen Anklang unter den Insulanern. Gegenwärtig ist Chardonnay die am häufigsten angebaute Rebsorte, diesen Wein gibt es überall und in allen Stilrichtungen: von rassig und fruchtbetont bis schwer und alkoholreich, im Edelstahltank oder im Barrique ausgebaut.

Heute ist in Neuseeland eine Fläche von etwa 8000 Hektar bestockt, aus denen im Schnitt jährlich 400 000 bis 500 000 Hektoliter Wein erzeugt werden, Tendenz: steigend. Über vier Fünftel der neuseeländischen Weine sind Weiße. Chardonnay, Sauvignon blanc – und immer noch Müller-Thurgau – gehören zu den führenden Sorten. Daneben kultiviert man noch in geringem Umfang Gewürztraminer, Riesling und Chenin blanc. Unter den roten Sorten gewinnen Cabernet Sauvignon, Merlot und vor allem Pinot noir zunehmend an Bedeutung.

Merlot: gewinnt in Neuseeland an Boden

Neuseeland ist ein Land mit extrem unterschiedlichen Klimazonen, allerdings mit durchweg maritimem Klima und viel Regen. Die Trauben reifen in den meisten Regionen langsam, bewahren aber eine frische, lebendige Säure und entwickeln zugleich volle Aromen. Die meisten Weißweine sind leicht, fruchtig und eher schlank, die besten durchaus fein und elegant. Bei den Rotweinen gibt es gelegentlich Probleme mit der Reifung, doch die feinsten Erzeugnisse zeigen eine Delikatesse, die an die großen Franzosen erinnert.

Vom eher kühlen Klima auf der Südinsel profitiert vor allem der Sauvignon blanc, der dort erstmals 1974 – bei Marlborough – angepflanzt wurde. Er erwies sich als extrem geschmacksintensiv und würzig – quasi über Nacht wurde er zum Prototyp eines neuen Sauvignon blanc.

Hohe Niederschlagsmengen und fruchtbare Böden sorgen für ein extremes Wachstum der Rebstöcke. Deshalb sind Reberziehungs- und Schnittmethoden wichtig, um qualitativ anspruchsvollen Weinbau zu ermöglichen. Ohne intensiven Beschnitt würden die Reben ihre ganze überschüssige Energie in Holz und Blätter stecken und Trauben mit wenig Konzentration hervorbringen. Auch würde durch ein dichtes, nicht zurückgeschnittenes Blattwerk zu wenig Sonne an die Trauben dringen.

Meerblick: Von den kühlen Winden des Pazifik profitiert vor allem der Sauvignon blanc

In den drei großen Anbaugebieten Gisborne, Hawke's Bay und Marlborough sowie den zahlreichen kleineren Anbauzonen haben sich weinverrückte Seiteneinsteiger mit winzigen Weingütern, mittlerweile aber auch einige Großunternehmen niedergelassen.

Weinbau wird auf der Südinsel nahezu ebenso lange betrieben wie im Norden, aber auch hier erkannte man das Potenzial als Anbaugebiet erst in den siebziger Jahren.

Im Nordwesten der Südinsel, der Region Nelson, wurde bereits Ende des 19. Jahrhunderts ein wenig Weinbau betrieben, doch erst der Österreicher Hermann Seifried verhalf dieser Region, der wärmsten unter den kühlen Weinbauzonen der Südinsel, zum Durchbruch. Das Weinbaugebiet Nelson ist bekannt für duftige, frische und kräftige Weißweine aus Chardonnay und Riesling.

Südöstlich von Nelson liegt Marlborough, heute das bedeutendste Weinbaugebiet Neuseelands. Alle Kellereien von Rang und Namen und viele kleine *wineries* sind inzwischen in dieser Region vertreten – die man vor 20 Jahren noch als für den Weinbau zu kalt eingeschätzt hatte. Wie Nelson gehört Marlborough zu den wärmeren Regionen der Südinsel, doch es ist dort immer noch viel kühler als etwa an der Hawke's Bay auf der Nordinsel. Die langsame Reife im kühlen Klima lässt aus Sauvignon blanc und Chardonnay knackig-frische Weißweine mit intensiven Aromen entstehen. Pinot noir wird meist zu Schaumwein verarbeitet. Ein langer, regenarmer Herbst mit warmen Tagen und kühlen Nächten ließ das Gebiet Canterbury bei Christchurch zu einer gefragten Weinbauregion werden; Riesling, Sauvignon blanc, Chardonnay und Gewürztraminer, aber auch Weiß-, Grau- und Spätburgunder gedeihen dort. Bereits Mitte des 19. Jahrhunderts pflanzten hier französische Einwanderer Weinstöcke an, doch erst nach 1970 erlebte die Region einen Aufschwung.

Otago ist das kleinste Weinbaugebiet Neuseelands und vielleicht das kühlste der Welt. Die Sommer sind warm, aber kurz. Weinbau ist hier noch ein echtes Abenteuer, und nur wenige *wine maniacs* wagen sich in der grandiosen Landschaft zwischen Queenstown und Lake Wanaka ans Weinmachen.

Auf der Nordinsel, dem Kerngebiet des neuseeländischen Weinbaus, haben die meisten großen Kellereien ihren Sitz. Drei Viertel des Weins wird dort produziert, doch kaufen die Kellereien zunehmend Trauben von Winzern der Südinsel hinzu oder bepflanzen dort eigene Weinberge.

Im warmen, feuchten Klima rund um Auckland gedeihen Rotweinsorten besonders gut, vor allem Cabernet Sauvignon. Im Westen von Auckland – bei Huapei, Kumeu oder Waimaku – werden aber auch üppige Chardonnay und würzige Sauvignon blanc erzeugt. In Northland, dem nördlichsten Teil der Insel, ist das Klima schon

beinahe subtropisch und Weinbau nur in küstennahen Regionen möglich, wo der Wind etwas Kühlung bringt. Entsprechend gering ist dort die Zahl von Rebflächen und Kellereien. Es werden ausschließlich kräftige, reife Rotweine auf der Basis von Cabernet Sauvignon, Syrah und Merlot erzeugt.
Südöstlich von Auckland liegen die Regionen Waikato und Bay of Plenty zwar geographisch nahe beieinander, die Böden aber sind recht unterschiedlich. Die Weinberge von Waikato liegen mehr im Landesinnern, nahe der Stadt Hamilton, jene der Bay of Plenty weiter im Osten. Hohe Temperaturen und das Risiko von starken Regenfällen im Herbst verlangen widerstandsfähige Rebsorten – eher ein Fall für Rotweine. Dennoch werden dort auch Chardonnay, Sauvignon, Riesling, Gewürztraminer und Chenin blanc angebaut.
Gisborne liegt an der Ostküste, dort sorgen fruchtbare Schwemmlandböden für sehr hohe Erträge, verkauft wird der Wein zumeist fassweise. In dieser Weißweinregion werden in großem Stil Müller-Thurgau, Chardonnay und Gewürztraminer angebaut. Kleinere Winzerbetriebe gibt es hier kaum.
Die sonnenverwöhnte und regenarme Region Hawke's Bay zählt zu den ältesten Weinbauregionen Neuseelands. Viele Böden sind

Nur für Winzer mit Mut zum Abenteuer: Otago-Region am Lake Wanaka

wegen eines hohen Grundwasserspiegels schwer und fruchtbar, andere extrem trocken. Aus der Gegend zwischen Napier und Hastings kommen Rotweine, die zu den besten der ganzen Insel zählen. Die flachen Küstenzonen südlich von Napier gelten als bestes Chardonnay-Gebiet der Nordinsel. Viel Sonne am Tag und kühle Nächte schaffen in Wairarapa, an der Südspitze der Nordinsel, ideale Bedingungen für die Burgunderrebe Pinot noir. Die schönsten dieser duftigen und geschmeidigen Rotweine entstehen bei Martinborough auf einem kleinen, von den Tararua-Bergen geschützten Plateau. Auf den steinigen Böden sind die Erträge gering, die Weine aber glänzen mit intensiver Fülle in Duft und Geschmack.

ATA RANGI

Puruatanga Rd. NZ-5954 Martinborough, Tel. 0064-06-306 95 70, Fax 306 95 23, wine@atarangi.co.nz, atarangi.co.nz
INHABER: Clive Paton, Phyll Pattie, Oliver Masters, Alison Paton
KELLERMEISTER: Clive Paton, Oliver Masters
REBFLÄCHE: 50 Hektar
REBSORTEN: Cabernet Sauvignon, Merlot, Syrah, Cabernet franc, Pinot noir, Chardonnay, Pinot gris
BESUCH: Okt.-März: Mo-Fr 13-15, Sa, So 11-17 Uhr
AmEx EURO VISA

F

Das Ata Rangi Weingut besteht seit knapp 20 Jahren und zählt damit zu den jüngeren Gütern in Neuseeland. Hier dreht es sich nicht nur um Wein – obwohl der weiterhin das Standbein des Unternehmens bleibt – denn

Ata Rangi: Wein und Olivenöl

seit 1999 kümmert man sich auf Ata Rangi auch um ein weiteres Produkt, nämlich Olivenöl. Die erste Ernte, sagt man, sei zwar unter wirtschaftlichen Gesichtspunkten eine mittelschwere Katastrophe gewesen, doch hätten sich die knapp 80 Liter kalt gepresstes Olivenöl qualitativ durchaus sehen können. Wein und Oliven passen nach Auffassung der Inhaber Clive Patton und Phyll Pattie bestens zusammen, denn schließlich, so sagen sie, bedürfe es zu zu einem guten Essen nicht nur eines guten Weins, sondern auch guten Öls. Dank des gemäßigten Klimas von Martinborough reifen auf den Weinbergen Cabernet Sauvignon und Merlot ebenso gut wie Pinot noir oder Pinot gris, die es gern ein wenig kühler mögen. Auch bei der Kultivierung der Reben geht man auf Ata Rangi neue Wege: Der konsequent ökologische Anbau wurde jüngst mit einem begehrten Zertifikat für naturnahen Weinbau honoriert.

WEINEMPFEHLUNG

1995 Célèbre Merlot/Cabernet Sauvignon/Syrah
FARBE: Kirschrot mit Rubinreflexen
DUFT: animalisch, Wildgeflügel, Leder, intensiv fruchtig nach Johannisbeerlikör, Himbeere, Veilchen und würzig nach weißem Pfeffer
GESCHMACK: feinfruchtig im Ansatz, geprägt von anregender Säure und präsenten Tanninen, mittelkräftig, nachhaltig, könnte etwas mehr Fülle und Schmelz haben

BEZUGSQUELLE

187

BABICH WINES

Babich Rd., NZ-1008 Henderson, Tel. 0064-9-833 78 59, Fax 833 99 29
info@babichwines.co.nz, www.babichwines.co.nz
INHABER: Peter und Joe Babich - **KELLERMEISTER:** Neill Culley
REBFLÄCHE: 110 Hektar
REBSORTEN: Sauvignon blanc, Chardonnay, Cabernet Sauvignon, Syrah
BESUCH: Mo-Fr 8-17 Uhr, Sa 9-18 Uhr, So 11-17 Uhr
EC VISA

FFF

Von der Lese bis zur Geschäftsführung: Bei Babich Wines haben Peter und Joe Babich jederzeit die volle Kontrolle. Die Erträge sind extrem klein, die

Babich: Wakefield Downs Vineyard

Selektion streng. Seit sich die Babichs, kroatische Einwanderer, 1919 im Henderson Valley niederließen, um Wein anzubauen, ist das Gut in Familienhand. Firmengründer Josip Babich verließ mit 14 Jahren seine Heimat, er arbeitete zunächst auf den Kautschukfeldern im Norden Neuseelands, 1916 – mit 20 Jahren – erzeugte er seinen ersten Wein.
Allein mit den Rebstöcken rund um den Stammsitz des Unternehmens könnte Babich Wines die Nachfrage heute nicht mehr befriedigen. Inzwischen besitzt der Betrieb auch Weinberge in Gisborne, der Hawke's Bay und in Marlborough. So sind die Babichs in der Lage, nahezu alle in Neuseeland heimischen Rebsorten zu kultivieren. An erster Stelle stehen dabei die klassischen weißen Trauben Sauvignon blanc und Chardonnay, die zusammen nahezu 70 Prozent der jährlichen Lese erbringen.

WEIN-EMPFEHLUNGEN

1995 Cabernet/Merlot „Iron Horse"

FARBE: dunkles Rubinrot, ins Granatrot gehend
DUFT: etwas schwarze Johannisbeeren mit einer Spur Paprika, unterlegt mit Vanille-Aromen vom Eichenholz und einem Hauch Karamell
GESCHMACK: gute mittelgewichtige Struktur mit reifen Aromen im Abgang

1995 Chardonnay „Irongate"
1996 Cabernet-Merlot
1999 Sauvignon blanc

BEZUGSQUELLEN

10, 11, 26, 31, 35, 36, 42, 44, 51, 54, 67, 68, 72, 77, 78, 80, 90, 105, 112, 114, 118, 119, 131, 136, 139, 140, 149, 151, 162, 166a, 170, 187, 197, 198, 210, 212, 227, 230, 244, 245, 255, 261, 273, 286, 287, 291, 292, 308, 309, 311, 315, 316, 317, 318, 326, 329, 337, 351, 352, 353, 365, 366, 379a, 385, 395, 408, 412, 413, 424, 431, 432, 437, 455, 476, 482, 487, 506, 511, 515, 523, 535, 541, 548, 550

CLOUDY BAY VINEYARDS

Jacksons Rd., NZ-7301 Blenheim, Tel. 0064-3-572 89 14, Fax 572 80 65
info@cloudybay.co.nz, www.cloudbay.co.nz
INHABER: Veuve Clicquot Ponsardin und David Hohner
KELLERMEISTER: Kevin Judd
REBFLÄCHE: 260 Hektar
REBSORTEN: Sauvignon blanc, Chardonnay, Pinot noir
BESUCH: Mo-So 10-16.30 Uhr
AmEx DINERS EC EURO VISA

FFFF

Ein altes Sprichwort der Maori-Ureinwohner sagt, dass die Sonne immer einen Weg durch die Wolkendecke über dem Wairau-Gebiet findet: „Kei Puta te Wairau." Deshalb gedeihen in dieser

Cloudy Bay: die Wiege der Sonne

Region Neuseelands beste Weine – und deshalb hat sich hier auch das Weingut Cloudy Bay etabliert.
Das erfolgreiche Gut Cape Mentelle aus der australischen Region Margaret River streckte 1985 seine Fühler in Richtung der ozeanischen Nachbarinseln aus. In Marlborough, dem wohl bekanntesten Anbaugebiet Neuseelands, wurde Besitzer David Hohner schließlich fündig. Er ließ sich dabei aber nicht nur von den Weisheiten der Urbevölkerung leiten.
Die weiten, eiszeitlichen Sickerböden an der Nordspitze sind wie geschaffen für den Weinbau. Daneben garantieren kühle Temperaturen eine lange und langsame Reifephase.
Kevin Judd, Kellermeister auf Cloudy Bay, erzeugt Weine von vielseitigem Charakter und fruchtiger Würze. Die hohe Qualität der Weine beeindruckte auch das renommierte französische Unternehmen Veuve Clicquot Ponsardin, das sich vor einigen Jahren am Unternehmen beteiligte.

WEINEMPFEHLUNGEN

1998 Sauvignon blanc

FARBE: sehr helles leuchtendes Gelb
DUFT: sehr fein und komplex in der Nase, Melone, Honig, Stachelbeere, exotische Früchte wie Mango und Ananas, auch Spargel und Fenchel
GESCHMACK: feinfruchtig, gehaltvoll und ausgewogen, perfekte Harmonie mit frischem tropischem Aroma

1997 Chardonnay

BEZUGSQUELLEN

8, 21, 23, 38, 41, 44, 51, 53, 67, 68, 71, 72, 87, 97, 101, 107, 117, 123, 126, 139, 154, 164, 167, 176, 180, 187, 196, 198, 205, 206, 212, 219, 221, 225, 230, 232, 237, 243, 248, 255, 262, 263, 272, 279, 287, 295, 297, 299, 308, 310, 314, 321, 322, 329, 333, 339, 352, 361, 366, 378, 389, 393, 408, 435, 438, 440, 451, 454, 456, 462, 463, 464, 465, 470, 473, 475, 478, 479, 480, 487, 491a, 504, 506, 509, 533, 534, 535, 536, 537, 551, 556

COOPER'S CREEK

16, 601 State Hwy., Huapai, NZ-Auckland, Tel. 09-412 85 60, Fax 412 83 75
INHABER: Andrew Hendry
KELLERMEISTER: Simon Nunns
REBFLÄCHE: 16 Hektar
REBSORTEN: Chardonnay, Sauvignon blanc, Merlot, Cabernet Sauvignon, Pinot noir, Riesling
BESUCH: Mo-Fr 9.30-17.30, Sa, So 10.30-17 Uhr
AmEx DINERS EURO VISA

FF

Der kleine Familienbetrieb Cooper's Creek wurde 1980 von Andrew und Cynthia Hendry gegründet. Die Weinberge liegen 35 Kilometer nordwestlich von Auckland in Huapai, außerdem besitzt die Familie Rebflächen auf der Südinsel Neuseelands, um die unterschiedlichen Anbaubedingungen nutzen zu können. Kühl und maritim ist das Klima in beiden Regionen, so dass Cooper's

Fette Katze: Ehepaar Hendry

Creek eine große Bandbreite von trockenen Qualitätsweinen produzieren kann. Schwerpunkt sind die weißen Rebsorten Chardonnay und Sauvignon blanc, doch auch Rotweine aus Cabernet Sauvignon und Merlot kommen von diesem Weingut. Inhaber Andrew Hendry nimmt die Qualität seiner Weine sehr ernst – einen Spaß aber macht er sich bei der Benennung seiner Erzeugnisse.

So heißen die Weine zum Beispiel „Sou Puss“ (saures Kätzchen), Fat Cat (fette Katze) oder „Swamp“ (Sumpf). Sein früherer Kellermeister Kim Crawford erhielt 1995 und 1996 die Auszeichnung „Champion-Winemaker“ für den besten Kellermeister Neuseelands.

Als Crawford ein eigenes Weingut gründete, übernahm sein bisheriger Assistent Simon Nunns im Jahr 1998 die Leitung der Keller von Cooper's Creek. Er hatte zuvor mehr als drei Jahre bei Villa Maria Estates gearbeitet und sein Önologie-Studium mit Auszeichnung absolviert, so dass auch in Zukunft die Qualität der Weine von Cooper's Creek gesichert scheint.

WEINTIPPS

1998 Chardonnay Swamp Reserve
1997 Sauvignon blanc
1997 Chardonnay

BEZUGSQUELLEN

82, 121, 155, 292, 296a, 354, 388, 428, 491

CORBANS WINES

426-448, Great North Rd., NZ-Henderson, Tel. 09-837 33 90,
Fax 836 00 05, corbans.reception@corbans.co.nz, www.corbans.co.nz.
INHABER: DB Group – **KELLERMEISTER:** Daniel Alcorso, Kirsty Walton – **REBFLÄCHE:** keine Angaben
REBSORTEN: Sauvignon blanc, Chardonnay, Chenin blanc, Müller-Thurgau, Riesling, Cabernet Sauvignon
BESUCH: Marlborough Mo–Fr 9.30–17.30, Sa, So 10.30–17 Uhr, Gisborne und Hawkes Bay nach Vereinbarung
AmEx DINERS EURO VISA

F F

Der Libanese Assid Abraham Corban gründete 1902 das Weingut, das noch seinen Namen trägt, heute aber zu 100 Prozent der DB Gruppe gehört, die mit dem holländischen Bierkonzern Heineken verbunden ist. Corbans wurde so zum zweitgrößten Weinhersteller in Neuseeland, besitzt Weingüter in den Regionen Gisborne und Hawke's Bay auf der Nordinsel sowie Marlborough auf der Südinsel. Zusätzlich werden Trauben von Vertragswinzern – auch aus aufstrebenden Regionen wie Canterbury – hinzugekauft. Als erstes neuseeländisches Weingut baute Corbans Chardonnay, Sauvignon blanc, Müller-Thurgau und Chenin blanc an, produzierte *sparkling wines* und war 1963 der erste Weinbaubetrieb, der seine Erzeugnisse exportierte. Auch heute gilt Corbans als innovatives Weinunternehmen, das auf hohem, international anerkanntem Niveau arbeitet. Meistverkaufter Wein ist der Sauvignon blanc vom Stoneleigh Vineyard der Corbans Winery in Marlborough. In den drei Weingütern, von denen nur die Marlborough Winery Besuchern offen steht, werden Rote und Weiße aller Qualitätsstufen produziert. Hinzu kommen Ports und Sherrys.

Erster Wein-Exporteur Neuseelands: Corbans in Stoneleigh

WEINTIPPS

1999 Block Sauvignon blanc Corbans Cottage
1999 Riesling Stoneleigh Vineyard Marlborough
1998 Chardonnay Corbans Select Marlborough

BEZUGSQUELLEN

299, 478

GIESEN WINE ESTATE CANTERBURY

NEUSEELAND

Burnham School Rd. (RD 5), NZ-8001 Christchurch, Tel. 0064-3-347 67 29, Fax 347 64 50, info@giesen.co.nz., www.giesen.co.nz

INHABER: Alex, Theo und Marcel Giesen
KELLERMEISTER: Andrew Blake
REBFLÄCHE: 50 Hektar
REBSORTEN: Sauvignon blanc, Chardonnay, Riesling, Pinot noir
BESUCH: Mo-Sa 10-17 Uhr

EURO VISA

FF

Um sich ihre Vorstellungen vom eigenen Weinbau zu erfüllen, haben sich die Giesen-Brüder 50 Hektar besten Bodens ausgesucht. Erst 1981 war

Giesen-Brüder: Alex, Marcel und Theo (v.l.)

die Familie von Deutschland nach Neuseeland ausgewandert und hatte sich bei Christchurch angesiedelt. Die Brüder haben vor allem mit Weißwein Erfolg, Sauvignon blanc, Chardonnay und Riesling bedecken mehr als 90 Prozent der Rebfläche. Nur auf einem kleinen Flecken Land kultivieren die Giesens auch Pinot noir.
Die Rebstöcke des Giesen Wine Estate bedecken die fruchtbaren Ebenen von Canterbury. Durch die nahen Berge fällt im Anbaugebiet während der Sommermonate nur wenig Regen. Im Herbst regnet es dann ausgiebig, doch bleiben die Tage warm und die Trauben haben genügend Zeit für die Reife.
In den vergangenen Jahren expandierte Giesen Wine, inzwischen liefern Vertrags-Winzer Trauben zu, um die große Nachfrage zu befriedigen. Aus dem Familienbetrieb ist ein modernes Großunternehmen geworden, doch sehen die Giesens ihren Wein immer noch als Resultat eines künstlerischen Prozesses. Seine Etiketten läßt sich Giesen von neuseeländischen Malern gestalten.

WEINEMPFEHLUNG

1998 White wine late harvest, Canterbury

FARBE: leuchtendes, helles Zitronengelb
DUFT: schwere Aromen von Lack und Harz, die unter Lufteinfluss verfliegen, außerdem Bitterorange, Zitrusschale und Ananas
GESCHMACK: angenehme Süße mit schöner Säurestruktur, frisch, mittelkräftig, anregend mit Karamell im Finale

BEZUGSQUELLEN

5, 13, 27, 29, 34, 49, 52, 54, 55, 56, 57, 58, 67, 68, 71, 73, 76, 94, 149, 208, 210, 212, 221, 225, 232, 234, 238, 249, 256, 257, 273, 275, 283, 288, 298, 322, 328, 334, 336, 343, 347, 381, 389, 391, 419, 452, 459, 464, 476, 481, 504, 525

GROVE MILL WINE COMPANY

Waihopai Valley Rd., NZ-7321 Blenheim-Marlborough, Tel. 0064-3-572 82 00, Fax 572 82 11, info@grovemill.co.nz, www.grovemill.co.nz
INHABER: Grove Mill Wine Company
KELLERMEISTER: David Pearce
REBFLÄCHE: 78,9 Hektar
REBSORTEN: Sauvignon blanc, Chardonnay, Riesling, Pinot noir, Pinot gris, Gewürztraminer
BESUCH: tgl. 11-17 Uhr

AmEx DINERS EURO VISA

FF

Richard Anyon, Direktor des Weinguts Grove-Mill, formuliert sein Ziel selbstbewusst: „Ich will Trendsetter sein – keiner, der anderen hinterherläuft." Das Unternehmen verkauft seinen Wein

Ambitionen als Trendsetter: Grove Mill

unter vier verschiedenen Markenbezeichnungen, die besten unter dem Etikett „Gold Label".
Das kühle und konstante Klima des Anbaugebiets Marlborough und die stete Meeresbrise lassen kräftige und fruchtige Weine wachsen. Bei Grove Mill hat man sich seit der Firmengründung 1988 in den eigenen Weinbergen fast ausschließlich auf den Anbau weißer Trauben spezialisiert. Der Sauvignon blanc liegt dabei mit mehr als zwei Dritteln aller gelesenen Trauben an der Spitze. Doch auch Chardonnay und Gewürztraminer gedeihen in Marlborough gut. Der erste – sehr vielversprechende – Versuch mit Pinot noir wurde 1994 unternommen. Angefangen hat Grove Mill als Boutique-Betrieb, inzwischen werden jährlich 1000 Tonnen Trauben verarbeitet – mittlerweile liefern viele Weinbauern ihr bestes Lesegut an Grove Mill zu.

WEINEMPFEHLUNG

1997 Sauvignon blanc
FARBE: blasses Gelb
DUFT: intensive Nase nach Sauerkraut, Spargel, Stachelbeere, Cassis und weißen Blüten
GESCHMACK: sehr trocken, vollmundig, mittelkräftig, von spritziger Säure geprägt, langanhaltende Frucht, typische vegetabile Noten

BEZUGSQUELLEN

192, 207, 227, 533, 534, 550

HUNTER'S WINES

Corner of Rapaura Rd., NZ-7321 Blenheim, Tel. 0064-3-572 84 89,
Fax 572 84 57
hunters@voyager.co.nz, www.hunters.co.nz

INHABERIN: Jane Hunter
KELLERMEISTER: Gary Duke
REBFLÄCHE: 18 Hektar
REBSORTEN: Sauvignon blanc, Chardonnay, Pinot noir, Merlot, Cabernet Sauvignon
BESUCH: Mo-Sa 9.30-16.30 Uhr, So 10-16 Uhr

AmEx DINERS EURO VISA

F F

Erst seit 1987 leitet Jane Hunter die Geschicke des Weinguts Hunter's im Norden von Neuseelands Südinsel – und hat mit ihren Weinen bereits viele Preise und Medaillen gewonnen. Dem gingen große Investitionen voraus, innerhalb eines knappen Jahrzehnts renovierte die neuseeländische Wein-Pionierin zweimal ihre Anlage und brachte sie auf den aktuellen Stand.
Das kühle Klima der Marlborough-Region schafft vor allem für weiße Trauben sehr gute Bedingungen. Kein Wunder, dass Rieslinge und Chardonnay von Hunter's Wines am häufigsten prämiert wurden.
Jane Hunter baut auf 18 Hektar Reben an. Die Hänge liegen im Wairau- und Awatere-Tal, wo immer mehr Winzer die fruchtbaren Böden nutzen.
Ein Steckenpferd von Hunter's ist der *sparkling wine*. Eigens für den britischen Markt wurde unlängst eine neue Sektmarke entwickelt, hergestellt nach der „Méthode Champenoise".
Jede dritte Flasche, die Hunter's Wines verlässt, ist heute für den Export bestimmt. Vor allem in Großbritannien sind Hunter's Erzeugnisse beliebt.

WEINEMPFEHLUNG

1998 Sauvignon blanc

FARBE: helles Gelb mit leichten Zitronenreflexen
DUFT: Aromen nach Drops, Mirabellen, Ananas, Marzipan, etwas Pfefferminze und Feuerstein
GESCHMACK: feinfruchtig und weich im Ansatz, präsente Säure, samtig, vollmundig, elegant, sehr harmonisch im Abgang, cremig, etwas sättigend und mittellang

BEZUGSQUELLEN

30, 54, 101, 126, 163, 187, 265, 275, 314, 408, 451, 515, 552, 561

MATUA VALLEY

2906 Shortland St., NZ-1015 Auckland, Tel. 0064-9-302 83 80,
Fax 302 83 81, sales@matua.co.nz, www.matua.co.nz
INHABER: Ross und William Spence - **KELLERMEISTER:** Ross Spence
REBFLÄCHE: 135 Hektar
REBSORTEN: Sauvignon blanc, Riesling, Chardonnay, Pinot noir
BESUCH: kein Publikumsverkehr

FFFF

Matua Valley Wines lagen immer an der Spitze, wenn es hieß, hochwertigen Wein zu produzieren und Neuseeland als Weinland nach vorn zu bringen. Besitzer von Matua sind die Brüder Spence.
Ross, der *winemaker*, und William, der Önologe, stammen aus einer alten Winzerfamilie und haben Weinbau, Management und andere Aspekte ihrer Arbeit in den wichtigsten Weinländern der Erde kennen gelernt.
Matua Valley Vineyards liegen auf der Nordinsel, etwa 20 Kilometer von Auckland entfernt. Benannt ist das Weingut nach dem Tal, in dem die Trauben reifen. Es hat das beste Mikroklima in ganz Neuseeland. Im Sommer fallen wenig Niederschläge, die Tagestemperaturen sind hoch, die lockeren Böden leiten Regenwasser schnell ab. Die Trauben dort zählen zu den besten in der ganzen Welt.
Matua möchte nicht gern als Boutique-Weingut bezeichnet werden – nur weil seine Weine nicht so viel kosten, wie man dies von so beständig hochwertigen Weinen erwarten würde.
Die Arbeit von Ross und William Spence hat den Weinen von Matua Valley bereits mehr als 500 Auszeichnungen bei Weinproben in Neuseeland und Übersee eingebracht.
Den Spence-Brüdern liegen insbesondere Sauvignon blanc, Sémillon, Hermitage und Grey Riesling am Herzen. Mit dem Sauvignon blanc erzeugt Matua einen der besten Weißweine Neuseelands.

WEINTIPPS

1989 Matua Valley Chenin Blanc/Chardonnay
1991 Matua Valley Cabernet Sauvignon
1995 Cabernet Sauvignon Dartmoor-Smith Estate
1996 Reserve Sauvignon blanc Waimauku Vineyard

BEZUGSQUELLE

417

MONTANA WINE

333 Apirana Av., Glen Innes, NZ-Auckland 6, Tel. 09-570 84 00,
Fax 570 84 04
tamaki.winery@montanawines.co.nz, www.montanawines.co.nz
INHABER: Montana Group - **KELLERMEISTER:** Jeff Clarke
REBFLÄCHE: 1770 Hektar
REBSORTEN: Sauvignon blanc, Chardonnay, Riesling, Chenin blanc, Müller-Thurgau, Muscat, Sémillon, Pinot noir, Cabernet Sauvignon, Merlot
BESUCH: tgl. 9-17 Uhr

AmEx DINERS EURO VISA

F F

Der jugoslawische Einwanderer Ivan Yukich pflanzte seine ersten Rebstöcke 1934, als Neuseelands Weinindustrie noch in den Kinderschuhen steckte. Sein Gut nannte er Montana, weil es in einem gebirgigen Gebiet lag. Seine beiden Söhne sorgten mit dafür, dass sich Gisborne zur renommiertesten Weinregion Neuseelands entwickelte; 1973 legte Montana auch Weingärten in Marlborough

Umweltbewusst: Montana

an, einer traditionellen Schafzuchtgegend am nördlichsten Zipfel der Südinsel, die später vor allem mit ihren Sauvignon blanc den heutigen Ruhm der neuseeländischen Weine in aller Welt begründet hat.
Als Letztes erwarb Montana ein Weingut in der Hawke's Bay und besitzt damit nun Kellereien in den bedeutendsten Anbaugebieten des Landes und in unmittelbarer Nähe der Weinberge, so dass die Trauben ohne Qualitätsverlust sofort nach der Lese verarbeitet werden können. Außerdem werden Trauben von Vertragswinzern hinzugekauft. Neben Weißweinen in allen Qualitätsstufen produziert Montana in Zusammenarbeit mit dem Champagner-Haus Deutz auch *sparkling wines*, Schaumweine, die nach der traditionellen Flaschengärungs-Methode hergestellt werden.
Gegenwärtig erweitert die Montana Gruppe ihr Programm und legt einen weiteren Schwerpunkt auf Rotweine. Darunter findet vor allem der Pinot noir große Beachtung. Wichtig ist für Montana das Engagement für die Umwelt: Das Weingut beteiligt sich am IWP-Projekt, der Integrated Winegrape Production, bei dem auf sparsame Verwendung von Ressourcen wie Wasser und Vermeidung von chemischen Mitteln geachtet wird.

WEINTIPPS

1999 Chardonnay Marlborough
1999 Sauvignon blanc Marlborough

BEZUGSQUELLEN

14, 187, 415, 417a, 422

NAUTILUS ESTATE

Renwick, 12 Rapaura Rd., NZ-7321 Blenheim-Marlborough, Tel. 0064-3-572 93 64, Fax 572 93 74, negnnz@negociants.com
INHABER: Clive Weston - **KELLERMEISTER:** Clive Jones
REBFLÄCHE: 16,1 Hektar
REBSORTEN: Sauvignon blanc, Chardonnay, Pinot noir, Cabernet Sauvignon, Merlot
BESUCH: Mo-Fr 9-17 Uhr, Sa, So 10-17 Uhr
AmEx DINERS EC EURO VISA

FFF

Mitten in der Region Marlborough, wo weiße Trauben wie Chardonnay und Sauvignon blanc nahezu ideale Wachstums- und Reifebedingungen vorfinden, hat sich Nautilus Estate daran gemacht, Weine von höchster Qualität zu keltern. Seit 1985 werden hier große Weiße produziert, eine Fülle von Auszeichnungen

Reben vor dem Mt. Tapuaenuku: Nautilus

sorgte bei dem Unternehmen seit Mitte der neunziger Jahre für weitere kräftige Motivationsschübe.
Weingutsbesitzer Clive Weston hatte sich also nicht geirrt, als er vor 25 Jahren die Region Marlborough als Anbaugebiet mit Zukunft ansah. Das milde Klima lässt vor allem die beiden großen neuseeländischen Weißweine, Chardonnay und Sauvignon blanc, aber auch Pinot noir auf schonende Weise reifen. Diese Varietäten machen rund 90 Prozent der Jahresproduktion des Weinguts Nautilus aus. Längst nicht alle Trauben werden auf gutseigenen Rebflächen kultiviert, Nautilus selbst besitzt gerade einmal 16 Hektar. Winzer der Umgebung liefern Trauben für Nautilus-Weine zu und haben strenge Auflagen zu erfüllen: Die Lese darf nur in den kühlen Nachtstunden erfolgen, und die Trauben müssen den optimalen Reifegrad erreicht haben. Die korrekte Befolgung der Regeln überwacht Kellermeister Clive Jones.

WEINEMPFEHLUNG

1998 Sauvignon blanc
FARBE: helles Gelb
DUFT: verhalten nach Stachelbeere, Ananas, leicht hefig
GESCHMACK: frisch, feine Aromen, gehaltvoll, kräftig, intensive und nachhaltige Frucht, feinrassige Säure, elegant und langanhaltend

BEZUGSQUELLEN

41, 53, 54, 67, 68, 70, 79, 164, 179, 187, 210, 212, 242, 261, 273, 276, 278, 280, 281, 361, 366, 374, 389, 438, 447, 456, 464, 478, 491a, 515, 535, 547, 551

PALLISER ESTATE WINES OF MARTINBOROUGH

Kitchener St. (PO Box 110), NZ-5954 Martinborough, Tel. 0064-6-30 69 00, Fax 306 99 46
palliser@palliser.co.nz., www.palliser.co.nz.
INHABER: Richard Riddiford - KELLERMEISTER: Allan Johnson
REBFLÄCHE: 42 Hektar
REBSORTEN: Chardonnay, Pinot noir, Sauvignon blanc, Riesling
BESUCH: Mo-Fr 10.30-16 Uhr

AmEx DINERS EC EURO VISA

FF

Der Name des Guts geht auf den britischen Admiral Sir Hugh Palliser zurück, nach dem auch Cape Palliser auf der neuseeländischen Nordinsel benannt ist. Richard Riddiford gründete das Weingut 1985. Sein Ziel: die Erzeugung von Weinen, die auf dem internationalen Markt bestehen können. Er ist auf dem besten Weg dorthin.

Palliser: Kellermeister Allan Johnson

Der Palliser Estate in Martinborough, einer der jüngeren Anbauregionen Neuseelands, ist ein gutes Beispiel für spezialisierte Weingüter. Riddiford und seine Mitstreiter setzen auf das Besondere. Nur vier Traubensorten werden auf den Hügeln von Martinborough angebaut. Die fruchtbaren Böden, durchzogen von einem beeindruckenden System natürlicher Wasserfälle, bieten vor allem den traditionellen weißen Trauben Chardonnay und Sauvignon blanc gute Voraussetzungen für Wachstum und Reife – ebenso das gemäßigte Klima mit mittleren Regenmengen.

Die Region Martinborough hat sich ihren internationalen Ruf vor allem als Anbaugebiet von Pinot noir erworben. Auch auf den Weinbergen des Palliser Estates stehen vor allem Pinot-Reben. Im Weinberg arbeitet das Weingut streng nach ökologischen Grundsätzen und erhielt dafür bereits mehrere der begehrten ISO-Zertifikate.

Die Erzeugnisse des Weinguts werden heute unter zwei verschiedenen Labels auf den Markt gebracht: Palliser Estate und Pencarrow.

WEINTIPPS

1997 Palliser Estate Riesling
1997 Palliser Estate Chardonnay
1998 Palliser Estate Sauvignon blanc
1998 Palliser Estate Pinot noir

BEZUGSQUELLEN

44, 212, 225, 229, 237, 290, 419, 451, 453

PROVIDENCE VINEYARDS

Crn Takatu and Omaha Flats Rd. NZ-1240 Matakana, Warkworth, Tel. 0064-9-444 60 64, Fax 444 75 46
j.vuletic@xtra.co.nz
INHABER UND KELLERMEISTER: James und Jane Vuletic
REBFLÄCHE: 2 Hektar
REBSORTEN: Merlot, Cabernet franc, Malbec
BESUCH: nach Vereinbarung

FFFF

Noch nicht lange wird auf dem Weingut Providence in der Region Auckland Wein erzeugt, James und Jane Vuletic gründeten das Unternehmen erst 1990. Bisher sind erst die Erzeugnisse aus drei Ernten auf dem Markt – doch die sind großartig. Das liegt nicht zuletzt am großen Engagement des Winzer-Ehepaares. Die Anbaufläche ist für neuseeländische Verhältnisse winzig: zwei Hektar, magere 8500 Flaschen pro Jahr werden produziert. Die klimatischen Voraussetzungen und die Beschaffenheit der Böden in ihrem kleinen Weinberg aber sind in

Erst die dritte Ernte: James Vuletic

besonderem Maße für den Anbau der großen Bordeaux-Trauben geeignet. Die Providence-Besitzer setzen bislang überwiegend auf Merlot und haben Cabernet Sauvignon noch gar nicht gepflanzt. Auf zwei Dritteln der Rebfläche steht Merlot, das übrige knappe Drittel teilen sich Cabernet franc- und Malbec-Reben.

WEINEMPFEHLUNG

1996 Providence

FARBE: sehr dunkles Rubinrot mit ziegelroten Reflexen

DUFT: beginnende Reifearomen, dazu schwarze Johannnisbeeren, auch Himbeeren und Brombeeren, deutliche Röstnoten vom Ausbau im kleinen Eichenfass, ein Hauch von Vanille, eine Prise Zimt und etwas Kardamom, die Nase entwickelt sich wunderbar mit etwas Luft

GESCHMACK: sehr gute Balance, wunderbare Gerbstoffe, dicht, unterlegt mit etwas Säure, Frische, viel marinierte Frucht und exotische Gewürze im langen Abgang

BEZUGSQUELLEN

32, 41, 53, 297, 326, 368

SAINT CLAIR ESTATE WINES

156 New Renwick Rd. NZ-7301 Blenheim, Tel. 0064-3-578 86 95, Fax 578 86 96, saintclair@xtra.co.nz, www.saintclair.co.nz
INHABER: Neal und Judy Ibbotson
KELLERMEISTER: Kim Crawford und Matt Thomson
REBFLÄCHE: 40,4 Hektar
REBSORTEN: Sauvignon blanc, Riesling, Chardonnay, Merlot , Pinot noir
BESUCH: nach Vereinbarung
EURO VISA

FF

Bei Nachtfrost Hubschrauber-Einsatz: Saint Clair Estate

Neil und Judy Ibbotson hatten sich zunächst Landwirtschaft und Schafzucht verschrieben, erst 1978 legten sie einen Weinberg an und ernteten gleich herrliche Trauben – und viel Lob für ihren Wein. Das war auch Kellermeister Kim Crawford zu verdanken, der 1995 und 1996 zu Neuseelands „Winemaker of the Year" gekürt wurde.
Die faszinierende Mischung aus langen Sonnenstunden und kühlen Nächten verleiht den Weinen einen beeindruckend frischen Charakter. Wenn Nachtfröste drohen, greift Neil Ibbotson zu ungewöhnlichen Mitteln: Er setzt sich in seinen Hubschrauber und kreist über den Weinbergen – so drückt er die warmen Luftmassen nach unten. Bislang hat das gut funktioniert.

Die besten Reben aus den vier Weinbergen der Ibbotsons, die auf 45 Hektar über das gesamte Marlborough Valley verteilt sind, werden von Kellermeister Crawford zu einem harmonischen Ganzen komponiert. Auf Saint Clair dominiert die Rebsorte Sauvignon blanc. Das Angebot wird ergänzt durch Chardonnay und kleinere Mengen Riesling. Beim Rotwein halten sich Merlot und Pinot noir die Waage.

WEINTIPPS

1998 Saint Clair Marlborough Sauvignon blanc
1999 Saint Clair Marlborough Sauvignon blanc
1998 Saint Clair Marlborough Riesling

BEZUGSQUELLEN

2, 12, 97, 181, 274, 403, 444, 467, 497, 520

SEIFRIED ESTATE

Redwood Rd., NZ-7016 Nelson, Tel. 0064-3-544 55 99,
Fax 544 55 22
seifried@wines-nelson.co.nz

INHABER: Agnes und Hermann Seifried
KELLERMEISTER: Hermann Seifried
REBFLÄCHE: 80 Hektar
REBSORTEN: Cabernet Sauvignon, Merlot, Sauvignon blanc, Gewürztraminer, Chardonnay, Pinot noir
BESUCH: tgl. 10-17Uhr

DINERS EC EURO VISA

FF

Der Österreicher Hermann Seifried und seine Frau Agnes gründeten 1973 im Moutere Valley, zwischen Nelson und Motueka, ein Weingut mit zwei Hektar Rebfläche. Seifried hatten es vor allem vor allem die warmen Tage und die kühlen Nächten der Region angetan. Optimale Bedingungen für den Weinanbau, befand der Einwanderer. Er wurde nicht enttäuscht. Inzwischen hat sich Seifried über die Grenzen der Region hinaus einen Namen gemacht. Er erwarb weitere Rebflächen auf Rabbit Island in der Appleby Area und ließ 1996 eine neue Kellerei erbauen. Heute nennt er 67 Hektar Rebfläche sein eigen.

Bei den roten Reben dominieren die klassischen, körperreichen Cabernet Sauvignon und Merlot. Die Trauben für den Cabernet-Merlot-Verschnitt werden zwischen April und Mai gelesen und liegen bis Anfang Dezember des nächsten Jahres in zwei und drei Jahre alten Barriques. Die weißen Weine werden aus Sauvignon blanc und Chardonnay komponiert – Trauben, die für die fruchtbaren Böden und das milde, feuchte Klima Neuseelands wie geschaffen sind. Die Klone seiner Chardonnay-Reben bezog Seifried übrigens aus dem argentinischen Anbaugebiet Mendoza.

WEINEMPFEHLUNGEN

1998 Gewürztraminer
FARBE: helles Goldgelb
DUFT: leicht rauchig und mineralisch in der Nase, etwas verdeckte Rosen-Noten
GESCHMACK: Kohlensäure im Ansatz, lieblich und pfeffrig, mittelkräftig, ausgewogen und würzig im Abgang

1997 Cabernet-Merlot
1999 Chardonnay

BEZUGSQUELLEN

14, 65, 164, 169, 212, 404

SELAKS WINES KUMEU

45 Station Road, Huapai, NZ-Kumeu, Tel. 09-412 66 66, Fax 412 71 24,
nobilo@nobilo.co.nz, www.nobilo.co.nz

INHABER: Nobilo Wines – **KELLERMEISTER:** Darryl Wooley
REBFLÄCHE: 154 Hektar
REBSORTEN: Chardonnay, Sauvignon blanc, Sémillon, Riesling, Müller-Thurgau, Gewürztraminer, Cabernet Sauvignon, Pinot noir, Merlot
BESUCH: nach Vereinbarung

FF

Drei Generationen lang hatte die Familie das von Mario Selak gegründete Weingut in eigener Regie geführt, unlängst verkaufte sie es an Nobilo Wines. Zuletzt hatte sich Mario Selaks

Selaks: Verkauf nach drei Winzer-Generationen

Sohn Ivan um die Weinherstellung gekümmert, sein Bruder Michael um Verkauf und Marketing. Stolz der Familie war stets der Sauvignon blanc, der bei einer Prämierung anlässlich der Wines and Spirits Competition in London sogar alle großen französischen Weine schlug und eine Goldmedaille gewann. Heimat der Selaks Winery ist das sanfte hügelige Gebiet nordwestlich von Auckland auf der neuseeländischen Nordinsel.

Die alte Familientradition wird mit modernster europäischer Technik kombiniert. Die Trauben für Chardonnay und Sauvignon blanc stammen überwiegend aus Marlborough von der Südinsel, die roten Sorten wie Merlot und Cabernet Sauvignon erlangen ihre Reife in der fruchtbaren Hawke's Bay an der Ostküste der Nordinsel.
Die Produktpalette von Selaks ist groß: Neben Chardonnay mit viel Potenzial, zartem Riesling und Schaumwein, hergestellt nach der Méthode Champenoise, findet man hier auch vollmundige Cabernet Sauvignon und Merlot mit kräftigen Tanninen sowie betörend süßen Eiswein. Trotz aller Unterschiede sind die Weine sehr aromatisch und von bester Fruchtigkeit.

WEINTIPPS

1999 Sauvignon blanc
1995 Ice Wine Traminer/Riesling
1994 Founders Reserve Merlot

BEZUGSQUELLEN

82, 126, 219, 243, 464, 475

TE MATA ESTATE WINERY

Te Mata Road, NZ-4201 Havelock North, Hawke's Bay, Tel. 0064-6-877 43 99, Fax 877 43 97, wine@temata.hb.co.nz., www.temata .nb.co.nz
INHABER: Te Mata Estate Winery Ltd.
KELLERMEISTER: Peter Cowley
REBFLÄCHE: 50 Hektar
REBSORTEN: Cabernet Sauvignon, Merlot, Syrah, Chardonnay, Sauvignon blanc
BESUCH: Mo-Fr 8.30-17 Uhr, Sa 6-17 Uhr

AmEx DINERS EC EURO VISA FFF

Te Mata Estate ist eines der ältesten Weingüter Neuseelands. Die Kellerei, 1854 von John Chambers gegründet, wurde vor einigen Jahren renoviert, die neu errichteten Gebäude fügen sich harmonisch in die restaurierten Teile der Anlage ein.

Phoenix aus der Asche: Te Mata

Das Weingut erstrahlt auch in Sachen Wein wieder in neuem Glanze. Viele Jahre lang hatte Te Mata eine Durststrecke zu überstehen – zu viele wechselnde Besitzer, die das Augenmerk immer nur auf den schnellen Profit richteten. Mit der Wiederentdeckung der Weinregion Hawke's Bay in den siebziger Jahren erlebte auch Te Mata eine Renaissance. Der vollmundige Elston Chardonnay gilt als Musterbeispiel für einen Wein aus dieser Region.

Zwei Jahrzehnte Zeit gaben sich die heutigen Besitzerfamilien Bucks und Morris, um Te Mata wieder fest auf dem neuseeländischen Weinmarkt zu etablieren. Vor drei Jahren ist diese Frist abgelaufen – ihr Ziel haben die ambitionierten Winzer schon früher erreicht.
In den neunziger Jahren erhielt Te Mata Estate die Auszeichnung „Top Winery of New Zealand". Fast 60 Prozent der angebauten Reben sind Rotweine, vor allem Cabernet Sauvignon und Merlot.

WEINEMPFEHLUNG

1997 Elston Chardonnay
FARBE: helles Gelb
DUFT: kräftige Nase nach Mango, reifen Äpfeln, Kürbis und etwas Banane
GESCHMACK: würzig, körperreich, fett und mächtig, mit gut eingebundenem Holz, sehr lang, aber etwas brandig im Abgang

BEZUGSQUELLEN

44, 51, 54, 61, 72, 139, 151, 197, 210, 212, 255, 273, 291, 292, 309, 318, 352, 353, 361, 366, 378, 385, 404, 435, 464, 535, 559

VILLA MARIA ESTATE

5 Kirkbride Rd. NZ-1701 Mangere, Tel. 0064-9-255 06 60, Fax 255 06 61
enquiries@villamaria.co.nz.

INHABER: George Fistonich - **KELLERMEISTERIN:** Michelle Richardson
REBFLÄCHE: 670 Hektar
REBSORTEN: Sauvignon blanc, Chardonnay, Riesling, Gewürztraminer, Cabernet Sauvignon, Merlot, Malbec, Cabernet franc
BESUCH: tgl. 9-18 Uhr

AmEx DINERS EURO VISA

F F

Der Aufstieg des Weingutes Villa Maria Estate – 1961 von George Fistonich gegründete und zu einem der modernsten Betriebe ausgebaut – zum drittgrößten Unternehmen Neuseelands verlief rasant. Besonders in den vergangen Jahren ist die Qualität kontinuierlich besser geworden. Villa Maria gehören Weinberge in allen erstklassigen Anbaugebieten des Landes – von Marlborough bis Gisborne, von der Hawke's Bay bis Auckland. Das Herz des Unternehmens aber schlägt in Mangere bei Auckland, hier sind Abfüllung, Verkauf und Geschäftsleitung

Mit Auszeichnung: Michelle Richardson

untergebracht. Außerdem wurde angesichts der erwarteten neuen Absatz-Dimensionen eine zusätzliche Kelteranlage in Marlborough errichtet, wo seit 1999 die Weine vor Ort verarbeitet werden. Wegen der großen Zahl an Weinbergen kann Kellermeisterin Michelle Richardson nahezu alle Rebsorten verarbeiten, handverlesene Winzer liefern Villa Maria zu.

WEINEMPFEHLUNGEN

1995 C hardonnay Reserve, Marlborough
FARBE: kräftiges helles Gelb
DUFT: süßlich nach Vanille, reifen Birnen und Ananas, dazu Feuerstein
GESCHMACK: sehr kräftig, würzig, erinnert an Weihrauch, etwas Grapefruit, schmelzig und reinrassig, extraktreich

1997 Chardonnay, Gisborne
1997 Villa Maria Reserve Chardonnay, Marlborough
1996 Cabernet Sauvignon/Merlot, Hawke's Bay

BEZUGSQUELLEN

11, 22, 36, 66, 73, 92, 94, 134, 145, 186, 233, 238, 284, 293, 294, 313, 359, 382, 430, 463, 525, 527, 538, 542, 550

AUF DEM LANGEN MARSCH ZUR QUALITÄT

Vor allem mit Joint Ventures und europäischen Rebsorten wollen Ostasiens Winzer Anschluss an die Weinwelt erlangen

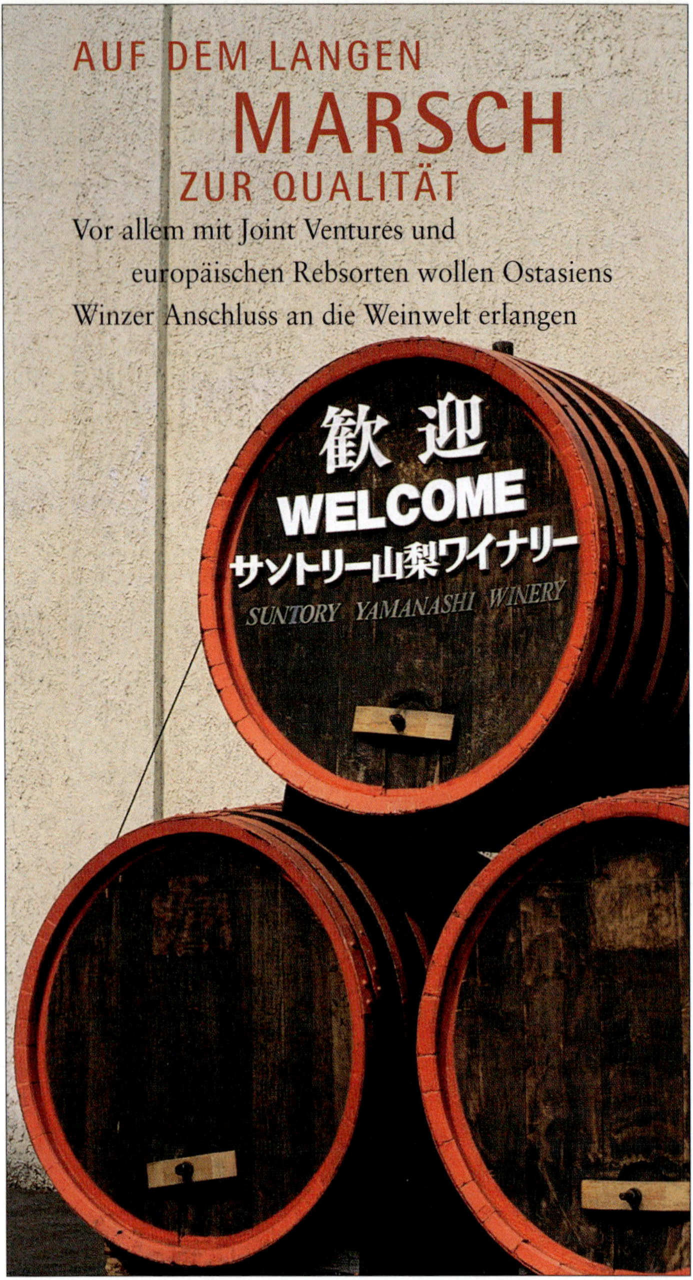

Japan ist in Sachen Wein vor allem bekannt als Importeur europäischer Spitzenweine und als Aufkäufer renommierter europäischer Weingüter. Darüber sollte man nicht vergessen, dass das Land selbst heute über mehr als 25 000 Hektar Rebfläche verfügt, aus denen jährlich bis zu 600 000 Hektoliter Wein gewonnen werden. Die Japaner haben zwar eine lange Weintradition, doch zu echten Weinfreunden wurden sie erst in jüngerer Zeit. Noch Anfang der neunziger Jahre tranken Japaner im Schnitt lediglich eine Flasche Wein pro Kopf und Jahr.

Dabei begann der Anbau von Wein schon früh – allerdings versprach man sich von den Trauben eine heilende, medizinische Wirkung. Bereits 1186 wurde in japanischen Schriften die Rebsorte Koshu erwähnt, die in der Nähe des Fujiyama wuchs, westlich des heutigen Tokio. Koshu wird auch heute noch angebaut, und die Region am Fujiyama ist heute das wichtigste japanische Anbaugebiet. Der Großteil der Weinberge aber befindet sich im Süden der Hauptinsel, die besten Weine wachsen auf Kiesel- und Vulkanboden in Südlagen.

In den siebziger Jahren veränderte sich die japanische Weinwirtschaft radikal. Französische und australische Weinexperten kamen ins Land und bauten zusammen mit der japanischen Getränkeindustrie ultramoderne Kellereien zur Deckung des nationalen Bedarfs auf.

Am häufigsten verwendet man im modernen japanischen Weinbau amerikanische Hybride, die Ende des 19. Jahrhunderts nach Japan kamen – wie die Rotweinsorte Campbell's Early oder Delaware, eine feine, aber sehr säurehaltige Weißweinsorte, die hauptsächlich für Sekt verwendet wird, dazu Muscat Bailey A, oft für Rosés benutzt. Aus Koshu werden immer noch fruchtige Weißweine gemacht.

Westlich von Yamanashi findet man ein wenig Cabernet Sauvignon, Cabernet franc wird mit sehr guten Ergebnissen angebaut. Chardonnay und Merlot liefern in der Region um Nagano beachtliche Resultate, Müller-Thurgau und Zweigelt gedeihen sehr gut auf der Insel Hokkaido.

Im allgemeinen ist die Qualität japanischer Weine akzeptabel, obwohl ihnen, bedingt durch den Regen, der immer während der Zeit der Weinlese fällt, ein gewisser eigenständiger Charakter fehlt.

Alle japanischen Weine, mit Ausnahme einiger weniger Spitzenweine aus europäischen Rebsorten, werden mit preiswerten Importweinen verschnitten. Nur wenn der Anteil an Importwein mehr als die Hälfte beträgt, muss dies auf dem Etikett vermerkt sein, ansonsten tragen die Weine die Bezeichnung „Produkt aus Japan“. „Kokunai san“ hingegen bedeutet, dass der Wein nahezu ausschließlich aus japanischen Trauben und in Japan hergestellt wurde.

CHINA

Die erste Einfuhr einer Weinrebe

ins Reich der Mitte ist genau belegt: Im Jahre 128 v. Chr. brachte sie der chinesische Diplomat Chang Ch'ien als Samenkorn vom Kaiser aus Persien mit. Mit der Erschließung der verschiedenen „Seidenstraßen" gelangten Rebsorten in großer Zahl nach China. Verschiedene sind heute noch in China heimisch, nicht aber die in Europa verbreitete Gattung *Vitis vinifera*.
Erst Anfang des 20. Jahrhunderts pflanzten europäische Missionare Rebstöcke in der nordöstlichen Provinz Shandong an. Auch heute noch befinden sich die meisten Weinberge in dieser eher kühlen, gemäßigten Region, in der die Temperaturen im Winter nicht unter den Gefrierpunkt sinken und im Sommer maximal 26 Grad erreichen. Die meisten chinesischen Weinbaugebiete liegen zwischen dem 32. und 44. Breitengrad, auch die Bohai-Region mit den Anbaugebieten Hebai und Shandong sowie den Stadtregionen Beijing und Tianjjin, aus denen die bekanntesten chinesischen Weine kommen.
In China hat der Weinbau seit Ende der achtziger Jahre einen rasanten Aufschwung genommen. Schätzungen gehen von bis zu 150 000 Hektar bebauter Rebfläche und einer Weinmenge von bis zu drei Millionen Hektoliter pro Jahr aus, genaue Statistiken existieren allerdings nicht. Fest steht aber, dass China heute das größte Weinbauland Asiens ist und die Produktion inzwischen die eines Traditions-Weinlandes wie Österreich übertrifft.
Die von den Missionaren um 1900 eingeführten Rebsorten werden mehrheitlich auch heute noch angebaut: Welschriesling, Rkatsiteli, Gewürztraminer und Muscat Hamburg. Im modernen chinesischen Weinbau werden zudem viele heute wichtige Rebsorten angepflanzt, die ihren Ursprung in Europa haben, viele Weine kommen als Joint Venture mit ausländischen Partnern auf den Markt.
Traditionell bringen die recht widerstandsfähige Rotweinsorte Beichun, aber auch „Dragon's Eye", „Cow's Nipple" und „Cock's Heart" halbsüße Weißweine hervor. Der bekannteste unter ihnen, „Kui hua chen chiew", wird in alle Länder des Fernen Ostens exportiert. Bis die Neupflanzungen europäischer Rebsorten in Kooperation mit internationalen Wein- und Spirituosenkonzernen wie Pernod Ricard, Hiram Walker oder Rémy Martin ertragreich genug sind, werden die Trauben von kleinen Winzerbetrieben geliefert. Erfahrene und fortschrittliche staatliche Weinbaubetriebe beginnen, Weine nach westlichem Vorbild zu produzieren. Große Anstrengungen werden beim Anbau von Riesling und Chardonnay unternommen.

INDIEN

Bereits vor 2000 Jahren wurde in Indien Wein angebaut. Heute sind etwa 50 000 Hektar mit Rebstöcken bepflanzt, doch nur etwa ein Prozent dient der Weinerzeugung. Durchschnittlich zwei Millionen Flaschen werden jährlich hergestellt. Die Produktion konzentriert sich auf den Osten und Nordosten von Bombay. Der Wein wird zumeist in Höhen zwischen 600 bis 800 Meter angebaut, nur die terrassenförmig angelegten Weinberge östlich von Kaschmir liegen höher, in mehr als 1000 Meter.

Im heißen Monsunklima erreichen die Tagestemperaturen im Sommer bis zu 45 Grad, während des Frühjahrsmonsuns regnet es fast ständig. Zwischen Juni und August dagegen fällt nur wenig Regen. Die östlich gelegenen Gebiete der Bombay-Region leiden am meisten unter extremem Regen und Hitze.

In den wärmeren Regionen des Bundesstaates Andrha Pradesh sind die Reben immergrün, hier wird zwei- bis dreimal im Jahr geerntet.

Bis 1988 durften der in Indien produzierte Weine nur exportiert werden – eine Konzession der indischen Bundesregierung an die 100 Millionen, durch die Gebote des Koran zur Abstinenz verpflichteten indischen Muslime. Mittlerweile darf ein Viertel der Produktion im Land selbst vermarktet werden.

In Goa an der Westküste werden auch heute noch Weine aus Trauben portugiesischer Provenienz verarbeitet, wenn auch nur in geringer Menge. Ansonsten bestimmen auch in Indien moderne Rebsorten das Bild – Chardonnay, Ugni blanc, Muscat, Pinot noir, Merlot oder Cabernet Sauvignon.

Begeistert zeigte sich die Weinwelt 1985 vom „Omar Khayyám", einem weißen Mousseux, hergestellt nach der traditionellen Flaschengärmethode. Moderne Kellertechnik und temperaturkontrollierte Gärung aber findet man in Indien lediglich in einigen wenigen Kooperativen.

Die modernste Kellerei liegt in Nārāyangaon, zwischen Bombay und Poona. Sie wurde 1982 mit aus Frankreich importierten Geräten ausgerüstet und von Beratern aus der Champagne unterstützt. Aus Nārāyangaon kommen trockene, zarte Schaumweine.

CHÂTEAU LUMIÈRE

624, Minaminoro Higashiyatsushiro-Gun, JA-405 0052 Ichinomiya-Cho,
Tel. 0081-553-47 02 07, Fax 47 20 01
lumiere@lumiere.co.jp, www.lumiere.co.jp
INHABER: Lumiere S.A. - **KELLERMEISTER:** Toshihiko Tsukamoto
REBFLÄCHE: 16 Hektar
REBSORTEN: Cabernet Sauvignon, Merlot, Cabernet franc, Sémillon, Sauvignon blanc, Koshu
BESUCH: Mo-Fr 9-17 Uhr nach Voranmeldung

FFF

Château Lumière ist einer von drei Familienbetrieben im ansonsten von Konzernen beherrschten Weinmarkt Japans. Kellermeister beim 1985 gegründeten Château Lumière ist Toshihiko Tsukamoto. Sein Credo: Qualität ist entscheidender als Quantität: Die Jahresproduktion von Château Lumière beträgt 100 000 Flaschen. Das Unternehmen konzentriert sich auf Cuvées. Dem französischen Vorbild nacheifernd, verschneidet Tsukamoto Cabernet Sauvignon mit den beiden anderen Bordeaux-Trauben Merlot und Cabernet franc. Die Weißweine werden zumeist auf der Grundlage der japanischen Traube Koshu erzeugt. Sie ergibt einen milden, süßen Wein, der von Japanern sehr geschätzt wird. Die Sorte eignet sich für den Verschnitt mit weißen und roten Sorten. Toshihiko Tsukamoto verschneidet Koshu zu gleichen Teilen mit Sémillon und Sauvignon blanc. Mehr als 30 Jahre alte Abfüllungen sind die Attraktion des gutseigenen Wein-Geschäfts. Dort werden auch feine Burgunder (Crozes Hermitage 1998) und Bordeaux verkauft.
Besonders stolz ist Château Lumière auf ein nahezu komplettes Angebot von Cos d'Estournel-Jahrgängen sowie alte Jahrgänge der Châteaux Cheval Blanc und Haut Brion.

WEINEMPFEHLUNG

1990er Grand Vin Yamanashi

FARBE: reifes Granatrot mit ziegelfarbenen Reflexen
DUFT: kleine rote Früchte in Kombination mit einem Hauch von Paprika, leicht pfeffriger Duft, sehr gut integrierte Holztöne, leicht süßliche Gewürzaromen
GESCHMACK: nicht sehr opulent, aber gut strukturierte Fruchtaromen und feine Barrique-Noten, mittellanger Abgang

BEZUGSQUELLEN

keine Angaben

MERCIAN KATSUNUMA WINERY

1425-1, Shimo-Iwasaki, JA-409-313 Katsunuma, Tel. 0081-553-44 10 11,
Fax 44 04 28
www.mercian.co.jp

INHABER: Tadao Suzuki (Mercian Corp.)
KELLERMEISTER: Kosei Ajimura
REBFLÄCHE: 100 Hektar
REBSORTEN: Koshu, Merlot, Chardonnay, Riesling, Cabernet Sauvignon, Sémillon
BESUCH: Mo-Fr 9-16 Uhr

Mercian ist ein *global player*. Neben der Kellerei in Japan gehören dem Unternehmen die Kellerei Maerkham Vineyards in den USA und Château Reysson

Weinfest : Folklore auf Japanisch

in Frankreich. Außerdem ist die Mercian Corporation größter Teilhaber der Mildara Winery in Australien. In Japan produziert Mercian zudem Whisky und Kartoffelschnaps.
Der Wein-Multi steckte viel Geld in die Modernisierung der Keller in Katsunuma, in denen vor allem zwei Weine produziert werden: Château Mercian Superior, nur aus japanischen Traubensorten erzeugt und mit dem höchsten Qualitätssiegel versehen, und Château Mercian: ein Verschnitt ausländischer Trauben. Für die Produktion der Weine zeichnet Kellermeister Kosei Ajimura verantwortlich.
Welches Reifepotenzial japanische Weine haben, bewies eine Probe im Jahr 1995, mit der sich die Mercian Katsunuma Winery internationales Renommée erwarb. Der Cabernet Sauvignon des Jahrgangs 1967 war perfekt und hätte es mit zahlreichen Bordeaux desselben Jahrgangs aufnehmen können.

WEINEMPFEHLUNG

1996 Merlot Château Mercian, Yamanashi

FARBE: intensives Purpurrot, eine Spur violett, relativ dicht
DUFT: Paprika, etwas Cassis, pflanzlich, mineralisch
GESCHMACK: intensive, gut eingebundene Gerbstoffe, deutliche Säure, mineralische Note, mittlere Länge

BEZUGSQUELLEN

keine Angaben

CHINA

HUA XIA WINERY COMPANY

The West to Changfu Road, Chengguan, Chang Li, China-075000 Hei Bei Province, Tel. 0086-10-65 26 88 88, Fax 65 27 00 79
gracche@cofco.com.cn
INHABER: Hua Xia Company – **KELLERMEISTER:** Yan Shenggjie
REBFLÄCHE: 700 Hektar
REBSORTEN: Cabernet Sauvignon, Chardonnay, Muscat
BESUCH: 8.30-17 Uhr

F

Die Hua Xia Winery Company ist in China vor allem für ihren Wein „Great Wall of China" berühmt. Er wird aus der einheimischen Rebsorte „Drachenauge" (Longyan) erzeugt, die in China als beste einheimische Traube gilt. Diese Sorte wird auch

Weinexperte Wy Zeng: Roter aus China

als Tafeltraube auf den Markt gebracht und zur Rosinenherstellung verwendet. Der „Great Wall" ist körperreich und gut ausgewogen – sein Aroma aber erinnert eher an Siegellack als an Wein.
Die Sorte „Drachenauge" ist hochresistent, sie widersteht sogar dem harten chinesischen Winter, der für Chinas Weinbauern das größte Problem darstellt.
Bei Hua Xia wird seit 1988 Wein erzeugt, die beste Lage heißt Phoenix Hills. Vier Weinbauern liefern der Hua Xia Winery Company, die etwas mehr als zehn Millionen Flaschen im Jahr erzeugt, Trauben zu. Kellermeister Yan Shenggjie setzt für den Ausbau der europäischen Sorten Cabernet Sauvignon, Chardonnay neue Eichenfässer ein, er reduziert den Ertrag, achtet auf die Einhaltung ökologischer Gesichtspunkte und lässt von Hand ernten. Die für die chinesische Produktion erzeugten Weine sind eher lieblich und süß. Wein gilt in China immer noch als ausgesprochenener Luxusartikel, den sich nur ein Bruchteil der Bevölkerung leisten kann.
Seit fünf Jahren wird der „Great Wall of China" nach Hongkong, Japan und in die USA exportiert. Auch bei der gehobenen China-Gastronomie in Europa kommt die eine oder andere Flasche an.

WEINTIPPS

1996 Great Wall of China Cabernet Sauvignon
1996 Great Wall of China Chardonnay
1996 Great Wall of China Muscat

BEZUGSQUELLE

417

GROVER VINEYARDS

127, Jaya Mahal Extension, India-560046, Tel. 0091-80-333 86 90,
Fax 333 51 53, grovervineyards@vsnl.com, www.grover-vineyards.com

INHABER: Kanwal K. Grover - **ÖNOLOGE:** Michel Rolland
KELLERMEISTER: Bruno Yvon
REBFLÄCHE: 40,4 Hektar
REBSORTEN: Cabernet Sauvignon, Shiraz, Clairette
BESUCH: Mo-Sa 9-17 Uhr nach Vereinbarung

F

Ein kleines Stück Frankreich hat Winzer Kanwal K. Grover in den Dodballapur-Bergen nahe dem südindischen Technologie-Zentrum Bangalore etabliert, 1988 begann er mit der Arbeit. Die Weine werden getreu den französischen Vorbildern gekeltert. Die Ergebnisse sind recht beachtlich, und Grover hat sich bei der internationalen Fachpresse schnell einen Namen gemacht.
„Grover ist nicht nur ein Winzer, sondern auch ein Lehrer", lobte auch die International Herald Tribune und würdigte damit die Pionier-Leistungen Kanwal K. Grovers.
Unterstützung erhält er dabei aus Europa: von Bruno Yvon, der für die Keller zuständig ist, und dem weltberühmten Önologen Michel Rolland, einem der großen französischen Weinberater.
Kein Wunder also, dass auf Grover Vineyards eine Bordeaux-Traube die Hauptrolle spielt. Die Basis für den „Grover's Red" bildet Cabernet Sauvignon, begleitet von kleinen Teilen Shiraz. Die Weißweine produziert Bruno Yvon ausschließlich aus der Clairette-Traube. Nur wenige Stunden „Hautkontakt" mit roten Trauben, so Yvon, verleihen dem „Grover's Rosé" seine attraktive Farbe. Von dem Rosé gibt es zwei verschiedene Abfüllungen, eine trockene und eine halbtrockene.

Hautkontakt: Grover-Rosé

WEINTIPPS

1998 Grover Vineyards
Cabernet Sauvignon
1999 Grover Vineyards
Blanc de Blanc
1999 Grover Vineyards
„Grover's Rosé" dry

BEZUGSQUELLEN

Keine Angaben

GUTE HOFFNUNG AM KAP

MORGENRÖTE

AM WEINHORIZONT

Seit der Abschaffung der Apartheid und der Aufhebung der Handelssanktionen befindet sich Südafrikas Weinwirtschaft im Aufwind

Südafrika steht heute an achter Stelle der weinproduzierenden Länder – bei einem Anteil von einem Prozent an der Weltrebfläche. Nach Jahren der Massenproduktion haben heute viele südafrikanische Winzer das Potenzial des Landes wiederentdeckt und schicken sich an, die Weinszene zu revolutionieren.

Wein hat Tradition in Südafrika. Als 1652 Kapstadt gegründet wurde, beschloss die niederländisch-ostindische Handelskompanie, am Kap der Guten Hoffnung einen Versorgungsstützpunkt für ihre Schiffe einzurichten. Auf der langen Fahrt von Europa nach Indien mussten Seeleute und Passagiere mit frischen Lebensmitteln versorgt werden. Wein war als Proviant auf langen Seereisen sehr beliebt, auch weil er länger haltbar war als Trinkwasser.

Jan van Riebeeck, holländischer Arzt und erster Gouverneur in Kapstadt, gilt als Vater des südafrikanischen Weinbaus. Ihm gelang 1659 die erste Ernte aus europäischen Weinstecklingen – 15 Liter aus Muscadet-Trauben. Ende des 17. Jahrhunderts siedelten aus Frankreich eingewanderte Hugenotten am Kap, sie brachten Fachwissen für Weinbau und Weinerzeugung mit. Der zweite Gouverneur von Kapstadt, Simon van der Stel, gründete 1685 die Siedlung Stellenbosch und baute gemeinsam mit einem französischen Winzer das legendäre Weingut Constantia auf. Die Dessertweine von „Groot Constantia", dem ältesten Weingut Südafrikas, waren am Ende des 18. Jahrhunderts für Europas Adel das Feinste vom Feinen, ein Genuss, der höchstens noch vom Tokajer überboten wurde. Doch kurze Zeit später war diese Ära zu Ende. England hob die Blockade französischer Häfen auf, und die Weine aus der weit entfernten Kap-Kolonie, die auch wegen des Transports entsprechend teuer waren, bekamen übermächtige Konkurrenz. Die Reblaus sollte den südafrikanischen Winzern bald einen weiteren heftigen Schlag versetzen. Um die Verluste aus der Reblauskatastrophe auszugleichen, wurden zu Beginn des 20. Jahrhunderts ertragreiche Rebsorten angepflanzt, was wegen der fruchtbaren Böden bald zu einer gigantischen Überproduktion führte. Zur Stabilisierung des Weinmarktes wurde deshalb 1918 die Winzergenossenschaft KWV (Kooperatiewe Wijnbouwers Vereeniging van Zuid Afrika) gegründet. Sie erhielt die gesetzliche Vollmacht, die Produktion zu beschränken und die Traubenpreise festzulegen. Das Quotensystem half vor allem den Massenweinregionen, in denen die Trauben vorzugsweise zu Brandy und alkoholverstärkten Weinen verarbeitet wurden.

Als 1991 die Apartheid fiel, begann eine neue Ära des südafrikanischen Weinbaus. Zum einen wurden die Beschränkungen für die Einfuhr geprüfter, virusfreier Klone der wichtigsten Rebsorten aufgehoben. Damit konnten endlich umfangreiche Neupflanzungen in den vom

Blattrollvirus befallenen Gebieten vorgenommen werden. Mit Edelrebsorten wie Chardonnay und Rotweinsorten aus dem Bordelais erzeugten die Winzer erstmals moderne fassgereifte Weine nach klassischem französischem Vorbild. Und da die Republik Südafrika nicht länger von der internationalen Staatengemeinschaft geächtet war, konnten die Weinbaubetriebe sie nun auch wieder exportieren. Nur 19 Prozent der Gesamtrebfläche von gut 100 000 Hektar – verteilt auf die Regionen Olifants River, Coastal Region, Breed River Valley und Little Karoo – sind zur Zeit mit internationalen Sorten bestockt, die Tendenz ist steigend. Seit Beginn der achtziger Jahre drängen massiv ausländische Investoren nach Südafrika. Vertreter renommierter europäischer Weingüter und vermögende Privatleute gründeten Weinfarmen oder gingen Partnerschaften mit einheimischen Weingütern ein. Zunehmend kommen moderne Keller- und Weinbautechniken zum Einsatz.

Der Anteil weißer Rebsorten liegt bei über 80 Prozent, beliebteste Rebe ist Chenin blanc. Aus ihr werden ausdrucksvolle und körperreiche Weißweine gewonnen. Aus der riesigen Menge an Weißweintrauben werden aber auch billige, einfache Schaumweine produziert. Dennoch findet man auch in Südafrika Spitzen-Schaumweine, die den internationalen Vergleich nicht zu scheuen brauchen. Sie werden nach der traditionellen Flaschengärmethode hergestellt, die in Südafrika „Méthode Cape Classique" genannt wird. Aus den Rebsorten Sultana, Colombard, Hanepoot und White French entstehen sehr unterschiedliche Weine, von leicht trockenen bis hin zu edelsüßen. Allerdings nimmt der Anteil von Chenin blanc-Reben immer mehr ab, zugunsten von derzeit gefragteren Rebsorten wie Chardonnay oder Sauvignon blanc. Die bevorzugten Rotweintrauben sind Cabernet Sauvignon und Cinsault. Rotweinspezialität Südafrikas ist jedoch die Neuzüchtung Pinotage, ein Eigengewächs aus Stellenbosch. Diese Rebe ergibt Weine von internationalem Format, dunkelrot, kräftig und aromatisch, voll, würzig und langlebig, mit unbändiger Fruchtigkeit und viel Holz. Südafrikas Winzer setzen große Hoffnungen auf Pinotage

Anbaugebiet Paarl: zweitgrößtes im Lande

und pflanzen viele neue Rebstöcke von dieser Sorte an. Die sehr widerstandsfähige Neuzüchtung ist eine Kreuzung aus Pinot noir und Cinsault (in Südafrika fälschlicherweise oft als Hermitage bezeichnet). Pinotage wird nur in Südafrika angebaut.
Seit 1972 existiert ein System kontrollierter Herkunftsbezeichnungen, die „Designation of Origin", das zwar die geographische Herkunft der Trauben, nicht aber den Höchstertrag gesetzlich festlegt. Die Mitgliedschaft in der „WO" (Wine of Origin) ist freiwillig, nur etwa zehn Prozent aller Weine tragen das Etikett der Winzervereinigung. Das Gesetz schreibt vor, dass ein Wein zwar zu 100 Prozent aus der Region stammen muss, unter der er firmiert, aber nur zu 75 Prozent aus der Rebsorte und dem Jahrgang, die auf dem Etikett angegeben sind.
Die kleinste Herkunftszone ist der „Estate", eine gebräuchliche Bezeichnung für Weingut oder Domaine. Estate-Weine sind nicht unbedingt Erzeugerabfüllungen, das Lesegut kann auch von weit voneinander entfernten Weinbergen stammen, sofern diese einem Erzeuger gehören und die Behörden die ökologischen Voraussetzungen als vergleichbar ansehen.
Mehrere Estates bilden einen „Ward", einen Bezirk (wie etwa Franschhoek), mehrere Wards einen District wie beispielsweise Paarl. Die größte weingeographische Einheit ist die Region, zum Beispiel die Coastal Region. Jeder der elf Weinbaudistrikte weist besondere Klima- und Bodenbedingungen auf und liefert seine eigenen, typischen Weine. Die bekanntesten Distrikte sind Stellenbosch und Paarl mit einer Rebfläche von 17 000 beziehungsweise 14 000 Hektar.

Stellenbosch ist die Vorzeigeregion Südafrikas, neben Constantia das älteste und landschaftlich schönste Weinbaugebiet. Mit Weinreben bewachsene Täler und schroffe, hochaufragende blaugraue Berge bilden eine atemberaubende landschaftliche Kulisse. In der Universitätsstadt Stellenbosch sind das wichtigste Weinforschungsinstitut des Landes und die Weinkontrollbehörde zu Hause. Ein staatliches Versuchsweingut und die beiden bedeutendsten Weinkellereien, Stellenbosch Farmers Winery (SFW) und Bergkelder, haben hier ebenfalls ihren Sitz. Stellenbosch produziert zwar nur 13 Prozent der gesamten Weinmenge in Südafrika, weist aber die höchste Konzentration an Spitzenweingütern auf. Die größten Betriebe zwischen Helderberg im Osten und Südosten der Stadt und Simonsberg im Nordosten produzieren leichte und schwere Rote – sortenrein, aber auch als Verschnitt –, Weiße von süß bis trocken, ebenso Schaumweine und aufgespritete Weine.
Zwei Drittel der Rebfläche sind mit Weißweinsorten bestockt, vorwiegend Chenin blanc. Erstklassige trockene Weißweine entstehen aus höheren Lagen im Westen, im

Einflussbereich kühlerer Meereswinde. Hier erweisen sich die Sandsteinböden des Tafelberges als für weiße Rebsorten gut geeignet.
Die Klimaverhältnisse und Böden von Stellenbosch sind sehr unterschiedlich, es gibt 90 verschiedene Bodenarten, von Schwemmland mit lehmhaltigem Sand in den Tälern bis zu kargen, wasserdurchlässigen verwitterten Granitböden an den Berghängen. Da aber alle Böden durchgehend sauer sind, fallen die Weine entsprechend geschmacksintensiv und saftig aus. Deshalb wird besonders vor Neupflanzungen kräftig Kalk hinzugegeben. Das Klima in den unterschiedlich steilen Hanglagen ist gemäßigt bis heiß, die Bewässerung nicht so intensiv wie im heißen Landesinnern. Daher sind die Erträge auch erheblich geringer. Neu angelegte Weinberge, verbesserte Kellertechnik – und eine neue Winzergeneration, die Beratung aus dem Ausland in Anspruch nimmt – haben sehr zur heutigen hohen Reputation der Stellenbosch-Weine beigetragen.

Rotweinkeller von Thelema: Hier lagern wahre Schätze

Nördlich an Stellenbosch grenzt Paarl, die zweitgrößte Weinregion. Neben Granit- und Sandsteinböden gibt es hier zumeist Schwemmböden. Die Sommer sind vergleichsweise heiß und trocken, überall bedarf es künstlicher Bewässerung. Die Weine sind im Allgemeinen schwerer und breiter als jene von der Küste. Aus Chenin blanc werden einfache, bodenständige Weine erzeugt, gegenwärtig werden vermehrt auch Sauvignon blanc und Pinotage angepflanzt.
In Franschhoek erinnern die Namen der Weingüter an das französische Erbe – viele Hugenotten flohen einst vor der religiösen Verfolgung ans Kap der Guten Hoffnung. Die Region Franschhoek ist im Umbruch. Kleine Qualitäts-Weinbaubetriebe und die Umorientierung auf die Anpflanzung gefragter, edler Rebsorten sorgen dafür, dass Franschoek seinen ehemaligen Ruf als Massenweinlieferant allmählich loswird.

Constantia ist im Begriff, den einstigen Glanz seiner ruhmreichen Weinvergangenheit wieder auflebenzulassen. Die schmale, weit in den Atlantik hinausragende Halbinsel mit ihren klimatischen Einflüssen von Meer und Gebirge ist ideal für die Erzeu-

gung von Qualitätswein. An den auslaufenden Hängen des Constantia-Bergs bestehen die Böden zumeist aus Granit, Schiefer und Sandstein, der eingeschlossene Kalk nimmt die Feuchtigkeit gut auf.
In dem kleinen Anbaugebiet werden Rebsorten wie Sauvignon blanc, Chardonnay, Rhein-Riesling, Gewürztraminer und Chenin blanc angepflanzt, rote Rebsorten sind Cabernet Sauvignon, Pinot noir, Merlot und Cabernet franc, die hier etwas später als in anderen Regionen reifen.
Klein Constantia lässt mit seinem Vin de Constance seine alte Dessertweintradition wieder aufleben – mit den gleichen Muscatklonen und Kellertechniken, wie sie schon vor 200 Jahren im Einsatz waren.
Ein recht junges Anbaugebiet ist Swartland, dennoch ist die Rebfläche von der Größe her bereits mit jener von Paarl vergleichbar. Das „schwarze Land" erstreckt sich als weites, sanft hügeliges Weizenanbaugebiet nördlich von Durbanville bis hin zum Atlantischen Ozean. Neben einem hohen Anteil Chenin blanc, aus dem rassige, frische und aromatische, aber kurzlebige Weißweine entstehen, gibt es noch einen kleinen Anteil roter Sorten wie Pinotage und Tinta Barocca.
Wegen seiner Nähe zum Atlantik gilt das Städtchen Darling als ausgezeichnetes Weinanbaugebiet; die Weißen aus Sauvignon blanc sind beachtlich, die Roten aus Cabernet Sauvignon und Pinotage süffig und weich.

Aus dem nördlich gelegenen, sehr warmen Tulbagh kommen große Mengen neutral fruchtiger Weißweine und einfache, samtige Rotweine, die auf steinigen Kiesböden über einer Tonschicht wachsen. Der Schwerpunkt liegt auf Weißen aus Riesling, Muscat de Frontignan und Sémillon. Frischen rassigen Sekt stellt in diesem Gebiet das Weingut Twee Jonge Gezellen her, sein Besitzer Nick Krone ging als erster Südafrikaner eine Partnerschaft mit dem Champagnerhaus Mumm ein.
Die Trauben aus dem aufstrebenden, kleinen Anbaugebiet Durbanville sind bei großen Kellereien sehr gefragt. Im Einflussbereich frischer Atlantikwinde wird auf trockenen, granit- und sandsteinhaltigen Böden hauptsächlich Chenin blanc geerntet, man experimentiert aber auch mit der italienischen Barbera oder der französischen Gamay.

Südafrikas nördlichste Weinbauregion heißt Olifants River und wurde mit Dessertweinen und Bränden berühmt. Ein aufgespriteter Süßwein vom Weingut Brakfontein bei Citrusdal soll Anfang des 19. Jahrhunderts Napoleon über die Schmach seines Exils auf der Atlantikinsel St. Helena hinweggeholfen haben. Das Klima von Olifants River ist heiß und trocken, es erfordert ein umfangreiches Bewässerungssystem.
Saubere, trockene Weißweine aus Chenin blanc dominieren, daneben gibt es French blanc, Hanepoot und Colombard. Der größte Teil der Ernte wird als Fasswein vermark-

tet, doch die ehrgeizige Genossenschaftskellerei Vredendaal strebt nach Höherem.

Little Karoo, eine regenarme, vom Meer abgewandte Gebirgsregion, ist vor allem durch ihre zahlreichen Straußenfarmen bekannt. Weinbau ist hier nur an wenigen Stellen möglich, doch in den Talsohlen und an den Flussufern finden sich die fruchtbarsten Böden Südafrikas. Aus Muscat, Cinsault, White French, Saint Émilion und Folle blanche werden vor allem Sherry-Grundweine, Branntweine und Süßweine hergestellt. Die Ortschaft Calitzdorp gilt als „Port-Hauptstadt" Südafrikas.

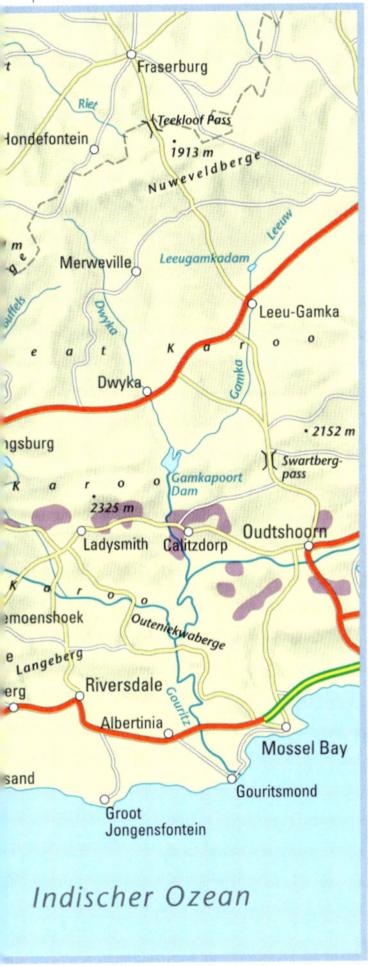

Viele Weinfarmen in Stellenbosch und Paarl beziehen ihre Trauben aus der Region Overberg mit den Regionen Elgin und Walker Bay. Das kühle Klima im Hinterland von Hermanus lässt auf steinigen Böden exzellente Chardonnay und Pinot noir gedeihen, wegen der vielen unterschiedlichen Böden gibt es aber kein einheitliches Weinprofil. Reben von kleinschottrigen Lehmböden ergeben eher mineralische, solche auf Sandstein vorwiegend fruchtige Weine. Walker Bay zählt zu den zukunftsträchtigsten Weinbaugebieten Südafrikas. In den kühleren, hochgelegenen Weinbergen von Elgin werden individuelle Sauvignon blanc erzeugt.

Zusammen mit Paarl zählt Worcester zu den größten Weinbaugebieten des Landes. Zahlreiche Flussläufe durchziehen die Region. Das Klima ist wärmer als in den Küstengebieten und erfordert eine intensive Sprinklerbewässerung. Worcester ist ein typisches Massenanbaugebiet, aus den Trauben wird neben Wein auch Traubensaft und Weinbrand erzeugt. Neben Chenin blanc gedeihen hier vor allem Colombard und Hanepoot sehr gut.

Südlich von Worcester schließt sich Robertson an. Die Gegend hat die kalkhaltigsten Böden am Kap und den umfangreichsten Rebsortenspiegel – mit 44 überwiegend weißen Sorten. Immer mehr Erzeuger produzieren Schaumweine, und einige der besten Cape-Classiques *bubblies* stammen aus Robertson. Bei den Rotweinen fällt die Qualität des Shiraz auf.

Völlig isoliert liegt das kleine Weinbaugebiet Orange River im Landesinnern und spielt bislang eher eine untergeordnete Rolle. Weinanbau bedeutet hier vor allem Tourismus. Dem interessierten Gast werden 13 verschiedene Weinrouten zur Auswahl angeboten.

ALTO ESTATE

Annandale Rd. (R 44), SA-7600 Stellenbosch, Tel. 0027-21-881 38 84, Fax 881 38 94 - **INHABER:** Bergkelder Kellerei
KELLERMEISTER: Hempies du Toit - **REBFLÄCHE:** 93 Hektar
REBSORTEN: Merlot, Cabernet Sauvignon, Shiraz
BESUCH: tgl. 9-17 Uhr

EURO VISA

FFF

Als andere in Südafrika noch gar nicht an Weinbau dachten, war man auf dem Alto Estate in Stellenbosch schon recht betriebsam: 1922 exportierte das Gut seinen ersten Wein, einen Rotwein-Blend, nach London. Der Wein bekam großen Beifall, die Zukunft von Alto Estate war gesichert. Englische Weinhändler statteten die Winzer auf Alto mit einem Mehrjahres-Vertrag aus, der die regelmäßige Lieferung des „Alto Rouge" nach England sicherstellen sollte. Der Name hat sich bis in die neunziger Jahre gehalten, dann wurde er durch die Bezeichnung Alto Estate ersetzt. Der Qualität des Weins tat die Namens-Änderung keinen Abbruch. Dafür sorgt schon Kellermeister Hempies du Troit.

Rote seit 1922: Alto Estate

Sein Engagement vor allem für Rotwein geht so weit, dass er und seine Mitarbeiter in der wichtigsten Phase der Fermentierung rund um die Uhr im Dienst sind. Du Toit schläft in der Kellerei, alle vier Stunden wird der Wein aus den großen Tanks verkostet, bewertet und analysiert. Nur so, glaubt man auf dem Alto Estate, lassen sich wirklich gute Ergebnisse erzielen. Zahlreiche Auszeichnungen und Medaillen für Alto-Weine sind Beleg dafür, dass die Qualität stimmt.

WEINEMPFEHLUNG

1991 Cabernet Sauvignon

FARBE: Rubinrot mit orangenen Reflexen

DUFT: reife Beeren, eingelegte Pflaumen, Zimt, Pilze, Gewürznelken und Pfeffer, Lebkuchen und Tabak

GESCHMACK: etwas süßlich im Ansatz, angenehme Säure, leicht pelzige Tannine, mittelkräftig, schöne Reife mit zurückhaltender Frucht

BEZUGSQUELLEN

11, 44, 51, 67, 68, 72, 73, 82, 105, 114, 131, 140, 151, 190, 197, 210, 212, 217, 227, 255, 273, 286, 291, 318, 324, 353, 355, 365, 369, 385, 412, 421, 432, 435, 437, 444, 483, 511, 518, 541, 561

CLOS MALVERNE

Devon Valley Rd., SA-7600 Stellenbosch, Tel. 0027-21-882 20 22,
Fax 882 25 18
closma@mweb.co.za, www.closmalverne.co.za
INHABER: Seymour und Sophia Pritchard
KELLERMEISTER: I.P. Smith
REBFLÄCHE: 30 Hektar
REBSORTEN: Pinotage, Cabernet Sauvignon, Merlot, Shiraz, Sauvignon blanc
BESUCH: Mo-Fr 10-13 und 14-16 Uhr

AmEx DINERS EURO VISA

FFFF

Auf Clos Malverne, etwa 20 Kilometer vom Atlantischen Ozeans entfernt, werden einige der feinsten Rotweine Südafrikas angebaut. Nach langer Vorbereitungszeit begann 1998 die Produktion. Auf 30 Hektar Rebfläche werden pro Jahr eine Viertelmillion Flaschen produziert. Trotz dieser Menge hält Besitzer Seymour Pritchard den Qualitäts-Standard seiner Weine kontinuierlich hoch. Das Klima im Devon Valley – im Herzen des Anbaugebiets Stellenbosch – ist dank einer stetigen Brise, die vom Atlantischen und vom Indischen Ozean über die Rebstöcke streicht, günstig.
Die durchschnittlichen Temperaturen im Sommer bleiben in Stellenbosch im Mittel bei gemäßigten 20 Grad. In den Wintermonaten regnet es oft, so dass die Hänge genügend natürliche Feuchtigkeit erhalten.
Vor allem Rotweine gedeihen auf einer Höhe von etwa 300 Metern über dem Meeresspiegel besonders gut, auf Clos Malverne vor allem Pinotage, der mehr als 60 Prozent der jährlichen Weinproduktion ausmacht. Die weiteren wichtigen Trauben dieses Weinguts sind Merlot und Cabernet Sauvignon, die oft als Verschnitt auf die Flasche kommen. Kellermeister I.P. Smit vertraut dabei auf französische Traditionen. Die Weine werden in offenen Tanks fermentiert und sind allesamt von großer geschmacklicher Komplexität.

WEINEMPFEHLUNGEN

1996 Cabernet Sauvignon/Pinotage Auret
FARBE: tiefes Schwarzrot
DUFT: rund und süßlich, angenehm fruchtig mit animalischen Anklängen
GESCHMACK: komplexe Frucht, präsente feine Holzaromen, noch deutliche Tannine, kräftig, samtig, lang anhaltend

1999 Sauvignon blanc,
1997 Pinotage Reserve

BEZUGSQUELLEN

19, 23, 51, 59, 107, 119, 123, 140, 199, 210, 212, 218, 227, 234, 236, 271, 283, 313, 330, 332, 344, 345, 438, 450, 451, 460, 472, 493, 531, 561

NEIL ELLIS WINES

Jonkershoek Valley, SA-7600 Stellenbosch, Tel. 0027-21-887 06 49, Fax 887 06 47, info@neilellis.com, www.neilellis.com

INHABER: Neil Ellis und Hans-Peter Schröder

KELLERMEISTER: Neil Ellis

REBFLÄCHE: 80 Hektar

REBSORTEN: Cabernet Sauvignon, Merlot, Shiraz, Pinotage, Chardonnay, Sauvignon blanc

BESUCH: Mo-Fr 9.30-16.30, Sa 10-14 Uhr

EURO VISA

FFFF

Machte Furore: Neil Ellis

Neil Ellis war zunächst Assistent bei der Kooperative Wijnbouwers Vereniging (KWV) und später Kellermeister bei Groot Constantia.
Dann aber drängte es ihn, seine eigenen Weine zu produzieren. Seinem Compagnon Hans-Peter Schröder gehörte Land im idyllischen Jonkershoek-Tal, einer der bevorzugten Regionen des Kap-Landes.
Dort gründeten Ellis und Schröder 1989 das Weingut Neil Ellis, das schon bald für Furore sorgte.
Inzwischen beträgt die Rebfläche 80 Hektar, doch das reicht immer noch nicht aus, um die große Nachfrage zu befriedigen. Daher schloss Ellis Partnerschaftsverträge mit ausgewählten Winzern und produziert nun jährlich fast eine halbe Million Flaschen.
Cabernet Sauvignon und Merlot nehmen zusammen nahezu die Hälfte der Anbaufläche ein. Die andere Hälfte ist vor allem mit Chardonnay und Sauvignon blanc bepflanzt, die im Klima und auf den Böden des Jonkershoek-Tals besonders gut gedeihen. Im Whitehall Vineyard etwa stehen sie auf dem tiefgründigen, angeschwemmten roten Lehm einer Granitverwitterungsunterlage.

WEIN-EMPFEHLUNG

1998 Chardonnay

FARBE: helles Gelb

DUFT: Drops, süßlicher Duft nach Vanille, Butter, weiße Blüten, Mango und Grapefruit

GESCHMACK: elegante, schöne, feine Aromen nach reifen, exotischen Früchten, eingebettet in weiche, aber präsente Holznoten, Lakritze, sehr rassige Säure, feine Süße, ausgewogen und lang

BEZUGSQUELLEN

11, 44, 51, 54, 67, 68, 70, 71, 72, 73, 78, 84, 87, 94, 105, 112, 114, 131, 139, 140, 151, 162, 167, 189, 196, 197, 197a, 198, 202, 210, 212, 217, 227, 237, 244, 245, 255, 261, 263, 270, 273, 276, 286, 287, 291, 297, 313, 321, 323, 324, 326, 329, 353, 361, 365, 366, 372, 378, 382, 385, 412, 421, 431, 432, 437, 443, 451, 454, 469, 471, 480, 482, 485, 509, 511, 525, 536, 541, 551

GRANGEHURST

Eikendal Road, SA-7599 Stellenbosch, Tel. 021-855 36 25, Fax 855 21 43
winery@grangehurst.co.za
INHABER UND KELLERMEISTER: Jeremy Walker
REBFLÄCHE: 12 Hektar
REBSORTEN: Cabernet Sauvignon, Pinotage, Merlot
BESUCH: Mo-Fr 9-17 Uhr
AmEx DINERS EURO VISA

FFFF

Zunächst faszinierte ihn in jungen Jahren der Sport, erst später fesselte ihn der Wein. Heute gehört Jeremy Walker, der bärtige Besitzer der winzigen Grangehurst-Kellerei, zu den führenden Rotwein-Spezialisten Südafrikas.

Nach dem Önologiestudium arbeitete er zunächst auf verschiedenen Weinfarmen, 1992 gründete er seine eigene Kellerei, nur wenige Kilometer von Stellenbosch entfernt am Fuße des Helderbergs. In einer früheren Squash-Halle stehen Fiberglas- und Edelstahltanks. Die Fässer befinden sich in der ehemaligen Junggesellenbehausung nebenan. Der neue Degustationsraum ist in der alten Garage untergebracht. Mittlerweile werden knapp 100 000 Flaschen Wein abgefüllt werden, die zum Allerfeinsten gehören, was Südafrika zu bieten hat. Der Blend aus Cabernet Sauvignon und Merlot sowie der Pinotage sind Walkers Spitzenweine. Verschwenderisch volle Gewächse, die 15 respektive 20 Monate lang in kleinen Holzfässern reifen und dennoch nicht holzlastig wirken. Im Gegenteil: Sie bestechen durch ihre satte, konzentrierte Frucht, die weichen, natürlich-süßen Tannine und das gute Alterungsvermögen. Der reinsortige Cabernet Sauvignon steht ihnen nicht nach.

Top-Rote aus der Garage: Grangehurst

WEINEMPFEHLUNG

1997 Pinotage
FARBE: dunkles Purpurrot
DUFT: rotes Beerenobst, Banane, Sandelholz, Pfeffer, Vanille, Lakritze
GESCHMACK: reich, fruchtbetont, mit gut integriertem Tannin, konzentriert auf der Zunge, samtige Textur, langer Nachhall

BEZUGSQUELLEN

59, 227, 333, 384, 451, 491a

KANONKOP

Klapmuts Rd. (R 44), OT Elsenburg, SA-7607 Stellenbosch,
Tel. 0027-21-884 46 56, Fax 884 47 19
kwe@cis.co.za
INHABER: Johan und Paul Krige - **ÖNOLOGE:** Beyers Truter
REBFLÄCHE: 140 Hektar
REBSORTEN: Cabernet Sauvignon, Pinotage
BESUCH: Mo-Fr 8.30-17.30 Uhr, Sa 8.30-12.30 Uhr
AmEx DINERS EURO VISA FFFF

Kanonkop ist eine der ältesten und ehrwürdigsten Weinfarmen am Kap. Sie liegt direkt an der R 44 von Stellenbosch nach Paarl, das Gut ist schon von weitem erkennbar an der alten, grün-rot gestrichenen Kanone auf der

Salut-Schuss bei Einlaufen: Kanonkop

Mauer am Eingang. Früher kündigte sie den Farmern der umliegenden Orte einlaufende Schiffe an.
Bis heute zählen die Rotweine von Kanonkop zu den besten des Landes: Der rauhe, etwas rustikale – aber vor Wohlgeschmack fast berstende – Cabernet Sauvignon, der mitreißende, an Dichte und fruchtiger Süße kaum zu übertreffende Bordeaux-Blend „Paul Sauer“ und der Pinotage. Kein seriöser Weinverkoster hat in den letzten Jahren gezweifelt, welcher Wein die südafrikanische Pinotage-Rangliste anführt.
„Pinotage ist das Blut aus der Zunge der Frau und aus dem Herzen des Löwen. Wenn du genug davon getrunken hast, findest du Worte für alles und kannst gegen den Teufel kämpfen.“ Diese Worte lassen Besitzer Johan Krige und der legendäre Weinmacher Beyers Truter auf das Rücketikett der Flaschen drucken.
Der Weintrinker soll wissen, dass Pinotage ein afrikanischer Wein ist – etwas Spezifisches, nicht mit den Pinotage anderer Länder zu vergleichen. Bemerkenswert ist auch der „Kadette“, eine Art Zweitwein des Gutes, der besser ist als der Hauptwein manch anderer Weinfarm.

WEINEMPFEHLUNGEN

1999 Kanonkop Kadette
FARBE: dichtes Dunkelrot
DUFT: Johannisbeeren und Schwarzkirschmarmelade, unterlegt mit einer würzigen Note
GESCHMACK: saftig-fruchtig, fein ausbalanciert, mittlere Länge

1996 Paul Sauer
1996 Cabernet Sauvignon
1998 Pinotage CWG Auction Reserve

BEZUGSQUELLEN

24, 43, 59, 167, 210, 217, 235, 261, 283, 287, 344, 347, 364, 384, 392, 489, 534

LAIBACH VINEYARDS

Klapmuts Rd. (R 44), SA-7599 Stellenbosch, Tel. 0027-21-884 45 11,
Fax 884 48 48, info@laibach.co.za, www.laibach.co.za

INHABER: Familie Friedrich Laibach
KELLERMEISTER: Stefan Dorst
REBFLÄCHE: 40 Hektar
REBSORTEN: Cabernet Sauvignon, Merlot, Pinotage, Chardonnay, Cabernet franc
BESUCH: Mo-Fr 9-18 Uhr, Sa 9-13 Uhr

AmEx DINERS EURO VISA FFF

Die westlichen Hänge des Simonsberges gelten bei vielen Weinkennern als Südafrikas bestes Anbaugebiet für rote Trauben. Hier ließen sich einst Michael und Anel Malherbe nieder, ihr Ziel: irgendwann zu den größten Rotwein-Erzeugern des Kap-Landes zu werden.
Drei Tage vor den ersten demokratischen Wahlen Südafrikas kaufte 1994 der deutsche Unternehmer Friedrich Laibach das Gut. Seither

Für Rote vorteilhafte Hanglage: Laibach

hat sich eine Menge getan. Auf mehr als einem Drittel der insgesamt rund 40 Hektar Anbaufläche stehen seit 1994 neue, junge Rebstöcke. Diese reifen an den etwas wärmeren, vor der kühlen Meeresbrise geschützten Westhängen besonders langsam. Sie tragen vor allem Cabernet Sauvignon, Merlot und Pinotage. Seit 1997 werden die Weine in einem neuen Keller produziert, für den Elizabeth Augustyn und, als Berater, der Deutsche Stefan Dorst zuständig sind.
Bei aller Konzentration auf die Rotweine hat man auf Laibach den Chardonnay nicht vergessen, der heute immerhin mehr als zehn Prozent der jährlichen Produktion von 160 000 Flaschen ausmacht. Auch Chenin blanc und Sauvignon blanc werden weiterhin angebaut.

WEINEMPFEHLUNGEN

1997 Cabernet Sauvignon/Merlot
FARBE: Schwarzkirschrot
DUFT: konzentrierte Frucht nach Cassis, Kirschen, dazu Barriquenoten, Zimt, Karamell, etwas Lakritz, Würze von Wacholder, Lorbeer und Nelken
GESCHMACK: schmelzig und intensiv im Ansatz, langanhaltende Aromen, weiche Tannine, präsente Säure, kräftig und leicht bitter im Abgang

1998 Sauvignon blanc
1998 Merlot
1998 Pinotage

BEZUGSQUELLEN

5, 6, 13, 29, 38, 54, 67, 68, 71, 73, 76, 94, 95, 101, 133, 141, 149, 154, 160, 162, 164, 176, 202, 207, 208, 210, 212, 217, 232, 234, 238, 256, 257, 273, 276, 292, 298, 301, 312, 319, 321, 322, 328, 332, 334, 337, 343, 344, 364, 374, 382, 388, 391, 403, 416, 419, 422, 429, 447, 449, 452, 459, 460, 464, 476, 481, 489, 504, 525, 538, 551

LE BONHEUR WINE ESTATE

R 44, SA-7625 Stellenbosch, Tel. 0027-21-875 54 78, Fax 875 56 24
nee@mweb.co.za, www.lebonheur.co.za
INHABER: Lusan Premium Wines Ltd.
KELLERMEISTER: Sakkie Kotzé
REBFLÄCHE: 73 Hektar
REBSORTEN: Cabernet Sauvignon, Pinot noir, Merlot, Chardonnay, Sauvignon blanc
BESUCH: Mo-Fr 9-17, Sa 9-12.30 Uhr
AmEx DINERS EURO VISA

FF

Nahezu ein halbes Jahrhundert lagen die Anbauflächen des Weinguts Le Bonheur brach. Erst seit 1972 wird wieder Weinbau betrieben auf den fruchtbaren Feldern an den Nordausläufern des Simonsberges in der Weinregion Stellenbosch. Der zweite Anlauf auf Le Bonheur verlief unter ganz anderen Voraussetzungen als der erste Versuch von 1790 der Familie De Villiers aus dem französischen La Rochelle.
Dieses Mal wurden die Böden genau analysiert, neue Rebstöcke gepflanzt, eine ausgetüftelte Bewässerungsanlage wurde installiert, viel Geld in den Weinkeller investiert.

Winemaker Sakkie Kotzé sagt: „Pflanzen brauchen Wasser, um zu leben.“ Er hält nichts davon, „die Reben unnötigem Stress auszusetzen, um besonders gute Ergebnisse zu erzielen“.
Der Erfolg gab ihm Recht. Cabernet Sauvignon und Merlot sowie die weißen Sorten Sauvignon blanc und Chardonnay gedeihen prächtig hier in der Muldersvlei Bowl, die Weine von Le Bonheur gehören zu den besten am Kap.

WEINEMPFEHLUNGEN

1995 Cabernet Sauvignon
FARBE: helles Purpurrot mit kirschroten Reflexen
DUFT: typische Johannisbeer-Noten mit Leder und Tabak
GESCHMACK: süßlich, animalisch, schmelzig, vollmundig, präsente Tannine, lang anhaltend mit schönen Barrique-Aromen

1996 Cabernet Sauvignon
1997 Cabernet Sauvignon
1998 Sauvignon blanc
1998 Merlot
1998 Pinotage

BEZUGSQUELLEN

51, 67, 68, 72, 114, 117, 139, 140, 149, 151, 154, 166a, 167, 197, 210, 212, 227, 255, 273, 286, 291, 309, 318, 324, 329, 331, 353, 355, 365, 369, 382, 385, 395, 432, 437, 438, 454, 483, 541

LONGRIDGE WINERY

Eikendal Rd., SA-7599 Stellenbosch, Tel. 0027-21-855 20 04, Fax 855 40 83, longridge@iafrica.com, www.longridge.com

INHABER: Trilogy Winecorp Ltd. - **KELLERMEISTER:** Ben Radford

REBFLÄCHE: 250 Hektar

REBSORTEN: Cabernet Sauvignon, Sauvignon blanc, Chenin blanc, Shiraz, Merlot, Pinotage, Chardonnay

BESUCH: Mo-Fr 9-17 Uhr, Sa 9-14 Uhr

AmEx DINERS EURO VISA

FFF

Zur Trilogy Winecorp gehören die Berg & Brook Vineyards in Simondium und die Spier Cellars in Stellenbosch. Das Unternehmen will noch weiter wachsen. Am Kap entsteht ein weiterer Weingigant.

Der Australier Ben Radford ist Kellermeister aller Trilogy-Weingüter. Er lernte sein Handwerk auf verschiedenen Gütern im heimischen Barossa Valley, ehe er 1997 zu Trilogy kam. „Das war eine große Herausforderung für mich", sagt Radford. Er versucht seinen südafrikanischen Weinen die Noblesse der großen französischen und die Fruchtigkeit der australischen Weine zu geben. Mit Erfolg. Radford setzt das Holz der kleinen Eichenfässer sehr geschickt ein, seine Weine haben innerhalb von nur wenigen Jahren mehrere Dutzend Preise und Auszeichnungen – auch in den wichtigen europäischen Exportländern – gewonnen.

Johan Laubser, der für den Export zuständige Manager von Trilogy, sagt: „Unser Ziel ist, mit einer Qualitäts- auch eine Wertsteigerung zu erreichen – und dabei Spaß zu haben." Longridge-Weine kommen unter drei Labels auf den Markt: das interessanteste ist Longridge Range, dann der etwas einfachere Bay View Range und Capelands Range. Vor allem für Letztere gilt

Weingigant im Werden: Longridge

Radfords Satz: „Was in der Flasche ist, soll einen Preis haben, der den Weintrinker verblüfft."

WEINEMPFEHLUNGEN

1996 Merlot

FARBE: kräftiges Kirschrot

DUFT: fruchtig, nach roten Beeren, Sauerkirsche, Bittermandel, eine Spur animalisch

GESCHMACK: konzentrierte Frucht, im Ansatz trocken, mit präsenten Tanninen, mittelkräftig, leicht bitter

1998 Cabernet Sauvignon

1998 Pinotage

BEZUGSQUELLEN

54, 60, 122, 131, 171, 198, 210, 278, 318, 382, 394, 395, 491a, 522, 540, 547

MEINERT WINES

Devon Crest Vineyards, SA-7599 Stellenbosch, Tel. 021-882 23 63,
Fax 882 23 63
meinert@notaotive.co.za
INHABER UND KELLERMEISTER: Martin Meinert
REBFLÄCHE: 13 Hektar
REBSORTEN: Cabernet Sauvignon, Merlot, Pinotage, Cabernet franc
BESUCH: kein Publikumsverkehr

FFFF

Die winzige Meinert Winery fällt in der südafrikanischen Weinindustrie, in der Größe dominiert, leicht durchs Raster. Lediglich rund 100 000 Flaschen werden hier produziert, doch qualitativ gehören sie zu den Spitzenweinen am Kap. Zwei Rote sorgten für den hervorragenden Ruf des eben 40-jährigen Martin Meinert: sein Merlot und, mehr noch, sein Cabernet-Merlot-Blend. Beides üppige, dunkelfarbene Weine mit reifer, reicher Frucht und kraftvollem Tannin, das ihnen ein stabiles Rückgrat gibt und ein langes Leben garantieren dürfte.

Jahrgangsbester: Martin Meinert

Sie werden mindestens 15 Monate lang in kleinen Fässern aus französischer Eiche ausgebaut. Meinert, dessen Eltern aus Hamburg stammen, ist in Südafrika aufgewachsen. Nachdem er das Önologie-Examen an der Universität Stellenbosch als Jahrgangsbester abgeschlossen hatte, widmete er sich den 13 Hektar (unbewässerten) Reben im Devon Valley, die er 1987 erworben hatte. Die gute Lage und die konsequente Mengenbegrenzung dürften der Grund für die besondere Qualität seiner Weine sein. In Vorbereitung ist ein neuer Rotweinblend auf Pinotage-Basis. Man darf gespannt sein.

WEINEMPFEHLUNG

1997 Cabernet Sauvignon/Merlot
FARBE: dunkles Rubinrot
DUFT: Maulbeeren, Cassis, Johannisbeermarmelade
GESCHMACK: mundfüllende Strukur, kräftiges, gesundes Tannin, weich und samtig am Gaumen, zarte Röstaromen

BEZUGSQUELLEN

261, 392, 560

MULDERBOSCH

Koelenhof Rd. (R 304), SA-7600 Stellenbosch, Tel. 0027-21-882 24 88, Fax 882 23 51
info@mulderbosch.co.za, www.mulderbosch.co.za

INHABER: Hydro Holdings
KELLERMEISTER: Mike Dobrovic
REBFLÄCHE: 35 Hektar
REBSORTEN: Sauvignon blanc, Chardonnay, Cabernet Sauvignon, Merlot, Cabernet franc, Malbec
BESUCH: nach Vereinbarung

EC EURO VISA

FFF

Larry Jacobs entdeckte 1989 in der Nähe eines Golfplatzes, ein paar Kilometer nordwestlich von Stellenbosch, ein idyllisches Tal mit einer kleinen Farm. Jacobs, von Beruf Zahnarzt, befand, dies sei eine geeignete Gegend für Weinbau.

Imposanter Blitzstart: Mulderbosch

Er gab seine Arbeit in der Johannesburger Klinik auf, erwarb das Anwesen im Tal und engagierte den eigenwilligen Weinmacher Mike Dobrovic.
Der erregte schon 1991 Aufsehen, mit dem ersten Jahrgang. Inzwischen hat Jacobs sein Gut an die Hydro Holdings verkauft. Dobrovic ist geblieben – und damit die Qualität der Weine.
Die Böden eignen sich besonders zum Anbau weißer Trauben. Zwei Drittel der Rebfläche sind daher mit Sauvignon blanc und Chardonnay bepflanzt. Das übrige Drittel teilen sich die roten Trauben Cabernet Sauvignon, Merlot und Cabernet franc, die ebenfalls von den großartigen klimatischen Bedingungen in Stellenbosch profitieren. Dort haben die Trauben genügend Zeit, um auszureifen. Dobrovic kann so für jede Sorte den optimalen Zeitpunkt der Reife abwarten.

WEINEMPFEHLUNGEN

1997 Chardonnay

FARBE: helles Gelb mit grünen Reflexen
DUFT: feine Frucht, exotische Aromen nach Mango, Ananas, reife Pfirsiche, etwas mineralisch, Feuerstein, ein wenig Karamell und Vanille
GESCHMACK: leicht würzig im Ansatz, erinnert an Weihrauch und Pfefferminz, intensive, schmelzige Frucht, anregende Säure, frisch und vollmundig, etwas scharf, nicht unangenehme Bitterkeit, im Abgang lang

1996 Cabernet Sauvignon/Merlot/Malbec/Cabernet franc

BEZUGSQUELLEN

8, 12, 17, 39, 70, 94, 97, 101, 132, 139, 164, 167, 178, 210, 212, 217, 227, 264, 275, 277, 295, 297, 305, 374, 378, 443, 451, 470, 488, 518, 522, 529, 533, 534, 549, 550

NEETHLINGSHOF

Polkadaai Rd., SA-7603 Vlottenburg, Tel. 0027-21-883 89 88, Fax 883 89 41, nee@mweb.co.za, www.neethlingshof.co.za
INHABER: Philip Costandius
KELLERMEISTER: Schalk van der Westhuizen
REBFLÄCHE: 155 Hektar
REBSORTEN: Sauvignon blanc, Chardonnay, Sémillon, Riesling, Gewürztraminer, Pinotage, Merlot, Shiraz, Cabernet Sauvignon, Cabernet franc
BESUCH: Mo-Fr 9-17 Uhr, Sa, So 10-16 Uhr

DINERS EURO VISA — FF

Durch eine beeindruckende Toranlage gelangt der Besucher ins Innere des Neethlingshofs. Kilometerlang windet sich eine Pinien-Allee bis vor das Haupthaus. Hier schlägt das Herz einer der größten Winzereien im Anbaugebiet Stellenbosch mit einer

Fest in deutscher Hand: Neethlingshof

Jahresproduktion von fast 800 000 Flaschen. Der Frankfurter Bankier Hans-Joachim Schreiber hat sich hier 1982 engagiert, seit 1994 arbeitet Schalck van der Westhuizen als Kellermeister auf Neethlingshof.
Afrikanische und europäische Kultur verschmelzen auf dem Neethlingshof zu einer eindrucksvollen Mischung. Schon seit mehr als 300 Jahren befinden sich die Ländereien im Besitz europäischer Einwanderer, und seither wachsen auf den weiten Anbauflächen gute Weine. Fast alle in Südafrika heimischen Trauben werden auf den 162 Hektar Rebfläche angebaut. Etwas mehr als die Hälfte machen die roten Trauben Cabernet Sauvignon, Shiraz und Merlot aus. Bei den weißen Sorten werden neben den bekannten Reben wie Chardonnay oder Sauvignon blanc auch Riesling und Gewürztraminer kultiviert. Letztere vor allem als noble *late harvest* – Spätlesen.

WEINEMPFEHLUNGEN

1997 Weißer Riesling noble late harvest
FARBE: Bernstein mit dunklen, orangen Reflexen, dickflüssig, fast ölig
DUFT: intensiv und aromatisch nach Feigen, kandierten Mandarinen, Ananas sowie Karamell und Milchschokolade
GESCHMACK: sehr süß und würzig, Ananas und Karamell pur, dazu etwas Pfeffer und Kokosnuss, anregende Säure, konzentriert, füllig, schmelzig und lang im Abgang

1995 Merlot
1995 Shiraz

BEZUGSQUELLEN

23, 30, 38, 51, 59, 71, 84, 89, 91, 101, 104a, 107, 119, 123, 136, 181, 209, 210, 212, 218, 236, 270, 283, 289, 314, 330, 338, 355, 393, 421, 438, 493, 547, 561

RUSTENBERG

Rustenberg Rd., SA-7600 Stellenbosch, Tel. 0027-21-809 12 00
Fax 809 12 19, wine@rustenberg.co.za, www.rustenberg.co.za
INHABER: Simon Barlow
KELLERMEISTER: Adi Badenhorst
REBFLÄCHE: 64 Hektar
REBSORTEN: Cabernet Sauvignon, Merlot, Sauvignon blanc, Chardonnay
BESUCH: 9-16.30 Uhr, Sa 9-12.30
EURO VISA FFFF

Pflaumen, Zitronen, Jersey-Rinder – das war früher die Produktpalette dieser alten kapholländischen Farm, oberhalb von Stellenbosch am Fuß des Simonsberges gelegen. Heute steht der Wein im Mittelpunkt der Produktion, seitdem Rebflächen ange-

Edler Verkostungsraum: Rustenberg

legt und die malerischen alten Farmgebäude restauriert wurden. Besitzer Simon Barlow, Inhaber eines großen Bauunternehmens, hat Rustenberg mit gewaltigen Investitionen an die Spitze der Weingüter am Kap gebracht. Top-Gewächs ist der Rotwein „Peter Barlow", einer der wenigen reinen Cabernet Sauvignon Südafrikas und eher im „europäischen" Stil gehalten – mit weniger Fruchtnoten, dafür mehr Zedernholz- und Lederaromen und ohne dominanten Holzton. Ein einzigartiger Wein: rar, gesucht, teuer. Um die 120 Flaschen, die nach Deutschland exportiert werden, keilen sich ein paar Spitzenrestaurants.
Zum Glück gibt es den Bordeaux-Blend Rustenberg, der dem „Peter Barlow" stilistisch ähnelt, aber in etwas größeren Mengen verkauft wird. Die meisten Freunde hat sich Rustenberg jedoch mit den Weinen der Brampton-Serie gemacht: Cabernet-Merlot und Cabernet Sauvignon mit knackiger Frucht und einer feinen, würzigen Holznote. Bei den Weißweinen begeistern die expressiv-fruchtigen Sauvignon blanc und Chardonnay, „sur lie" Ersterer im Edelstahltank, Letzterer im kleinen Holzfaß ausgebaut. Top-Wein ist der opulente Chardonnay „Five Soldiers", der Simon Barlow eher an einen Meursault als an einen Kap-Wein erinnert.

WEINEMPFEHLUNG

1999 Brampton Sauvignon blanc
FARBE: hell mit grünlichen Reflexen
DUFT: Stachelbeere, schwarze Johannisbeere, Maracuja
GESCHMACK: pikant, würzig, säurebetont und frisch

BEZUGSQUELLEN

227, 318, 458, 549

SAXENBURG

Ponkadrue Rd., SA-7579 Kuils River, Tel. 0027-21-903 61 13, Fax 903 31 29, saxfarm@iafrica.com, www.saxenburg.co.za
INHABER: Adrian und Birgit Bührer
KELLERMEISTER: Nico van der Merwe
REBFLÄCHE: 80 Hektar
REBSORTEN: Cabernet Sauvignon, Pinotage, Shiraz, Merlot, Chardonnay
BESUCH: Mo-Fr 8-17 Uhr, Sa 9-16 Uhr

FFFF

Die Saxenburg Wine Farm liegt hoch in den Hügeln über dem Fluss Kuils. Das Land wurde 1693 von Gouverneur Simon van der Stel an den freien Bürger Joachim Sax übertragen, daher der Name Saxenburg. Das Gut hatte viele Besitzer, bis es 1989 von den Schweizern Adrian und Birgit Bührer gekauft wurde. Insgesamt ist die Farm 200 Hektar groß, 90 Hektar stehen unter Reben. Winemaker auf Saxenburg ist seit 1991 Nico van der Merwe, der zwei Jahre an der Staatlichen Weinbauschule im württembergischen

Spezieller Rotwein-Stil: Saxenburg

Weinsberg studiert hat. Van de Merwe führte die selektive Lese auf Saxenburg ein und setzt so wenig Chemie ein wie irgend möglich. Die einfacheren Saxenburg-Rotweinen sind kräftig und fruchtig, die Besten – unter dem Label „private selection“ – elegant, charmant und komplex: Cabernet Sauvignon, Merlot, Shiraz und Pinotage. Unter „Manuel“ und „Gwendolyn“, den Namen der Kinder des Besitzerehepaares, werden Cuvées abgefüllt. „Manuel“ heißt ein Wein aus Cabernet Sauvignon und Merlot, „Gwendolyn“ besteht aus Shiraz und Cabernet Sauvignon. Für diese Weine werden nur beste Trauben verwendet.

WEINEMPFEHLUNGEN

1996 Private Collection Cabernet Sauvignon
FARBE: tiefdunkles Rot
DUFT: leicht kräuterige Nase, Cassis, leichter Holzton
GESCHMACK: harmonisch, elegant, komplex, saftig, schon nahe am Höhepunkt

1996 Gwendolyn

BEZUGSQUELLEN

6, 16, 22, 25, 41, 44, 53, 54, 55, 57, 67, 68, 71, 72, 73, 76, 82, 89, 94, 95, 101, 149, 152, 160, 163, 164, 186, 192, 197, 202, 210, 212, 216, 225, 227, 232, 238, 257, 273, 276, 285, 291, 292, 298, 301, 302, 303, 308, 321, 322, 328, 336, 338, 361, 364, 374, 379, 388, 392, 416, 422, 429, 431, 436, 449, 460, 464, 476, 479, 481, 482, 498, 504, 520, 525, 529

SOMERBOSCH WINES

Die Board, SA-7613 Stellenbosch, Tel. 0027-21-855 36 15, Fax 855 44 57,
enquiries@somerbosch.co.za, www.somerbosch.co.za

INHABER: Marius Roux
KELLERMEISTER: Marius und Japie Roux
REBFLÄCHE: 90 Hektar
REBSORTEN: Chenin blanc, Cabernet Sauvignon, Merlot, Pinotage, Shiraz, Cinsault, Chardonnay, Sauvignon blanc, Sémillon
BESUCH: Mo-Fr 9-17 Uhr, Sa 9-13 Uhr

AmEx DINERS EURO VISA

FF

Das Gut „Somerbosch“, ziemlich genau auf halber Strecke zwischen Stellenbosch und Somerset West gelegen, ist seit mehr als 50 Jahren die Heimat der Einwandererfamilie Roux. Erst 1995 zahlten sich die Anstrengungen auf den Rebflächen aus, die Familie konnte zum ersten Mal Wein unter dem eigenen Label vermarkten. Das Qualitätsbewusstsein der Familie Roux ist auch in der zweiten Generation ungebrochen. Die Brüder Marius und Japie Roux warten lieber etwas länger mit der Lese, reduzieren den Ertrag, verbringen mehr Zeit mit der Laubarbeit und investieren ihr Geld in die Kellertechnik. Die alte Presse wurde 1999 durch eine neues, extrem schonendes pneumatisches System ersetzt.
Das hat zu einem Qualitätssprung geführt. Nicht nur in Südafrika, auch in Europa war die Begeisterung über die 1999er von Somerbosch groß.
Die besten Trauben der Top-Lagen, vor allem Cabernet Sauvignon und Chenin blanc, werden für die Somerbosch Reserve-Weine verwandt.

WEINEMPFEHLUNGEN

1997 Cabernet Sauvignon/Merlot, Somerbosch Reserve
FARBE: helles Gelb
DUFT: Räuchernoten, vegetabil und blumig, Sauerkirsch, leichte Vanilletöne, würzig nach Minze
GESCHMACK: leicht süßliche Frucht, fleischig, reife Pflaumen, Veilchen, Brombeeren, präsente Säure, kräftiges mineralisches Rückgrat, gut eingebundene Tannine

1998 Merlot
1998 Sauvignon blanc
1999 Chardonnay

BEZUGSQUELLEN

10, 18, 67, 68, 80, 142, 152, 154, 175, 184, 192, 193, 212, 254, 259, 259a, 285, 290, 344, 381, 382, 383, 409, 423, 427, 441, 461, 463, 494, 507, 512, 525, 547, 550

STELLENZICHT VINEYARDS

Stellenrust Rd., SA-7599 Stellenbosch, Tel. 0027-21-880 11 03,
Fax 880 11 07, nee@mweb.co.za, www.neethlingshof.co.za

INHABER: Lusan Premium Wines Pty. Ltd.
KELLERMEISTER: Guy Webber
REBFLÄCHE: 138 Hektar
REBSORTEN: Cabernet Sauvignon, Shiraz, Merlot, Sauvignon blanc, Chardonnay, Sémillon
BESUCH: kein Publikumsverkehr

AmEx DINERS EC EURO VISA

FFFF

Lange Zeit war es ruhig geworden um das schon seit Jahrhunderten betriebene Weingut Stellenzicht. Erst 1982 erweckte der Deutsche Hans-Joachim Schreiber das Weingut in dem berühmten südafrikanischen Weinbaugebiet Stellenbosch zu neuem Leben. Seitdem geht es dort wieder steil bergauf.

Stellenzicht zählt zum Kreis der aufstrebenden Farmen im Kapland. Große Investitionen und viel Innovation waren nötig, um die Weine auf das heutige Qualitätsniveau zu bringen. In den neunziger Jahren gehörte Stellenzicht zu den international am häufigsten prämierten Weingütern des Landes. Für diesen Aufschwung sorgte auch der damalige Kellermeister André van Rensburg. Sein Nachfolger Guy Webber hat sich zum Ziel gesetzt, „weiterhin Weine zu produzieren, die Preise gewinnen".

Einst gehörten die weiten Felder der in Südafrika berühmten Familie Bairnsfather-Cloete, die bereits im 18. Jahrhundert begannen, die Constantia-Wüste urbar zu machen und auf den Anbau von Reben vorzubereiten. Eines hat sich auf Stellzicht seit dieser Zeit nie verändert: die Qualität der Böden und die vortrefflichen klimatischen Bedingungen.

WEINEMPFEHLUNGEN

1998 Sémillon Reserve

FARBE: helles Zitronengelb
DUFT: anregende Frucht nach reifen Ananas, exotischen Früchten, etwas Stachelbeere, weiße Blüten, kräftige Holznoten mit etwas Kaffee, Lakritz und Graphit
GESCHMACK: weich im Ansatz, gut eingebundene Holzaromen im Vordergrund, reife Birnen, leicht süßlich, vollmundig, schmelzig und lang im Abgang

1997 Chardonnay
1995 Merlot/Cabernet franc

BEZUGSQUELLEN

23, 30, 36, 59, 89, 107, 123, 142, 199, 212, 218, 291, 297, 314, 338, 343, 355, 388, 421, 438, 503, 561

THELEMA MOUNTAIN

Helshoogste Pass (R 310), SA-7601 Stellenbosch, Tel. 0027-21-855 19 24, Fax 855 18 00, thelema@adept.co.za
INHABER: McLean Family Trust & Gyles Webb
KELLERMEISTER: Gyles Webb - **REBFLÄCHE:** 50 Hektar
REBSORTEN: Sauvignon blanc, Chardonnay, Merlot, Cabernet Sauvignon, Riesling
BESUCH: Mo-Fr 9-17 Uhr, Sa 9-13 Uhr AmEx DINERS EURO VISA FFFF

Fragt man nach dem bekanntesten Weinmacher Südafrikas, fällt der Name Gyles Webb. Der stille, verschlossen wirkende Mann betreibt seit 1983 zusammen mit seinen Schwiegereltern ein kleines, feines Gut hoch oben am Simonsberg. In der kupferroten Erde wachsen dort einige der besten Weine Südafrikas. Obwohl sie schon wenige Tage nach Freigabe ausverkauft sind, pilgern Touristen in Scharen den Berg hinauf, in der Hoffnung, wenigsten einen Schluck zum Probieren abzubekommen. Doch nicht einmal dafür ist genug da. Webb geht der Rummel mittlerweile auf die Nerven. Doch kein Schild kann die Touristen von einem Besuch abhalten, wenn die Fachpresse immer wieder voll des Lobes über ihn und seine Weine ist. Dabei hatten ihn Experten einst gewarnt, in 600 Meter Höhe Rotwein anzupflanzen.

Webb, der nie eine Weinbauschule besuchte, verlegte sich zunächst auf Weißweine. Sauvignon blanc und Chardonnay gerieten überraschend gut und bekamen bessere Kritiken als Weißweine aus den traditionellen Anbaugebieten Südafrikas.
In Kalifornien hatte Webb jedoch gesehen, dass rote Reben gezielt in kühlen Gegenden angebaut werden. Er entschloss sich, an den Hängen des Simonsberges auch Merlot und Cabernet Sauvignon zu kultivieren. Das Ergebnis: dichte, konzentrierte Weine mit feinen Nuancen, gehaltvoll und elegant, dabei unverwechselbar und von der Lage geprägt.
Nur für einen Wein interessiert sich niemand: den Riesling. Webb aber hält ihn für seinen besten – und trinkt ihn eben selbst.

WEINEMPFEHLUNG

1997 Merlot
FARBE: dunkles Rubinrot
DUFT: Maulbeeren, Kirschen, Tabak, Holz und Röstaromen
GESCHMACK: samtig und mild, im Kern konzentriert mit weichen, süßen Tanninen und langem Finale

BEZUGSQUELLEN

8, 17, 21, 70, 97, 139, 164, 178, 210, 227, 238, 266, 277, 295, 297, 344, 345, 368, 451, 488, 509, 528, 549, 550

WARWICK WINE ESTATE

Muldersvlei, Klapmuts Road (R 44), SA-7607 Stellenbosch,
Tel. 021-884 44 10, Fax 884 40 25
cellarinfo@warwickwine.co.za, www.warwickwine.co.za
INHABER: Stan und Norma Ratcliffe
KELLERMEISTERIN: Anna-Marée Mostert
REBFLÄCHE: 55 Hektar
REBSORTEN: Cabernet Sauvignon, Cabernet franc, Chardonnay, Merlot, Pinotage, Shiraz
BESUCH: Mo-Fr 10-16 Uhr, Sa nach Vereinbarung
AmEx DINERS EURO VISA

FFF

Die kleine Warwick-Farm liegt rund zehn Kilometer außerhalb von Stellenbosch in Muldersvlei, einer der besten Rotweinzonen der Region. Warwick ist für seine guten Roten ebenso bekannt wie für die vielen ausgelassenen Feste, welche die sangesfreudigen Besitzer Stan und Norma Ratcliffe feiern. Warwicks Gutswein ist der Pinotage von 25 Jahre alten, unbewässerten Buschreben,

Sangesfreudig: Norma Ratcliffe

ein dichter, im Neue-Welt-Stil gehaltener Wein mit relativ viel Holz. Das Spitzengewächs heißt „Trilogy" und besteht aus 60 Prozent Cabernet Sauvignon, 30 Prozent Merlot und 10 Prozent Cabernet franc. Er gehört zu jenen Weinen, die man auch in Südafrika selbst nur schwer findet, weil sie sehr rar sind.
Norma Ratcliffes „Baby" ist der Cabernet franc, den sie reinsortig keltert und nach den guten Ratschlägen ihres Freundes und Kellermeister-Kollegen vom Bordeaux-Gut Cheval-Blanc ausbaut.
Weinbau hat die gebürtige Kanadierin nie studiert, sie ist Autodidaktin und hat es mittlerweile so weit gebracht, dass ihre südafrikanischen Kollegen sich schon manchen guten Ratschlag von ihr holten.

WEINEMPFEHLUNG

1997 Cabernet Sauvignon
FARBE: Rubinrot mit purpurnen Reflexen
DUFT: schwarze Johannisbeere, Tabak, Leder, Vanille
GESCHMACK: geschmeidig, mit eleganter Struktur, geschliffener Frucht, warm und weich am Gaumen, tief und nachhaltig

BEZUGSQUELLEN

51, 81, 82, 83, 84, 88, 104a, 140, 227, 255, 315, 318, 384, 451, 460

ALLESVERLOREN

R 311, SA-7306 Riebeek West, Tel. 0027-22-461 23 20, Fax 461 24 44,
dmalan@mbury.new.co.za

INHABER: Fanie und Danie Malan
KELLERMEISTER: Danie Malan
REBFLÄCHE: 180 Hektar
REBSORTEN: Cabernet Sauvignon, Tinta Barroca, Shiraz
BESUCH: Mo-Fr 8.30-17 Uhr, Sa 8.30-12.30 Uhr

AmEx DINERS EURO VISA

FF

Danie Malan weiß genau, wem er seinen Erfolg verdankt. „Es ist der Kasteelberg, der diese Farm zu einem Weingut macht", sagt der Besitzer von Allesverloren. Ohne die guten klimatischen Voraussetzungen nördlich von Paarl und Stellenbosch, nahe der Stadt Riebeek West, wäre Malans Traum von Weinen von internationaler Qualität nicht zu verwirklichen gewesen. Anders als an den Küsten, wo kühle, verregnete Sommer so manchem Winzer schon manches Mal den Angstschweiß auf die Stirn trieben, darf sich Malan auf seiner 160 Hektar großen Enklave im Binnenland vor überraschenden Wetterkapriolen sicher fühlen. Kalte Sommer gibt es hier kaum, ausreichend Niederschlag dagegen fast immer. Die roten Trauben dort sind einen Monat früher reif als in Stellenbosch. Danie Malan liegen die körperreichen Roten ganz besonders am Herzen.

Enklave am Kasteelberg: Allesverloren

Neben Cabernet Sauvignon und Shiraz kultiviert Malan auch Tinta Barroca und andere für die Produktion von Portweinen verwendete portugiesische Sorten.
Der Name „Allesverloren" ist entstanden, als ein früherer Besitzer einmal aus Kapstadt zurückkehrte und seine Farm in Schutt und Asche liegend vorfand.

WEINEMPFEHLUNG

1996 Shiraz
FARBE: Rubinrot
DUFT: feine, zarte Nase nach Pflaumenmus, Backpflaumen, Gewürznelken und Tabak
GESCHMACK: Sauerkirsch und Cassis, trocken, kräftig und vollmundig, feinwürzig, sehr frisch im Abgang, begleitet von Eichenholzaromen

BEZUGSQUELLEN

11, 18, 31, 35, 36, 42, 44, 51, 54, 67, 68, 72, 73, 78, 80, 84, 87, 89, 94, 101, 102, 105, 106, 112, 114, 117, 125, 130, 131, 133, 137, 139, 140, 149, 151, 156, 162, 163, 166a, 167, 170, 186, 197, 198, 210, 212, 217, 227, 237, 244, 245, 255, 261, 270, 273, 280, 286, 287, 291, 292, 310, 312, 313, 315, 317, 318, 324, 326, 328, 329, 331, 338, 353, 359, 365, 369, 379a, 382, 384, 385, 388, 412, 413, 421, 422, 431, 432, 435, 437, 438, 441, 454, 464, 471, 480, 482, 483, 491a, 504, 506, 509, 510, 511, 518, 541, 550, 561

BOSCHENDAL

Pniee Rd., SA-7680 Groot Drakenstein, Tel. 0027-21-870 40 00,
Fax 870 18 64, boschendal@mweb.co.za, www. boschendalwines.co.za
INHABER: Anglo American Farms Ltd.
KELLERMEISTER: J. C. Bekker
REBFLÄCHE: 300 Hektar
REBSORTEN: Sauvignon blanc, Chardonnay, Merlot, Cabernet Sauvignon, Pinot noir, Ruby Cabernet, Chenin, Cabernet franc
BESUCH: Mo-Fr 8.30-16.30 Uhr, Sa 9.30-12.30

AmEx DINERS EURO VISA

FFFF

Eine der fünf größten Weinfarmen Südafrikas, am Fuße des Groot Drakenstein-Felsmassivs gelegen, direkt an der Straße von Stellenbosch nach Franschoek. Auf den Parkplätzen des Gutes liefern sich Bus- und Autofahrer Kämpfe um einen Platz im Schatten, denn Boschendal ist ein beliebtes Ausflugsziel. Ein feines Speiserestaurant, ein Café, ein Picknick-Garten und ein runder Weintresen, an dem die Gewächse dieses Gutes verkostet werden können – das sind die Attraktionen von Boschendal. Mittlerweile im Besitz eines angloamerikanischen Konsortiums,

Beliebtes Ausflugsziel: Boschendal

wurden auf Boschendal seit 1995 große Investitionen getätigt, europäische Reben gepflanzt und ein Rotweinkeller errichtet, der in technischer und ästhetischer Hinsicht keine Wünsche offen lässt. Hier finden 3500 Barriques Platz, die riesigen Edelstahltanks stehen nicht auf Sockeln, sondern hängen an der Decke.
Bislang fehlte es nur an interessanten Weinen. Boschendal stand jahrelang für Durchschnittsqualität. Erst in den vergangenen Jahren wartete das Gut mit gehobenen und teilweise spektakulären Qualitäten auf. Zu letzteren zählen der pikante Sauvignon blanc „Jean De Long“ und die formidable Rotweincuvée „Grand Vin“. Chardonnay, Merlot und der „Lanoy“, ein Blend aus Merlot, Shiraz und Cabernet Sauvignon, sind im charakterischen New World-Stil mit saftiger Frucht, spürbarem Holz und – bei den Rotweinen – weichem Tannin gehalten.

WEINEMPFEHLUNG

1998 Chardonnay Reserve
FARBE: Strohgelb
DUFT: Zitrone, Grapefruit, Papaya, Karamell
GESCHMACK: reife, vollmundige Frucht mit angedeuteten Honigtönen, gleichzeitig hefefrisch und mit zarten, nicht zu aufdringlichen Röstaromen

BEZUGSQUELLEN

24, 44, 51, 63, 84, 112, 170, 227, 262, 384, 392, 408, 441, 458, 537, 550

BUITENVERWACHTING FARM

Klein Constantia Rd., SA-7848 Constantia, Tel. 0027-21-794 51 90,
Fax 794 13 51, buiten@pixie.co.za
INHABER: Familie Lars Maack
KELLERMEISTER: Hermann Kirschbaum - **REBFLÄCHE:** 120 Hektar
REBSORTEN: Sauvignon blanc, Chardonnay, Cabernet Sauvignon, Merlot, Cabernet franc, Riesling
BESUCH: Mo-Fr 8-17 Uhr, Sa 8-13 Uhr

AmEx DINERS EURO VISA

FFFF

Südlich von Kapstadt, an den Ausläufern des Tafelberges, wo ständig eine kühle Brise vom Atlantik herüberweht, liegt Buitenverwachting, eines der berühmtesten Weingüter Südafrikas. Vor allem mit seinem Sauvignon blanc hat sich die Farm einen Namen gemacht. Zugunsten der Qualität reduzieren Manager Lars Maack, der aus Hamburg nach Südafrika kam, und der ambitionierte Kellermeister Hermann Kirschbaum den Ertrag. Mit ihren größeren Nachbarn können sie mengenmäßig

Reduzierte Erträge: Buitenverwachting

nicht mithalten. Manager Maack freut das: „Statt Menge wollen wir lieber einen Wein mit viel Geschmack“, sagt er. Pro Jahr produziert Buitenverwachting 850 000 Flaschen Wein.
Heute pflanzt Lars Maack auf 20 Hektar der Rebflächen Sauvignon blanc an. Auf zehn Hektar stehen bereits neue Reben.
Kellermeister Kirschbaum ist begeistert: „Wunderbar, was da wächst, wunderbar.“

WEINEMPFEHLUNGEN

1998 Chardonnay
FARBE: helles Gelb mit Zitronenreflexen
DUFT: kräftige Holzaromen, Vanille, Toast, buttrig, Karamell, Zimt und Zitrusfrüchte
GESCHMACK: süß im Ansatz mit Kohlensäure, Barrique-Noten, gut eingebundene Säure, rund, kräftig, langer Abgang

1994 Christine
1995 Christine
1998 Sauvignon blanc

BEZUGSQUELLEN

1, 11, 14, 31, 35, 36, 38, 43, 44, 51, 54, 60, 67, 68, 71, 72, 73, 74, 75, 89, 94, 97, 101, 109, 111, 112, 116, 117, 140, 146, 148, 149, 153, 158, 161, 163, 170, 177, 184, 185, 191, 193, 197a, 202, 205, 210, 212, 216, 217, 227, 232, 235, 238, 251, 253, 261, 263, 268, 286, 287, 292, 297, 298, 308, 313, 318, 322, 324, 328, 338, 339, 341, 345, 350, 352, 361, 364, 367, 370, 374, 388, 393, 413, 417a, 420, 422, 431, 435, 438, 440, 441, 451, 452, 455, 459, 460, 480, 481, 483, 488, 489, 492, 504, 508, 509, 526, 529, 533, 534, 545a, 546, 550, 552

FAIRVIEW ESTATE

Suid Agter Paarl Rd., SA-7646 Paarl, Tel. 0027-21-863 24 50, Fax 863 25 91
fairback@iafrica.com, www.fairview.co.za
INHABER: Charles Back - **KELLERMEISTER:** Anthony de Jager
REBFLÄCHE: 324 Hektar
REBSORTEN: Riesling, Sémillon, Sauvignon blanc, Chardonnay, Pinot gris, Gamay, Pinotage, Pinot noir, Cabernet franc, Merlot, Shiraz, Mourvèdre, Cinsault
BESUCH: Mo-Fr 8.30-17 Uhr, Sa 8.30-13 Uhr
DINERS EURO VISA

FF

Seit der gebürtige Litauer Charles Back das Stück Land 1937 erwarb und große Rebflächen anlegte, hat sich auf Fairview eine Menge getan. Und doch ist der Charme vergangener Zeit weiterhin zu spüren. Heute steht wieder ein Charles Back an der Spitze des Unternehmens: Der Enkel des Gründers übernahm 1978 die Geschäftsführung und führte fort, was sein Vater Cyrill begann. Charles Back wurde 1996 zu Südafrikas „Wineman of the Year" gewählt. Er sorgte dafür, dass sich das Weingut schnell zu einem florierenden Betrieb mauserte. Heute werden auf Fairview jährlich mehr als eine Million Liter Wein produziert. Trauben aus fast allen Anbaugebieten am Kap werden zugekauft. So bringt Fairview eine erstaunliche Vielfalt an Rot- und Weißweinen auf den Markt.
Charles Back ist ein großer Bewunderer der Rhône-Region, deshalb pflanzt er Sorten wie Mourvèdre und Viognier an. Bei der Gärung arbeitet Fairview mit Hefen von der Rhône.
Von den auf Fairview erzeugten Weinen sind 20 Prozent Weiße. Die meisten werden in Fässern vergoren, um ihnen zusätzliche Komplexität zu verleihen, besonders gut gelingt dies beim Chardonnay, der in Fässern aus französischer und kalifornischer Eiche ausgebaut wird.

Weinbau in dritter Generation: Fairview

WEINEMPFEHLUNG

1998 Chardonnay
FARBE: helles Gelb mit zitronengelben Reflexen
DUFT: etwas mineralisch, Aromen nach cremigem Karamell, Tabak, leicht fruchtig nach Apfel, reifer Birne und Aprikose
GESCHMACK: süßlich im Ansatz, intensiv und kräftig, schmelzig, cremig, feine Holzaromen, deutliche Tannine, Haselnuss, gute Länge

BEZUGSQUELLEN

14, 31, 37, 51, 81, 84, 104, 104a, 114, 130, 140, 148, 186, 189, 210, 212, 255, 268, 290, 315, 318, 355, 356, 364, 372, 393, 438, 440, 441, 460, 483, 526

GLEN CARLOU VINEYARDS

Simondium Road, SA-7625 Paarl, Tel. 0027-21-875 55 28,
Fax 875 53 14
glencarl@mweb.co.za, www.glencarlou.co.za
INHABER: Walter Finlayson, Hess Holdings
ÖNOLOGE: Walter Finlayson - **KELLERMEISTER:** David Finlayson
REBFLÄCHE: 100 Hektar
REBSORTEN: Chardonnay, Cabernet Sauvignon, Merlot, Pinot noir
BESUCH: Mo-Fr 8.45-16.45 Uhr, Sa 9-12.30 Uhr

DINERS EURO VISA FFF

Als Walter Finlayson Mitte der achtziger Jahre an den Simonsberg zog, um zwischen den beiden renommierten Anbaugebieten Stellenbosch und Paarl große Weine zu kultivieren, galt er in Südafrika längst als Großer seiner Zunft. Auf Glen Carlou aber musste Finalyson 1985 noch einmal ganz von vorn anfangen.
Gleich nebenan hat sich der Schweizer Donald Hess, Eigentümer der Hess Winery in Kalifornien, 18 Hektar Land gekauft – mittlerweile ist er Finlaysons Teilhaber. „Glen Carlou gilt ganz allgemein als Chardonnay-Weingut", sagt Winemaker David Finlayson. Chardonnay macht fast 60

Walter (r.), David Finlayson: Glen Carlou

Prozent der Rebfläche aus.
Während die meisten Winzer Südafrikas auf rote Sorten setzen, erzeugen die Finlaysons lieber Weiße.
Die jährliche Produktion des Weinguts beträgt eine Viertelmillion Flaschen. Bestechend ist die Qualität der Weine. Der 1998er Pinot noir wird in der First Class der Lufthansa ausgeschenkt.

WEINEMPFEHLUNGEN

1996 Cabernet Sauvignon/Merlot Grand Classique
FARBE: dunkles Rubinrot mit Kirschnotenreflexen
DUFT: intensive Holznoten, Fruchtaromen nach Cassis und Beerenmarmelade, Tabak, Gewürznelken
GESCHMACK: süßlich, weich und leicht würzig im Ansatz, angenehme, intensive Frucht, Säure, eingebundene Tannine, geschmeidig, vollmundig und mittellang im Finale

1998 Chardonnay
1998 Pinot noir

BEZUGSQUELLEN

4, 8, 34, 51, 54, 76, 87, 101, 104, 121, 126, 139, 155, 164, 178, 188, 195, 208, 210, 212, 216, 217, 219, 227, 235, 243, 253, 268, 275, 280, 290, 291, 292, 296a, 307, 322, 324, 362, 384, 386, 387, 421, 422, 428, 433, 453, 460, 464, 474, 475, 477, 484, 491, 504, 508, 511, 513, 514, 528

HAMILTON RUSSELL VINEYARDS

Hemel-en-Aarde Valley, SA-7200 Hermanus, Tel. 0027-28-312 35 95,
Fax 312 17 97
hrv@hermanus.co.za
INHABER: Anthony Hamilton Russell - **KELLERMEISTER:** Kevin Grant
REBFLÄCHE: 65 Hektar
REBSORTEN: Chardonnay, Pinot noir
BESUCH: Mo-Fr 9-17 Uhr, Sa 9-13 Uhr
AmEx DINERS EURO VISA
FFF

Pinot noir ist eine anspruchsvolle Rebsorte, was Boden und Klima anbelangt. Deshalb waren Südafrikas Winzer vorsichtig. Tim Hamilton Russell hatte als Erster den Mut, im küstennahen Hemel-en-Aarde-Tal an der Walker Bay Pinot noir anzupflanzen. Um die Trauben reif zu ernten, werden vier Lesedurchgänge durchgeführt. Der Ertrag ist niedrig, der Ausbau erfolgt in französischen Eichenholzfässern. Beste Bourgogne-Tradition also. Die Farbe des Pinot noir ist hellrot, der Wein riecht fein nach Kirschen, er ist samtig, hat finessenreiche Fruchtnuancen und eine hervorragende Tanninstruktur. Insgesamt hält das Weingut Hamilton Russell 52 Hektar unter Reben. Neben dem Pinot noir gibt es nur eine weitere Sorte: Chardonnay. Auch er wird im Burgund-Stil ausgebaut und gilt als einer der Besten des Landes. Außerdem wachsen auf Hamilton Russell Oliven, aus denen seit Mitte der neunziger Jahre sehr gutes Öl gewonnen wird.

Anspruchsvoller Keller: Hamilton Russell

WEIN-EMPFEHLUNG

1998 Chardonnay
FARBE: helles Gelb mit Zitronenreflexen
DUFT: kräftige Toast-Aromen am Anfang, dann Mandel, Vanille
GESCHMACK: süßlich und herb im Ansatz, präsente Säure, leichte, nicht unangenehme Bitternoten, mittelkräftig, langes Finale

BEZUGSQUELLEN

10, 30, 54, 61, 67, 68, 71, 73, 91, 131, 140, 167, 210, 217, 232, 273, 278, 280, 297, 369, 384, 392, 395, 405, 464, 470, 481, 491a, 509, 550, 559

KLEIN CONSTANTIA ESTATE

Klein Constantia Rd., SA-7848 Constantia, Tel. 0027-21-794 51 88,
Fax 794 24 64, kleincon@global.co.za, www.kleinconstantia.com
INHABER: Duggie und Lowell Jooste
KELLERMEISTER: Ross Gower
REBFLÄCHE: 72 Hektar
REBSORTEN: Sauvignon blanc , Chardonnay, Cabernet Sauvignon, Merlot, Cabernet franc
BESUCH: Mo-Fr 9-17 Uhr, Sa 9-13 Uhr

AmEx DINERS EC EURO VISA FFFF

Schon seit 1683 wird in Klein Constantia Weine angebaut. Im 18. Jahrhundert kam das Haus zu Ruhm, die Muskateller-

„Große Weine der Welt": Klein Constantia

Weine der Familie Cloete galten in Fürsten- und Königshäusern als „große Weine der Welt". Zu Beginn des 20. Jahrhunderts wurde es still um den „Vin de Constance". Er verschwand von der Bildfläche. Heute ist er wieder im Angebot der Kellerei. Ein Team von Winzern, darunter der talentierte Ross Gower, der an der Staatlichen Weinbauschule im württembergischen Weinsberg studierte, ist darum bemüht, den einstigen Ruhm zu erneuern.
Weingutbesitzer Lowell Jooste spricht sogar von einer „Mission", die er und seine Mannschaft „unbedingt zu erfüllen haben".
Die Voraussetzungen für große Weine sind gegeben: Klima und Boden in der Region Constantia sind exzellent. Ross Gower hat neben dem edelsüßen „Vin de Constance" einen weiteren Favoriten: den nicht im Holzfass ausgebauten Sauvignon blanc. Unter den Rotweinen ist der inzwischen trinkreife Marlbrook von exzellenter Qualität: eine Cuvée aus Cabernet Sauvignon, Merlot und Cabernet franc, die bis zu zwei Jahren im Barrique lagen.

WEINEMPFEHLUNG

1995 Sauvignon blanc
FARBE: helles Gelb
DUFT: reifer, süßlicher Duft nach Aprikose, Ananas, Kräuter und etwas Spargel
GESCHMACK: etwas erdig, anregend, mittelkräftig, leicht würzig, gerbstoffbetont

BEZUGSQUELLEN

14, 30, 44, 51, 61, 69, 90, 94, 103, 114, 115, 131, 136, 140, 148, 163, 167, 212, 217, 227, 314, 315, 322, 328, 352, 392, 408, 415, 421, 425, 438, 440, 483, 509, 550, 552, 559

MEERLUST ESTATE

Baden Powell Dr., SA-7131 Faure, Tel. 0027-21-843 35 87, Fax 843 32 74, meerlust@iafrica.com
INHABER: Hannes Myburgh - **KELLERMEISTER:** Giorgio Dalla Cia
REBFLÄCHE: 160 Hektar
REBSORTEN: Cabernet Sauvignon, Cabernet franc, Merlot, Pinot noir, Chardonnay
BESUCH: Mo-Do 8.30-17 Uhr, Fr 8.30-16.30 Uhr

AmEx DINERS EURO VISA FFF

Meerlust ist eines der ältesten und traditionsreichsten Weingüter in Südafrika. Seit 1776 befinden sich die Ländereien in Stellenbosch im Besitz der Familie Myburgh.
Der heutige Besitzer Hannes Myburgh und sein italienischer Kellermeister Giorgio Dalla Cia haben sich vom traditionellen Rotwein-Stil Südafrikas losgesagt und erzeugen eine Cuvée, die sich am Médoc orientiert. Myburgh begann schon 1960 mit der Anpflanzung von Cabernet Sauvignon, zehn Jahre später folgten Merlot, Cabernet franc und Pinot noir. Diese drei Sorten belegen zusammen mehr als die Hälfte der 150 Hektar großen Anbaufläche.
Meerlust ist aber nicht nur einer der Kap-Pioniere für Cabernet-Merlot-Verschnitte, man erzeugt dort auch einen interessanten Weißwein. Der Chardonnay ist reif, voll und harmonisch.
Seit 1996 wird in der eigens errichteten Destillerie Meerlust Grappa produziert – Blends sowohl aus Pinot noir und Chardonnay als auch aus Cabernet Sauvignon und Merlot, die sich sehr gut als Digestif nach einem reichhaltigen Essen eignen.

Anregende Rote: Meerlust

WEINEMPFEHLUNG

1995 Merlot
FARBE: Kirschrot mit dunklen Reflexen
DUFT: schön eingebundene Aromen, Cassis, Vanille, feines Holz
GESCHMACK: rund und schmelzig, kräftige Säure, angenehm fruchtig, harmonisch, langanhaltend mit Vanille im Finale

BEZUGSQUELLEN

10, 11, 29, 36, 51, 54, 60, 67, 68, 72, 73, 78, 79, 82, 89, 102, 105, 114, 117, 118, 125, 136, 139, 140, 151, 154, 166a, 167, 197, 198, 202, 210, 212, 217, 227, 232, 234, 244, 245, 255, 261, 270, 273, 275, 286, 287, 291, 292, 299, 309, 310, 313, 316, 317, 318, 324, 329, 331, 338, 344, 347, 352, 353, 364, 365, 369, 378, 379a, 382, 384, 385, 388, 412, 421, 431, 432, 435, 437, 441, 454, 455, 464, 483, 488, 491a, 492, 504, 506, 509, 510, 511, 518, 528, 541, 550, 552

NELSON'S CREEK WINE ESTATE

R 44, SA-7630 Windmeul, Tel. 0027-21-863 84 53, Fax 863 84 24
nelsonscreek@wine.co.za

INHABER: Alan Nelson - **KELLERMEISTER:** Carl Allen
REBFLÄCHE: 49 Hektar
REBSORTEN: Chenin blanc, Merlot, Sauvignon blanc, Shiraz, Pinotage, Cabernet Sauvignon, Chardonnay
BESUCH: Mo-Fr 8-17 Uhr, Sa 9-13 Uhr

AmEx DINERS EC EURO VISA

FF

Nelson's Creek war das erste Weingut, das im demokratisch verfassten Südafrika registriert wurde. Der erste Präsident des Landes nach Ende der Apartheid, Nelson Mandela, spielt

Wein und Kunsthandwerk: Nelson's Creek

auf Nelson's Creek eine besondere Rolle. Zwar wurde das Gut nicht nach ihm, sondern nach dem Besitzer Alan Nelson benannt, doch es gibt dort ein Zentrum für Kunsthandwerk, das in traditionellen Xhosa-Hütten untergebracht ist. Sie stammen aus Qunu, Ex-Präsident Mandelas Heimatdorf.
Aus Dankbarkeit für seine Arbeiter, die ihm dabei halfen, seinen Traum von einem eigenen Weingut zu verwirklichen, stellte ihnen Alan Nelson elf Hektar Rebfläche zur Verfügung. Daraus wurde „New Beginnings“, das erste Weingut, das schwarzen Südafrikanern gehört. Begünstigt von guten klimatischen Voraussetzungen und günstigen Bodenverhältnissen, kann Alan Nelson auf seinen Hängen eine große Bandbreite verschiedener Trauben anbauen. Cabernet Sauvignon und Chardonnay nehmen am meisten Anbaufläche ein.
Auf Nelson's Creek wird bei der Weinproduktion fast völlig auf das „blending“ verzichtet. Nahezu alle Weine von Kellermeister Carl Allen stammen aus nur jeweils einer Traubensorte. Lediglich eine gut ausbalancierte, fruchtige Cuvée aus Chardonnay und Chenin blanc bildet die rühmliche Ausnahme.

WEINEMPFEHLUNGEN

1998 Chardonnay

FARBE: sehr helles Gelb mit Zitronenreflexen
DUFT: angenehm nach frischem Brot, Keksen, etwas süßlich nach Vanille und Lakritz, fruchtig nach reifen Äpfeln, Aprikosen, Melonen und etwas Banane
GESCHMACK: trocken und klar im Ansatz, schön eingebundene Aromen, leicht, harmonisch, mit frischer Säure, lang am Gaumen, gut gemachter Sommerwein

1997 Chenin blanc-Chardonnay

BEZUGSQUELLEN

14, 224, 379a

PLAISIR DE MERLE

R 45, SA-7650 Simondium, Tel. 0027-21-874 10 71, Fax 874 14 88
nbester@sfw.co.za, www.franschhoekwines.co.za
INHABER: Stellenbosch Farmers' Winery
KELLERMEISTER: Niel Bester
REBFLÄCHE: 100 Hektar
REBSORTEN: Cabernet Sauvignon, Chardonnay, Sauvignon blanc Shiraz und Petit Verdot
BESUCH: Mo-Fr 9-17 Uhr, Sa 10-13 Uhr

AmEx DINERS EURO VISA

FFF

Zu Beginn der neunziger Jahre begann auf der alten Musterfarm der Stellenbosch Farmers' Winery eine neue Zeitrechnung. Kellermeister Niel Bester hat sich 25 Jahre Zeit gegeben, um das Weingut Plaisir de Merle zum

Von Wasser umgeben: Plaisir de Merle

bekanntesten und erfolgreichsten in ganz Südafrika zu machen. Zunächst erhielt die komplette Anlage neue Keller, die der Architekten Chris de Hart entwarf. Das schneeweiße Gebäude fügt sich harmonisch in die Umgebung ein, verziert mit eindrucksvollen Wandreliefs und umgeben von einem Wassergraben.
Basis der Qualität der Weine sind die Böden von Stellenbosch. Das Weingut verfügt an der Nordseite des Simonsberges über 380 Hektar Rebfläche, doch nur die besten Areale wurden mit Reben für Plaisir de Merle bepflanzt, in erster Linie Cabernet Sauvignon, Chardonnay, Sauvignon blanc und Merlot. Und nur die besten 25 Prozent der Trauben, die hier gelesen werden, gehen in die Weiterverarbeitung.
Bei seiner Arbeit lässt sich Kellermeister Bester von einem ganz Großen der Zunft beraten: Paul Pontallier, der Direktor von Château Margaux, steht ihm mit Rat und Tat zur Seite und half bei der Neu-Orientierung der Weinproduktion mit wertvollen Tipps aus seinem reichen Erfahrungsschatz.

WEINEMPFEHLUNG

1996 Cabernet Sauvignon
FARBE: Rubinrot mit dunklen Orangenreflexen
DUFT: Fruchtaromen nach Kirsche und eingelegten Beeren, feines integriertes Holz, Minze, leichte Pflaumentöne, etwas animalisch
GESCHMACK: im Ansatz fein und fruchtbetont, angenehme Säure, präsente Tannine, mittelkräftig und geschmeidig

BEZUGSQUELLEN

14, 67, 68, 114, 154, 210, 212, 217, 224, 227, 408, 414, 425, 550

RUITERSVLEI ESTATE

Suid Agter Paarl Rd., SA-7624 Suider Paarl, Tel. 0027-21-863 15 17,
Fax 863 14 43, ruitersv@iafrica.co.ca

INHABER: John A. Faure - **KELLERMEISTER:** Dominique Waso
REBFLÄCHE: 280 Hektar
REBSORTEN: Merlot, Cabernet Sauvignon, Shiraz, Pinotage
BESUCH: tgl. 8.30-17.30 Uhr

DINERS EURO VISA

FF

Französische Hugenotten-Flüchtlinge, die 1688 die Küste Südafrikas erreichten, legten den Grundstein für die große Weintradition der Region Paarl. Auf dem Weingut Ruitersvlei gilt: Tradition ist gut, Innovation ist besser. Nach diesem Motto betreibt die Familie Faure die Anlage bereits seit vielen Jahren mit Erfolg. Hier, in Sichtweite des Indischen und des Atlantischen Ozeans, verdankt sich der Erfolg der außergewöhnlichen Qualität der Böden und dem

Tradition und Innovation: Ruitervlei

verlässlichen, für den Weinanbau günstigen Mikroklima.
Natürlich tragen auch John Faure und seine Ideen zum Gelingen des Unternehmens bei. „Wir müssen uns auf Qualität konzentrieren und jedem Südafrikaner den Weingenuss nahebringen", sagt Faure.
Um dieses Ziel zu erfüllen, bietet Ruitersvlei eine preisgünstige Serie von Reserve-Weinen an. John Faure hat bei der Realisierung seiner Pläne familiäre Unterstützung. Seine vier Töchter: Nicki, Belinda, Tessa und Sheryl arbeiten alle mit. Außerdem ist da noch Winemaker Dominique Waso, der in Frankreich und Australien Erfahrungen sammelte, bevor er zur Mannschaft von Ruitersvlei stieß.

WEINEMPFEHLUNGEN

1997 Merlot
FARBE: klares Rubinrot
DUFT: süßlich, frisch nach Beeren und Kirschen, etwas Karamell und Bitterorangen
GESCHMACK: anregend, süßlich, feinbeerig, dazu Kokosnuss, Mandel, Marzipan, etwas Zimt, sehr fein und ausgewogen, mit kräftiger Säure und präsenten Tanninen, pfeffrig, nachhaltig, lang und etwas alkoholisch im Abgang

1997 Cinsault/Cabernet Sauvignon
1997 John Faure Selected Cabernet Sauvignon-Shiraz

BEZUGSQUELLEN

43, 51, 52, 64, 67, 68, 154, 157, 159, 265, 290, 384, 410, 459

SPRINGFIELD ESTATE

Bonnievale Rd., SA-6705 Robertson, Tel. 0027-23-626 36 61, Fax 626 36 64, springfield@minds.co.za
INHABER: Abrie und Jeanette Bruwer
KELLERMEISTER: Abrie Bruwer
REBFLÄCHE: 160 Hektar
REBSORTEN: Cabernet Sauvignon, Cabernet franc, Chardonnay, Chenin blanc, Sauvignon blanc, Petit Verdot, Pinot noir, Pinot blanc
BESUCH: Mo-Fr 8-17 Uhr, Sa 9-16 Uhr
DINERS EURO VISA
FFF

Abgesehen vom Wein liebt Abrie Bruwer eigentlich nur noch das Angeln. Möglichst groß müssen die Fische sein. Bei den Weinen weiß der Inhaber von Springfield Estate, wie man Weine groß macht: Der Winzer darf so wenig wie möglich eingreifen.
Bruwer gehört zur vierten Generation einer Winzerfamilie, die ihre Heimat früher im französischen Loiretal hatte. Abrie Bruwer übernahm 1995 Springfield Estate, das im Robertson Valley liegt. Mit seinem Chardonnay wurde er berühmt, und damit begann schließlich die Erfolgsgeschichte von Springfield Estate.
Heute hat Bruwer 148 Hektar Anbaufläche unter Reben, fast eine halbe Million Flaschen wird produziert, Tendenz steigend. Bruwer, ein bekennender Freund der großen Weine aus dem Bordeaux, ist sein eigener Kellermeister, lässt sich aber von Phil Freese, einem Winemaker aus Kalifornien, beraten.
Bruwer führt den Erfolg auf strenge Zurückhaltung zurück. „Voraussetzung ist natürlich, nur die besten Reben anzubauen“, erklärt er. Deshalb hat er vor einem Jahr 22 Hektar neu bepflanzt, weil die Ausrichtung der Rebzeilen nicht optimal war. Sobald die Beeren am Stock hängen, zieht Bruwer sich zurück und überlasst die Trauben „ihrer natürlichen Reife“. Jegliche äußere Einmischung gefährdet seiner Meinung nach nur die Qualität des Weines.

WEINEMPFEHLUNGEN

1996 Cabernet Sauvignon
FARBE: Schwarzrot
DUFT: würzig und fruchtig, Pfeffer, Pflaumen, Cassis, etwas vegetabil nach Artischocken
GESCHMACK: sehr weich im Ansatz, trocken, fast herb, etwas Tabak und Lakritz, vollmundig mit gut eingebundenen Tanninen, sehr frisch und langanhaltend

1997 Chardonnay „Wild Yeast"
1999 Sauvignon blanc Special Cuvée
1999 Sauvignon blanc „Life from Stone"

BEZUGSQUELLEN

19, 59, 84, 209, 212, 218, 227, 236, 283, 289, 330, 364, 493, 515, 536, 547, 560, 561

VERGELEGEN

Lourensford Rd., SA-7129 Somerset West, Tel. 0027-21-847 13 34, Fax 847 16 08
INHABER: Anglo American Farms Ltd.
KELLERMEISTER: André van Rendsburg
REBFLÄCHE: 100 Hektar
REBSORTEN: Cabernet Sauvignon, Sauvignon blanc
BESUCH: tgl. 9.30-16 Uhr
AmEx DINERS EURO VISA
FFFF

Vergelegen ist das derzeit wohl ehrgeizigste Weingut Südafrikas. Es hat sich in einer der kühlsten Ecken des Landes angesiedelt, in der es zuvor nie Weinbau gab. Das Gut liegt in einem Talkessel bei der Stadt Somerset West, der sich zum Indischen Ozean hin öffnet. Den ganzen Tag weht eine steife Brise vom Meer herüber. Für den Weinbau ist der Wind ein Segen: Er kühlt die Erde ab, senkt die Temperatur, sorgt dafür, dass die Trauben langsam reifen und die Säure erhalten bleibt. Weißweine gedeihen hier besonders gut – allen voran die Sauvignon blanc Reserve.

Doch der Ehrgeiz von Weinmacher André van Rensburg gilt dem Roten. Er weiß, wie riskant es ist, Cabernet Sauvignon und Merlot in kühlen Regionen anzubauen, weil die Gefahr besteht, dass die Trauben nicht ausreifen. Doch bislang hat es van Rensburg durch späte Lese noch immer geschafft, die Trauben reif zu lesen.

Die neue Kellerei thront auf einem Hügel: ein achteckiger Bau, in dem die Rotweinmaische ohne Pumpen von den Gärtanks in die Presse und der ablaufende Jungwein anschließend von der Presse in die Fässer „fließt“, nur mittels Schwerkraft. Die schonende Behandlung hilft den Roten: hoch konzentriert mit geschliffener Frucht, gleichzeitig weich und elegant im Tannin. Weine, die Südafrika eine neue Dimension eröffnen. Das gilt besonders für den Spitzenwein „Vergelegen“.

Nutzt die Gesetze der Schwerkraft: Vergelegen

WEINEMPFEHLUNG

1998 Mill Race Red
FARBE: Rubinrot
DUFT: Pflaumen, Brombeeren mit einem leichten Vanilleton
GESCHMACK: elegant und vollmundig, im Vordergrund die typische Frucht eines Bordeaux-Verschnitts, dahinter viel weiches, kaum spürbares Tannin

BEZUGSQUELLEN

509, 532

GUT UND KOSCHER: WEINE AUS DEM GELOBTEN LAND

Moderne Betriebe im ältesten Weinbaugebiet der Welt produzieren Weine mit Eleganz und Finesse

Zahlreiche Textstellen der Bibel deuten darauf hin, dass das heutige Israel das älteste Weinbauland der Welt ist. Reben wurden seit jeher in den verschiedenen Regionen des historischen Israel kultiviert, die moderne Geschichte des Weinbaus beginnt jedoch erst Ende des 19. Jahrhunderts.
Baron Edmond de Rothschild investierte 1882 die damals immense Summe von 60 Millionen Gold Francs in den Weinbau in Palästina. Die Rebsetzlinge kamen aus Frankreich, ebenso die Weinexperten, welche die Siedler das ABC des Weinbaus und der Kellertechnik lehrten. Die Produktion von koscherem Wein war ein Schwerpunkt der sich schnell entwickelnden Weinindustrie, welche die jüdischen Gemeinden weltweit versorgte.
Heute umfassen die israelischen Rebflächen 5600 Hektar, aufgeteilt auf die Weinbauregionen Galilea, zu dem auch die Golan-Höhen gehören (auf hebräisch: Galil), Samaria oder Shomron – das Gebiet südlich von Haifa –, Berg Carmel, Samson (auch Shimshon) sowie Harey Yehuda mit den Weinbergen rund um Jerusalem und auf der West Bank.
Die Rebsorten sind vorwiegend französischen Ursprungs und werden hier seit über 100 Jahren gepflegt: Carignan, Grenache, Alicante Bouchet, Sémillon, Chenin blanc und Muscat d'Alexandrie. In den moderneren Weinbaubetrieben haben Cabernet Sauvignon, Merlot, Sauvignon blanc, Riesling und Chardonnay Vorfahrt. Die Rebflächen liegen zumeist in den kühlen Bergregionen und liefern Weine mit wesentlich mehr Eleganz als Lagen in den Küstenregionen mit warmem Klima, aus denen Weine mit niedrigen Säurewerten stammen.

Der Großteil der Weine wird in Kollektiven, den Kibbuzim, ausgebaut. Auch wenn seit Anfang der neunziger Jahre mehr und mehr kleine, feine „Boutique-Weingüter" entstanden, wird der Export – immerhin rund sechs Millionen bei einer Gesamtproduktion von 30 Millionen Flaschen – immer noch von großen Produzenten wie Barkan Wine Cellars und Golan Heights Winery bestritten.

BARKAN WINE CELLARS

Industry Area Barkan, Isr-44820 Efraim, Tel. 00972-3-936-45 20, Fax 45 27, www.barkan.wine.co.il

INHABER: Samuel Boxer - **KELLERMEISTER:** Ed Salzberg

REBFLÄCHE: 350 Hektar

REBSORTEN: Cabernet Sauvignon, Merlot, Chardonnay

BESUCH: So-Di 7-16 Uhr

VISA

F F

Barkan Wine Cellars ist der zweitgrößte Hersteller von Wein und Spirituosen in Israel. Die Bandbreite der Produkte reicht von Vermouth, Brandy und Likör bis zu Wodka. Das Hauptaugenmerk aber gilt dem Wein. Der Barkan-Kellerei gehören 250 Hektar in den besten Weinbaugebieten Israels. Weitere 100 Hektar werden gemeinsam mit privaten Weinbauern bewirtschaftet, die an die Großkellerei liefern. Der Preis für die Trauben richtet sich nicht nach der Menge, sondern nach Kriterien wie Farbintensität oder Zuckergehalt. So stellt Barkan sicher, nur beste Trauben zu erhalten.

Diese werden streng nach den religiösen Geboten behandelt: Erst im vierten Jahr nach Pflanzung darf ein Rebstock erstmals geerntet werden, ab zwei Monate vor der Lese ist jegliche organische Düngung der Rebstöcke untersagt. Die Erntemaschinen müssen vor dem Einsatz unter Aufsicht eines Rabbiners gereinigt werden. Zudem ist es untersagt, ein und dieselbe Flasche zweimal mit Wein zu befüllen. Nur wenn diese Gebote beachtet werden, gilt ein Wein als koscher.

Die Barkan-Weine werden unter vier Labels auf den Markt gebracht. Ein Teil wird nach Amerika, Europa und in den Fernen Osten exportiert.

Die bekannteste Marke ist die Reserved-Serie, in der fast alle großen Rebsorten angeboten werden. Die überzeugendsten Ergebnisse stammen von den klassischen Bordeaux-Rebsorten.

WEINEMPFEHLUNGEN

1989 Cabernet Sauvignon Barkan Reserved

FARBE: Dunkles Kaminrot mit ziegelroten Reflexen

DUFT: Weiche und reife Aromen nach Backpflaumen, eingelegten Kirschen, feiner Duft nach Kaffee, Kakao und Minze

GESCHMACK: weich und samtig im Ansatz, optimal eingebundene Säure und Tannine, intensiv Gras und Tabak, fast leicht, geschmeidig, lang anhaltend mit feinem Finale

1995 Cabernet Sauvignon Barkan Reserved

1995 Cabernet Sauvignon Superieur

1997 Merlot Barkan Reserved

BEZUGSQUELLEN

43, 44, 65, 70, 108, 318, 504, 544, 556

GOLAN HEIGHTS WINERY

PO Box 183, Plz Isr-12900 Katzrin, Tel. 00972-6-696 84 20, Fax 696 22 20,
ghwinery@golanwines.co.il, www.golanwines.co.il

INHABER: Shalom Blayer - **KELLERMEISTER:** Victor Schoenfeld
REBFLÄCHE: 809 Hektar
REBSORTEN: Cabernet Sauvignon, Chardonnay, Merlot, Sauvignon blanc
BESUCH: tgl. 9-18 Uhr

AmEx DINERS EURO VISA

FF

Erst 1976 begann auf den fruchtbaren Golan-Höhen der israelische Weinbau. Die Reben stehen in 400 bis 1200 Metern Höhe, wo es bereits recht kühl ist. Das gemäßigte Klima der Golan-Höhen gibt den Trauben Gelegenheit zu langsamer Reife und prägt den Charakter der Weine. Acht Jahre nach den ersten Pflanzungen konnten die ersten Weine auf dem Golan produziert werden. Seitdem

Weinbau an der Front: Golan Heigths

hat das Weingut zahlreiche Auszeichnungen und Goldmedaillen auf renommierten internationalen Weinschauen erhalten. Bei Golan Heights konzentriert man sich auf die großen roten Sorten Cabernet Sauvignon und Merlot sowie die weißen Sorten Chardonnay und Sauvignon blanc, Kellermeister Victor Schoenfeld und sein Team erzeugen konstant Weine von herausragender Qualität. Die Keller sind mit modernster Technik ausgestattet, 3,6 Millionen Flaschen verlassen jährlich das Weingut. Vermarktet werden die Weine unter sechs Etiketten: Yarden, Gamala, Golan, Mount Hermon, Galilee und Golan Heights.

WEINEMPFEHLUNGEN

1996 Cabernet Sauvignon

FARBE: dichtes Schwarzrot mit purpurfarbenen Reflexen
DUFT: herbfruchtig, konzentriert nach Holunder, dunklen Beeren, Cassis, Backpflaumen, Eichenholz, Tabak, Kaffee und Karamell
GESCHMACK: schmelzig und konzentriert im Ansatz, schön eingebundene Aromen, Harmonie von Säure und Tanninen, kräftig, langer Abgang mit reifen Noten

1997er Gamala Cabernet Sauvignon
1997er Merlot Barkan Reserved
1999er Yarden Sauvignon blanc
1998er Yarden Chardonnay

BEZUGSQUELLEN

30, 44, 54, 55, 57, 91, 101, 102, 106, 131, 154, 165, 166a, 167, 175, 199, 206, 210, 238, 273, 278, 286, 292, 329, 333, 366, 377, 381, 410, 417, 428, 430, 438, 464, 478, 482, 491a, 506, 547, 550, 552

FRANZÖSISCH GEPRÄGT

WEINBAU

IM LIBANON

Im biblischen Kanaan werden einige hervorragende Weine im Bordelaiser Stil erzeugt

Der Libanon an der Ostküste des Mittelmeers, ein Staat kleiner als Schleswig-Holstein, ist eine der ältesten Weinbauregionen der Erde. Im biblischen Kanaan, dem heutigen Bekaa-Tal, liegt 1000 Meter über dem Meeresspiegel das vinologische Zentrum. Schon die ägyptischen Pharaonen ließen sich ihren Lieblingswein aus Kanaan kommen. Heute liegt hier, am Fuße des Libanon-Gebirges, eine Kellerei neben der anderen. Seit den siebziger Jahren kommen aus dem Libanon einige Weine, die sich durchaus mit Bordelaiser Tropfen vergleichen lassen.
Bis zum 8. Jahrhundert n. Chr. blühte die Weinproduktion im Kernraum des antiken Phönizien. Doch danach stand das Land unter moslemischer Herrschaft, der Weingenuss war den Anhängern des Islam streng verboten. Die in antiker Zeit angelegten Weinberge blieben jedoch erhalten, so dass Christen und Juden in späteren Jahrhunderten weiter Wein erzeugen konnten.
Im Mittelalter waren Weine aus Tyros und Sidon die teuersten und gefragtesten der Welt, venezianische Kaufleute trieben mit ihnen regen Handel.
Jesuiten gründeten 1857 in Ksara eine riesige unterirdische Weinkellerei mit kilometerlangen, natürlichen Felsengängen. Anfang des 19. Jahrhunderts war die Region berühmt für trockenen Weißwein, der in Amphoren transportiert wurde – für „Vin d'Or", goldenen Wein.
Der Weinbau im Libanon ist französisch geprägt, viele Kellermeister haben in Bordeaux gelernt, die wichtigsten Rebsorten sind Cinsault, Carignan, Aramon, Alicante, daneben noch etwas Syrah und Cabernet Sauvignon.
Aus Cabernet und Cinsault werden äußerst aromatische und reiche Weine produziert. Sie reifen lange im Holz und sind über Jahrzehnte haltbar. Viele Jahrgänge, bis zurück in die vierziger Jahre, belegen, dass diese Region sehr feine Rotweine hervorbringt.

Weit über die Landesgrenzen hinaus bekannt ist Château Musar im Bekaa-Tal. Gaston Hochar gründete das Weingut in den dreißiger Jahren in Ghazir, 25 Kilometer westlich von Beirut. Seit 1959 ist sein Sohn Serge, in Bordeaux ausgebildeter Kellermeister, verantwortlich für die Weine.
Kalte Nächte und gelegentliche Regenschauer lassen die Trauben meist nicht vor Mitte September reif werden. Der größte Teil der Ernte von 29 000 Hektar Rebfläche findet als Rosinen und Tafeltrauben Verwendung oder geht in die Destillation von Arrak. Nur etwa 3000 Hektar werden für die Weinproduktion kultiviert.

CHÂTEAU KEFRAYA

P.O. Box 165768, Fattal Building, LEB-Beirut Sin el Fil Jisr el Wati,
Tel. 00961-01-49 41 71, Fax 48 54 30
chateau-kefraya@lebanon.com, www.lebanon.com
INHABER: Michel de Bustros - **KELLERMEISTER:** Gabriel Rivero
REBFLÄCHE: 300 Hektar
REBSORTEN: Cabernet Sauvignon, Syrah, Carignan, Mourvèdre, Cinsault, Grenache
BESUCH: Mo-Sa 8-18 Uhr
DINERS EURO VISA

FF

Wo heute aus Frankreich importierte Rebstöcke gedeihen, knatterten vor wenigen Jahren noch Bulldozer. Als Weingutbesitzer Michel de Bustros Château Kefraya bezog, fiel sein Blick nur auf viele Hektar unwirtliches Land. Es gab viel zu tun. De

Libanon: Zedern und Rebstöcke

Bustros packte die Probleme im Stile eines echten Weinbau-Pioniers an und machte das Gut zu einem der größten Weinproduzenten im Libanon.
Der Aufstieg begann mit den französischen Trauben Cinsault, Carignan und Grenache, erst später kamen Cabernet Sauvignon-Reben hinzu, die heute den größten Teil der rund 300 Hektar Anbaufläche einnehmen. Erst nach zwei Jahrzehnten Vorarbeiten konnte de Bustros die erste Ernte einfahren. Der Bau der modernen Anlage wurde 1978 begonnen, als der Krieg im Libanon in vollem Gange war. Ein französisches Unternehmen stand Michel de Bustros während der gesamten Bauzeit mit Rat und Tat zur Seite.
Mittlerweile sieht sich der libanesische Weinbau-Pionier ständig wachsender Konkurrenz im eigenen Land ausgesetzt. Für de Bustros nur noch mehr Anlass, um beständig an der Qualität seiner Erzeugnisse zu feilen.

WEINEMPFEHLUNGEN

1994 Château Kefraya
FARBE: rubinrot bis granatrot
DUFT: kräftige, reife Aromen, leicht animalische Komponente, mit mineralischen Untertönen, dezente Frucht nach Brombeermarmelade
GESCHMACK: am Gaumen sehr intensive Frucht nach Brombeere, sehr gute Länge, feine Würze, hoher Alkoholgehalt, aber gut eingebunden

1997 Vin rouge
1998 La Dame blanche du Château Kefraya

BEZUGSQUELLEN

39, 44, 67, 68, 71, 98, 129, 139, 223, 251, 277, 292, 318, 378, 453, 559

CHÂTEAU MUSAR

LIBANON

Rue Baroudy, LEB-Ghazir, Tel. 00961-01-32 82 11, Fax 20 18 27
chateaumusar@chateaumusar.com.lb

INHABER: Serge Hochar, Ronald Hochar
KELLERMEISTER: Serge Hochar
REBFLÄCHE: 120 Hektar
REBSORTEN: Cabernet Sauvignon, Carignan, Cinsault, Grenache, Mourvèdre, Oibadeh, Merwah
BESUCH: Mo-Fr 7-16.30 Uhr, Sa 7-12.30 Uhr nach Voranmeldung

EURO VISA

FFF

Cabernet Sauvignon wächst inzwischen überall auf der Welt – im Bordelais, in der Toskana, in Kalifornien. Einer der ungewöhnlichstes Cabernet kommt aus dem Libanon – von Château Musar. Er ist mit Cinsault- und Syrah-Trauben verschnitten. Ein einzigartiger Wein: langlebig, dicht wie Sirup, jedoch mit Raffinesse und einem Charme, der selbst Bordeaux-Liebhaber verblüfft. Die Weißweine bestehen aus den einheimischen Rebsorten Oibadeh und Merwah. Sie bekommen bis zu sechs Monaten Reifezeit im Barrique und haben ein Alterungspotenzial von zehn Jahren und mehr. Château Musar, von Gaston Hochar vor 70 Jahren gegründet, liegt in Ghazir, etwa 25 Kilometer nördlich von Beirut. Seit 1959 ist Gastons im Bordelais ausgebildeter Sohn Serge Kellermeister. Serge Hochars Weine – schwer, alkoholreich, großer Tanningehalt in einem voluminösen Körper – erinnern an die besten Burgunder. Er bemüht sich, Jahrgang und Terroir Ausdruck zu verleihen. Daher ändert sich die Zusammensetzung der roten Cuvée mit jedem Jahrgang.

Musar: Cabernet Sauvignon

WEINEMPFEHLUNG

1978 Château Musar
FARBE: Braunrot
DUFT: Herrliche Nase eines alten Bordeaux: Karamell, Vanille, Toast, Muskat
GESCHMACK: Saftig, schöne Kirschfrucht, schöne saftige Fülle, langer Abgang, am Gaumen fast wie Portwein

BEZUGSQUELLEN

14, 38, 39, 44, 55, 61, 67, 68, 70, 71, 106, 127, 129, 139, 154, 182, 199, 206, 223, 251, 252, 262, 271, 277, 279, 283, 287, 318, 328, 388, 417, 430, 438, 450, 453, 464, 481, 506, 531, 556

HIER GIBT ES DIE SPITZENWEINE AUS DER NEUEN WELT

Alle im Buch genannten Weingüter sind mit Bezugsziffern versehen. Diese entsprechen den Nummern der Läden in diesem Infoteil

Aachen

1. Caves d'Aix
Oppenhoffallee 133, PLZ 52066, Tel. 0241-50 70 98, Fax 50 70 33

2. Der Weinkeller
Jakobstr. 107, PLZ 52064, Tel. 0241-245 95, Fax 245 05

3. La Table
Pontstr. 60, PLZ 52062, Tel. 0241-40 49 32, Fax 40 20 66

4. Nagel & Hoffbaur
Theaterstr. 65, PLZ 52062, Tel. 0241-47 01 60, Fax 470 16 40

5. Weinhaus Lesmeister
Pontstr. 60, PLZ 52062, Tel. und Fax 0241-40 49 32

Aalen

6. Der Gallier Winzerweine
Bahnhofstr. 78, PLZ 73430, Tel. und Fax 07361-689 28

Adegem (Belgien)

7. Portovino
Ringbaan 30, PLZ B-9991, Tel. 0032-50-71 87 57, Fax 71 87 37

Ahrensburg

8. Weinhaus G. Piork
Waldemar-Bonsels-Weg 150, PLZ 22926, Tel. 04102-304 01, Fax 308 02

Albstadt

9. Mebold
Kientenstr. 14, PLZ 72458, Tel. 07431-937 30, Fax 93 73 23, mebold@aol.com, www.mebold.de

Amersfoort (Niederlande)

10. Wijnkoperij Henri Bloem
Zuidsingel 62, PLZ NL-3811 HD, Tel. 0031-33-475 06 21, Fax 475 77 80, amersfoot@henribloem.nl

Andernach

11. Hit 47-Shopping Center
Erfurter Str. 4-6, PLZ 56626, Tel. 02632-440 41 43, Fax 49 17 92, info@m-l.de, www.m-l.de

12. Weingalerie Barthelmeh
Hochstr. 61, PLZ 56626, Tel. 02632-434 23, Fax 302 38 (Versand)

Anzing

13. Hieber-Wein
Gutenbergstr. 6, PLZ 85646, Tel. 08121-60 48, Fax 15 43, info@Hieber-Wein.de, www.Hieber-Wein.de

Arnstadt

14. REWE-Getränkemarkt
Ichtershäuser Str. 47, PLZ 99310, Tel. 03628-60 00 62, Fax 60 00 63, rewe-gronau_ohg@t-online.de

Aschau

15. Unger Weine
Narzissenweg 21, PLZ 83229, Tel. 08052-91 97, Fax 55 43, info@ungerweine.de und unger@ro-online.de, www.ungerweine.de (Versand)

Augsburg

16. Hochwertige Weine Domberger
Am Katzenstadel 10, PLZ 86152, Tel. 0821-48 89 19, Fax 48 57 27, domberger@gmx.de

17. Vinopolis
Curt-Frenzel-Str. 10 a, PLZ 86167, Tel. 0821-70 02 90, Fax 700 29 59, info@vinopolis.de, www.vinopolis.de

18. Weinkellerei Bayerl
Milchberg 15, PLZ 86150, Tel. 0821-34 65 50, Fax 346 55 55, Bayerl-Weinkellerei@t-online.de

Bad Bederkesa

19. Waldschlößchen Bösehof
Hauptmann-Böse-Str. 19, PLZ 27624, Tel. 04745-94 80, Fax 94 82 00, boesenhof@t-online.de, www.romantikhotels.com

Bad Bevensen

20. Heinz Eggert HEB
Dahlenburger Str. 21-23, PLZ 29549, Tel. 05821-987 60, Fax 98 76 32, heb-ra@t-online.de, www.heb-ra.de

Bad Herrenalb

21. Vinothek Lamm
Mönchstr. 31, PLZ 76332, Tel. 07083-924 40, Fax 92 44 44

Bad Homburg

22. Divino
Elisabethenstr. 37, PLZ 61348, Tel. und Fax 06172-68 35 44, divino-hg@t-online.de

Bad Lausick

23. Weinhaus Till
Stadthausstr. 18, PLZ 04651, Tel. 034345-240 27

Bad Schwartau

24. Post Käse und Weine
Lübecker Str. 16-18, PLZ 23611, Tel. 0451-28 22 70, Fax 28 48 97, www.bad-schwartau.de

Bad Segeberg

25. Weinimport Zellmann
Ginsterweg 7, PLZ 23795, Tel. 04551-839 07, Fax 839 37, info@weinimport-zellmann.de, www.weinimport-zellmann.de

Bad Tölz

26. Vinothek Culinario
Wachterstr. 19, PLZ 83646, Tel. und Fax 08041-738 06

Bad Waldsee

27. Weinhaus Klingele
Beim Ried 9, PLZ 88339, Tel. 07524-972 80, Fax 20 50, weinhaus.klingele@t-online.de, www.weinhaus.de

Baden-Baden

28. Schenk Weinimport – Die Weinexperten
Ludwig-Wilhelm-Platz 4, PLZ 76530, Tel. 07221-35 40, Fax 381 42

29. Wein & Design
Luisenstr. 32, PLZ 76530, Tel. 07221-39 01 40, Fax 39 01 41, www.wud-bad.de

Baiersdorf

30. Baumi Getränkeland
Am Kreuzbach 3, PLZ 91083, Tel. 09133-44 66, Fax 78 92 19

Bamberg

31. Müllers Weinparadies
Jäckstr. 29, PLZ 96052, Tel. 0951-60 25 00, Fax 60 25 01

Bayreuth

32. Brux & Odenbach
Maximilianstr. 20, PLZ 95444, Tel. 0921-516 04 55, Fax 516 04 56 (Versand)

Beimerstetten

33. Willkomm
Kornackerweg 22, PLZ 89179, Tel. 07348-69 78, Fax 93 63 28, willwein@aol.com

Bensheim

34. Weingalerie Spundloch
Friedhofstr. 35, PLZ 64625, Tel. 06251-657 48, Fax 61 01 29, spundloch@t-online.de, www.gourmetline.com/gourmet-d/weine/spundloch.htm

Bergen

35. Monte Vino - Kaiser & Pomp
Markt 14, PLZ 18528, Tel. und Fax 03838-25 35 04, monte_vino@gmx.de

Bergisch Gladbach

36. Bensberger Weinlädchen
Schloßstr. 31 a, PLZ 51429, Tel. und Fax 02204-564 34

Berlin

37. Autos & Weine
Willmanndamm 18, PLZ 10827, Tel. 030-788 12 00, Fax 782 06 18, weinhandlung@autos-weine.de, www.autos-weine.de

38. Axel von Boehn Weine & Spezialitäten
Hohenzollerndamm 143, PLZ 14199, Tel. 030-824 25 81, Fax 82 30 98 32, AvBoehn@aol.com

39. Cave du Connaisseur
Zabel-Krüger-Damm 61 a, PLZ 13469, Tel. 030-49 89 35 43, Fax 49 89 35 44 (Versand)

40. Gute Weine
Breite Str. 8, PLZ 14199, Tel. 030-824 30 34, Fax 82 30 90 97, GuteWeine1@aol.com, www.genusstempel.de

41. Hardy im Huth
Alte Potsdamer Str. 5, PLZ 10785, Tel. 030-25 29 72 80, Fax 25 29 72 82, feinwein@hardy-weine.de, www.hardy-weine.de

42. Kierzek
Weitlingstr. 17, PLZ 10317, Tel. 030-525 11 08, Fax 525 11 08

43. J. Heinz Fey
Olympische Str. 27, PLZ 14052, Tel. 030-305 49 48, Fax 304 96 37 (nennt Bezugsquellen)

44. Ka De We-Feinschmeckeretage
Tauentzienstr. 21-24, PLZ 10789, Tel. 030-212 10, Fax 218 27 54, info@kadewe.de, www.kadewe.de

45. Luigi-Weinimport
Reinickendorfer Str. 47, PLZ 13347, Tel. 030-465 20 81, Fax 465 23 66

46. Maison des Champagnes
Motzstr. 17, PLZ 10777, Tel. 030-217 27 96, Fax 21 75 21 23, Maison_des_Champagnes@t-online.de

47. Markgräfler Weinhandlung
Kaiser-Friedrich-Str. 6, PLZ 10585, Tel. 030-341 90 79, Fax 341 03 36, info@markgraefler-weinhandlung.de, www.markgraefler-weinhandlung.de

48. Restaurant Enoteca Reale
Gottschedstr. 2, PLZ 13357, Tel. 030-461 74 33, Fax 465 23 66

49. Wegehaupt Wein & Sekt-Import
Charlottenstr. 2, PLZ 10969, Tel. 030-252 11 65, Fax 252 12 64 (Versand)

50. Wein & Glas Compagnie
Prinzregentenstr. 2, PLZ 10717, Tel. 030-235 15 20, Fax 23 51 52 22, weinundglas@snafu.de, www.weinundglas.com

51. Weinhandlung Baumgart & Braun
Wörther Str. 21, PLZ 10405, Tel. 030-441 02 35, Fax 440 62 95

52. Weinhandlung Bruhn
Güntzelstr. 46, PLZ 10717, Tel. 030-873 90 08, Fax 873 90 08

53. Weinhandlung Hardy
Thielallee 29, PLZ 14195, Tel. 030-25 29 72 80, Fax 25 29 72 82, info@hardy-weine.de, www.hardy-weine.de

54. Weinladen am Maybachufer
Maybachufer 10, PLZ 12047, Tel. 030-691 80 87, Fax 693 66 27, WeinlMay10@aol.com

55. Weinladen Neukölln
Sonnenallee 102, PLZ 12045, Tel. 030-686 61 74, Fax 681 90 31

56. Weinladen Schmidt
Katzbachstr. 21, PLZ 10965, Tel. 030-789 07 30, Fax 786 40 26, info@weinladen-schmidt.de, www.weinladen.com

57. Weinladen Westend
Reichstr. 6, PLZ 14052, Tel. 030-30 10 27 40, Fax 30 10 27 50

58. Weinladen Wittenau
Oranienburger Str. 107, PLZ 13437, Tel. und Fax 030-403 33 43

Berlingen

59. Peter Gebler - Weine der Neuen Welt
Berlinger Str. 30, PLZ 54570, Tel. 06591-39 29, Fax 51 93, Peter.Gebler@t-online.de, www.petergebler.de (Versand)

Biberach

60. Weinspezialitäten Sproll
Consulentengasse 4, PLZ 88400, Tel. 07351-70 99, Fax 70 90, info@sproll-shop.de, www.sproll-shop.de

Biel/Bienne (Schweiz)

61. Fischer & Rihs
Rue des Marchandises 17, PLZ CH-2502, Tel. 0041-32-322 47 41, Fax 323 96 37, fischer_rihs@bluewin.ch

Bielefeld

62. Wein Anton
Stapenhorststr. 37, PLZ 33615, Tel. 0521-12 32 63, Fax 88 69 24

Bingen

63. Graeger's Laden
Mainzer Str. 57-59, PLZ 55411, Tel. 06721-91 50 18, Fax 91 50 20

Bochum

64. Bodegas Rioja
Lennershofstr. 156, PLZ 44801, Tel. 0234-978 95 67, Fax 978 95 68

65. Vorberg Wein & Sekt
Semperstr. 20, PLZ 44801, Tel. 0234-70 28 15, Fax 70 68 89

66. Weingut Meyerhof
Westring 33, PLZ 44787, Tel. 0234-96 12 10, Fax 961 21 33

67. Weinhandel Arndt
Luisenstr. 10, PLZ 44787, Tel. und Fax 0234-68 45 36

68. Weinversand Arndt
Am Vahrenholt 63, PLZ 44797, Tel. und Fax 0234-79 94 24 (Versand)

Bönningstedt

69. Rindchen's Weinkontor

Ellerhorst 1, PLZ 25474, Tel. 040-556 20 20, Fax 55 62 02 20, www.rindchen.de

Bonn

70. Ellerkmann & Hach Weinhandel

Thomas-Mann-Str. 19, PLZ 53111, Tel. 0228-69 79 66, Fax 69 79 99, ellerkmannhach@hotmail.de, www.bonner-weinladen.de (Versand)

71. P+M Getränkemarkt

Elsässer Str. 33, PLZ 53175, Tel. 0228-31 34 66, Fax 31 76 78

72. Reifferscheid - Wein und Whisky

Mainzer Str. 186, PLZ 53179, Tel. 0228-953 80 70, Fax 953 80 71

73. Vinothek Bernd Hundhausen

Lessingstr. 63, PLZ 53113, Tel. 0228-22 51 48, Fax 21 02 19, vinothek-bonn@t-online.de

74. Wein Wolf Import

Königswinterer Str. 552, PLZ 53227, Tel. 0228-449 62 30, Fax 449 62 39, info@weinwolf.de, www.weinwolf.de (nennt Bezugsquellen)

Bramsche

75. Justus Lange „Der Weinladen"

Große Str. 18, PLZ 49565, Tel. 05461-20 07, Fax 640 12, info@wein-lange.de, www.wein-lange.de

Brandenburg

76. Weinladen am Steintorturm

Steinstr. 39, PLZ 14776, Tel. und Fax 03381-22 35 37 treffehn@wein stein-brandenburg.de, www.wein-stein-brandenburg.de

Braunschweig

77. Die Karaffe

Prinzenweg 5, PLZ 38100, Tel. 0531-155 88, www.diekaraffe.de

78. Knigge Wein & Spirituosen

Schillstr. 5, PLZ 38102, Tel. 0531-752 43, Fax 79 00 85

79. Magni Vino

Ölschlägern 34, PLZ 38100, Tel. 0531-467 03, Fax 12 51 15, magni-vino@t-online, www.magnivino-weine.de

80. Weinberg

Göttingstr. 16, PLZ 38106, Tel. und Fax 0531-33 55 33

Bremen

81. Eggers & Franke

Töferbohm 8, PLZ 28195, Tel. 0421-305 32 19, Fax 305 31 10, office@egfra.de (nennt Bezugsquellen)

82. Gute Weine

Tiefer 10 82, PLZ 28195, Tel. 0421-70 56 66, Fax 70 56 88, gute-weine@gute-weine.de, www.gute-weine.de

83. Joh. Eggers Sohn

Getreidestr. 16-18, PLZ 28217, Tel. 0421-69 15 30, Fax 691 53 69, eggerssohn@eggerssohn.de (nennt Bezugsquellen)

84. Julius Kalbhenn

Schüsselkorb 12, PLZ 28195, Tel. 0421-32 60 62, Fax 336 50 19

85. Ludwig von Kapff

Auf der Muggenburg 7, PLZ 28217, Tel. 0421-399 43 17, Fax 399 43 01, kapff@lvkweine.de, www.kapff.de (Versand)

86. Reidemeister & Ulrichs

Auf der Muggenburg 7, PLZ 28217, Tel. 0421-399 42 44, Fax 399 41 78, Olbrogge@ruuweine.de, www.reidemeister-ulrichs.de (nennt Bezugsquellen)

87. Topaz Delikatessen

Ostertorsteinweg 70/71, PLZ 28203, Tel. 0421-776 25, Fax 776 15, topaz-deli@t-online.de

88. Weingesellschaft Ruyter & Ast

Hanewinkelsgang 1, PLZ 28195, Tel. 0421-305 32 51, Fax 305 32 59 (Versand)

89. Weinhandelshaus Brinkmann

Lindenstr. 72, PLZ 28755, Tel. 0421-666 69 08, Fax 658 80 48, brinkmann-weinzeit@t-online.de

90. Zapf Wein- und Spirituosenhandlung

An den Häfen 99, PLZ 28203, Tel. 0421-70 70 09

Bremervörde

91. Korken Weinladen

Am Lintel 33, PLZ 27432, Tel. 04761-52 99, Fax 723 93, Korken-kanaan-Weinladen@t-online.de

Broekhuizenvorst (Niederlande)

92. Wijnvansprot BV

Beerendonckerweg 2, PLZ NL-5871, Tel. 0031-7746-321 47, Fax 319 45

Brühl

93. Ambrosia Wein & Delikatessen

Römerstr. 1, PLZ 50321, Tel. 02232-21 06 29, Fax 21 12 39, ambrosiabruehl@gmx.de, www.brueh ler-markt.de

94. Weinhandelshaus Scholzen

Köln-Str. 23, PLZ 50321, Tel. 02232-132 03, Fax 497 26, weinhandel.scholzen@t-online.de

95. Willi's Getränkecenter

Wesselinger Str. 8, PLZ 50321, Tel. 02232-94 13 58, Fax 94 13 59

Brüssel (Belgien)

96. Le vin Autrichien - Ryslavy

Van Hoegaerderplein 22, PLZ B-1081, Tel. 0032-2-411 83 08, Fax 411 83 91

Buchholz

97. Weingalerie Wellner

Kirchenstr. 1 a, PLZ 21244, Tel. 04181-341 56, Fax 303 45

Buchloe

97 a. Alpina

Alpenstr. 35-37, PLZ 86807, Tel. 08241-50 05 46, Fax 500 51 44, wein@alpina.de, www.alpina.de

Bühl
98. Vinarium Zink
Vogesenstr. 2 a, PLZ 77815, Tel. 07223-986 20, Fax 98 62 12, www.vinarium.de

Burghausen
99. Albert Geith
Marktler Str. 9 - 11, PLZ 84489, Tel. 08677-970 10, Fax 97 01 33, albert.geith@masters-burghausen.de, www.geith-weine.de

Butzbach
100. The California Wine Company
Schillerstr. 17, PLZ 35510, Tel. 06033-166 51, Fax 162 29, cwc.liedtke@t-online.de (nennt Bezugsquellen)

Buxtehude
101. Weinhaus Seitz
Breitestr. 11, PLZ 21614, Tel. 04161-39 80, Fax 43 75

Celle
102. Richard Bornhöft
Zöllnerstr. 29, PLZ 29221, Tel. 05141-68 00, Fax 558 90

103. Weinscheune Boye
Im Dorfe 6, PLZ 29223, Tel. 05141-539 00, Fax 539 50, weinscheune-seib@t-online.de, www.weinscheune-boye.de

Chemnitz
104. Schliwas Weinhandlung & Vinothek
Fabrikstr. 6, PLZ 09111, Tel. und Fax 0371-694 96 94, schliwaswein-handlung@t-online.de

104 a. Weinhaus im Steinhaus
Uferstr. 48, PLZ 09126, Tel. 0371-533 28 28, Fax 533 28 27

Coburg
105. Wein-Oertel
Große Johannisgasse 1, PLZ 96450, Tel. 09561-920 92, Fax 949 20

Coesfeld
106. Weinhaus A.G. Dieninghoff
Süringstr. 39-41, PLZ 48653, Tel. 02541-30 68, Fax 40 68, A.G.Dieninghoff@t-online.de

Colditz
107. Weinhaus Till
Lausicker Str. 27, PLZ 04680, Tel. 034381-420 16

Cottbus
108. Weinhandel Vinum
Sandower Str. 42, PLZ 03046, Tel. 0355-226 55, Fax 258 03

109. Weinhaus Bacchus
Ostrower Str. 17, PLZ 03046, Tel. 0355-217 50, www.ad-media.de/bacchus

Darmstadt
110. Bernds Weinquelle
Bleichstr. 10-12, PLZ 64289, Tel. 06151-29 31 02, Fax 29 32 25, Bernds-Weinquelle@gmx.de (Versand)

111. E. Molina
Adelungstr. 3, PLZ 64283, Tel. 06151-29 31 05, Fax 218 72

112. Eisele's Weinschmecker
Schleiermacherstr. 10-12, PLZ 64283, Tel. 06151-604 04 56, Fax 235 92

113. Weinkontor Darmstadt
Liebfrauenstr. 38, PLZ 64289, Tel. und Fax 06151-771 33

114. Weinlager Rolf Müller
Heinrichstr. 117, PLZ 64283, Tel. 06151-458 00, Fax 49 78 18

Dassel
115. Weinhaus Olowson
Weiße Mühle 2, PLZ 37586, Tel. 05562-911 66, Fax 911 68

Datteln
116. Weinmühle Datteln
Castroper Str. 57, PLZ 45711, Tel. 02363-55 93 94, Fax 55 93 95, wein.feinkost@cityweb.de

Deggendorf
117. Karl-Heinz Buxbaum
Hindenburgstr. 19, PLZ 94469, Tel. und Fax 0991-46 18

Dessau
118. Delikatessengeschäft Ulrike Gödecke
Ratsgasse 7, PLZ 06844, Tel. 0340-221 45 40, Fax 221 45 41

Detmold
119. Vinothek
Leopoldstr. 2, PLZ 32756, Tel. 05231-345 13, Fax 345 13, vinothek-detmold@t-online.de, www.vinothek-detmold.de

Diesbar-Seußlitz
120. Reiche's Wein Depot
Goltzscha Dorfstr. 27, PLZ 01612, Tel. 035267-502 60, Fax 500 27

Dillenburg
121. Richard Heuser – das Haus der guten Weine
Schelder Hütte 1, PLZ 35687, Tel. 02771-897 40, Fax 89 74 68, info@weinhaus-heuser.de, www.weinhaus-heuser.de (Versand)

Dissen
122. Weinhandel Baumgarte
Rosinenstr. 2, PLZ 49201, Tel. und Fax 05421-47 50

Döbeln
123. Weinhaus Till
Marktstr. 9, PLZ 04720, Tel. 03431-71 03 22

Dormagen
124. Andrea Dohnalek Weinvertrieb
Wiedstr. 12, PLZ 41540, Tel. 02133-622 54, Fax 605 84

Dortmund
125. Köhler
Hansastr. 59, PLZ 44137, Tel. 0231-14 00 15, Fax 14 27 23, Feinkost-Koehler@t-online.de

126. Mövenpick Weinland
Brennaborstr. 5, PLZ 44149, Tel. 0231-965 15 60, Fax 96 51 56 99

127. Weinhaus H. Hilgering
Westenhellweg 114, PLZ 44137, Tel. 0231-14 90 27, Fax 14 35 49

Dresden

128. Die Weinhandlung Hosterwitz
Dresdner Str. 111, PLZ 01326, Tel. 0351-261 85 84, Fax 261 06 06

129. Die 100 Lieblings-Weine und Zigarren
Alaunstr. 100, PLZ 01099, Tel. und Fax 0351-801 39 57

130. Ellen Bethe
Böhmische Str. 1, PLZ 01099, Tel. und Fax 0351-804 34 18

131. Wein & Co.
Grunaer Str. 14, PLZ 01069, Tel. 0351-491 51 14, Fax 491 51 00, michael.mollau@dorint.com, DRS-HDD@dorint.com

Düsseldorf

132. Bolten & Bolten
Huvestr. 41, PLZ 40589, Tel. 0211-75 42 32, Fax 75 15 69, bolten-weine@t-online.de

133. Der Weinladen
Birkenstr. 127, PLZ 40233, Tel. 0211-66 75 07, Fax 68 29 70, info@weinladen-online.de, www.weinladen-online.de

134. Die Weinquelle
Gerresheimer Landstr. 82, PLZ 40627, Tel. 0211-20 25 04, Fax 20 24 94, weinquelle.pmd@t-online.de

135. Jacques' Wein Depot
Bilker Allee 49, PLZ 40219, Tel. 0211-390 02 56, Fax 390 02 55

136. Lamm's Weinkeller
Bagelstr. 119, PLZ 40479, Tel. 0211-44 61 81, Fax 44 58 96

137. Prehm & Arendt
Düsselthaler Str. 48 a, PLZ 40211, Tel. 0211-48 20 18, Fax 48 20 29, Prehm-Duesseldorf@t-online.de, www.prehmweine.de

138. Rotweiss Erbes & Holloway
Schirmerstr. 54, PLZ 40211, Tel. 0211-238 38 24, Fax 238 38 25, info@rotweiss.de, www.rotweiss.de

138 a. Sucos do Brasil
Wiesdorferstr. 3, PLZ 40591, Tel. 0211-975 25 20, Fax 975 25 27, sucos@t-online.de, www.sucos.com

139. Thomas Nies Wein & Mehr
Quirinstr. 10, PLZ 40545, Tel. 0211-55 28 51, Fax 55 27 39

140. Wein Galerie Arndt
Dorotheenstr. 20, PLZ 40235, Tel. 0211-691 17 66, Fax 16 18 24, uwe.arndt@weintraube.de, www.weintraube.de

141. Wein Weuste
Cheruskerstr. 13, PLZ 40545, Tel. 0211-57 02 70, Fax 57 07 24, wein.weuste@t-online.de

142. Wine Island
Fichtenstr. 75, PLZ 40233, Tel. 0211-730 84 42, Fax 730 84 43, wine.island@otelo-online.de

Duisburg

143. Bührmann Weine
Friedrich-Ebert-Str. 207, PLZ 47139, Tel. 0203-991 09 29, Fax 991 09 70, info@bührmann.de, www.buehrmann.de

144. Vinea Weinhandel
Moerser Str. 304, PLZ 47228, Tel. 02065-811 03, Fax 804 65, info@vinea.de, www.vinea.de (Versand)

145. Weinhandel Hauschild
Moltkestr. 36, PLZ 47058, Tel. 0203-34 23 28, Fax 34 32 01

Ebnisee

146. Schassbergers Vinothek
Winnender Str. 10, PLZ 73667, Tel. 07184-29 20, Fax 29 22 04, schassbergers-ebnisee@t-online.de, www.schassbergers.de

Egelsbach

147. Weinimport Edeltraud Cresceri
In den Obergärten 5, PLZ 63329, Tel. 06103-427 45, Fax 424 30

Eggenstein-Leopoldshafen

148. Vinothek Melter
Siemensstr. 4, PLZ 76344, Tel. 0721-78 78 80, Fax 70 42 97, info@vinothek-melter.com, www.vinothek-melter.com

Egweil

149. Koch Weinhandel
Eichstätter Str. 6a, PLZ 85116, Tel. und Fax 08424-438

Elchingen

150. Elchinger Weinkeller
Obstgartenstr. 18, PLZ 89275, Tel. 07308-425 13, Fax 423 98, wein-genuss@genuss.de, www.wein-genuss.de

Engelsdorf

151. Wein & Spirituosen Kontor
Werkstättenstr. 31, PLZ 04439, Tel. 0341-651 74 46, Fax 651 74 49

Erbach

152. Der Weinladen
Friedrich-Ebert-Str. 3, PLZ 64711, Tel. 06062-91 24 91, Fax 91 24 93

Erfurt

153. Weinstein
Krämerbrücke 32, PLZ 99084, Tel. 0361-643 07 72, Fax 562 33 64, weinstein-erfurt@gmx.de, www.weinstein-erfurt.de

Essen

154. Actiengesellschaft Bürgerheim
Hohenzollernstr. 40, PLZ 45128, Tel. 0201-77 50 18, Fax 79 14 64, www.agbwein.de

155. Kettwiger Weinkeller
Hauptstr. 101, PLZ 45219, Tel. 02054-856 42, Fax 92 02 74

156. Rolf Kaspar
Ruhrallee 59, PLZ 45138, Tel. 0201-27 34 18, Fax 28 52 75

157. Someeno Weinkontor Seibt & Weber
Hunsrücker Str. 3 b, PLZ 45133, Tel. 0201-42 47 41, Fax 41 27 10, someeno@t-online.de (Versand)

158. Wein Galerie am Schloß
Renteilichtung 2, PLZ 45134, Tel. 0201-430 88 20, Fax 430 88 21, wein.feinkost@cityweb.de

159. Weinzeche
Rotthauser Str. 44, PLZ 45309, Tel. 0201-55 00 24, Fax 55 00 25, www.weinzeche.de

Ettlingen

160. Der Gallier
Goethestr. 17, PLZ 76275, Tel. und Fax 07243-45 85

AROMEN ALLER LÄNDER, VEREINIGT EUCH!
HEUER & SACHSE
ISBN 3-7742-2055-7 69,90 DM / 510,00 ÖS / 63,50 SFR
Eckart
Witzigmann
WITZIGMANN CROSSOVER KÜCHE
Crossover
Küche
DER FEINSCHMECKER

Farchant

161. Weinzentrum
Partenkirchner Str. 52, PLZ 82490, Tel. 08821-51292, Fax 2766, weinhaus-kraus@t-online.de, www.wein-spektrum.de/laender/

Flein

162. Weinhaus Armbruster
Horkheimer Str. 1-3, PLZ 74223, Tel. 07131-252809, Fax 573685

Frankenthal

163. Weinlaube
Schmiedgasse 28, PLZ 67227, Tel. 06233-27200, Fax 20064, weinlaube@nikocity.de

Frankfurt

164. Aktuelle Weine
Bockenheimer Landstr. 39, PLZ 60325, Tel. 069-71707601, Fax 71707602

165. Alte Schmiede Weinhandlung
Dresdener Str. 29, PLZ 15232, Tel. und Fax 0335-535486

166. Belthle
Grüneburgweg 3, PLZ 60322, Tel. 069-513151, Fax 5975997, Belthle@t-online.de (Versand)

166 a. Perkal & Partner „Im Fürstenhof"
Kaiserstr. 31-33, PLZ 60329, Tel. 069-234413, Fax 234070, imfuerstenhof@t-online.de,www.imfuerstenhof.de

167. Plöger Delikatessen
Große Bockenheimer Str. 30, PLZ 60313, Tel. 069-1387110, Fax 13871125

168. Robert Mondavi
Wilhelm-Leuschner-Str. 9-11, PLZ 60329, Tel. 069-264840, Fax 26484123, Thomas.Rodemeyer@robertmondavi.com www.robertmondavi.com

169. Vineyard Frankfurt – Christian Anger
Vogelsbergstr. 37, PLZ 60316, Tel. 069-9441 0640, Fax 9441 0642, vineyard.frankfurt@snafu.de, www.vineyard.de

170. Weinhaus Burkard
Eschersheimer Landstr. 75, PLZ 60322, Tel. 069-556773, Fax 558642

171. Weinhaus Grüneburgweg
Grüneburgweg 49, PLZ 60323, Tel. 069-722780, Fax 7103711

172. Wein-Yard
Gartenstr. 17, PLZ 60594, Tel. 069-618061, Fax 613236, Wein-Yard@t-online.de

Frauenwald

173. Wein-direct
Nordstr. 32, PLZ 98711, Tel. 036782-640706, Fax 61293, wein-direct@t-online.de (Versand)

Freiburg

174. Die Weintruhe
Insel 2, PLZ 79098, Tel. 0761-382866, Fax 31247 (Versand)

175. Weinfachgeschäft Thomas Daiber
Schusterstr. 37, PLZ 79098, Tel. und Fax 0761-34341

176. Weinhandlung Drexler
Merianstr. 4, PLZ 79104, Tel. 0761-33923, Fax 24636

Freising

177. Peter Hofmair
Untere Hauptstr. 7, PLZ 85354, Tel. 08161-42742, Fax 42757, www.feinkost-hofmair.de (Versand)

Freudenberg

178. Wein Keller
Triftstr. 30, PLZ 57258, Tel. 02734-8981, Fax 271308

Fürth

179. Wein-Kontor Schägger
Alexanderstr. 32, PLZ 90762, Tel. und Fax 0911-745895

Fulda

180. Breuer's Weinhandel
Pfandhausstr. 5, PLZ 36037, Tel. 0661-22901, Fax 22900

181. Weindepot Vinum
Königstr. 3, PLZ 36037, Tel. 0661-9014518, Fax 9014517

Gauting

182. Enno Folkerts Weinagentur
Reismühlerweg 4, PLZ 82131, Tel. 089-8506151, Fax 8508031 (Versand)

Geisenheim

183. Weinart
Winkeler Str. 93, PLZ 65366, Tel. 06722-71080, Fax 710820, weinart@t-online.de, www.weinart.de (Versand)

Gera

184. Tête-à-tête
Kleine Kirchstr. 4, PLZ 07545, Tel. 0365-8009713, Fax 8009714, angermann@teteatete-shop.de, www.teteatete-shop.de

Gevelsberg

185. Weinzirkel-Vinothek Löbbe
Mühlenstr. 45a, PLZ 58285, Tel. 02332-13592, Fax 14816, wein.loebbe@avunet.de, www.wein-loebbe.de

Gilching

186. Der Weinladen
Carl-Benz-Str. 14, PLZ 82205, Tel. 08105-5102, Fax 5047, info@wolfertstetter.de, www.derweinladen.de

Ginsheim-Gustavsburg

187. Müller – Maruhn
Lessingstr. 24, PLZ 65462, Tel. 06144-32046, Fax 31996 (Versand)

Gmunden (Österreich)

188. Vinothek Wagner
Scharnsteiner Str. 1, PLZ A-4810, Tel. 0043-7612-78415, Fax 78411, wagner@rw-getraenke.co.at

Göppingen

189. J. Gaiser – Feinkost
Hauptstr. 30, PLZ 73033, Tel. 07161-97640, Fax 976444

190. Richard Knauss Weinfachgeschäft
Bärenstr. 19, PLZ 73035, Tel. 07161-25719, Fax 13057

Göttingen

191. Boddel-Shop
Kurze Geismarstr. 20, PLZ 37073, Tel. 0551-431 26, Fax 427 86, www.genusstempel.de

192. Fr. Bremer Weinhandlung
Barfüßerstr. 10, PLZ 37073, Tel. 0551-540 17, Fax 48 59 04, email@weinhandlung-bremer.de, www.weinhandlung-bremer.de

Gotha

193. Tête-à-tête
Hauptmarkt 6-7, PLZ 99867, Tel. und Fax 03621-40 01 00

Greven

194. Wijnhus der Hanse
Martinistr. 61, PLZ 48268, Tel. 02571-62 81, Fax 80 06 08, weinhaus-fallnit-greven@t-online.de

Gröbenzell

195. Le Gourmet
Eschenrieder Str. 47, PLZ 82194, Tel. 08142-517 76, Fax 548 67, LGWeine@t-online.de, www.legour metweine.de (Versand)

Groß-Rohrheim

196. Weinimport Dr. Seib - Champagne Drappier
Wilhelmstr. 17, PLZ 68649, Tel. 06245-90 51 33, Fax 90 51 34, Dr.Seib@t-online.de

Güterfelde

197. Wein Compagny
Priesterweg 1, PLZ 14532, Tel. 03329-603 60, Fax 60 36 30, www.wein-compagny.de

Gütersloh

197 a. Das Weinhaus
Daltropstr. 2, PLZ 33330, Tel. 05241-249 43, Fax 124 48

198. Schenke-Delikatessen
Rhedaer Str. 43, PLZ 33330, Tel. 05241-951 30, Fax 95 13 30, info@schenke.de, www.schenke.de

Halle

199. Wein, Tee und Delikatessen
Kleine Märkenstraße 11, PLZ 06108, Tel. 0345-202 47 97, Fax 551 12 18

Hallstadt

200. La Barrique
Zehnstr. 20, PLZ 96103, Tel. 0951-710 86, Fax 700 16 43

Hamburg

201. Andino
Lokstedter Steindamm 33 a, PLZ 22529, Tel. 040-46 07 11 07, Fax 46 07 11 09, andinohh@aol.com

202. Bley & Bley
Eimsbüttler Str. 36, PLZ 22769, Tel. 040-439 70 15, Fax 430 26 72, bleybleygmbh@t-online.de, www.bleybley.de

203. Davini
Tibarg 39d, PLZ 22459, Tel. 040-589 25 30, Fax 589 25 14, Davini@t-online.de

204. El Cava
Deelböge 5-7, PLZ 22297, Tel. 040-511 54 76, Fax 511 83 14

205. Enoteca im Hanse-viertel
Große Bleichen 36, PLZ 20354, Tel. 040-35 71 43 93, Fax 35 71 43 95

206. Gastronomie Pütter
Harvestehuder Weg 44, PLZ 20149, Tel. 040-450 15 50, Fax 44 70 20 (Versand)

207. G.H. Wehber & Co.
Billstr. 87, PLZ 20539, Tel. 040-78 27 12, Fax 789 34 01

208. Guter Wein
Lehmweg 26, PLZ 20251, Tel. 040-42 91 38 55, Fax 42 91 83 31

209. Hamburger Weinhandelshaus
Faberstr. 21, PLZ 20257, Tel. 040-850 26 68, Fax 850 43 06

210. Hanseaten Select - Helmut Brede
Schopenstehl 20, PLZ 20095, Tel. 040-32 67 54, Fax 32 36 62, info@hanseten-select.de, www.hansea ten-select.de

211. Heinrich Loeser
Ausschläger Weg 73, PLZ 20537, Tel. 040-25 80 72, Fax 250 29 13, loesie@aol.com

212. Inter-Wein.de
Bernadottestr. 28, PLZ 22706, Tel. 040-39 90 67 53, Fax 39 90 67 54, www.inter-wein.de

213. Jacques' Wein-Depot
Osdorfer Landstr. 239, PLZ 22549, Tel. 040-800 22 16, Fax 800 53 12, team.lambert@t-online.de

214. Johannes Kemnitz Weinimport
Holstenkamp 42, PLZ 22525, Tel. 040-850 81 51, Fax 850 08 73, johannes.Kemnitz@t-online.de

215. La Cantinetta
Lagerstr. 19, PLZ 20357, Tel. 040-43 19 02 76, Fax 43 19 02 77 LaCantinetta@t-online.de

216. La Vigna Weine
Beim Schlump 10-12, PLZ 20144, Tel. 040-45 20 91, Fax 450 40 32

217. Le Bouchon
Cuxhavenerstr. 128 b, PLZ 21149, Tel. 040-82 31 04 26, Fax 82 31 04 28, info@tafelberg.de, www.tafelberg.de

218. Max Piehl
Hardenstr. 51, PLZ 20539, Tel. 040-780 48 20, Fax 78 21 49, verkauf@maxpiehl.de und info@max-piehl.de, www.maxpiehl.de (nennt Bezugsquellen)

219. Mövenpick Weinland
Bornkampsweg 2, PLZ 22761, Tel. 040-89 12 04, Fax 899 15 56

220. Pinot Gris Weinhandel
Altonaer Str. 70, PLZ 20357, Tel. 040-430 37 58, Fax 430 40 48, pinot-gris@t-online.de

221. Reimers Weinhandel
Clemens-Schultz-Str. 86-87, PLZ 20359, Tel. 040-31 12 66, Fax 319 27 09

222. RS Weinhandel
Kellinghusenstr. 12, PLZ 20249, Tel. 040-460 27 94, Fax 460 58 87, Ruischu@aol.com

223. Saliba
Leverkusenstr. 54, PLZ 22761, Tel. 040-85 80 71, Fax 85 80 82, info@saliba.de

224. Sebastian Greve
Paalende 15, PLZ 22149, Tel. 040-675 66 86, Fax 67 56 68 80, info@sebastiangreve.de, www.sebastian-greve.de

225. The Winery Wine & Champagne
Rothenbaumchaussee 139, PLZ 20149, Tel. 040-45 03 50 00, Fax 45 03 50 02, REIMERS_F@t-online.de, www.winery.de

226. Tophi Handelshaus
Waidmannstr. 35, PLZ 22769, Tel. 040-853 11 50, Fax 851 21 84

227. Uhlenhorster Weinhandlung
Papenhuderstr. 23, PLZ 22087, Tel. 040-22 10 06, Fax 68 45 08

228. Viehhauser Weinhandel
Pinnasberg 29, PLZ 20359, Tel. 040-31 77 74 10, Fax 31 77 74 30

229. Vineyard
Dietmar-Koel-Str. 23, PLZ 20459, Tel. 040-31 77 27 77, Fax 31 77 27 88, vineyard@snafu.de, www.vineyard.de

230. Wein-Fuchs
Postfach 20 1731 PLZ 20207, Tel. 0800-883 22 55, Fax 883 59 83

231. Weinhaus Cord Stehr
Blankeneser Bahnhofplatz 3, PLZ 22587, Tel. 040-86 24 66, Fax 86 66 20 26

232. Weinhaus Gröhl
Eppendorfer Baum 7, PLZ 20249, Tel. 040-47 47 17, Fax 46 24 71

233. Weinhaus Othmarschen
Waitzstr. 17, PLZ 22607, Tel. 040-89 33 14, Fax 89 07 01 36

234. Weinhaus Röhr
Blankeneser Landstr. 29, PLZ 22587, Tel. 040-86 33 41, Fax 866 40 03

235. Weinland
Saarlandstr. 23, PLZ 22303, Tel. 040-279 40 79, Fax 279 77 87, weinland-hamburg@t-online.de

236. Weinlust Weinhandel
Cuxhavener Str. 414, PLZ 21149, Tel. 040-70 38 19 17, Fax 70 38 19 18, info@weinlust.de, www.weinlust.de

237. Weinquelle Lühmann
Lübecker Str. 145, PLZ 22087, Tel. 040-25 63 91, Fax 251 25 76, weinquelle.com, weinquelle.com

238. Weinrot
Eppendorfer Weg 86, PLZ 20259, Tel. 040-40 59 83, Fax 49 78 34

239. Weinselection
Lemsahler Landstr. 195, PLZ 22397, Tel. 040-60 76 11 58, Fax 60 76 11 59, info@weinselection.de, www.weinselection.de

Hamm

240. Mersch & Röper
Nassauer Str. 28-32, PLZ 59065, Tel. 02381-249 89, Fax 122 81

Hannover

241. J.G. Hildebrandt
Schlägerstr. 17, PLZ 30171, Tel. 0511-88 88 88, Fax 88 84 97, hildebrandtwein@t-online.de

242. Mike's Place
Karmarschstr. 46, PLZ 30159, Tel. 0511-32 99 99, Fax 41 41 98, mikepla@ibm.net

243. Mövenpick Weinland
Podbielskistr. 168, PLZ 30177, Tel. 0511-397 13 40, Fax 397 13 41

244. Weingalerie
Sutelstr. 4, PLZ 30659, Tel. 0511-904 04 70, Fax 647 92 42

245. Weinhandelshaus Hasselbring
Laportestr. 20, PLZ 30449, Tel. 0511-126 08 40, Fax 12 60 84 22

246. Wingert Weinhandel
Jakobistr. 31, PLZ 30163, Tel. und Fax 0511-62 03 88

Heidelberg

247. Macha Weine & Feines
Rahmengasse 12, PLZ 69120, Tel. 06221-41 28 83, Fax 40 25 26, MachaSteph@aol.com, members.aol.com/machasteph

248. Weinhaus Fehser
Friedrich-Ebert-Anlage 26, PLZ 69117, Tel. 06221-229 11, Fax 16 46 67

Heidenheim

249. Bühr Weine
Schloßstr. 33, PLZ 89518, Tel. 07321-436 91, Fax 461 50, Buehr-weine@Vinothek.de, www.vinothek.de

Heilbronn

250. Brigitte Wörsching – Canada-Import
Schloßstr. 116, PLZ 74078, Tel. 07066-90 29 50, Fax 90 29 49, woersching@bluewin.de

251. Vinothek Heinrich & Konrad
Fleiner Str. 15, PLZ 74072, Tel. 07131-98 22 40, Fax 98 22 49, info@heinrich-wein.de, www.heinrich-wein.de

Hennef

252. Chez Danielle
Beethovenstr. 6, PLZ 53773, Tel. 02242-27 09, Fax 835 86 (Versand)

Herborn

253. Der Korkenzieher
Hauptstr. 20, PLZ 35745, Tel. 02772-422 36, Fax 02773-91 26 17, korkenzieher@t-online.de, www.dill.de/korkenzieher

Herne

254. Weinhandel Julius Meimberg
Bahnhofstr. 62, PLZ 44623, Tel. 02323-509 00, Fax 535 00

Herrenberg

255. Weinkontor Schmucker
Schießtäle 14, PLZ 71083, Tel. 07032-234 34, Fax 28 83 28

Herten

256. Invito Weinhandlung
Paschenbergstr. 2, PLZ 45699, Tel. 02366-310 71, Fax 880 65

257. Weinkontor Herten
Hochstr. 9, PLZ 45699, Tel. 02366-370 20, Fax 874 40, Weinkontor-Herten@t-online.de, www.wein-spektrum.de

Herzogenbuchsee (Schweiz)

258. Hammel
Lagerstr. 25, PLZ CH-3360, Tel. 0041-62-961 28 88, Fax 961 60 30, hammeldeot@span.ch

Hilgertshausen-Tandern
259. vino buono
Sommerstr. 11, PLZ 86567, Tel. 08250-91 23, Fax 75 64, 082507564@t-online.de

Hinwil (Schweiz)
259 a. Baumgartners Vinothek
In der Mühle 3, PLZ CH-8340, Tel. und Fax 0041-1-938 03 01

Hochheim
260. Frankhof-Kellerei
Burgeffstr. 19, PLZ 65239, Tel. 06146-90 30, Fax 903 17

261. Geck's Laden
Mainzer Str. 23, PLZ 65239, Tel. 06146-83 50 60, Fax 83 50 62, info@gecks.de, www.gecks.de

262. Graeger's Laden
Burgeffstr. 19, PLZ 65239, Tel. 06146-83 50 85, Fax 83 50 86

Hof
263. Weinhandlung Kretschmann
Bayreuther Str. 2, PLZ 95028, Tel. 09281-168 88, Fax 158 35, weinhandlung.kretschmann@lacom.de, www.lacom.de/kretschmann

Hofheim
264. DC Gesellschaft für Weinimport
Niederhofheimer Str. 61, PLZ 65719, Tel. 06192-209 70, Fax 20 97 30, mail@dcwein.de (nennt Bezugsquellen)

Hoofddorp (Niederlande)
265. Gall & Gall
Posbus 581 PLZ NL-2130 AN, Tel. 0031-23-566 05 00, Fax 564 27 98

Hünstetten
266. Weinhaus Zahn
Grossebachstr. 3 A, PLZ 65510, Tel. 06126-929 00, Fax 929 02, zahn@huenstetten.de, www.huenstetten.de

Ibbenbüren
267. Meriankellerei
Alstedder Grenze 4, PLZ 49477, Tel. 05451-30 47, Fax 71 09, info@meriankellerei.de, www.meriankellerei.de

268. Weinkontor Henrichfreise
Röntgenstr. 3, PLZ 49477, Tel. 05451-21 09, Fax 50 49 94, weinkontorhenrichfreise@t-online.de

Idstein
269. Der Weinladen Fey & Grüninger
Rodergasse 6, PLZ 65510, Tel. 06126-574 53, Fax 88 57, DerWeinladen@t-online.de, www.idstein-aktiv.de

Immenstadt
270. Flaschengeist
Bahnhofstr. 25, PLZ 87509, Tel. 08323-98 71 97, Fax 98 71 98

Innsbruck (Österreich)
271. Gottardi
Heiliggeiststr. 10, PLZ A-6020, Tel. 0043-512-587 13 20, Fax 587 13 29, info@gottardi.at (nennt Bezugsquellen)

272. Vinothek / Alimentari Edenhauser
Museumstr. 38, PLZ A-6020, Tel. und Fax 0043-512-58 94 83

Itzehoe
273. Weinco
Feldschmiede 80, PLZ 25524, Tel. 04821-32 23, Fax 32 77, kuhn-itzehoe@t-online.de, www.weinco-kuhn.de

Jork
274. WeKo Wein & Spezialitäten
Gartenstr. 2, PLZ 21635, Tel. 04162-70 79, Fax 86 75, weko-wein.@t-online.de, www.weko.city-map.de (Versand)

Kaarst
275. Kaarster Weinladen
Bismarckstr. 30, PLZ 41546, Tel. 02131-624 67, Fax 66 75 40, mon.de/das/hummelt

Kaisersesch
276. Vinothek Nick
Poststr. 4, PLZ 56759, Tel. 02653-91 04 13, Fax 91 04 14, BNick@Vinothek-Nick.de, www.vinothek-nick.de

Kamp-Lintfort
277. Ars Gustandi
Hornenheidchenstr. 23, PLZ 47475, Tel. 02842-428 77, Fax 428 76

Karlsruhe
278. Weber & Weber
Rheinhafenstr. 79, PLZ 76185, Tel. 0721-50 22 16, Fax 50 25 03

279. Weinhandlung Jolly
Pfinzstr. 64, PLZ 76227, Tel. 0721-943 86 14, Fax 943 86 43, Vinothek@Ochsen-Durlach.de, www.ochsen-durlach.de

Kassel
280. Osteria
Königstor 34, PLZ 34117, Tel. und Fax 0561-77 37 05 (Versand)

281. Weinhandlung Apell
Eugen-Richter-Str. 109, PLZ 34134, Tel. 0561-316 07 17, Fax 316 07 18, mail@apell.de, www.apell.de (Versand)

Kaufungen
282. Naturian Öko-Weine
Mittelstr. 17, PLZ 34260, Tel. 05605-92 51 40, Fax 92 51 42, naturian@online.de, www.naturian.de

Kempen
283. in Vino Die Weingalerie
Kuhstr. 28, PLZ 47906, Tel. 02152-91 19 50, Fax 518 86 3/55 90 13

284. Weinhaus Straeten
Studentenacker 17, PLZ 47906, Tel. 02152-537 33, Fax 47 04

Kenzingen
285. „s'Küfer-Hus"
Hauptstr. 21, PLZ 79341, Tel. 07644-387, Fax 40 87, stuedle@gmx.de

Kiel
286. Delikatessenhaus Nicolai Hohwü
Holstenstr. 80, PLZ 24103, Tel. 0431-910 38, Fax 97 88 80

287. Martins Weindepot
Holtenauer Str. 126, PLZ 24105, Tel. 0431-857 76, Fax 857 60

288. Schneekloth
Alte Weide 7-13, PLZ 24116, Tel. 0431-169 60, Fax 169 61 20 (nennt Bezugsquellen)

289. Weinhaus Tiemann Weinimport
Feldstr. 114, PLZ 24105, Tel. 0431-826 35, Fax 80 51 53

Köln

290. Dellbrücker Weinhaus
Dellbrücker Hauptstr. 143, PLZ 51069, Tel. und Fax 0221-68 44 66

291. FUB - Fegers & Unterberg & Berts
Heumarkt 55-57, PLZ 50667, Tel. 0221-925 93 00, Fax 258 24 18, info@fub-weine.de, www.fub-weine.de

292. Kölner Weinkeller
Stolberger Str. 92, PLZ 50933, Tel. 0221-149 87 20, Fax 149 98 72, info@koelnerweinkeller.de, www.koelnerweinkeller.de

293. Kölner-Wein-Depot
Riehler Str. 10, PLZ 50668, Tel. 0221-72 75 70, Fax 739 21 11

294. La Française d'Exportation
Matthias-Brüggen-Str. 136, PLZ 50829, Tel. 0221-956 47 40, Fax 59 47 94, LFECologne@t-online.de

295. Les Amis Du Vin
Ettore-Bugatti-Str. 41, PLZ 51149, Tel. 02203-935 04 10, Fax 935 04 31, LES-AMIS-DU-VIN@gmx.de, www.lesamisduvin.de (Versand)

296. Marks & Spencer
Schildergasse 31, PLZ 50667, Tel. 0221-92 06 60, Fax 920 66 20 00, Koeln.Commercial.Management@marks-and-spencer.com, www.marks-and-spencer.com

296 a. Schelte Weinimport
Marktstr. 10, PLZ 50968, Tel. 0221-934 68 70, Fax 93 46 87 40

297. Vintage Vignola
Pfeilstr. 31-35, PLZ 50672, Tel. 0221-92 07 10, Fax 920 71 19, info@vintage.de, www.vintage-wine.de

298. W. Ortsiefer
Derfflingerstr. 2, PLZ 50737, Tel. 0221-74 15 92, Fax 74 72 15, dieory@mail.k.magievillage.de

299. Weinhaus Inden
Breite Str. 6-26, PLZ 50667, Tel. und Fax 0221-258 01 78

Königstein

300. Joachim Hewel Wein & Delikatessen
Limburger Str. 22, PLZ 61462, Tel. und Fax 06174-77 64

Kokkedal (Dänemark)

301. Bergman Vinimport
Auderodvej 4, PLZ DK-2980, Tel. und Fax 0045-48-28 00 35

Kolbermoor

302. Franz Stettner & Sohn
Stettnerstr. 9-13, PLZ 83059, Tel. 08031-292 50, Fax 973 37

Krefeld

303. Kersting's Weine
Hüttenallee 237, PLZ 47800, Tel. 02151-53 86 02, Fax 53 86 03, KerstingsWeine@t-online.de

304. Vom Ende & Pohl Ausgesuchte Weine
Am Hohen Haus 2, PLZ 47799, Tel. 02151-256 56, Fax 288 84

305. Weinhandel La Vinothek
Wilhelm-Stefen-Str. 11, PLZ 47807, Tel. 02151-30 79 40, Fax 30 76 50, Mie17@t-online.de

Krems (Österreich)

306. Vintage
Dr. Josef Mellergasse 2, PLZ A-3500, Tel. 0043-2732-77 24 20, Fax 77 24 24, www.vin.at, www.weinauktion.at , vin@n.austria.com

Kressbronn

307. Weinkellerei M. Steinhauser
Raiffeisenstr. 23, PLZ 88079, Tel. 07543-80 61, Fax 57 12

Kulmbach

308. Marco Getränke
Lichtenfelser Str. 48, PLZ 95326, Tel. 09221-903 10, Fax 90 31 51, Getraenke.MARCO@t-online.de, www.Getraenke-MARCO.de

Landau

309. Wein & Service
Arzheimer-Tor-Str. 12, PLZ 76829, Tel. 063 41-300 74, Fax 300 76

Landshut

310. Weinhaus Deutter
Litschengasse 711, PLZ 84028, Tel. 0871-220 69, Fax 27 44 57, f.schneider@bnla.net

Laupheim

311. Weinzentrale Eberle & Dieth
Berblinger Str. 20, PLZ 88471, Tel. 07392-20 55, Fax 66 64, weinzentrale@t-online.de,www.weinzentrale.de

Leer

312. Wein Wolff
Rathausstr. 16-18, PLZ 26789, Tel. 0491-92 52 30, Fax 662 32

Leinfelden-Echterdingen

313. Charles' Vinothek
Gartenstr. 14/1, PLZ 70771, Tel. 0711-79 26 71, Fax 79 29 78

Leipzig

314. Bräuer Müller Weine
Dieskaustr. 222, PLZ 04249, Tel. 0341-415 05 66, Fax 415 05 99, bbraeuer@t-online.de

315. Calyx Weinhandlung
Katharinenstr. 23, PLZ 04109, Tel. 0341-961 57 73, Fax 034243-222 67, www.calyx-wein.com

316. Laube
Kirchplatz 7, PLZ 04155, Tel. und Fax 0341-564 79 91

317. Wein & Spirituosen Kontor
Reichsstr. 2-4, PLZ 04109, Tel. und Fax 0341-211 74 21

318. Weinbestellung.de
Brandenburger Str. 14, PLZ 04103, Tel. 0341-261 86 58, Fax 261 86 61, vertrieb@weinbestellung.de, www.weinbestellung.de

319. Weinhandlung Kork
Wilhelm-Leuschner-Platz 9, PLZ 04107, Tel. 0341-960 79 04, Fax 960 79 63

Lembruch

320. Getränke Meyer
Im Gewerbegebiet 30, PLZ 49459, Tel. 05447-99 55 17, Fax 99 55 44, www.getraenkehaus.de

Leverkusen

321. Bayer Weinkeller
Kaiser-Wilhelm-Allee 3, PLZ 51373, Tel. 0241-831 13 06, Fax 831 12 70

322. Weinhandel & Versand Cals y Abshof
Münzstr. 5/Ecke Altstadtstr. PLZ 51379, Tel. 02171-40 42 48, Fax 40 42 49, calsyabshof@t-online.de, www.calsyabshof.de

Lienz (Österreich)
323. Andrä Vergeiner
Am Markt 1, PLZ A-9900, Tel. 0043-4852-66 80, Fax 66 80 85, vergeiner@tirol.com

Lindau
324. Lammers & Lammers
Maximilianstr. 15, PLZ 88131, Tel. 08382-933 70, Fax 933 74, Lammers-Wein-Lindau@t-online.de

Lingen
325. Willenbrock
Espenweg 1, PLZ 49808, Tel. 0591-96 33 60, Fax 963 36 36, service@willenbrock.com, www.Willen brock.de

Lippstadt
326. Buschkühle aktiv markt – Der Weinfreund
Quellenstr. 17, PLZ 59556, Tel. 02941-94 40 22, Fax 94 40 11, Buschkuehle@t-Online.de

London (Großbritannien)
327. Domaine Direkt
Hardwick Street 10, PLZ GB-EC1R4RB, Tel. 0044-171-837 11 42, Fax 837 86 05, anything@domainedirekt.co.uk, www.domainedirekt.co.uk

Ludwigsburg
328. Hardy's Feine Weine
Eberhardstr. 27, PLZ 71634, Tel. 07141-92 11 66, Fax 92 11 81

329. Weinhandlung Bronner
Osterholzallee 7, PLZ 71636, Tel. 07141-92 75 91, Fax 90 29 88

Ludwigshafen
330. Handelsagentur J. Göngrich
Wittelbachstr. 13, PLZ 67061, Tel. 0621-58 10 91, Fax 56 59 49 (nennt Bezugsquellen)

331. Horst Bruch & Söhne
Mannheimer Str. 69, PLZ 67071, Tel. 0621-68 07 77, Fax 68 92 34, Helle888@AOL.de

332. Kellerei der BASF
Anilinstr. 12, PLZ 67063, Tel. 0621-602 29 55, Fax 605 26 21, joachim.spies@basf-ag.de, www.basf.de/kellerei

Lübeck

333. Carl Tesdorpf
Mengstr. 64, PLZ 23552, Tel. 0451-799 27 32, Fax 799 27 33, bestellung@tesdorpf.de

334. H.F. von Melle
Beckergrube 86, PLZ 23552, Tel. 0451-710 59, Fax 774 62, melle@t-online.de, www.von-melle.de

335. Miera Feinkost
Hüxstr. 57, PLZ 23552, Tel. 0451-721 62, Fax 706 38 83

336. Weinforum Lübeck
Osterweide 16, PLZ 23562, Tel. 0451-50 11 00, Fax 50 11 01, weinforum_Luebeck@t-online,de, weinforum-wilhelm-ulex.net

Lüneburg

337. Weinfass Wabnitz
Ritterstr. 12, PLZ 21335, Tel. 04131-445 00, Fax 483 32, weinfass@luenecom.de, www.weinfass-wabnitz.de

338. Weinzeit in Lüneburg
Auf der Altstadt 12, PLZ 21335, Tel. und Fax 04131-76 14 06

Lünen

339. Fischer Wein & Destillate
Cappenberger Str. 88, PLZ 44534, Tel. 02306-703 90, Fax 703 91

Luzern (Schweiz)

340. Carl Studer Vinothek
Langensandstr. 7, PLZ CH-6005, Tel. 0041-41-360 45 89, Fax 361 10 40, mail@studer-vinothek.ch, www.studer-vinothek.ch

Magdeburg

341. Das Weinfaß - Walter Schüler
Keplerstr. 11 a, PLZ 39104, Tel. 0391-561 07 01, Fax 561 92 25

342. Gut + Gern
Wallonerburg 5, PLZ 39104, Tel. 0351-531 33 15, Fax 531 33 85, gutundgern@t-online.de

343. Reblaus Weinkontor
Wolfenbütteler Str. 7, PLZ 39112, Tel. 0391-623 93 33, Fax 623 93 34, reblaus@reblaus-weinkontor.de, www.reblaus-weinkontor.de

Mannheim

344. Der Weinladen - Weinhandlung Brunner und Kübler
Seckenheimerstr. 29, PLZ 68165, Tel. und Fax 0621-44 95 39

345. Irmgard's Wein-Capinet
Richard-Lenel-Str. 17, PLZ 68259, Tel. 0621-799 29 11, Fax 799 29 12, Irmgards.weincapinet@t-online.de, www.wein-capinet.de

346. Le Buffet
Rheingoldstr. 36, PLZ 68199, Tel. 0621-85 39 91, Fax 85 17 23

347. Südlandhaus
Fressgasse P3, 8+9, PLZ 68161, Tel. 0621-243 02, Fax 227 72

Marburg
348. Die Weinrebe
Frauenbergstr. 22, PLZ 35039, Tel. 06421-48 51 54, Fax 48 51 55, die-weinrebe@t-online.de

Markdorf
349. Selection Wein und Design
Bahnhofstr. 3, PLZ 88677, Tel. 07544-719 12, Fax 719 22, weindesign@aol.com, www.microweb.de/selection

Marktheidenfeld
350. Vinothek Pietsch
Brückenstr. 9, PLZ 97828, Tel. 09391-98 29 25, Fax 98 29 24

Marktoberdorf
351. Konrad Hosp
Siemensring 40, PLZ 87616, Tel. 08342-961 50, Fax 96 15 15

Meckenheim
352. C & D Weinhandelsgesellschaft
Am Hambuch 18, PLZ 53340, Tel. 02225-88 85 50, Fax 88 85 55, info@c-und-d.de, www.c-und-d.de (Versand)

353. Schlumberger
Buschstr. 20, PLZ 53340, Tel. 02225-92 50, Fax 92 51 51, service@schlumberger.de, www.Schlumberger-Onwine.de (nennt Bezugsquellen)

Meerbusch
353 a. Wine Gallery
Kiebitz Weg 1 a, PLZ 40668, Tel. 02159-81 78 95, Fax 81 78 96

Meersburg
354. Georg Hack - Haus der Guten Weine
Schützenstr. 1, PLZ 88709, Tel. 07532-90 97, Fax 90 99, Georg-Hack@t-online.de, www.georg-hack.de

Meggen (Schweiz)
355. Scherer & Buhler
Bahnhofstr. 14, PLZ CH-6045, Tel. 0041-41-377 11 22, Fax 377 29 76

Melsungen
356. Weinhaus Georg Worst
Brückenstr. 7, PLZ 34212, Tel. 05661-29 27, Fax 519 36

Merzig
357. Segovia - Wein aus Chile
Schankstr. 2, PLZ 66663, Tel. 06861-99 28 71, Fax 763 19, Ghollub@aol.com (Versand)

Mönchengladbach

358. N & M Weine
Martinstr. 88, PLZ 41063, Tel. 02161-20 49 40, Fax 202 91, info@N-und-M-Weine.de, www.N-und-M-Weine.de (Versand)

Moers

359. Vinum Weinhandel - Das Depot für Weine
Rheinberger Str. 49, PLZ 47441, Tel. 02841-448 03, Fax 92 16 00

Mühlau

360. Heiloo
Lindenstr. 7, PLZ 09241, Tel. 03722-632 11, Fax 63 21 20

Mühlheim

361. Australian Wine Selection
Memelstr. 16, PLZ 63165, Tel. 06108-99 09 91, Fax 731 17, australian-wines@t-online.de, www.australian-wines.de (Versand)

München

362. Alois Dallmayr
Dienerstr. 14-15, PLZ 80331, Tel. 089-213 50, Fax 213 51 67, stefan.weiss@dallmayr.de, bestellservice@dallmayr. , www.dallmayr.de

363. California Wines Margot Schmitt
Löherweg 38, PLZ 80997, Tel. 089-149 31 29, Fax 141 88 05, margot.schmitt@californiawines.de, www.californiawines.de (Versand)

364. Cape Wine
Ismaninger Str. 68, PLZ 81675, Tel. 089-47 02 74 18, Fax 47 02 74 20, info@capewine.de, www.capewine.de (Versand)

365. Edmund Neuner & Cie.
Herzogspitalstr. 10, PLZ 80331, Tel. 089-260 49 18, Fax 260 50 25

366. Feinkost Käfer
Prinzregentenstr. 73, PLZ 81675, Tel. 089-416 81, Fax 416 86 22, www.feinkost-kaefer.de

367. Fruitique
Amberger Str. 2, PLZ 81679, Tel. und Fax 089-98 93 70

368. Geisel's Vinothek
Schützenstr. 11, PLZ 80335, Tel. 089-55 13 71 40, Fax 55 13 61 73, koenigshof-muenchen@t-online.de, excelsior-muenchen@t-online.de

369. Heinz Reverchon
Fürstenackerstr. 42, PLZ 81477, Tel. 089-79 59 29, Fax 79 46 33

370. Liebert
Orleansstr. 58, PLZ 81667, Tel. 089-45 80 85 65, Fax 45 80 85 88, info@liebert.de, www.liebert.de

371. Moët - Hennessy Deutschland
Nymphenburger Str. 21, PLZ 80335, Tel. 089-99 42 11 41, Fax 99 42 11 91, hschau@moet.tm.fr (nennt Bezugsquellen)

372. Schwaiger- Käse und Wein Feinkost
Forstenrieder Allee 61, PLZ 81476, Tel. 089-75 09 03 81, Fax 75 09 03 82

373. Toskana Weinhandel
Reichenbachstr. 51, PLZ 80469, Tel. 089-201 51 19, Fax 201 51 39, CHeuberger@aol.com

374. Vinifera!
Baumkirchner Str. 57, PLZ 81673, Tel. 089-43 52 94 94, Fax 43 52 94 95, 089-6972206@t-online.de

375. ViniVari
Gollierstr. 28, PLZ 80339, Tel. und Fax 089-51 82 09 82

376. Vinothek Sabitzer
Liebigstr. 26, PLZ 80538, Tel. 089-21 93 90 34, Fax 21 93 90 36, info@sabitzer.de, www.sabitzer.de

377. Vin-Wein-Vino Joh. Bachmann
Nördl. Auffahrtsallee 66, PLZ 80638, Tel. 089-17 19 81, Fax 17 67 70, hans.bachmann@t-online.de, www.vin-wein-vino.de

378. Walter & Benjamin
Rumfordstr. 1, PLZ 80469, Tel. 089-26 02 41 74, Fax 26 02 41 73

379. Wein Galerie M. Smuda
Naupliastr. 18, PLZ 81547, Tel. 089-690 60 06, Fax 690 60 11, weingalerie.smuda@t-online.de, www.home.t-online.de/home/weingalerie.smuda/

379 a. World of Wine
Hans-Mielich-Platz 1, PLZ 81543, Tel. 089-65 24 24, Fax 65 62 77

Münster

380. Brigitte und Franz Wissing
Warendorfer Str. 82, PLZ 48145, Tel. 0251-333 08, Fax 333 03

381. Der Weinladen
Hansaring 11, PLZ 48155, Tel. und Fax 0251-66 48 44, rschmitz@weinladen-am-hansaring.de, www.weinladen-am-hansaring.de

382. Weinhandlung W. & P. Nientiedt
Steinfurter Str. 57/59, PLZ 48149, Tel. 0251-27 91 54, Fax 29 66 18, wpn@muenster.de

Münster-Sarmsheim

383. Carl Adelseck - Weinhandlung
Saarstr. 41, PLZ 55424, Tel. 06721-974 40, Fax 97 44 22

Muttenz (Schweiz)

384. Intervins
Kriegackerstr. 91, PLZ CH-4132, Tel. 0041-61-466 95 33, Fax 461 70 36, info@intervins.ch, www.intervins.ch

Neckartenzlingen

385. Krone-Knöll
Marktplatz 1, PLZ 72654, Tel. 07127-329 08, Fax 358 24

Neukirchen

386. Wein Schroll
Bogener Str. 1a, PLZ 94362, Tel. 09961-72 72, Fax 81 79

Neunkirchen

387. Christines Weinladen
Sudetenstr. 25, PLZ 91077, Tel. und Fax 09134-49 09

Neuried

388. Henninger
Gautingerstr. 10, PLZ 82061, Tel. 089-759 36 26, Fax 759 36 98, info@henninger.de, www.henninger.de

Neuruppin

389. Der Weinhof
Siechenstr. 4, PLZ 16816, Tel. 03391-65 11 01, Fax 65 11 02

Neuss

390. Pacific-Atlantic-Trading
Ringbahnstr. 7, PLZ 41460, Tel. 02131-91 53 03, Fax 91 53 04, Pacific-Atlantic-Trading@t-online.de, www.Pacific-Atlantic.de (Versand)

Neustadt

391. Lutz W. Zeter Agentur für Weinmarketing
Im Doppelter 11, PLZ 67434, Tel. 06321-395 60, Fax 39 56 56, lwzeter@t-online.de (nennt Bezugsquellen)

Niedernhausen

392. Anita Michel Weinimport
Flachsweg 6, PLZ 65527, Tel. 06127-27 60, Fax 55 03, robani@t-online.de (Versand)

Niederwürschnitz

393. Weinhaus & Hotel „Vinum"
Chemnitzer Str. 29, PLZ 09399, Tel. 037296-151 26, Fax 151 29

Nieuw Vennep (Niederlande)

394. JJC Kwast Wijnkopers
Roggestraat 30, PLZ NL-2150 AA, Tel. 0031-252-68 67 41, Fax 68 79 43, info@kwastwijnkopers.nl

Norden

395. Das Kontor – Weine, Kochen & Mehr
Großneustr. 9, PLZ 26506, Tel. 04931-16 87 30, Fax 16 89 95

Norderstedt

396. Interpartner
Hans-Böckler-Ring 21, PLZ 22851, Tel. und Fax 040-524 08 95, Interpartner@lehmitz.de (nennt Bezugsquellen)

Nürnberg

397. Arauco
Trödelmarkt 13, PLZ 90403, Tel. 0911-244 82 57, Fax 244 82 59, info@arauco.de, www.arauco.de

398. Deuerlein – Buch und Weine
An der Sparkasse 6, PLZ 90402, Tel. 0911-22 27 07, Fax 22 27 05, antiquariat@deuerlein.com, www.deuerlein.com

399. Gebr. Kössler & Ulbricht
Nordostpark 78, PLZ 90411, Tel. 0911-52 51 53, Fax 529 88 74, ku@weinhalle.noris.de und martin@weinhalle.de, www.weinhalle.de (Versand)

400. Karl Kerler Weinimporte
Bayreuther Str. 32, PLZ 90489, Tel. 0911-588 28 42, Fax 588 28 43, info@karl-kerler.de, www.karl-kerler.de (Versand)

401. Pinot Weinhandel
Rückertstr. 11, PLZ 90419, Tel. 0911-33 04 33, Fax 37 40 44

402. Weinkontor Triumvirat
Allersberger Str. 185, PLZ 90461, Tel. 0911-462 24 66, Fax 462 24 67

403. WineStore Martin Schäfer
Sulzbacher Str. 105, PLZ 90489, Tel. 0911-53 36 77, Fax 53 36 78, email@winestore.de, www.winestore.de

Obernburg

404. Semmler's Weinhandel
Kapellengasse 4-6, PLZ 63785, Tel. 06022-70 38, Fax 70 37, wineshopper@t-online.de, www.wineshopper.de

Odense (Dänemark)

405. Hj Hansen Vinhanddel
Vestergade 97-101, PLZ DK-5100, Tel. 0045-6312-82 00, Fax 82 49

Oldenburg

406. Weinhaus Kottkamp
Donnerschweer Str. 54, PLZ 26123, Tel. 0441-880 60, Fax 885 04 14

Ormalingen (Schweiz)

407. Putzi's Wine Trail
Farnsburg PLZ CH-4466, Tel. 0041-61-985 90 35, Fax 985 90 36, putziswinetrail@farnsburg.ch

Osnabrück

408. Wein Fohs
Krahnstr. 7, PLZ 49074, Tel. und Fax 0541-266 16, weinfohs@aol.com

409. Wein Kohlhoff
Schwedenstr. 2, PLZ 49074, Tel. 0541-215 49, Fax 282 44

410. Wein Krämer
Kommenderiestr. 116 a, PLZ 49080, Tel. 0541-883 37, Fax 80 17 94, WeinOS@aol.com

Ostfildern

411. Erwin Laich – Feine Weine
Senefelder Str. 9, PLZ 73760, Tel. 0711-44 20 46, Fax 441 49 57, wein@laich.de, www.laich.de

412. Weinhaus Mauz
Bismarckstr. 51, PLZ 73760, Tel. 0711-341 14 39, Fax 348 27 95

Ostseebad Binz

413. Monte Vino – Kaiser & Pomp
Zeppelinstr. 7, PLZ 18609, Tel. 03893-136 71, Fax 13 38 00

Owen

414. Mack & Schühle
Neue Str. 45, PLZ 73277, Tel. 07021-570 11 48, Fax 570 12 00 (nennt Bezugsquellen)

415. Weinwelt
Neue Str. 45, PLZ 73277, Tel. 07021-570 15 00, Fax 570 15 10, dialog@weinwelt.de, www.weinwelt.de (nennt Bezugsquellen)

Pforzheim

416. Der Gallier
Sandweg 15, PLZ 75179, Tel. 07231-45 16 23, Fax 45 16 23 www.der gallier.de

Phöben

417. Lehmann & Co
Hauptstr. 7, PLZ 14542, Tel. 03327-492 92, Fax 73 01 37, mail@wein-lehmann-co.de, www.wein-lehmann-co.de

Planegg

417 a. Weinhaus in Planegg

Bahnhofstr. 15, PLZ 82152, Tel. und Fax 089-859 58 70

Plauen

418. Hans-Joachim Müller-Mellage

Scharnhorststr. 7, PLZ 08523, Tel. 03741-13 11 14

419. Weinfachhandlung Andreas Seeling

Moritzstr. 13, PLZ 08523, Tel. und Fax 03741-70 96 86, weinfachhandlung@seeling.de, www.seeling.de

Pocking

420. Tee- und Weinkontor

Kolpingweg 1, PLZ 94060, Tel. 08531-51 05 13, Fax 51 03 91, www.winesystem.de

Prien

421. Afrika - Import

Seestr. 2, PLZ 83209, Tel. 08051-690 30, Fax 621 01, Hans.Huber@africa-cape-wine.com, www.africa-cape-wine.com (Versand)

Quickborn

422. Willwater's Weinladen

Marktstr. 7, PLZ 25451, Tel. 04106-37 00, Fax 38 68

Radolfzell

423. Josef Mayer

Herrenlandstr. 69, PLZ 78315, Tel. 07732-99 79 14, Fax 570 08

424. Weinhaus Baum

Mooser Str. 3, PLZ 78315, Tel. 07732-522 15, Fax 565 80

Randers (Dänemark)

425. Amka Vinimport

Østre Boulevard 29, PLZ DK-8900, Tel. 0045-86 41 96 00, Fax 86 41 10 37 (Versand)

Recklinghausen

426. Weingarten

Hubertusstr. 45, PLZ 45657, Tel. 02361-10 88 77, Fax 10 88 79, post@Weingarten-re.de, www.weingarten-re.de

Regensburg

427. Bert's Weinexpress

Nürnberger Str. 249-253, PLZ 93059, Tel. 0941-874 75, Fax 874 76, berts.weinexpress@t-online.de

428. Wein & Mehr

Im Gewerbepark D 9 a, PLZ 93059, Tel. 0941-46 68 00, Fax 435 80, info@wein-und-mehr.de, www.wein-und-mehr.de

Rellingen

429. He-La Handelshaus der 1000 Weine

Hauptstr. 105, PLZ 25462, Tel. 04101-441 11, Fax 442 07, service@he-la-Weinhandel.de, www.he-la-Weinhandel.de

Remscheid

430. Remscheider Weindepot

Am Bruch 5, PLZ 42857, Tel. 02191-765 06, Fax 766 34, BKieslich@aol.com

Rendsburg

431. Feinkost Krüger

Holsteiner Str. 18-20, PLZ 24768, Tel. 04331-223 24, Fax 254 59, Rendsburg@t-online.de

Reutlingen

432. Weinhaus Schall

Jettenburger Str. 2, PLZ 72770, Tel. 07121-950 70, Fax 95 07 20, weinhaus.Schall@t-online.de

Rödermark

433. Ingrid & Klaus Frank - Enoteca Internationale Weine

Im Urbruch 13 c, PLZ 63322, Tel. 06074-56 86, Fax 707 94, JKF-Weine@gux.de

Rolle (Schweiz)

434. Hammel

Les Cruz PLZ CH-1180, Tel. 0041-21-825 11 41, Fax 825 47 47, hammeldepot@span.ch

Rosport (Luxemburg)

435. Caves Wengler - Châteaux et Domaines

Rue Neuve 2, PLZ L-6581, Tel. 00352-73 03 73, Fax 73 01 68, info@wengler.lu, www.wengler.lu

Rostock

436. Harms & Steder, Weinimport-Weinhandel

Fischerbruch 23, PLZ 18055, Tel. 0381-493 02 40, Fax 493 02 44, harms.steder.weine@t-online.de

437. Jürgen Köhn - Weinfachhandel

Hauptstr. 103, PLZ 18107, Tel. und Fax 0381-799 88 55, weinkoehn@t-online.de

438. Weine & Mehr

Breite Str. 11, PLZ 18055, Tel. und Fax 0381-499 75 76

Rottach-Egern

439. Feinkost Sollacher

Ludwig-Thoma-Str. 61, PLZ 83700, Tel. 08022-54 45, Fax 658 12, info@sollacher.de, www.sollacher.de

440. Wein-Blüte

Seestr. 3, PLZ 83700, Tel. 08022-261 35, Fax 29 74

Rottweil

441. Bacchus Vinothek

Oberndorferstr. 2, PLZ 78628, Tel. 0741-172 06, Fax 172 07, mail@bacchus-vinothek.com, www.bacchus-vinothek.com (Versand)

Rüdesheim

442. G & M Grosvenor Winebrokers

Königsberger Str. 1, PLZ 65385, Tel. 06722-26 05, Fax 21 03 (Versand)

Rugsted Kyst (Dänemark)

443. Tedeum vin Denmark

Langbakken 3, PLZ DK-2960, Tel. 0045-86 00 50, Fax 86 15 20 (nennt Bezugsquellen)

Saarbrücken

444. Dörr-Weine und Spirituosen

Richard-Wagner-Str. 31 c, PLZ 66111, Tel. 0681-362 78, Fax 37 51 56

445. Ernst Goebel Import

Gersweiler Str. 39, PLZ 66117, Tel. 0681-550 02, Fax 584 64 07

445 a. Hauck Das Weinhaus & Gastronomie
St. Johanner-Markt 7, PLZ 66111, Tel. 0681-319 19, Fax 37 43 10,wein@weinhaus-hauck.de,www.weinhaus-hauck.de

446. Kurt Burgard
Am Langfeld 32, PLZ 66130, Tel. 0681-88 00 10, Fax 88 00 123/124, burgardwein@t-online-de

447. Piemonte
Straße des 13. Januar 9-13, PLZ 66121, Tel. 0681-687 09 56, Fax 687 09 50, vlggvd@aol.com, www.members.ad.com/vlggvd (Versand)

Salach
449. Der Gallier
Uferstr. 66, PLZ 73084, Tel. 07162-40 03 13, Fax 400 323/324, A.Graubach@der.Gallier.de, www.der.gallier.de

Salzburg (Österreich)
450. Sankt Urban Weinhandlung Salzburg
Fürstallergasse 36, PLZ A-5020, Tel. 0043-662-64 14 97, Fax 64 14 97 14

Scherzingen (Schweiz)
451. Barossa
Dorfstr. 40, PLZ CH-8596, Tel. 0041-71-686 88 44, Fax 686 88 55, info@barossa.ch, www.barossa.ch

Schlüchtern
452. Weindepot Vinum
Fuldaer Str. 14, PLZ 36381, Tel. 06661-21 07, Fax 50 33, weindepot-vinum@t-online.de, www.weindepot-vinum.de

Schneverdingen
453. Brockmann – Weine, edle Brände
Weststr. 1, PLZ 29640, Tel. 05193-991 50, Fax 991 51, info@brock mannwein.de, www.brockmannwein.de

Schönaich
454. Weinhaus Ulmer
Böblinger Str. 69, PLZ 71101, Tel. 07031-757 90, Fax 75 79 70

Schorndorf
455. Binder-Weinhaus
Aichenbachstr. 33, PLZ 73614, Tel. 07181-245 17, Fax 220 70, www.binder-weinhaus.de

456. 's Tröpfle J. + J. Grotz
Ochsenberg 14/1, PLZ 73614, Tel. 07181-25 47 93, Fax 25 47 94, info@wein-grotz.de, www.wein-grotz.de

Schotten
457. Weinhaus Jochim
Stornfelser Str. 3, PLZ 63679, Tel. 06044-961 20, Fax 961 12 20

Schriesheim
458. South African Wines – Hans Werner Andreae
Blütenweg 9 a, PLZ 69198, Tel. 06203-69 20 70, Fax 69 20 73, Andreae.GmbH@t-online.de, www.andreae-weine.de (Versand)

Schwäbisch Gmünd
459. Vinoteca Wein und mehr!
Ledergasse 2/1, PLZ 73525, Tel. 07171-396 66, Fax 93 94 68, www.wein-wisser.de

Schwaigern
460. Weinhandlung Schuster
Goethestr. 11, PLZ 74193, Tel. 07138-94 54 86, Fax 94 54 87, weinhandlung-schuster@t-online.de (Versand)

Schwandorf
461. Fein & Gut
Breite Str. 1, PLZ 92421, Tel. und Fax 09431-218 07

Schwerin
462. Uhle Weinkontor Schwerin
Schusterstr. 13, PLZ 19055, Tel. 0385-56 29 56, Fax 557 40 93, www.weinhaus-uhle.de

Schwerte
463. VinoThek Vogel
Beckestr. 23, PLZ 58239, Tel. 02304-170 04, Fax 170 48

Schwetzingen
464. Der Laden „weinzeit"
Eichenweg 11, PLZ 68723, Tel. 06202-92 41 36, Fax 92 41 37, weinzeit@aol.com, www.barbaras-wine-yards.de

465. Weinhaus Meisetschläger
Dreikönigstr. 9, PLZ 68723, Tel. 06202-27 02 80, Fax 27 02 90

Seebad Heringsdorf
466. Lutter & Wegner
Kulmstr. 3, PLZ 17424, Tel. 038378-221 25, Fax 221 45

Siegburg
467. Weinhaus Inden
Holzgasse 45, PLZ 53721, Tel. 02241-580 50, Fax 96 18 72, info@wein-spektrum.de (Versand)

Siegen
468. Karl Hagelauer – Haus der Getränke
Sandstr. 110, PLZ 57072, Tel. 0271-520 46, Fax 225 00

St. Gallen (Schweiz)
469. Martel
Poststr. 11, PLZ CH-9001, Tel. 0041-71-226 94 00, Fax 226 94 01, wine@martel.ch , www.martel.ch (Versand)

Stolberg
470. Champa Vins Français
Am Glasofen 9, PLZ 52222, Tel. 02402-959 90, Fax 841 49, sd@champa-vins.com, www.champa-vins.com

Stuttgart
471. Böhm Weinkellerei
Kesselstr. 13, PLZ 70327, Tel. 0711-401 02 61, Fax 401 02 18

472. Feinkost Schmid
Bauernwaldstr. 22, PLZ 70195, Tel. 0711-69 03 93, Fax 69 16 99

473. Karstadt Gourmet
Königstr. 27-29, PLZ 70173, Tel. 0711-20 84 83, Fax 208 23 00

474. Korkenzieher – Klaus Vogt
Köstlinstr. 4, PLZ 70499, Tel. 0711-887 30 80, Fax 887 30 08

475. Mövenpick Weinland
Rotenwaldstr. 132, PLZ 70179, Tel. 0711-657 15 85, Fax 657 15 86

476. VinoVero
Balhnhofstr. 30, PLZ 70372, Tel. 0711-55 77 00, Fax 55 77 01, vinovero@t-online.de, www.vinovero.de

477. Vinum Wein & Mehr
Ulmer Str. 269, PLZ 70327, Tel. 0711-420 40 84, Fax 407 73 19, vinum.stuttgart@t-online.de

478. Weinagentur Mühlthaler
Sillenbucher Str. 23, PLZ 70329, Tel. 0711-420 23 79, Fax 42 93 73, wa.muelthaler@t-online.de (Versand)

479. Weingalerie Nicolay & Schartner
Urbanstr. 1, PLZ 70182, Tel. 0711-24 89 37 30, Fax 24 89 37 50, info@weinkultur-pur.de, www.wein-kultur-pur.de

480. Weinhandlung Bernd Kreis
Laustr. 38, PLZ 70597, Tel. 0711-76 28 39, Fax 76 28 37, b.kreis@wein-kreis.net, www.wein-kreis.de (Versand)

481. Weinhaus Rohde
Seestr. 108, PLZ 70174, Tel. 0711-226 37 94, Fax 226 35 58

482. Weinhaus Stetter
Rosenstr. 32, PLZ 70182, Tel. und Fax 0711-24 01 63

Süßen
483. Fass No 1 - Wein International
Tobelstr. 2, PLZ 73079, Tel. 07162-457 37, Fax 455 36, info@vintro.de, www.vintro.de

Sulzbach
484. In Vino Veritas
Am Sulzbach 22, PLZ 65843, Tel. und Fax 06196-235 55, owiecher@stud.uni-frankfurt.de

485. Kellow's Weinhandel
Neugartenstr. 36, PLZ 65843, Tel. 06196-75 97 00, Fax 861 21, kellow.wein@t-online.de (nennt Bezugsquellen)

Sulzheim
486. Stöckinger Wein
Mühlstr. 6, PLZ 97529, Tel. 09382-59 95, Fax 59 15

Sylt
487. Vino Vin
Tinnum, Mittelweg 15, PLZ 25980, Tel. 04651-93 80 19, Fax 93 80 38, fuchs-wine@t-online.de, www.wein-fuchs.de

488. Weindepot Sylt
Tinnum, Kiarwai 1, PLZ 25980, Tel. 04651-34 88, Fax 93 56 40

Tegernsee
489. Alexander Baron von Essen
Schwaighofstr. 89, PLZ 83684, Tel. 08022-657 66, Fax 657 49 (nennt Bezugsquellen)

Temse (Belgien)
490. Vinesse Klassewijnen
Doornstraat 90, PLZ B-9140, Tel. 0032-3-711 32 22, Fax 771 42 04, info@vinesse.be , www.vinesse.be

Tettenweis
491. Weingarten Eden
Eden 1, PLZ 94167, Tel. 08532-92 00 50, Fax 92 00 32, weingarten.eden@t-online.de

Tornesch
491 a. Hawesko
Hamburger Str. 14-20, PLZ 25436, Tel. 04122-504 04 33, Fax 510 68, e-mail@hawesko.de,www.winegate.de (Versand)

Tostedt
492. Tee & Wein
Bahnhofstr. 6, PLZ 21255, Tel. 04182-29 31 41, Fax 29 31 43

493. Weinhaus Jung
Himmelsweg 23, PLZ 21255, Tel. 04182-29 21 81, Fax 28 90 80, Info@Weinhaus-Jung.de, www.Weinhaus-Jung.de

Traunreut
494. Weinhaus Schmidtner
Nansenstr. 3, PLZ 83301, Tel. 08669-90 16 77, Fax 90 16 79, weinhaus.schmidtner@t-online.de

Trier
495. Bernhard Massard Sektkellerei
Jacobstr. 8, PLZ 54202, Tel. 0651-719 60, Fax 719 63 10, bm-trier@t-online.de (Versand)

496. Fritz Steinlein - Haus der Weine
Olewiger Str. 133, PLZ 54295, Tel. 0651-331 03, Fax 30 02 82

497. Langenbach
Jakobstr. 8, PLZ 54202, Tel. 0651-719 60, Fax 719 63 10, BM-Trier@t-online.de

Troisdorf
498. Willi's Getränkecenter
Mendener Str. 39, PLZ 53840, Tel. 02241-97 54 04, Fax 735 97

Tübingen
499. Les Grands Vins
Baumwiesenweg 16, PLZ 72074, Tel. 07071-98 07 03, Fax 98 07 05

500. Vinum Weine und Feines
Lange Gasse 6, PLZ 72070, Tel. 07071-520 52, Fax 520 12

501. Wein pur
Aeulestr. 6, PLZ 72074, Tel. 07071-820 11, Fax 98 75 25, weinpur@t-online.de

502. Weinmarkt Mattheis
Liechtensteinstr. 9/1, PLZ 72072, Tel. 07071-330 49, Fax 345 84, info@wein-mattheis.de

Uetersen
503. D.A. Cords Söhne
Kuhlenstr. 9-11, PLZ 25436, Tel. 04122-70 44, Fax 18 31, cords@t-online.de, www.pin-online.com

Ulm
504. Wein-Bastion
Schillerstr. 1, PLZ 89077, Tel. 0731-669 93, Fax 691 99, wein-bastion@t-online.de, www.wein-bastion.de

Urdorf (Schweiz)
505. Baur au Lac
Spitalstr. 71, PLZ CH 8902, Tel. 0041-1-734 44 50, Fax 734 29 09, weinhandlung@bauraulac.ch , www.bauraulac.ch

Vaterstetten
506. Der Weinphilosoph
Wendelsteinstr. 4, PLZ 85591, Tel. 08106-30 11 60, Fax 30 26 06

Vechta
507. Wein-Ellendorff
Große Str. 107, PLZ 49377, Tel. 04441-23 33, Fax 42 57

Velbert
508. Wein und Mehr Rolf Gampe
Friedrichstr. 93, PLZ 42551, Tel. 02051-214 84, Fax 92 02 74

Venlo (Niederlande)
509. Bert & Joep Dielen
Klaasstraat 14, PLZ NL-5911 JP, Tel. 0031-77-351 25 87, Fax 351 79 40, info@dielen.nl, www.dielen.nl

Verden
510. Der Weinladen
Große Str. 41, PLZ 27283, Tel. 04231-56 57, Fax 51 19

Villingen-Schwenningen
511. Weinhaus-Weinstube Hess
Bürkstr. 17, PLZ 78054, Tel. 07720-331 71, Fax 228 84, weinhaus-hess @ t-online.de

Visbek
512. Wein-Kohlhoff
Ovelgönne 4, PLZ 49429, Tel. 04445-96 14 40, Fax 96 14 41 (Versand)

Völklingen
513. VIF Weinhandel
Kreppstr. 7, PLZ 66333, Tel. 06898-270 70, Fax 270 72, VIF-Weinhandel@t-online.de, www.vif.de

Vogtsburg
514. Schwarzer Adler
Badbergstr. 23, PLZ 79235, Tel. 07662-933 00, Fax 719, Franz-Keller@t-online.de (Versand)

Waddinween (Niederlande)
515. Coenecoop Wine Traders BV
Postbus 425 PLZ NL-2740 AK, Tel. 0031-182-63 06 06, Fax 63 07 07

Waldkirchen
516. Paulson Rare Wine
Erlenhain 11, PLZ 94062, Tel. 08581-91 01 45, Fax 91 01 47, paulson@rare-wine.com, www.rare-wine.com (Versand)

Walsrode
517. Weinhaus Weyhausen
Lange Str. 64, PLZ 29664, Tel. 05161-91 17 50, Fax 91 18 72

Warendorf
518. Im Engel-Weinboutique
Brünebrede 35-37, PLZ 48231, Tel. 02581-930 20, Fax 627 26

Wasserbillig (Luxemburg)
519. Celliers des Grands Crus
Grand Rue 13, PLZ L-6630, 00352-74 84 81, Fax 74 85 04, celliers@pt.lu

Weil am Rhein
520. Schuler-Weine
Hafenstr. 28, PLZ 79576, Tel. 0800-884 47 74, Fax 00 41 - 4 18 19 3212, kundendienst.de@schuler.ch , www.winestar.com (Versand)

Weimar
521. Appenrodt
Erfurter Str. 78, PLZ 99427, Tel. 03643-85 00 28, Appenrodt@debitel.net

522. Der Weinladen-Christine Kandt
Marktstr. 15, PLZ 99423, Tel. 03643-90 44 01, Fax 90 44 01

Wendelstein
523. Ital Vini
Sorgwiesen 3, PLZ 90530, Tel. 09129-27 78 12, Fax 27 78 13 (Versand)

Wendlingen
524. Weinmeisterei
Stuttgarter Str. 2, PLZ 73240, Tel. 07024-92 96 92, Fax 92 96 94

Werlte
525. Walter Deitermann
Hauptstr. 76, PLZ 49757, Tel. 05951-840, Fax 765, Walter-Deitermann@t-online.de, www.walter-deitermann.de

Wesel
526. Weinhaus Otto Paus
Konrad-Dudenstr. 1, PLZ 46485, Tel. 0281-663 88, Fax 663 89

Westerkappeln
527. Weinselection Fartmann
Gartenkamp 16, PLZ 49492, Tel. 05404-30 44, Fax 30 46, wein_selection_fartmann@yahoo.de, www.wein-selection-fartmann.de

Westerland
528. Rainer Heiliger Weinimport
Bötticherstr. 7-9, PLZ 25980, Tel. 04651-92 70 24, Fax 234 59, weinheiliger@t-online.de

529. Weinhaus-Schachner
Bismarckstr. 12, PLZ 25980, Tel. 04651-265 19, Fax 215 98

Wien (Österreich)
530. Jacques Roullet & Co
Pyrkergasse 31, PLZ A-1190, Tel. 0043-1-368 51 98, Fax 369 24 06

531. Sankt Urban Weinhandlung am Hof
Am Hof 10, PLZ A-1010, Tel. 0043-1-532 28 35, Fax 532 28 36 14

532. Vinothek St. Stephan
Stephansplatz 6, PLZ A-1010, Tel. 0043-1-512 68 58, Fax 512 68 58 20

533. Wein & Co
Habsburger Gasse 3, PLZ A-1010, Tel. 0043-1-535 09 16, Fax 532 10 34 (Versand)

534. Wein & Co
Maculangasse 6, PLZ A-1220, Tel. und Fax 0043-1-25 05 50, roman.horvath@weinco.at, www.weinco.at (Versand)

Wiesbaden
535. Australia Wine Wiz
Biebricher Allee 15, PLZ 65187, Tel. 0611-811 06 98, Fax 80 95 04, aww@gmx.de, aww.hypermart.net (Versand)

536. Trüffel Feinkost
Marktstr. 9, PLZ 65183, Tel. 0611-99 05 50, Fax 990 55 55, catering@trueffel-feinkost.de, www.trueffel-feinkost.de

537. Veuve Clicquot Import
Taunusstr. 21, PLZ 65183, Tel. 0611-589 50, Fax 52 39 10, www.veuve-clicquot.de (nennt Bezugsquellen)

538. Villa Vinum
Mauergasse 10, PLZ 65183, Tel. 0611-30 99 00, Fax 37 29 62, villa.vinum@t-online.de

539. Viva-vinum.de - Heinz Hein
Hofäckerstr. 7, PLZ 65207, Tel. 06127-96 82 12, Fax 662 79, info@viva-vinum.de, www.viva-vinum.de

540. Weinladen Emmel
Schultheißstr. 16, PLZ 65191, Tel. 0611-50 35 97, Fax 950 57 43

Wilhelmshaven

541. Weine Bockholdt
Saarbrücker Str. 3, PLZ 26384, Tel. 04421-30 31 57, Fax 30 56 76

Winsen

542. Weinhaus Wegener
Rathausstr. 56, PLZ 21423, Tel. 04171-23 82, Fax 616 94

Wittlich

543. Alfons Losen
Bachstr. 19, PLZ 54516, Tel. 06571-180 16, Fax 285 24

Witzhave

544. Ron Rieß
Auf dem Heidlande 71, PLZ 22969, Tel. 04104-50 99, Fax 76 15, RonRiess@aol.com

Wölpinghausen

545. Weiner's Weinladen
Im alten Dorfe 21, PLZ 31556, Tel. 05037-97 97 27, Fax 97 97 37, 050371608-0001@t-online.de

Wörgl (Österreich)

545 a. Alois Morandell & Sohn
Wörgler Boden 13-15, PLZ A-6300, Tel. 0043-5332-785 50, Fax 719 63, wein@morandell.com,www.morandell.com (nennt Bezugsquellen)

546. Vinorama
Wörgler Boden 13-15, PLZ A-6300, Tel. 0043-5332-78 55 78, Fax 78 55 88, vino@vinorama.at (Versand)

Worms

547. Wormser Markthalle im alten Schlachthof
Vangionenstr. 5, PLZ 67547, Tel. 06241-67 93, Fax 278 53

Worpswede

548. Worpsweder Weinkeller & Weinversand
Findorffstr. 4, PLZ 27726, Tel. 04792-95 21 71, Fax 95 21 73, worp-wein@t-online.de, www.worp-wein.de

Wuppertal

549. Internationale Weingalerie Vineritas
Hofkamp 140, PLZ 42103, Tel. 0202-262 15 14, Fax 262 15 16

550. Orthmann-Weine
Friedrichstr. 48-50, PLZ 42105, Tel. 0202-45 39 91, Fax 45 48 80, Orthmann_Weine_GmbH@t-online.de, www.orthmann-weine.de

551. Weine & Feinkost Fenske
Friedrich-Engels-Allee 58, PLZ 42285, Tel. 0202-879 66, Fax 868 80

Wyk

552. Vinum
Mittelstr. 12, PLZ 25938, Tel. und Fax 04681-83 80, vinum-macke@t-online.de

Zeven

553. Weinhaus Stratmann
Südring 3, PLZ 27404, Tel. 04281-93 77 20, Fax 93 77 77, stratmann-wein@t.online.de, www.ssw-wein.de

Zülpich

554. Chile Wein Contor
Allensteiner Str. 1, PLZ 53909, Tel. 02252-40 73, Fax 40 82, cwc@eifel-net.net , cwc.de

Zürich (Schweiz)

556. Caves Jelmoli/Gourmet Factory
Seidengasse 1, PLZ CH-8001, Tel. 0041-1-220 47 48, Fax 220 40 47 (Versand)

557. Gebr. Jtschner - Weinkellerei zum Promenadenhof
Zeltweg 26, PLZ CH-8032, Tel. 0041-1-252 36 32, Fax 252 36 86, jtschner@bleuwin.ch

558. Global Wine
Räffelstr. 25, PLZ CH-8045, Tel. 0041-1-450 16 16, Fax 450 16 19, office@globalwine.ch, www.globalwine.ch

559. Veric, La Maison du Vin
Limmatstr. 264, PLZ CH-8005, Tel. 0041-1-273 31 30, Fax 273 32 35, info@verk.ch, www.verk.ch

560. Zweifel & Co
Regensdorferstr. 20, PLZ CH-8049, Tel. 0041-1-344 22 11, Fax 344 24 03

Zwickau

561. Möckel's Weinhandlung
Marienthaler Str. 171, PLZ 08060, Tel. 0375-57 91 95

Erlesene Restaurants, perfekte Küche und erstklassigen Service, das finden Sie jetzt auch im Internet in unserem Online-Restaurant-Guide. Dort stellen Ihnen die Experten von DER FEINSCHMECKER die besten Restaurants vor, und wenn Sie Appetit bekommen haben, können Sie im Travel Channel auch direkt Ihre Reise dorthin buchen. Schauen Sie mal rein.
www.travelchannel.de/der-feinschmecker
DER FEINSCHMECKER
REISEN · ESSEN · TRINKEN · GENIESSEN
klick und weg.
www.travelchannel.de/
der-feinschmecker
travel channel

S. 6 A. Sterzing (2)
S. 7 F. Blickle
S. 8 J. Brettschneider
S. 12 Stock Food/ CEPHAS/M. Rock
S. 13 Stock Food/ M. Steven
S. 14 Stock Food/ J. Lehmann
S. 16 Stock Food/ CEPHAS/M. Rock
S. 17. Stock Food/ Eising
S. 20/21 Stock Food/ CEPHAS, M. Rock
S. 22 Stock Food/ CEPHAS, T. Stefanski
S. 24 Stock Food/ CEPHAS, M. Rock
S. 26 Root Stock/H. Holler
S. 28 Root Stock/H. Holler
S. 30 CEPHAS/B. Fleming
S. 35 CEPHAS/B. Fleming
S. 36 CEPHAS/ R&K Muschenetz
S. 38 A. Sterzing
S. 40 CEPHAS/T. Stefanski
S. 41 A. Sterzing
S. 42 E. Zeschin
S. 44 CEPHAS/B. Fleming
S. 45 Corbis/P. Gould
S. 47 CEPHAS/B. Fleming
S. 49 CEPHAS/M. Rock
S. 51 A. Sterzing
S. 52 CEPHAS/M. Rock
S. 53 A. Sterzing
S. 54 A. Sterzing
S. 56 Corbis/C. Kernow
S. 57 A. Sterzing
S. 58 CEPHAS/ R&K Muschenetz
S. 59 Imagine
S. 60 E. Zeschin
S. 62 A. Faber
S. 63 H. Lehmann (2)
S. 64 A. Sterzing
S. 65 CEPHAS/ J. Alexander
S. 66 CEPHAS/T. Stefanski
S. 67 Root Stock/H. Holler
S. 70 CEPHAS/B. Fleming
S. 71 CEPHAS/K. Judd
S. 74 A. Sterzing
S. 75 Stock Food
S. 80 CEPHAS/ R&K Muschenetz
S. 81 A. Sterzing
S. 86 Stock Food/ R&K Muschenetz
S. 87 Bilderberg/F. Blickle
S. 88 Stock Food/ R&K Muschenetz
S. 89 CEPHAS/H. Lehmann
S. 91 A. Sterzing
S. 93 Stock Food/CEPHAS/ A. Christodolo
S. 97 CEPHAS/B. Fleming
S. 98 Corbis/R. Holmes
S. 102 CEPHAS/G. Normann
S. 104 CEPHAS/ R&K Muschenetz
S. 105 CEPHAS/M. Rock
S. 106 Stock Food/U. Köb
S. 107 CEPHAS/M. Rock
S. 110 CEPHAS/M. Rock
S. 112 CEPHAS/T. Stefanski
S. 114 CEPHAS/ R&K Muschenetz
S. 116 CEPHAS/M. Rock
S. 120 A. Sterzing
S. 121 A. Sterzing (2)
S. 123 CEPHAS/B. Fleming
S. 125 CEPHAS/ R&K Muschenetz
S. 126 Root Stock/H. Holler
S. 128 H. Holler
S. 130 Stock Food/ CEPHAS/M. Rock
S. 131 Stock Food
S. 133 CEPHAS/M. Rock
S. 134 CEPHAS/M. Rock
S. 136 CEPHAS/M. Rock
S. 137 CEPHAS/M. Rock
S. 139 Stock Food/ Morris Steven
S. 140 Stock Food/CEPHAS
S. 144 Stock Food/CEPHAS/ A. Christodolo
S. 148 Stock Food/CEPHAS/ A. Christodolo
S. 149 Root Stock/H. Holler
S. 150 Root Stock/H. Holler
S. 151 Stock Food/ CEPHAS/M. Rock
S. 152 Stock Food/CEPHAS/ A. Christodolo
S. 155 CEPHAS/A. Christodolo
S. 158 CEPHAS/A. Christodolo
S. 159 CEPHAS/A. Christodolo
S. 161 J. Hoersch
S. 162 CEPHAS/A. Christodolo
S. 165 A. Sterzing
S. 166 A. Christodolo
S. 167 Faber & Partner
S. 168 Root Stock/H. Holler
S. 169 Root Stock/H. Holler
S. 170 Root Stock/H. Holler
S. 179 A. Sterzing
S. 186 CEPHAS/A. Christodolo
S. 188 A. Christodolo
S. 189 A. Christodolo
S. 192 Imagine/O'Rear
S. 196 A. Christodolo
S. 200 Stock Food/CEPHAS
S. 201 Stock Food/CEPHAS
S. 205 A. Sterzing
S. 206 Corbis/O'Rear
S. 208 CEPHAS/A. Christodolo
S. 210 Root Stock/H. Holler
S. 213 Root Stock/H. Holler
S. 219 CEPHAS/G. Norman
S. 220 Jalag/B. Euler
S. 229 Stock Food/ CEPHAS/M. Rock
S. 232 Focus/M. Amendolia
S. 249 Corbis/O'Rear
S. 252 Stock Food/ CEPHAS/M. Rock
S. 254 Stock Food/CEPHAS/ A. Christodolo
S. 257 Stock Food/CEPHAS/ J. Espi
S. 266 CEPHAS/M. Rock
S. 268 Network/M. Amendolia
S. 272 Root Stock/H. Holler
S. 273 Stock Food/CEPHAS/ T. Stefanski
S. 274 Root Stock/H. Holler
S. 276 Root Stock/H. Holler
S. 278 CEPHAS/K. Judd
S. 282 CEPHAS/M. Rock
S. 283 CEPHAS/K. Judd
S. 284 CEPHAS/K. Judd
S. 287 Stock Food/CEPHAS/ A. Christodolo
S. 288 CEPHAS/K. Judd
S. 289 CEPHAS/B. Jenkins
S. 293 CEPHAS/K. Judd
S. 296 Stock Food/ CEPHAS/N. Blythe
S. 302 CEPHAS/C. Davies
S. 304 Root Stock/H. Holler
S. 306 Root Stock/H. Holler
S. 312 Faber & Partner
S. 315 Stock Food/ J. Lehmann
S. 319 J. Lehmann
S. 320 CEPHAS/A. Proust
S. 339 J. Lehmann
S. 342 Stock Food/CEPHAS
S. 346 CEPHAS/A. Jefford
S. 348 CEPHAS/A. Jefford
S. 349 P. Schulte
S. 350 J. Hoersch
S. 360 Stock Food/R.Mariani
S. 362 Stock Food/ J. Lehmann
S. 365 Stock Food/S. Morris
S. 366 J. Hoersch
S. 368 Stock Food/ R. Mariani
S. 370 Stock Food/B. Winkelmann

The reference in digital mapping Tele Atlas
MERIAN
scout
Mit Platzbeschreibung vom
GOLF magazin
Deutschland
Golf special
Reiseführer mit Navigation im Auto
VERSION 2001
Jetzt mehr als 150.000
TravelPilot
BLAUPUNKT